《资本论》学习丛书

通俗《资本论》

（再版）

洪远朋——著

上海科学技术文献出版社
Shanghai Scientific and Technological Literature Press

图书在版编目（CIP）数据

通俗《资本论》/ 洪远朋著．—上海：上海科学技术文献出版社，2018（2021.3重印）

（《资本论》学习丛书）

ISBN 978-7-5439-7674-0

Ⅰ．① 通… Ⅱ．①洪… Ⅲ．①《资本论》—马克思著作研究 Ⅳ．① A811.23

中国版本图书馆 CIP 数据核字 (2018) 第 156755 号

选题策划：张 树
责任编辑：应丽春 苏密娅
封面设计：周 婧

通俗《资本论》
（再版）
TONGSU ZIBENLUN
洪远朋 著
出版发行：上海科学技术文献出版社
地 址：上海市长乐路 746 号
邮政编码：200040
经 销：全国新华书店
印 刷：常熟市人民印刷有限公司
开 本：720×1000 1/16
印 张：23
字 数：372 000
版 次：2018 年 8 月第 1 版 2021 年 3 月第 2 次印刷
书 号：ISBN 978-7-5439-7674-0
定 价：85.00 元
http://www.sstlp.com

纪念马克思诞辰 200 周年

出版说明

2017年是马克思主义主要著作《资本论》第一卷发表150周年，2018年是马克思诞辰200周年。2018年5月4日，习近平同志在纪念马克思诞辰200周年大会上指出：马克思给我们留下的最有价值、最具影响的精神财富，就是以他名字命名的科学理论——马克思主义。1867年问世的《资本论》是马克思主义最厚重、最丰富的著作，被誉为“工人阶级的圣经”。共产党人要把读马克思主义经典、悟马克思原理当作一种生活习惯，当作一种精神追求，用经典涵养正气、淬炼思想、升华境界、指导实践。

这两个纪念日的到来，在全世界包括全中国又掀起了一个学习马克思主义经典著作、阅读马克思主义百科全书——《资本论》的热潮，为适应这个热潮的需要，我们编印出版了这套《〈资本论〉学习丛书》，供大家参考。

这套丛书是由复旦大学经济学院洪远朋教授在不同时期、为适应各种不同需要所编写的。主要由三部分组成，现在是按层次分为有机相连的6本专著发行。

一、《通俗〈资本论〉》(再版)。《资本论》博大精深，广大干部群众迫切需要一本雅俗共赏的通俗读物来作为学习时的参考。洪远朋教授适应这个需要在1985年就撰写出版了《通俗〈资本论〉》，得到好评。2008年世界经济危机爆发后，学习研究《资本论》又形成了一个热潮。在这个热潮中，作者作了必要的修改，由上海科学技术文献出版社重新出版了这本读物。2010年，中共中央宣传部、国家新闻出版总署推荐该书为第二届10种优秀通俗理论读物之一。后来，又获得了教育部、上海市的有关奖项。

二、《新编〈资本论〉导读》(1—4卷)。《资本论》不仅是一部精深的马克思主义基本理论读物，而且是一部精深的政治经济学教材，是各级党校、干部培训学校、财经院校的必修课。洪远朋教授从1988年到1992年花了5年左右时间与全国有关院校老师一起编写了《新编〈资本论〉教程》(现改为《新编〈资本论〉导读》)第一至第四卷,发行量大、影响广泛。大学本科生、研究生可以作为教材,各级党校、干部学校可以作干部培训教材,也可供广大干部、群众学习马克思主义基本理论时参考。

三、《〈资本论〉难题探索》(2018年版)。洪远朋教授从多方面多层次对《资本论》作了深入研究。对与《资本论》有关的政治经济学基本理论的争议问题,对运用《资本论》的基本原理如何分析当代资本主义的一些现实问题,对运用《资本论》基本原理指导社会主义革命、建设、改革的问题,在进行深入研究的基础上写了《〈资本论〉难题探索》(2018年版),见解独到,可供研究者、决策者学习研究参考。

本丛书涉及的有关我国社会主义革命和建设的基本理论问题,以及有关实际数据,都以该书写作时的提法和数据为准,既尊重历史,又与时俱进。关于《资本论》所体现的社会主义基本理论与十九大提出的习近平新时代中国特色社会主义思想的关联,以及相关新数据可以参阅作者的《新时代中国特色社会主义政治经济学的发展》(《经济研究》,2017年第11期)、《马克思主义政治经济学述评》(洪远朋著,经济科学出版社,2009年版)、《"中国腾飞"探源——中国特色社会主义经济理论概说》(洪远朋等著,江苏人民出版社,2014年版)、《〈资本论〉纵横谈》(洪远朋等著,复旦大学出版社,2018年版)等论著。

本丛书的出版和再版发行得到很多方面很多同志的支持和帮助,一并感谢。

上海科学技术文献出版社

2018年5月

目　录

新时代中国特色社会主义政治经济学的发展

（代序）

习近平同志关于经济理论的论述是新时代中国特色社会主义思想的重要组成部分，是当代马克思主义政治经济学的新发展。习近平的经济思想分布在他的著作和论文中，体现在他的报告和讲话中，主要集中于他在中国共产党第十九次全国代表大会上所做的《决胜全面建成小康社会，夺取新时代中国特色社会主义伟大胜利》的报告（以下简称"十九大报告"）中。

一、新时代发展中国特色社会主义政治经济学的使命

习近平同志在十九大报告中宣布中国现在已经进入中国特色社会主义新时代。何谓新时代？中国共产党人在领导中国人民取得解放战争胜利后建立人民政权，以毛泽东为核心的第一代领导人使得有中国特色的社会主义站起来；改革开放以后，以邓小平为核心的第二代领导人使得有中国特色的社会主义从站起来转变为富起来；我们现在进入的是以习近平为核心的新一代领导人使得有中国特色的社会主义强起来的时代。

理论是实践的总结，革命、改革和发展的实践都会产生相应的理论。从经济理论方面来说，带领中国站起来的第一代领导人有代表他们经济理论观点的中国特色社会主义政治经济学；带领中国富起来的第二代领导人也有代表他们经济理论观点的中国特色社会主义政治经济学。现在，以习近平为核心的强起来的新一代领导人，就应该有代表他们经济理论观点的中国特色社会主义政治经济学，这就是新时代中国特色社会主义政治经济学。建立新时代中国特色社会主义政治经济学是历史的使命，是党的使命。

二、新中心奠定新时代中国特色社会主义政治经济学的基础

每一个时代的政治经济学都应该有自己的中心，站起来的政治经济学是以革命为中心的；富起来的政治经济学是以改革为中心的；那么，强起来的政治经济学应该以什么为中心呢？过去在经济理论界颇有争论，有的学者说应该以生产力为中心，有的学者认为应该以生产关系为中心，有的学者认为应该以所有制为中心，有的学者认为应该以市场为中心，有的学者认为应该以人为中心，还有学者认为应该以利益为中心。

习近平同志根据马克思主义的基本原理，结合中国革命、改革、发展的现实，明确指出新时代中国特色社会主义政治经济学，应该以人为中心，以人民为中心，或者说，以最广大人民群众的根本利益为中心。习近平同志在十九大报告以及其他场合多次指出，人民是创造历史的动力，共产党人任何时候都不要忘记这个历史唯物主义最基本的道理，必须始终把人民的利益摆在至高无上的地位。

以人民为中心的中国特色社会主义政治经济学尚未完成，这是历史和党交给经济理论工作者的一个光荣任务，有待经济理论工作者们努力完成。

三、新理念引导新时代中国特色社会主义政治经济学理论体系的建立

新发展理念集中反映了我们党对社会经济发展规律认识的深化，是中国特色社会主义思想的又一次重大创新。习近平同志曾明确表示，要以创新、协调、绿色、开放、共享的新发展理念引领新时代中国特色社会主义政治经济学理论体系的建立，推动我国社会经济的发展。

创新是引领发展的第一动力。习近平同志曾经指出，抓住了创新，就抓住了牵动经济社会发展全局的“牛鼻子”。要不断推进理论、制度、科技、文化等各方面的创新。政治经济学也要不断创新，不断提出推动我国社会经济发展的新理论、新观点。

协调是社会持续健康发展的内在要求。协调注重的是解决发展不平衡的问题，要通过正确处理发展中的重大关系，如城乡区域协调发展、经济社会协调发展等来实现。协调的关键是处理好各种利益关系，只有利益关系处理好了，才能促进各方面协调发展。

绿色是持续发展的必要条件和人民对美好生活追求的重要体现。绿色注重的是解决人与自然的和谐问题。要坚持绿色富国、绿色惠民、绿色生产、绿色生活，推进人民富裕、国家富强、环境优美。坚持人与自然的和谐共生，丰富发展了马克思主义生态观、环境观。

开放是国家繁荣发展的必由之路，包括对内开放和对外开放，注重的是解决发展内外联动问题。要树立开放发展理念，奉行互利共赢的开放战略，坚持内需和外需协调，进口和出口相对平衡，发展更高层次开放型经济。我国将通过“一带一路”创造互惠包容的国际经济体系，坚持共同利益推动构建人类命运共同体。

共享是中国特色社会主义的本质要求。中国特色社会主义政治经济学要加强对共享经济的研究。在理论上要研究共享理论的概念，分清共享发展、共享利益、共享价值、共享经济等概念的内涵和外延；在实际工作中，要支持共享经济活动，如共享单车、共享住宅、共享餐饮等；在政策上要制定共享利益的政策，如扩大中等收入群体、实现养老保险全民统筹、促进农民工多渠道就业、健全药品供应保障制度等等。共享是中国特色社会主义经济的基本原则，是中国共产党人对社会主义经济理论的重大贡献。

以新发展理念引导中国特色社会主义政治经济学，绽放着马克思主义政治经济学的光芒。

四、新矛盾剖析新时代中国特色社会主义政治经济学的辩证法

社会主义有没有矛盾？是什么矛盾？对这些问题曾经有过争论。关于社会主义的矛盾，在我们党的不同历史时期，也有不同的提法。马克思、恩格斯、列宁都未提及社会主义社会的矛盾问题。毛泽东首次提出关于社会主义基本矛盾的思想，他在《关于正确处理人民内部矛盾的问题》中指出：“社会主义生产关系已经建立起来，它是和生产力的发展相适应的；但是，它又还很不完善，这些不完善的方面和生产力的发展又是相矛盾的。除了生产关系和生产力发展的这种又相适应又相矛盾的情况以外，还有上层建筑和经济基础的又相适应又相矛盾的情况。”“在社会主义社会中，基本的矛盾仍然是生产关系和生产力之间的矛盾，上层建筑和经济基础之间的矛盾。不过社会主义社会的这些矛盾，同旧社会的生产关系和生产力的矛盾、上层建筑和经济基础的矛盾，具有根本不同的性质和情况罢了。”他还提出过关于社会主义社会生产和需求之间的矛盾长期存在的思想。毛泽东指出：“在客观上将会长期存在的社会生产和社会需要之间的矛盾，就需要人们时常经过国家计划去调节。我国每年做一次经济计划，安排积累和消费的适当比例，求得生产和需要之间的平衡。”这些都是毛泽东同志对社会主义政治经济学作出的重要贡献。

在我们党的历史上，党的第八次全国代表大会第一次提出社会主义还有人民对经济文化迅速发展的需要同当前经济文化不能满足人民需要的状况之间的矛盾。党的十一届六中全会又指出，社会主义主要矛盾是人民日益增长的物质文化需要同落后的社会生产之间的矛盾。这两个提法没有太大的差别，后来一般就概括为需要发展与生产落后之间的矛盾。这些提法在当时是正确的，但是经过四十多年的社会主义建设，我国的社会经济状况发生了很大变化。习近平同志适应中国情况的变化，在十九大上提出，社会主义社会的主要矛盾已经转变为人民日益增长的美好生活需求和不平衡不充分的发展之间的矛盾。这是一个新的判断，是运用辩证唯物主义和历史唯物主义方法论，从中国社会经济实际出发做出的科学判断，是对当代中国特色社会主义政治经济学的新发展。

五、新目标描绘当代中国特色社会主义经济的新篇章

十九大报告根据我国近年来的社会政治经济情况，对把我国建成富强民主文明和谐美丽的社会主义现代化强国的进程作了新的调整：从现在到2020年，是全面建成小康社会决胜期；从2020年到2035年，基本实现社会主义现代化；从2035年到2050年左右，在基本实现社会主义现代化的基础上，把我国建成富强民主文明和谐美丽的社会主义现代化强国。

新目标明确，新图景美好，新进程清晰。让我们不忘初心，牢记使命，高举中国特色社会主义伟大旗帜，坚忍不拔、锲而不舍，奋力谱写社会主义现代化新征程的壮丽篇章！人类在进步，社会在发展，经济在改革，新时代中国特色社会主义政治经济学必将与时俱进，不断丰富与发展！

（洪远朋　《经济研究》，2017年第11期）

出版说明[①]

（2009年版）

《资本论》是马克思穷毕生精力写成的一部科学巨著，至今仍闪耀着真理的光芒；在金融海啸席卷全球的今天，西方世界再一次兴起《资本论》研究热潮，各种各样的《资本论》读物成为畅销的热门图书，即充分证明了这部巨著的不朽魅力和科学价值。

这部《通俗〈资本论〉》由中国《资本论》研究会副会长、复旦大学原经济学院院长洪远朋教授编著。全书以通俗易懂的语言，深入浅出而完整准确地反映了《资本论》的基本理论和核心思想，既区别于原著及一般的政治经济学读物，又保持了原著的体系和方法，提炼出了原著的思想精华和理论精髓，堪称一部出色的《资本论》普及读物。该书初版于1985年，当时获得良好的社会声誉，时至今日，仍无同类著作可以替代。我们这次邀请作者稍作修订，予以重新出版，希望能对人们应对时下的金融危机提供一定的帮助。

因为本书引用马列著作较多，而这些经典的中译本均出版于20世纪六七十年代，当时的词语规范与今天有诸多不同，如"那末""抵销""好象"等等。为了尊重原著，凡是直接引用马列原著之处，此次再版仍保持原貌；而于本书作者的阐释部分，则用现行的词语规范予以改正。另外本书中各种情况的数字较多，此次再版在遵守国家《出版物上数字用法的规定》的情况下，为了求得局部体例上的一致，某些地方适当作了变通，因此书中在阿拉伯数字和汉字的使用上有少数不尽统一之处，特此说明。

上海科学技术文献出版社

---

① 本文系本书第二版（2009年）出版时所撰，此次再版，仍予保留。

前 言①

（2009 年版）

2008 年 12 月中旬的一个假日，我在上海郊区休假。突然接到上海科技文献出版社编辑的电话，希望能重新出版我 20 多年前出版的《通俗〈资本论〉》。这个突然的信息，使我惊讶！更使我惊喜！

2008 年，从美国开始的金融危机和经济危机席卷全球，其范围之广、影响之深，历史上少见。全球，不论是美洲、欧洲，还是亚洲、非洲；各界，无论是政界、商界还是学界，很多人在考察、在思考，在寻找原因、在寻求对策。就在这时，欧洲重新出现了马克思热、《资本论》热。在德国，书架上沉睡多年的《资本论》重新畅销，柏林卡尔·迪茨出版社出版的《资本论》到 2008 年 10 月已卖出 1 500 套，是 2007 年全年销量的 3 倍。据德国出版商预测，《资本论》将成为圣诞节的最佳礼物。在影界，德国新电影之父阿历山大·克鲁格正准备将《资本论》拍成电影；在政界，法国总统萨科齐和德国财政部长施泰因布吕克也在阅读马克思的《资本论》等著作。现在，《资本论》的新读者中还有一批比较年轻的读者，德国左翼党下属的社会主义民主大学学生联合会，在德国 30 多所高校组织了《资本论》研读会，还有中学生看到海报后要求参加研读会。德国“马克思纪念图书馆”还专门编辑了供年轻人学习的《资本论》简读本。近来，欧洲的这股《资本论》热，绝不是偶然的。这是因为《资本论》是分析资本主义制度最深入、最详尽的著作，人们企望从中找到资本主义弊端产生的原因，并探索相应的对策和出路。

在中国，人们在研究和分析这场席卷全球的金融危机和经济危机时，有识者也想到了马克思，想到了《资本论》。最近，我参加了一个经济理论研讨

---

① 本文系本书第二版（2009 年）出版时作者所撰，此次再版，仍予保留。

会，有一位老教授对当前世界金融和经济危机的成因作了剖析。他首先介绍了对此次危机成因的各种解释：美国信贷环境恶化论、金融衍生工具发展过度论、美国贷款机构低估贷款风险论、美国金融监管机构操作失误论、美国过度透支国家信用论、新自由资本主义缺陷论等等，这些看法，从某个角度讲都有一定道理。但是，都不能很好地解释此次危机的根本原因。他认为从马克思主义经济学的角度看，《资本论》中所揭示的危机的根本原因是生产社会化与资本主义所有制之间的矛盾，这个观点得到与会者的共鸣；并论及在中国，也应该扩大《资本论》的学习、研究和宣传。

怎样学习马克思主义、阅读《资本论》？最近在中国也有一次讨论。有人主张"全集论""原著论"，认为学马克思主义就要看《马克思恩格斯全集》，读《资本论》就要看《资本论》原著；有人主张学马克思主义，只要知道马克思主义的ABC就可以了，读《资本论》看通俗解释本就够了。谁对？谁错？谁都不错。这要看不同的对象而言。对马克思主义理论的研究者、教学者、宣传者来说，需要看《马克思恩格斯全集》，需要读《资本论》原著；但对广大老百姓来说，对广大青年来说，对一般干部来说，懂得马克思主义的ABC，看看《资本论》通俗解释的本子就可以了。可不要小看通俗读物，一本好的通俗读物，深入浅出、雅俗共赏，把马克思主义的精华，言简意赅地奉献给读者，真是一件功德无量的事情。艾思奇的《大众哲学》教育培养了多少党的干部和理论工作者！

我也有自身的体会。自从20世纪50年代开始学习马克思主义、读《资本论》以来，已经半个多世纪了。作为一个马克思主义的小学生，我写过《〈资本论〉讲稿》(三卷本)，主编过《新编〈资本论〉教程》(四卷本)、《〈资本论〉简明教程》，撰写过《资本论》学术专著《〈资本论〉难题探索》，还有就是出了一本《通俗〈资本论〉》。在这些论著中，我自感投入心血最多、印象最深、最感得意的，还是《通俗〈资本论〉》。在这一轮《资本论》热潮中，上海科技文献出版社的同志提出重新出版我写的《通俗〈资本论〉》，我很高兴——不是一般的高兴，是非常的高兴，当然就欣然同意了。

要重新出版《通俗〈资本论〉》当然要把原版好好看一遍，认真修改一下。通读后，感到有关的基本原理和主要观点没有变化，除了个别的文字作了修改外，没有大的变动。其中联系实际的现实意义部分，总体上也没有什么问题。马克思的《资本论》确实既有重大的理论意义，又有重大的现实意义。

《资本论》是马克思100多年前写的，尽管当代资本主义经济出现了许多新情况、新问题，但是《资本论》仍然是剖析当代资本主义的理论基础。所以，这次席卷全球的金融危机和经济危机发生后，人们又想起了马克思的《资本论》，这是很自然的，一点都不奇怪。《资本论》不仅是社会主义革命的强大思想武器，而且也是社会主义建设和改革的指路明灯，其理论意义是毋庸置疑的。但是，具体情况是很复杂的。社会在进步，理论在发展，情况在变化。《通俗〈资本论〉》初版至今也已20多年了，具体情况发生了很多变化。当时，总体写的现实意义并没有什么大的变化，因此仍予保留；按章节写的现实意义有不少变化，此次不再保留。

非常感谢上海科技文献出版社给《通俗〈资本论〉》重新出版的机会，继续欢迎读者批评指教。

洪远朋

读《资本论》一得[①]

经常有人问我："《资本论》难读吗？"我总是这样回答："也难，也不难。"

马克思穷毕生之力，四十年如一日，写下巨著三大卷（严格说来，还包括第四卷《剩余价值理论》），照目前通行的中译本，约有2 500页，光是粗读一遍，短则数月，通常总得一年半载。如不专心致志，一曝十寒，既读不完，也读不懂，当然更无心得可言。何况，马克思当年参阅图书不下1 500种，广征博引，从人名地名到著作索引以至神话典故，不查注释，就难以领会。它比起读托尔斯泰的《战争与和平》来，毕竟要难得多了。早年旅英，听到这么一则趣闻：当萧伯纳还是一位年轻记者时，参加了刚刚成立的费边社（1884年），他正在追寻光明，接触到一批憧憬社会主义的知识分子。他们经常讨论拉萨尔、蒲鲁东、欧文以及亚当·斯密、李嘉图等人的经济学说，也有人高谈马克思的《资本论》，并讥笑萧伯纳不学无术，对《资本论》一窍不通。后来，当《资本论》的英译本在伦敦问世（1887年初）不久，萧伯纳购得一本，抱羞闭户，发奋苦读。等他念完以后，理直气壮地再去参加讨论，才发觉自己还是真正读完《资本论》（第一卷）的第一个人。可见，读《资本论》并非易事，也贵在有毅力。要持之以恒，才不会知难而退。尽管萧伯纳后来没有走上轰轰烈烈的革命道路，但在他的名剧《康蒂妲》（1895）的第一幕序景中，还提到书架上陈列着《费边论丛》《资本论》《进步与贫困》等名著，这也多少可以反映《资本论》在他的生活经历中所留印象之深了。

为什么又说不难呢？因为现在学习《资本论》的条件，比过去越来越完备和方便了。回想我在学生时代，战火纷飞，无《资本论》三卷的中译本，就连英译本也是托人从香港秘密寄到重庆的。当时虽能找到几种《资本论》的

① 此文系陶大镛先生为本书第一版（1985年）所撰序言，此次再版，仍予保留。

入门书(像日本河上肇、高畠素之等人的著作),但译笔晦涩、佶屈聱牙,读后似懂非懂,只好生吞活剥。今天学习《资本论》,在我看,实在太幸福了。不仅已有完整的全译本,还出版了好多套解说、讲解、释义之类的辅导资料,只要下定决心,认真读下去,是一定会有得益的。

当然,这并不是说,在学习过程中,就能一帆风顺,畅行无阻了。马克思在《资本论》第一卷的初版序中曾特别指出:“万事开头难,每门科学都是如此。所以本书第一章,特别是分析商品的部分,是最难理解的。”不少人读《资本论》念了第一章,觉得太抽象,不容易消化,就望而却步了。记得宋儒陆象山有这么一首诗:“读书切戒在慌忙,涵泳工夫兴味长。未晓不妨权放过,切身须要急思量。”他的那套主观唯心主义哲学观虽不足道,但这点治学经验似有可取之处。初读《资本论》的第一章,我看就得“未晓不妨权放过”,不应知难而退,要继续读下去;读到下文,可以帮助理解上文,原先难懂的,读完上下文也许就领悟了。如果仍不理解,可等以后回过头来重读。这样做,并非“读书不求甚解”,而是力图讲求实效。有一次,马克思给老友路·库格曼回信(1867 年 11 月 30 日)时也这样写道:“请告诉您的夫人,她可以先读我的书(指《资本论》第一卷——作者注)的以下部分:《工作日》《协作、分工和机器》,最后再读《原始积累》”(相当于现在中文版的第八、十一、十二、十三章和二十四章)。马克思建议这样来读,主要还是考虑到全书的“前几章读起来相当困难”。所以,后来在他亲自修订《资本论》第一卷法文版(1872 年)时,对有些章节就重新改写,不但补充了历史材料和统计资料,还增加了注释,论述简明易懂,对开头几章也改动不少。这样一来,正如马克思致法国出版商莫·拉沙特尔的信(1872 年 3 月 18 日)上所说:“这本书这样出版,更容易到达工人阶级的手里。”为了纪念马克思逝世 100 周年,《资本论》法文版的中译本已于 1983 年正式问世,这是我国广大读者的福音。看来,现在已有更好的条件,似乎没有必要再像库格曼夫人那样的读法了。如果一开始读《商品和货币》这一篇觉得困难,不妨先读法文版的中译本,或者与德文第四版的中译本对照来读,就容易得多了。

有人问:“在学习《资本论》以前,是否需要先读一些入门书?”不用说,我们应该首先具备一些政治经济学的基础知识。近几年,国内出版的这类教材、教程、简明读本等,实在不少,可以选读一本。还有,马克思生前(1880 年 3 月)也曾经提到,阅读《哲学的贫困》和《共产党宣言》两书,可以作为研究

《资本论》的入门，这往往被一般人所忽视。此外，现有的各种通俗的辅导资料和专题性的研究论丛，为数相当可观，当然也有参考价值，但这些毕竟是第二手材料，不能“喧宾夺主”，仍应以攻读原著为要。在自学过程中，如果遇到疑难，可以边读边查这类辅导读物，以帮助理解。“不入虎穴，焉得虎子”，要掌握、吃透《资本论》的精髓，我认为非读原著不可。

要记住：《资本论》如此博大深邃，光读一遍，万万不够。我觉得宜先通读，然后再精读，对难懂的章节，尤其要多读、精读几遍。有人主张逐字逐句地琢磨、推敲，这是对专业研究人员的要求；对广大读者来说，恐怕时间和精力都不许可。古人“半部论语治天下”，毕竟夸大其词了。《论语》仅万余字，即使背熟也不难。我们读《资本论》却不能这样，而贵在全面地理解《资本论》的科学体系，正确地运用它的基本原理和方法，来剖析当代资本主义的新情况和新问题，深入探索社会主义经济规律，使经济科学更好地为祖国的“四化”建设服务。

“学然后知不足”。在《资本论》的学习过程中，更会有这样的感受。越读，越有“高山仰止”之感。记得当年刚读完《资本论》曾沾沾自喜，还在《读书月报》(1940 年)上发表过一篇学习心得；时隔 40 余年，这次重写同样的东西，却踌躇许久，颇费思量。这些年来，在教学、科研中，虽也“学而时习之”，并乐在其中，反而越加感到自己的知识贫乏。

我个人体会，《资本论》非但没有过时，它像常青的松柏，在一个多世纪的革命风暴中，显示了强大的生命力。随便举个例子：建国以来，我们对资本主义国家无产阶级状况的恶化，沿用苏联的教材，习惯于从“绝对贫困化”与“相对贫困化”两个方面来进行论述，近几年还围绕着“绝对”与“相对”争论不休。通过进一步钻研《资本论》，并两次到西方国家访问，从理论上以及实践上(亲眼所睹)，我越来越觉得，在这个问题上，应该回到《资本论》的科学体系上来，恢复马克思原来的提法，不必硬分“绝对”和“相对”这两个范畴，反而更加符合现代资本主义发展中的实际情况(这是一个重大的理论问题，限于篇幅，略而不谈。请参阅拙作《〈资本论〉与现代资本主义》一文)。当然，我们今天强调《资本论》的强大生命力，并不是把《资本论》中的每一句话都奉为万世不变的真理。马克思是在批判地总结和继承人类先进思想的优秀成果的基础上，创立了科学的政治经济学。马克思主义绝不是教条，而是革命行动的指南，并将在新的历史条件下，随着革命实践的发展，不断地创新和发展。牛顿把前贤的成果看做“巨人的肩膀”，高尔基又称颂“书籍是人类进步的阶梯”。我们经济理论工作者只有站在《资本论》这样“巨大的肩膀”上，攀登“人类进步的阶梯”，才能沿着经济研究的崎岖山路，到达光辉的科学高峰。我在学生时代，最初接受的是资产阶级经济学，在这座“迷宫”里摸索了多年，茫然找不到出路；后来读到了《资本论》，对眼花缭乱的现代社会经济现象才豁然开朗。“饮水思源”，如果说过去我对经济科学还能有所领悟，对现代资本主义的本质还能有所了解，这首先须归功于《资本论》的教导。年齿日增，这种感觉愈益强烈。歌德的《浮士德》创作了60年，最后得出的主旨是：“凡是自强不息者，终能得救。”列宁在临终前的病榻上还谆谆教诲我们：要建设共产主义，“第一是学习，第二是学习，第三还是学习”。我深深感到，学习《资本论》，也要这样自强不息，要活到老、学到老、用到老。一得之愚，谨献给初读的青年朋友。

陶大镛

写在前面的话[①]

《资本论》是全世界无产阶级的伟大导师马克思用毕生精力写成的科学巨著，被誉为“工人阶级的圣经”。从19世纪60年代国际工人运动史上的转折，到20世纪80年代的今天；从推翻旧制度、剥夺剥夺者的艰苦斗争，到建立新社会、进行轰轰烈烈的社会主义经济建设的伟大变革，《资本论》始终像一座光芒万丈的灯塔，照耀着历史发展、社会前进、人类进步的里程。

新中国成立以来，特别是近些年来，《资本论》的学习和研究空前活跃，研究成果日见增多，介绍性的著作也不断问世。广大干部、青年自学《资本论》的渴望，使得用通俗的语言来解说这部博大精深的巨著，已经成为非完成不可的工作了。1886年8月13—14日，恩格斯在写给费洛伦斯·凯利-威士涅威茨基夫人的信中说：“如果出一套用通俗的语言解说《资本论》内容的小册子，那倒是件很好的事情。”（见《马克思恩格斯〈资本论〉书信集》，第474页）基于恩格斯的这一思想和广大读者的热切期望，笔者现将这本《通俗〈资本论〉》奉献给读者。

坦率地说，把《资本论》通俗化，这是一件非常困难的事情，从我的能力和水平来看，是力不从心的；但又不能不说，这是一件非常有意义的工作。所以，笔者还是冒昧地进行了尝试，以抛砖引玉，就教于经济理论界，望读者不吝赐教。

为了使这个通俗本尽可能完整地、准确地反映《资本论》的基本理论和基本思想，笔者力争做到既区别于原著、避免使其成为《资本论》的缩节本，又区别于政治经济学读物，避免使其成为原理性的教科书。笔者是根据以下几点想法编写的：

---

① 此文系本书第一版出版时（1985年）作者所撰，此次再版，仍予保留。

第一，这个通俗本基本上是以《资本论》原著的篇为单元来介绍的，既不完全拘泥于原著章、节的标题，又保持了原著篇的体系和章节的顺序。

第二，为了能全面反映《资本论》的本来面貌，对原著总的以及各篇的对象、体系和方法，都作了扼要的介绍。为了体现《资本论》的完整性，这个通俗本除了主要介绍原著前三卷理论部分以外，对第四卷即剩余价值理论史，也在最后作了简要的介绍。

第三，为了紧密联系《资本论》，通俗本对原著中马克思阐述的最基本的原理、最精彩的论述、最生动的语言，都尽可能地原文引出（凡引自《资本论》第1至第4卷的，都以人民出版社出版的《马克思恩格斯全集》第23至第26卷的版本为准。①为简便起见，只在文后注“第×卷第×页”；引自法文版《资本论》第1卷中译本的，简称法文版第×页）。

第四，这个通俗本介绍《资本论》的主要内容不采取平铺直叙、面面俱到的方法，而是着重介绍主要观点。重点章节详细介绍，一般章节简要介绍。前三卷中关于批判资产阶级经济理论的章节一般都从略。对一些比较重要的难点，做了必要的释疑工作。

第五，为了适应更多、更广泛的读者需要，使广大基层干部和青年同志可以读懂，有关大专院校学生可以作为学习的参考读物，以及其他感兴趣的同志也可以有所启发，本书在文字表达上力求做到深入浅出、雅俗共赏。但由于水平的关系，距广大读者的要求尚差很远。

1985年是恩格斯整理的《资本论》第2卷出版100周年。能在此期间使这本通俗读物与广大读者见面，对于长期从事《资本论》研究和教学工作的笔者来说，是十分欣慰的事情。同时，也算是我对革命导师——马克思、恩格斯的深切怀念。

在本书的编写过程中，得到了有关方面和同志的支持与帮助，参阅了许多同志的有关著作和论文；特别是著名经济学家陶大镛教授在百忙中为本书撰写了序言，在此一并表示谢忱。

① 《资本论》第1卷：《马克思恩格斯全集》第23卷，人民出版社，1972年版，文中简称“第1卷第×页”；第2卷：《马克思恩格斯全集》第24卷，人民出版社，1972年版，文中简称“第2卷第×页”；第3卷：《马克思恩格斯全集》第25卷，人民出版社，1974年版，文中简称“第3卷第×页”；第4卷（Ⅰ）：《马克思恩格斯全集》第26卷（Ⅰ），人民出版社，1972年版，文中简称“第4卷Ⅰ第×页”；第4卷（Ⅱ）：《马克思恩格斯全集》第26卷（Ⅱ），人民出版社，1973年版，文中简称“第4卷Ⅱ第×页”；第4卷（Ⅲ）：《马克思恩格斯全集》第26卷（Ⅲ），人民出版社，1974年版，文中简称“第4卷Ⅲ第×页”。

一、“工人阶级的圣经”

——《资本论》的序言和跋

恩格斯在《资本论》第一卷英文版序言中说：“《资本论》在大陆上常常被称为‘工人阶级的圣经’。任何一个熟悉工人运动的人都不会否认：本书所作的结论日益成为伟大的工人阶级运动的基本原则。”(第1卷第36页)提起圣经，人们往往想起宗教。其实，并不尽然。犹太教徒有他们的圣经《旧约全书》，基督教徒有他们的圣经《新约全书》等等。工人阶级也有自己的“圣经”，这就是马克思的主要著作——《资本论》。何谓“圣经”？圣者，无所不通，或造诣极深也。《尚书·洪范》孔传曰：“于事无不通谓之圣。”经者，经典也，也就是最重要的具有指导意义的著作。《资本论》之所以被称为“工人阶级的圣经”，这是因为，《资本论》是无所不通的对工人阶级来说最重要的具有指导意义的著作。《资本论》到底是一部怎样的著作？它是讲什么的？对工人阶级到底有什么意义？对于这些问题，马克思和恩格斯在他们所写的《资本论》序言和跋中都作了扼要的说明。

概　　述

《资本论》书名的来龙去脉

大家都知道，《资本论》是马克思写的。但是要知道这部书名的来龙去脉还得从头说起。

马克思在大学本来是学法律专业的，但他将主要精力却用在哲学和历史的研究上。后来，在实际生活和斗争中碰到了大量的现实问题，例如：1842—1843年马克思在担任《莱茵报》主编期间，遇到要对物质利益问题发表意见的难事；莱茵省议会关于林木盗窃和地产分析的讨论；莱茵省总督就摩塞尔农民状况同《莱茵报》展开的官方论战，以及关于自由贸易和保护关税的辩论等现实问题。这些问题仅靠法律、靠上层建筑是解决不了的，而必须从经济生活、从经济基础中去寻找答案。这就促使马克思去研究政治经济学。

于是，从 1843 年起，马克思开始系统收集资料研究政治经济学。起初，他打算写一部批判资本主义制度和资产阶级政治经济学的巨著。马克思当时计划这部著作的书名叫《政治经济学批判》，并且打算分六册出版，即：《资本》《地产》《雇佣劳动》《国家》《对外贸易》《世界市场》。《资本》的第一分册谈商品和货币（相当于现在的《资本论》第一卷第一篇），于 1859 年 1 月写完，6 月出版。之后，马克思立即着手《资本》第二分册的整理和写作。在这个过程中，马克思对政治经济学又作了大量的研究工作，写下了《1861—1863 年经济学手稿》。也就是在写作这个手稿的过程中，他改变了原来的计划，决定以《资本论》为书名，以《政治经济学批判》作为副题，分四卷出版他的全部经济学著作。经过几年的努力，1867 年 9 月，《资本论》第一卷德文版终于在德国汉堡问世。马克思在《资本论》第一卷第一版序言中一开头就这样说："现在我把这部著作的第一卷交给读者。这部著作是我 1859 年发表的《政治经济学批判》的续篇。"（第 1 卷第 7 页）

从 1867 年开始到 1883 年，马克思对《资本论》其他三卷进行了整理和修改；但是还没等完成，马克思就坐在他的安乐椅上长眠了，其时他面前的书桌上还放着正在修改的《资本论》第二、第三卷的原稿。

马克思逝世后，恩格斯继承马克思未竟的事业，整理出版了《资本论》第二卷（1885 年）和第三卷（1894 年）。遗憾的是恩格斯在《资本论》第三卷出版后的第二年（1895 年），还没来得及把第四卷整理好，就逝世了。恩格斯在临终之前，曾委托考茨基整理原稿，作为第四卷出版。但考茨基却把第四卷作为一部与《资本论》平行的独立著作，命名为《剩余价值学说史》分作三卷四册，其中第二卷又分作上、下两册，分别在 1904 年、1905 年和 1910 年出版，并对手稿的结构，特别是第二卷，按照自己的理解重新作了安排。1954—1961 年苏联重新整理出版了第四卷手稿，命名为《剩余价值理论》，列为《资本论》第四卷。这个新版本基本上以马克思的手稿次序为依据；但是，第四卷的章节标题大部分是由俄文版编者拟定的。1956—1962 年该书德文新版本出版。1962—1964 年则作为《马克思恩格斯全集》（俄文版）第二十六卷(共分三册)出版。

四卷《资本论》从写作到出版，马克思和恩格斯花了50年时间，后人又断断续续花了近70年时间，前后用了近120年时间，才使它以完整的体系呈现在人们面前。

恩格斯的名字也不可磨灭地铭刻上去了

《资本论》是马克思的主要著作，但是，《资本论》与恩格斯的名字也是分不开的。

恩格斯首先是《资本论》写作的全力支持者。马克思是在经济极端困难的情况下写作《资本论》的。当时马克思有时吃不上饭，有时身边一分钱也没有，有一次稿子写好后竟连寄给出版商的邮费也拿不出。恩格斯为了能从经济上支持马克思写作《资本论》，不得不从事他极其厌恶的商业工作。马克思在写作《资本论》时遇到理论上的问题，也总是同恩格斯商讨，恩格斯也总是给以令他满意的答复。1867年5月7日，马克思在给恩格斯的一封信中，曾经这样说过：“没有你，我永远不能完成这部著作。坦白地向你说，我的良心经常象被梦魇压着一样感到沉重，因为你的卓越才能主要是为了我才浪费在经商上面，才让它们荒废，而且还要分担我的一切琐碎的忧患。”①在《资本论》第一卷快要付印的时候，马克思又写信给恩格斯说：“这样，**这一卷就完成**了。其所以能够如此，我只有感谢**你**！没有你为我作的牺牲，我是决不可能完成这三卷书的巨大工作的。我满怀感激的心情拥抱你！”②

恩格斯又是《资本论》写作的继承者。马克思在世时，只整理出版了《资本论》第一卷。马克思逝世后，恩格斯毫不犹豫地放下了自己多年的研究工作，担负起整理和出版《资本论》遗稿的责任。恩格斯在开始整理《资本论》第二卷手稿时已经63岁，年老多病和繁重的革命活动，使他的工作遇到很大困难。在那时还活着的人当中，只有恩格斯一个人能够辨认马克思的手稿。恩格斯为了使工人阶级早日读到这部著作，一当身体较好时，就通宵达旦不停地工作，抄写马克思遗留下来的手稿。劳累使他病倒了，医生禁止他工作，他就请了一位助手，白天躺在沙发上口述手稿，由助手记录下来，晚上再由他加工整理。经过他的辛勤劳动，《资本论》第二卷于1885年9月出版，第

①② 马克思恩格斯《资本论》书信集.北京：人民出版社，1976：212、223.

三卷于1894年出版。列宁说:“整理这两卷《资本论》,是一件很费力的工作。奥地利社会民主党人阿德勒说得很对:恩格斯出版了《资本论》第二卷和第三卷,就是替他的天才的朋友建立了一座庄严宏伟的纪念碑,在这座纪念碑上,他无意中也把自己的名字不可磨灭地铭刻上去了。的确,这两卷《资本论》是马克思和恩格斯两人的著作。”①

恩格斯还是《资本论》的传播者。《资本论》第一卷出版后,资产阶级使用了沉默的阴谋,妄图扼杀这部伟大著作。马克思在第二版跋中就曾讲过,资产阶级最初妄图用沉默置《资本论》于死地。为了粉碎资产阶级的阴谋,马克思和恩格斯同当时资产阶级及其御用学者进行了顽强的斗争。恩格斯提出了一个巧妙的战略计划,用各种不同的方式在不同特点的报刊上发表评论文章,介绍《资本论》的内容,阐明马克思经济理论的历史意义。恩格斯在一系列书评中,用了“迂回”“反激”等战术,迫使资产阶级学者对《资本论》张开嘴巴。他甚至用资产阶级的观点对《资本论》进行抨击。1867年9月11日恩格斯写信给马克思,询问“为了推动事情,我是否需要从资产阶级的观点对书进行抨击?”9月12日马克思答复说:“你**从资产阶级观点**对书进行抨击的计划是**最好的作战方法**。”②恩格斯出色地完成了这个任务,冲垮了资产阶级用来包围《资本论》的“沉默”的围墙,使《资本论》很快广泛传播开来。

恩格斯也是《资本论》的捍卫者。《资本论》广泛传播以后,资产阶级及其御用学者又采用了歪曲、诽谤等手法来诋毁它,对此恩格斯一一给以有力的回击。首先跳出来诋毁《资本论》的是江湖骗子杜林。杜林曾诬蔑马克思在《资本论》中把个人所有制和公有制说成是一个东西,恩格斯在著名的《反杜林论》中作了回击。在《资本论》第一卷第四版序言中,恩格斯回击了德国工厂主联盟机关刊物柏林《协和》杂志刊登的一个匿名作者指责马克思歪曲引证别人话的攻击,并用大量的事实证明:“马克思既没有删掉任何值得一提的东西,也绝对没有‘增添’任何东西。”(第1卷第44页)在《资本论》第二卷序言中,恩格斯又对德国讲坛社会主义者及其信徒攻击马克思剽窃洛贝尔图斯的谰言进行了驳斥。在《资本论》第三卷序言中,还对资产阶级学者不懂得马克思的平均利润是建立在价值规律基础上的学说而发表的种种奇谈怪论进行了抨击。针对资产阶级经济学著作围绕《资本论》第一卷和第三

① 列宁选集·第1卷.北京:人民出版社,1960:92.

② 马克思恩格斯《资本论》书信集.北京:人民出版社,1976:233.

卷之间有所谓“矛盾”而掀起的喧闹，恩格斯写了《论价值规律和利润率》。这篇论文在恩格斯逝世后不久，发表在德国社会民主党机关报《新时代》上。现在，这篇论文和恩格斯的另一篇论文《交易所。〈资本论〉第三卷补充说明》一起，作为增补放在《资本论》第三卷的后面。如今，现代资产阶级经济学者萨缪尔森之流还在喋喋不休地攻击所谓《资本论》第一卷和第三卷的“矛盾”，在所谓“转形”理论问题上大放厥词；实际上，这种诽谤早在八九十年前就被恩格斯驳得体无完肤了。

沃尔弗是当之无愧的

打开《资本论》第一卷的扉页，有这样一段话首先映入我们的眼帘：

献　　给

我的不能忘记的朋友

勇敢的忠实的高尚的无产阶级先锋战士

威廉·沃尔弗

1809 年 6 月 21 日生于塔尔瑙

1864 年 5 月 9 日死于曼彻斯特流亡生活中

翻开德国革命史我们看到：威廉·沃尔弗，1809 年 6 月 21 日出生在德国西里西亚的一个农奴家庭，1834 年大学毕业。早年他因参加学生运动曾被捕入狱，1846—1847 年是马克思恩格斯建立的共产主义通讯委员会委员。他在《新莱茵报》任编辑期间与马克思一起工作了很长一段时间，后来因参加革命活动受反动政府迫害而流亡国外。1864 年 5 月 9 日死于英国曼彻斯特。

沃尔弗是马克思和恩格斯的亲密战友。正如马克思所说的，他是勇敢的忠实的高尚的无产阶级先锋战士。他对无产阶级事业忠心耿耿，工作勤勤恳恳，生活节俭简朴，对同志、对战友非常热忱。在曼彻斯特的时候，沃尔弗几乎天天同恩格斯见面。恩格斯曾经说过：“沃尔弗是我在曼彻斯特的唯一同志。”①他非常关心马克思《资本论》的写作和出版，为此做过许多工作。在英国流亡期间，他靠当私人教师谋生，逝世前把平时省吃俭用积攒下的

① 马克思恩格斯全集·第 19 卷.北京：人民出版社，1963：105.

820 英镑全部赠送给马克思。这对在贫困交迫中撰写《资本论》的马克思，是一个重要支援，犹如雪中送炭。

为了纪念沃尔弗，恩格斯写了一篇题为《威廉·沃尔弗》的纪念文章，现收入《马克思恩格斯全集》第十九卷中。恩格斯赞扬了他那坚韧不拔的性格，“他那无可怀疑的绝对忠诚，他那对敌、对友、对己都同样严格的，始终如一的责任感”。①

为了纪念沃尔弗，马克思把自己的主要著作——《资本论》第一卷献给了这位勇敢的、忠实的、高尚的无产阶级先锋战士。

序和跋是《资本论》入门的一把钥匙

我们知道，序言是介绍、评述一部著作，说明其写作意图、基本内容、中心思想、体例、方法等等的文字，一般放在书的前面，就是我们通常所说的前言。跋也是用来评介内容或说明写作经过的文字，一般放在书的后面，也就是我们通常所说的后记。

马克思和恩格斯为《资本论》共写了 8 篇序言和 2 篇跋。其中，马克思写了 4 篇，恩格斯写了 6 篇。从卷次来说，第一卷是 7 篇，第二卷 2 篇，第三卷 1 篇。这些序言和跋凝结着两位革命导师的心血，也是他们伟大友谊的结晶。

这些序言和跋是《资本论》的有机组成部分，它们和正文一起构成了博大精深的《资本论》的科学体系，因而，我们说它们是交给读者打开《资本论》大门的一把钥匙。我们不仅可以从中找到学习《资本论》的指南，而且对于我们学懂弄通正文有直接的帮助。所以，在学习《资本论》时，有目的地阅读序言和跋，将使我们受益匪浅。

在这 10 篇序言和跋中，最主要的是学懂马克思写的第一版序言和第二版跋。因为在这里面，马克思把《资本论》的一些主要问题，如对象、目的、体系、方法以及政治经济学的阶级性，都作了简明扼要的说明，它起着提纲挈领的作用。

(一)《资本论》是一部怎样的著作

《资本论》这部博大精深的科学巨著，共 4 卷 4 000 多页，300 多万字。它

① 马克思恩格斯全集·第 19 卷.北京：人民出版社，1963：63.

概括了马克思主义的三个重要组成部分，还包含了马克思关于政治、历史、法学、文学等等的重要思想，是马克思主义的百科全书。

《资本论》首先是一部伟大的政治经济学著作

提起《资本论》，人们往往把它理解为马克思主义政治经济学的资本主义部分，这是很不全面的。《资本论》按其实质来说，首先是无产阶级的政治经济学，是无产阶级进行社会主义革命和社会主义建设的理论。在马克思以前已经有了政治经济学，不过那是资产阶级的政治经济学；它们从资产阶级的偏见出发，把资本主义看成是一种永恒的绝对的社会制度。因此，资产阶级政治经济学在科学上不可能有真正的发展。和资产阶级政治经济学相反，马克思坚定地站在无产阶级立场上，通过《资本论》揭示了资本主义经济运动的规律，揭露了资本主义制度的剥削本质，得出了资本主义一定要灭亡、社会主义必然会胜利、共产主义一定要实现的结论，使政治经济学成为无产阶级反对资产阶级、推翻资本主义制度、进行社会主义革命和社会主义建设最有力的理论武器。所以，有了马克思的《资本论》，政治经济学才真正获得科学的地位，政治经济学才成为无产阶级的科学。恩格斯说过：《资本论》“是工人阶级政治经济学的科学表述。……任何人，不管他对社会主义采取什么态度，都不能不承认，社会主义在这里第一次得到科学的论述”。① 《资本论》是“马克思的主要著作，这部著作叙述了他的经济学观点和社会主义观点的基础”。②所以，搞社会主义革命要以《资本论》为指导，搞社会主义建设也要以《资本论》为指导。

《资本论》还是一部光辉的哲学著作

说《资本论》是马克思主义政治经济学的宏伟巨著，这比较容易理解；为什么又说它是光辉的哲学著作呢？这是因为，它是唯物史观的典范，是活的辩证法。《资本论》从头到尾都是以辩证唯物主义为指导的，从头到尾贯串了辩证唯物主义的方法。列宁在《哲学笔记》中说：“虽说马克思没有遗留下‘逻辑’（大写字母的），但他遗留下《资本论》的逻辑，应当充分地利用这种逻辑来解决当前的问题。在《资本论》中，逻辑、辩证法和唯物主义的认识论〔不必要三个词：它们是同一个东西〕都应用于同一门科学，而唯物主义则从黑格尔

---

① 马克思恩格斯全集·第16卷.北京：人民出版社，1964：411—412.

② 马克思恩格斯全集·第19卷.北京：人民出版社，1963：120.

那里吸取了全部有价值的东西，并且向前推进了这些有价值的东西。”①

从历史唯物主义来看，《资本论》的出版使唯物史观得到了证明。唯物史观首先是马克思发现的。早在1845年春，马克思就对唯物史观作了明确的表述，但是当时提出的唯物史观仍然是一种假设，还没有得到具体的证明。《资本论》出版后，情况就不同了。列宁指出：“自从《资本论》问世以来，唯物主义历史观已经不是假设而是科学地证明了的原理。”②“既然运用唯物主义去分析和说明一种社会形态已经取得如此辉煌的成果，那末，十分自然，历史唯物主义已不再是什么假设而是经过科学检验的理论了；十分自然，这种方法也必须应用于其余各种社会形态，虽然这些社会形态尚未经过专门的实际研究和详细分析。”③

我们知道，马克思主义哲学就是辩证唯物主义和历史唯物主义。既然《资本论》是一部活的辩证法，又是唯物史观的典范，那么，《资本论》也当然是马克思给我们留下的一部具体的哲学巨著。作为一部哲学著作，《资本论》也就以它所体现的无产阶级的立场、观点和方法，去武装人们的思想，指导无产阶级进行社会主义革命和社会主义建设。

《资本论》又是一部科学社会主义的基本著作

《资本论》与科学社会主义有什么关系呢？

我们知道，《资本论》的中心是剩余价值学说，而剩余价值学说的建立，则使社会主义从空想变成了科学。恩格斯指出：关于剩余价值来源问题的解决，“是马克思著作的划时代的功绩。它使社会主义者早先象资产阶级经济学者一样在深沉的黑暗中摸索的经济领域，得到了明亮的阳光的照耀。科学的社会主义就是从此开始，以此为中心发展起来的”。④所以列宁说，《资本论》是“叙述科学社会主义的基本的主要的著作”。⑤它作为一部科学社会主义的著作，当然应该也可以指导社会主义经济建设。

总之，《资本论》是马克思主义的百科全书，是马克思主义理论的基本阵地，要坚持马克思主义，就要认真学习马克思主义的主要著作——《资本论》。

① 列宁全集·第38卷.北京：人民出版社，1960：357.
② 列宁选集·第1卷.北京：人民出版社，1960：10.
③ 列宁选集·第1卷.北京：人民出版社，1960：13.
④ 反杜林论.北京：人民出版社，1970：201.
⑤ 列宁选集·第1卷.北京：人民出版社，1960：52.

(二)《资本论》是研究什么的

《资本论》的研究对象和目的

每一门科学都有各自的研究对象,关于《资本论》的研究对象,马克思在第一卷第一版序言中指出:"我要在本书研究的,是资本主义生产方式以及和它相适应的生产关系和交换关系。"(第1卷第8页)怎么理解马克思的这句话呢?

理解这句话的关键在于理解这里所说的"生产方式"。我们知道,在马克思主义经典著作里,生产方式这个概念几经出现,在不同场合有不同的含义。那么,这里所讲的生产方式是指什么呢?把马克思这句话的前后文联系起来理解,这里所说的生产方式,是指"社会经济形态"。正如列宁在阐述《资本论》第一版序言的基本思想时指出的:"马克思只说到一个'社会经济形态',即资本主义社会经济形态,换句话说,他研究的只是这个形态而不是别的形态的发展规律"。①列宁还说过:"马克思在《资本论》序言中写道:'本书的最终目的,是揭示现代社会(即资本主义社会,资产阶级社会)的经济运动规律'。研究这个历史上一定社会的生产关系的发生、发展和衰落,就是马克思的经济学说的内容。"②可见,《资本论》研究的是与资本主义社会经济形态相适应的生产关系和交换关系。因为交换关系是广义的生产关系的一个方面,所以实际上就是说,《资本论》研究的是资本主义社会的生产关系。

对象和目的是分不开的。《资本论》研究资本主义生产关系的目的,是为了揭示资本主义生产关系产生、发展和灭亡的规律。正如马克思在《资本论》第一版序言中所指出的:"本书的最终目的就是揭示现代社会的经济运动规律。"(第1卷第11页)

但是,《资本论》对资本主义生产关系的研究不是孤立进行的,它是在生产力与生产关系的矛盾运动中,在经济基础③和上层建筑的矛盾运动中研究

---

① 列宁全集·第1卷.北京:人民出版社,1961:116.

② 列宁全集·第21卷.北京:人民出版社,1960:41.

③ 经济基础一般指生产关系的总和。马克思说"这些生产关系的总和构成社会的经济结构,即有法律的和政治的上层建筑竖立其上并有一定的社会意识形式与之相适应的现实基础。"(《马克思恩格斯选集》第2卷,第82页)

生产关系的。因为生产关系一定要适合生产力发展的规律是人类社会发展的一般规律，所以，研究生产关系绝不能离开生产力。《资本论》正是在生产力与生产关系的矛盾中研究资本主义生产关系的。《资本论》研究生产关系也没有离开上层建筑。正如列宁所指出的：《资本论》“**专门**以生产关系**说明**该社会形态的结构和发展，但又随时随地探究适合于这种生产关系的上层建筑，使骨胳有血有肉”。①

既然《资本论》的研究对象是生产关系，那么马克思主义政治经济学研究的对象也就是生产关系。有人看到政治经济学中有“经济”两个字，就认为政治经济学仅仅是算账的，这是一种误解。政治经济学当然要算账，但它不是教我们怎样具体算账，而是教我们懂得算账的道理和基本原理，具体的算账方法是会计学的任务。也有一些人认为政治经济学是研究生产关系的，与算账毫无关系，这也是一种误解。其实，政治经济学不仅注重质的分析，而且也注重量的分析。马克思在《资本论》中，不仅分析了资本的本质是榨取剩余价值，而且还分析了资本家怎样通过提高剩余价值率来增加剩余价值的量。另外，还有一些人看到政治经济学中有“政治”两个字，就认为政治经济学是搞政治的，是专门搞阶级斗争的，这也是一种误解。政治经济学当然有阶级性，不同阶级有不同的政治经济学。但是，政治经济学绝不是政治学。政治经济学是研究经济基础的，政治学是研究上层建筑的。

《资本论》的中心和结构

一般都认为《资本论》共三卷，实际上还应加上第四卷《剩余价值学说史》。马克思在第一版序言中指出：“这部著作的第二卷将探讨资本的流通过程(第二册)和总过程的各种形式(第三册)，第三卷即最后一卷(第四册)将探讨理论史。”(第 1 卷，第 12 页)马克思在 1866 年 10 月 13 日给库格曼的信中写道：“全部著作分为以下几部分：**第一册　资本的生产过程。第二册　资本的流通过程。第三册　总过程的各种形式。第四册　理论史**。”②可见，《剩余价值学说史》是《资本论》的一个组成部分。

四卷《资本论》以剩余价值为中心贯串全书，是一个不可分割的整体。恩格斯说过：“马克思的整本书都是以剩余价值为中心的。”③

---

① 列宁选集 · 第 1 卷.北京：人民出版社，1976：9.

② 马克思恩格斯《资本论》书信集.北京：人民出版社，1976：204.

③ 反杜林论.北京：人民出版社，1970：210.

第一卷　资本的生产过程，中心是分析剩余价值的生产问题。

第二卷　资本的流通过程，中心是分析剩余价值的实现问题。

第三卷　资本主义生产总过程，中心是分析剩余价值的分配问题。

第四卷　剩余价值理论，中心是分析剩余价值的学说史。

《资本论》中心突出，结构严密，是一个非常完整的科学体系。用马克思自己的话说，《资本论》是一个艺术的整体。1865 年 7 月 31 日马克思写信给恩格斯说：“至于说到我的工作，我愿意把全部真情告诉你。再写三章就可以结束理论部分(前三册)。然后还得写第四册，即历史文献部分；对我来说这是最容易的一部分，因为所有的问题都在前三册中解决了，最后这一册大半是以历史的形式重述一遍。……不论我的著作有什么缺点，它们却有一个长处，即它们是一个艺术的整体。”①

《资本论》这个艺术的整体，不仅为政治经济学资本主义部分建立了严整的科学体系，而且对社会主义政治经济学体系的建立也具有巨大的指导意义。

《资本论》的方法

《资本论》的基本方法是唯物辩证法。马克思在《资本论》第二版跋中，在引证了考夫曼的一段话后指出：“这位作者先生把他称为我的实际方法的东西描述得这样恰当，并且在考察我个人对这种方法的运用时又抱着这样的好感，那他所描述的不正是辩证方法吗?”(第 1 卷第 23 页)

《资本论》的方法，不仅是辩证的，而且是唯物的。马克思说：“我的辩证方法，从根本上来说，不仅和黑格尔的辩证方法不同，而且和它截然相反。在黑格尔看来，思维过程，即他称为观念而甚至把它变成独立主体的思维过程，是现实事物的创造主，而现实事物只是思维过程的外部表现。我的看法则相反，观念的东西不外是移入人的头脑并在人的头脑中改造过的物质的东西而已。”(第 1 卷第 24 页)

辩证法不崇拜任何东西，按其本质来说，它是批判的和革命的。马克思用唯物辩证法来研究和观察资本主义社会，揭示出资本主义并不是一个永恒的制度，而是人类社会发展过程中的一个阶段。而且，资本主义本身也有一个产生、发展和灭亡的过程。马克思说：“我的观点是：社会经济形态的发

---

① 马克思恩格斯《资本论》书信集.北京：人民出版社，1976：196.

展是一种自然历史过程。"(第1卷第12页)资本主义社会"不是坚实的结晶体,而是一个能够变化并且经常处于变化过程中的机体"。(第1卷第12页)

那么,马克思在《资本论》中是怎样运用唯物辩证法的呢?

马克思在《资本论》中突出地运用了矛盾分析法,自始至终地分析了生产力与生产关系的矛盾。例如,《资本论》第一卷第一部分即第一篇,具体分析了商品生产内在的使用价值与价值的矛盾、具体劳动与抽象劳动的矛盾、私人劳动与社会劳动的矛盾、物的人格化与人格的物化的矛盾,所有这些实际上都是生产力与生产关系的矛盾;第二部分即第二至第六篇,着重分析了资本主义生产过程中劳动过程与价值增殖过程的矛盾,这无疑是生产力与生产关系的矛盾;第三部分即第七篇,着重分析了生产社会化与生产资料资本主义私人占有之间的矛盾,并且得出了资本主义必然灭亡的科学结论。正如马克思在《资本论》第一卷第二版跋中所说的:"辩证法,在其合理形态上,引起资产阶级及其夸夸其谈的代言人的恼怒和恐怖,因为辩证法在对现存事物的肯定的理解中同时包含对现存事物的否定的理解,即对现存事物的必然灭亡的理解;……辩证法不崇拜任何东西,按其本质来说,它是批判的和革命的。"(第1卷第24页)

运用抽象法是《资本论》运用唯物辩证法的一个特点。马克思在第一版序言中指出:"分析经济形式,既不能用显微镜,也不能用化学试剂。二者都必须用抽象力来代替。"(第1卷第8页)马克思的科学抽象法包括从具体到抽象、再由抽象到具体两个过程。也就是先根据大量的材料,经过去粗取精、去伪存真、由此及彼、由表及里的加工过程,把它上升为理论,然后再根据上升的理论具体阐述现实的事物。前一个过程是研究方法,后一个过程是叙述方法。马克思在第二版跋中这样说过:"当然,在形式上,叙述方法必须与研究方法不同。研究必须充分地占有材料,分析它的各种发展形式,探寻这些形式的内在联系。只有这项工作完成以后,现实的运动才能适当地叙述出来。"(第1卷第23页)

逻辑方法和历史方法的一致是《资本论》方法的又一个特点。所谓逻辑方法就是按照思维规律进行分析、推理、判断来叙述问题的方法;所谓历史方法就是按照历史发展的先后顺序来说明问题的方法。马克思的《资本论》贯彻了逻辑方法和历史方法的统一。例如,《资本论》第一卷三部分,从逻辑方法来说,是出发点、中心和总结的关系;从历史方法来说,是资本主义产生、发展和灭亡的过程。《资本论》中逻辑方法和历史方法的统一表现在,有时是先“史”后“论”,有时是先“论”后“史”。例如,《资本论》第三卷第四篇到第六篇,都是先分析资本主义的商业资本、生息资本和地租后,再回过头来讲资本主义以前的商业资本、生息资本和地租的历史。

《资本论》运用的方法,还有简单到复杂、分析到综合、质和量的统一、转形等等。所有这些都是马克思唯物辩证法的具体应用,体现了马克思主义的世界观和方法论。

(三)怎样学习《资本论》

从《资本论》中学立场、观点和方法

《资本论》这部著作是马克思坚定地站在无产阶级立场上,怀着深厚的无产阶级感情写成的,字里行间,充满着对无产阶级的热爱和关怀,对资产阶级的鄙视和憎恨。他揭露了资本家的贪婪和残暴,倾诉了无产阶级的苦难和悲愤,吹响了无产阶级联合起来向资本主义制度开火的战斗号角;他敲响了资本主义必然灭亡的丧钟,给无产阶级指明了共产主义一定会实现的光明前景。我们学习《资本论》,首先就要学习马克思坚定的无产阶级立场和深厚的无产阶级感情。因为《资本论》中的许多原理,倘若站在资产阶级的立场观点上去看,那么终身也理解不了;但是从无产阶级的立场、观点出发,就很容易理解。恩格斯曾经说过:“没有受过教育的工人要比我们那些高傲的‘有教养的’人高明得多,因为前者对最难的经济结论也很容易理解,而后者对这种复杂的问题却终身也解决不了。”①

《资本论》是以辩证唯物主义和历史唯物主义为指导的,从头到尾都贯串了辩证唯物主义和历史唯物主义的方法。因此,我们学习《资本论》也必须以辩证唯物主义和历史唯物主义为指导,坚持唯物辩证法。

总之,我们学《资本论》一定要着重从中学立场、学观点、学方法,决不要钻牛角尖,这是学好《资本论》的基础。

完整地准确地学习和掌握《资本论》的基本原理

《资本论》是一个极其丰富的理论宝库,是一个完整的科学体系,我们在

① 马克思恩格斯选集·第1卷.北京:人民出版社,1974:341.

学习中，应当力求完整地准确地掌握《资本论》的基本原理。如果把《资本论》的基本原理理解得不全面不准确，用来指导社会主义经济，就会给社会主义建设造成损失。例如，我们长期以来把社会再生产的规律，概括为生产资料优先增长的规律，并以此指导社会主义经济建设，造成了国民经济比例关系长期失调，影响了社会主义优越性的发挥。实际上，这个概括是既不确切又不全面的。根据《资本论》第二卷和第三卷的有关论述，社会再生产的规律应概括为：(1)生产资料增长较快的规律。"增长较快"这是客观趋势，而不是"优先增长"，优先带有主观、人为安排的意思；(2)生产资料增长较快最终要依赖于消费品增长的规律。生产资料的增长和消费资料的增长是相互制约、互相促进的，不能片面强调生产资料的"优先"增长，同样也不能片面强调消费资料的"优先"增长。又如，长期以来有一种观点认为，积累是扩大再生产的唯一源泉，而且说这种观点是马克思在《资本论》中论证的。实际上，这个观点并不是马克思的。马克思在《资本论》中讲得很清楚，积累是扩大再生产的源泉，但不是唯一源泉。马克思曾非常明确地讲过："没有积累，还是能够在一定界限之内扩大它的生产规模。"(第 2 卷第 565 页)全面地、正确地理解积累与扩大再生产的关系，对发展社会主义经济具有重大意义。如果片面地认为积累是扩大再生产的唯一源泉，一谈到扩大再生产，就伸手向国家要钱、要人、要物，这对社会主义经济的发展只能是有害无利。

所以，在学习和掌握《资本论》时，我们不能为我所需，曲解马克思主义的基本原理；也不能把本来不是马克思的东西强加给马克思，而是要采取科学的实事求是的态度。

学习《资本论》要理论联系实际

毛泽东同志指出："我们学的是马克思主义，但是我们中的许多人，他们学马克思主义的方法是直接违反马克思主义的。这就是说，他们违背了马克思、恩格斯、列宁、斯大林所谆谆告诫人们的一条基本原则：理论和实际统一。"[①]那么，学习《资本论》怎样联系实际呢？

首先，要联系社会主义建设的实际，联系实现社会主义现代化的实际。过去我们学习《资本论》，一般比较着重学习马克思对于资本主义剥削关系的论述，而对社会生产一般规律的分析却注意不够。现在，在以实现社会主

---

① 毛泽东选集·第 3 卷.北京：人民出版社，1966：756.

义现代化为工作重点的社会主义建设时期，我们对《资本论》的学习也应该注重其中有关社会化生产的一般规律的论述，并把它与我国社会主义经济建设的实际联系起来。毛泽东同志曾经说过："社会科学，马克思列宁主义，斯大林讲得对的那些方面，我们一定要继续努力学习。我们要学的是属于普遍真理的东西，并且学习一定要与中国实际相结合。如果每句话，包括马克思的话，都要照搬，那就不得了。"[①]例如，马克思在写《资本论》的时候，他设想在废除资本主义制度之后，是实行生产资料单一的社会所有制，不存在商品和货币的社会主义社会。他的这个设想是以资本主义高度发达的国家里无产阶级取得政权为前提的。而我国是在资本主义有一定发展，但经济还相当落后、商品生产并没有充分发展的半封建半殖民地国家的基础上取得社会主义革命胜利的，因此，我们要发展社会主义经济，不能照搬马克思在《资本论》中的所有论述。我们现在还不能实行单一的社会主义公有制，必须实行以公有制为主体、多种所有制共同发展的基本经济制度。这是由我国生产力发展水平总的说来还比较低，又很不平衡，存在多层次的生产力所决定的。因此，在很长时期内，需要与生产力层次相适应的多种经济形式的同时并存。与之相适应，我们也不能取消商品和货币，不能忽视价值规律的作用。我们必须在社会主义公有制基础上，实行社会主义市场经济体制，同时充分发挥价值规律的作用，大力发展社会主义商品经济。如果不从社会主义的现实出发，认为马克思说过的都应该绝对地遵守，那就会在实践中造成严重后果。我国在1958年后，因否定商品生产而受到的惩罚，十年内乱中的"穷过渡"所造成的危害，至今人们记忆犹新。

《资本论》的原理，也需要在运用过程中，通过实践进一步丰富和发展。马克思设想过社会主义，也作了不少科学的预见。但由于马克思没有看到过社会主义，没有社会主义建设的实践，不可能为社会主义经济建设中的所有问题提供现成的答案。例如，马克思在当时曾设想，社会主义革命只有在所有资本主义国家、至少是在几个主要资本主义国家里同时进行才能取得胜利，资本主义制度的废除，也意味着全世界社会主义革命的胜利。因此，他没有也不可能设想到，工人阶级进行社会主义革命、建立社会主义制度以后，还有个与资本主义制度国家进行经济往来的问题。

---

① 毛泽东选集·第5卷.北京：人民出版社，1977：286.

我们进行社会主义现代化建设必须坚持独立自主，自力更生，同时实行对外开放，按照平等互利的原则和扩大对外经济技术交流的方针，这是对马克思主义的新发展。所以，我们在运用《资本论》原理指导社会主义经济建设中，要面对现实，发现新情况，研究新问题，作出新的理论概括，进一步丰富和发展马克思主义。

总之，我们既要正确运用《资本论》的基本原理，指导社会主义经济的发展；同时，又要在马克思主义的立场、观点和方法的指导下，总结社会主义经济建设的实践经验，来丰富和发展马克思主义。不运用《资本论》的原理来指导社会主义经济建设，认为《资本论》已经过时，这是错误的；把《资本论》当作僵死的教条，把马克思说过的话都机械地搬用，也是不对的。

学习《资本论》还要联系思想实际。我们学习《资本论》要用马克思主义的立场、观点、方法，改造自己的思想，不断抵制和清除非无产阶级思想的侵蚀和影响，自觉地为共产主义事业奋斗终身。同时，要注意通过学习《资本论》，与封建主义的影响、小生产的生产方式和习惯势力、小资产阶级的意识形态划清界限。

以原著为主刻苦钻研

《资本论》是马克思主义的主要著作，要领会马克思主义政治经济学的精神实质，必须下苦功夫读《资本论》原著。恩格斯在谈到学习马克思的《资本论》时说过："象马克思这样的人有权要求人们听到他的原话，让他的科学发现完完全全按照他自己的叙述传给后世。……对于那些希望真正理解它的人来说，最重要的却正好是原著本身。"（第 3 卷第 1005 页）恩格斯在给约·布洛赫的信中进一步指出："我请您根据原著来研究这个理论，而不要根据第二手的材料来进行研究——这的确要容易得多。"①《资本论》有些章节，特别是第一卷第一章，对初学者来说，阅读起来是有一定困难的。在这种情况下，适当阅读一些辅导性的通俗读物，也是无可非议的。但是，决不能以第二手材料代替原著的学习。只有靠自己下苦功夫认真读原著才能弄通马克思主义，这一点是为许多人的亲身实践所反复证明了的。

《资本论》好不好学？能不能学好？这是很多同志所担心的。其实，《资本论》并不那么神秘，也不像一些人所说的那样枯燥难懂。《资本论》所讲的

---

① 马克思恩格斯全集·第 37 卷.北京：人民出版社，1971：462.

问题，好多都是我们经济生活中有关的问题，只要我们下点苦功夫，认真读书，刻苦钻研，并在学习中注意密切联系实际，不但可以学好，而且一定能够学好。

万事开头难。初学《资本论》会碰到较多的困难，这是正常的现象，我们决不应该气馁。马克思说过：“在科学上没有平坦的大道，只有不畏劳苦沿着陡峭山路攀登的人，才有希望达到光辉的顶点。”（第1卷第26页）愿我们共勉。

（四）现实意义

《资本论》作为马克思主义的百科全书，作为马克思主义理论的主要内容，它不仅以无产阶级的经济学说，而且以辩证唯物主义和历史唯物主义的观点、以科学社会主义理论指导我们正确认识当代资本主义和进行社会主义建设。所以，我们学习《资本论》一定要联系当代资本主义和社会主义的实际，思考《资本论》与当代资本主义和社会主义有哪些关系；研究怎样运用《资本论》的原理分析当代世界经济形势，指导社会主义建设。

《资本论》是“工人阶级的圣经”

《资本论》是工人阶级反对资本主义剥削制度的强大武器，具有巨大的革命意义。它不仅为工人阶级指出了社会主义革命胜利的必然性，而且为无产阶级指出了解放的道路。

为什么说《资本论》为无产阶级指出了社会主义革命胜利的必然性呢？马克思在序言中说：“本书的最终目的就是揭示现代社会的经济运动规律。”（第1卷第11页）这里所说的现代社会的经济运动规律就是资本主义经济的运动规律。《资本论》通过对资本主义生产方式剥削实质的充分揭露，揭示了资本主义产生、发展和灭亡的规律，论证了资本主义制度一定灭亡，社会主义一定胜利的历史必然性，从而使无产阶级充分认识自己的历史使命和前进方向。

马克思和恩格斯都认为无产阶级社会主义革命的道路有两种可能性：暴力革命和和平手段。

马克思在19世纪70年代确实曾经说过：像美国、英国这样的国家，“工人们可以采取和平手段达到自己的目的”。但是，就是在当时，马克思强调指出，这是一个例外。他说："即使如此，我们也应当承认，在大陆上大多数国家中，暴力应当是我们革命的杠杆。"①马克思还说过："英国资产阶级在他还垄断着表决权时，总是表示准备接受多数的决议。但是，请您相信，一旦当他在自己认为是生命攸关的重大问题上处于少数时，我们就会在这里遇到新的奴隶主的战争。"②

在《资本论》英文版序言中，恩格斯有这样一段话，说马克思从研究英国经济史和经济状况中得出这样的结论："至少在欧洲，英国是唯一可以完全通过和平的和合法的手段来实现不可避免的社会革命的国家。"当然，他从来没有忘记附上一句话：他并不指望英国的统治阶级会不经过"维护奴隶制的叛乱"而屈服在这种和平的和合法的革命面前。③

这是后来国际共产主义运动史上争议很大的一个重大问题。以伯恩斯坦、考茨基为代表的第二国际主张和平手段、议会道路是无产阶级社会主义革命的唯一道路；以列宁、斯大林为代表的第三国际主张暴力革命、武装夺取政权是无产阶级社会主义革命的唯一道路。

现在看来，还是马克思和恩格斯的两种可能性是正确的，唯一道路的看法都有片面性。关于社会主义革命的道路问题，还是中国共产党人说得好："社会主义事业正在向前发展，并且必将通过各国人民自愿选择的、适合本国特点的道路，逐步在全世界取得胜利。"④

所以，在马克思逝世以前，《资本论》已经被看成"工人阶级的圣经"。马克思逝世后，许多国家社会主义革命的胜利，都是《资本论》科学真理具体实践的光辉典范。现在，《资本论》仍然是尚处在资本主义统治下的无产阶级求解放的指路明灯。

《资本论》仍然是分析当代资本主义的理论基础

《资本论》的革命性质引起了资产阶级的恐惧和仇恨，他们从《资本论》出版时起，就千方百计地加以诋毁和诬蔑。到了帝国主义阶段，他们又借口《资本论》的理论只适用于资本主义的自由竞争阶段，而不适用它的垄断阶段，攻击《资本论》在帝国主义阶段已经过时。

---

① 马克思恩格斯全集·第18卷.北京：人民出版社，1964：179.
② 马克思恩格斯全集·第17卷.北京：人民出版社，1963：686.
③ 马克思恩格斯全集·第23卷.北京：人民出版社，1972：37.
④ 中国共产党第十二次全国代表大会文件汇编.北京：人民出版社，1982：78.

我们认为，《资本论》在资本主义垄断阶段并没有过时。

1. 资本主义的两个阶段本质一样，《资本论》没有过时。从资本主义生产方式的发展阶段来说，现在已经发展到垄断资本主义阶段，确实与马克思当时的自由竞争阶段有所区别。但二者始终不过是整个资本主义的历史过程的两个不同发展阶段，尽管它们在个别的、局部的方面发生了某些变化，但它们的经济基础，仍然是资本主义的生产关系，这个根本的性质没有变。列宁说：“帝国主义是作为一般资本主义基本特性的发展和直接继续而成长起来的。”[①]所以《资本论》的理论对分析帝国主义仍然有效。

2.《资本论》中分析资本主义制度的许多重要原理，对分析帝国主义仍然适用。例如：(1)资本主义生产的实质、目的和动力是榨取剩余价值，这仍然是揭露帝国主义剥削本质的武器；所不同的是，在自由竞争阶段，剩余价值表现为平均利润，在垄断阶段表现为垄断高额利润。(2)资本主义的再生产过程，一直是通过周期性的经济危机的巨大破坏而自发调整；到了垄断阶段，不仅没有失效，而且进一步恶化。(3)无论是自由竞争阶段还是帝国主义阶段，资本主义的基本矛盾仍然是生产社会化和生产资料私人所有制之间的矛盾。(4)资本主义社会的主要矛盾仍然是无产阶级和资产阶级之间的矛盾。(5)资本主义一定要灭亡，社会主义必然胜利是不以人们意志为转移的客观规律，帝国主义是资本主义的最高阶段。

3.《资本论》在不少地方论证了自由竞争向垄断过渡的原理以及关于垄断的若干原理。例如，第一卷第二十四章揭示了垄断成了资本主义生产方式的桎梏、第三卷第二十七章揭示了垄断和金融贵族的产生、第三卷第五十章分析了垄断价格的问题等等。

所以，《资本论》仍然是分析当代资本主义的准绳，这就是说，《资本论》的基本理论，在资本主义垄断阶段并没有过时。但是，对《资本论》的学习并不能代替对当代资本主义问题的研究。《资本论》出版一百多年了，资本主义的本质并没有变，但局部的质变还是有的。列宁根据马克思主义的原理，研究 19 世纪末 20 世纪初资本主义的新发展，写了《帝国主义是资本主义的最高阶段》，发展了马克思主义。《帝国主义是资本主义的最高阶段》出版也已九十多年了，资本主义世界又发生了很大变化。特别是第二次世界大战

① 列宁.帝国主义是资本主义的最高阶段.北京：人民出版社，1971：79.

以来，国家垄断资本主义、国际垄断等有了很大的发展，我们必须从资本主义现实出发，把学习《资本论》和研究当代资本主义新情况结合起来，发现新情况，研究新问题，作出新的理论概括，进一步丰富和发展马克思主义。

《资本论》揭示的社会主义经济运动规律对发展社会主义经济有直接指导意义

《资本论》主要是揭示资本主义经济运动规律的。但是，马克思在揭示资本主义经济运动规律的同时，常常运用对比的方式，科学地揭示了社会主义经济运动的一系列客观规律。

马克思在《资本论》中一再强调，社会主义必须建立在生产力高度发展的物质基础之上。马克思说："去发展社会生产力，去创造生产的物质条件；而只有这样的条件，才能为一个更高级的、以每个人的全面而自由的发展为基本原则的社会形式创造现实基础。"（第1卷第649页）马克思不仅指出社会主义社会必须建立在社会生产力比资本主义更高的物质基础上，而且指出社会主义也可能使生产力得到更快的发展。当《资本论》第一卷再版时，马克思在论述机器和大工业的第十三章中，特别加了附注指出："在共产主义社会，机器的作用范围将和在资产阶级社会完全不同。"（第1卷第431页）这就是说在社会主义社会，新机器和新技术能够得到广泛的应用，它们的作用范围要比资本主义社会宽广得多。因此，我们必须充分发挥社会主义制度的优越性，迅速发展生产力，使社会主义获得日益强大的物质基础。

生产资料所有制是生产关系的基础，社会主义生产关系必须建立在社会主义公有制的基础上。马克思在《资本论》中指出：社会主义必须建立在"协作和对土地及靠劳动本身生产的生产资料的共同占有的基础上"（第1卷第832页）。社会主义的劳动者必须用"公共的生产资料进行劳动，并且自觉地把他们许多个人劳动力当作一个社会劳动力来使用"（第1卷第95页）。这就是说，社会主义社会必须实行生产资料的公有制。根据马克思的教导，我国在无产阶级专政条件下，通过没收地主、官僚资产阶级的生产资料，和对农业、手工业、资本主义工商业的社会主义改造，建立了生产资料的社会主义公有制，包括全民所有制和劳动群众集体所有制两种形式。社会主义公有制的建立，社会主义生产关系的形成，促进了我国社会生产力的发展。以生产资料公有制为主体，多种所有制共同发展是我国经济的基本制度。

马克思在《资本论》中讲得非常明确，按一定比例分配社会劳动是任何社会都必须的。但是，在资本主义社会，由于生产资料的资本主义私人所有制，生产的目的是为了利润，各个企业各自为政，社会劳动之间的比例关系是在激烈竞争中通过经济危机强制地予以解决的。在社会主义社会，由于生产资料公有制的建立，有计划地分配社会劳动，使各个生产部门保持一定的比例关系，不仅有了可能，而且更加必要了。马克思在《资本论》中指出：“如果我们设想一个社会不是资本主义社会，而是共产主义社会……问题就简单地归结为：社会必须预先计算好，能把多少劳动、生产资料和生活资料用在这样一些产业部门而不致受任何损害。”（第2卷第350页）“劳动时间的社会的有计划的分配，调节着各种劳动职能同各种需要的适当的比例。”（第1卷第96页）马克思还指出社会主义经济必须正确处理生产与需要、生产资料生产与消费资料生产、生产周期长的产品与生产周期短的产品之间的比例关系。马克思说：“有些事业在较长时间内取走劳动力和生产资料，而在这个时间内不提供任何有效用的产品；而另一些生产部门不仅在一年间不断地或者多次地取走劳动力和生产资料，而且也提供生活资料和生产资料。在社会公有的生产的基础上，必须确定前者按什么规模进行，才不致有损于后者。”（第2卷第396—397页）

马克思在《资本论》中一再指出，社会主义不仅需要经济核算，而且比以往任何社会更加必要。生产“越是按社会的规模进行，越是失去纯粹个人的性质，作为对过程的控制和观念总结的簿记就越是必要；因此，簿记对资本主义生产，比对手工业和农民的分散生产更为必要，对公有生产，比对资本主义生产更为必要”（第2卷第152页）。“在资本主义生产方式消灭以后，但社会生产依然存在的情况下……簿记，将比以前任何时候都更重要。”（第3卷第963页）对生产经营过程中人力、物力、财力的各种消耗进行认真的记录、分析和核算的这种簿记工作，就是我们现在所指的经济核算。经济核算是社会化生产的客观要求，生产越是社会化，经济核算越是必要。而且对社会主义生产，比对资本主义生产更加必要，这是因为，社会主义是以生产资料公有制为基础的市场经济，它是一个高度社会化的统一体，不同部门、不同地区、不同企业相互间的经济联系十分密切，经济核算不仅要在企业内部进行，而且要在整个国民经济范围内进行。我们必须遵循马克思的教导，认真搞好经济核算，不断改善企业经营管理，提高劳动生产率，节约成本，增加盈利，为社会主义建设提供更多的积累，以促进社会主义经济的发展。

马克思在《资本论》中指出，社会主义社会为了扩大再生产，为了应付意外事故，为了养活由于年龄关系还不能参加生产或者已不能参加生产的人，必须有剩余劳动，必须有积累。马克思说：保险基金，“这也是在剩余价值、剩余产品，从而剩余劳动中，除了用来积累，即用来扩大再生产过程的部分以外，甚至在资本主义方式消灭之后，也必须继续存在的唯一部分。当然，这要有一个前提，就是通常由直接生产者消费的部分，不再限于它目前的最低水平。除了为那些由于年龄关系还不能参加生产或者已不能参加生产的人而从事的剩余劳动以外，一切为养活不劳动的人而从事的劳动都会消失。”（第 3 卷第 958 页）积累是扩大再生产的主要源泉。有了积累，才能从事基本建设，新建或扩建更多的生产事业，才能采用先进的科学技术装备国民经济各部门，才能生产出日益丰富的产品满足社会需要。社会主义经济发展的规模的大小和速度的快慢，在很大程度上取决于积累资金的数量和积累是否运用得当。所以，尽可能多的增加社会主义积累，并且正确地加以运用，是发展社会主义经济的一个重要因素。

早在《哥达纲领批判》之前，马克思在《资本论》中就提出社会主义社会必须实行按劳分配的原则。在第一卷第一章分析自由人联合体，即社会主义社会时，马克思就指出：“劳动时间又是计量生产者个人在共同劳动中所占份额的尺度，因而也是计量生产者个人在共同产品的个人消费部分中所占份额的尺度。”（第 1 卷第 96 页）在第二卷第十八章又指出：生产者从社会的消费品储备中，取走一个与他们的劳动时间相当的量。各尽所能，按劳分配是社会主义的原则，只有在生产资料公有制的基础上，才有可能实行这种分配原则。在社会主义社会坚持以按劳分配为主体多种分配方式并存的制度，有利于巩固社会主义公有制，有利于促进生产力的发展。

正确地掌握和运用马克思揭示的社会主义经济的这些客观规律，对发展社会主义经济具有直接的指导意义。

《资本论》揭示的人类社会普遍适用的经济规律对发展社会主义经济也有重大指导意义

《资本论》在揭示资本主义经济运动规律的同时，不仅直接揭示了社会主义经济运动的一系列规律，而且揭示了一些人类社会普遍适用的经济规律。

劳动生产率增长是社会发展的一般经济规律。恩格斯指出：“劳动生产率的提高正是在于：活劳动的份额减少，过去劳动的份额增加，但结果商品中包含的劳动总量减少……因此,加入商品的劳动总量的这种减少,好象是劳动生产力提高的主要标志,无论在什么社会条件下进行生产都一样。在生产者按照预定计划调节生产的社会中,甚至在简单的商品生产中,劳动生产率也无条件地要按照这个标准来衡量。"(第3卷第290—291页)这就是说在任何社会都有个提高劳动生产率的问题。而且,劳动生产率的提高,都是意味着劳动总量的节约,意味着以较少的劳动消耗生产更多的社会产品。劳动生产率的提高,在人类社会发展的历史中起着极其重要的作用,在社会主义社会具有更加重要的意义。列宁曾经指出:"在任何社会主义革命中,当无产阶级夺取政权的任务解决以后,随着剥夺剥夺者及镇压他们反抗的任务大体上和基本上解决,必然要把创造高于资本主义社会的社会经济制度的根本任务,提到首要地位;这个根本任务就是提高劳动生产率。"①怎样才能提高劳动生产率呢?马克思说:"劳动生产力是随着科学和技术的不断进步而不断发展的。"(第1卷第664页)这就是说要提高劳动生产率,必须大力发展科学技术。现代科学技术的发展,使科学与生产的关系越来越密切,科学技术作为生产力,越来越显示出巨大的作用。为了获得比资本主义更高的劳动生产率,发展社会主义经济,科学技术的现代化是个关键问题。

农业是国民经济的基础,这也是人类社会一切历史时期都发生作用的经济规律。马克思指出:"超过劳动者个人需要的农业劳动生产率,是一切社会的基础。"(第3卷第885页)农业是国民经济的基础,这是因为农业是提供人们衣食的主要来源,是人类生存和一切生产的先决条件。农业劳动生产率的提高,是国民经济其他部门得以存在和发展的基础。马克思指出的"农业是基础"这一人类的普遍适用的经济规律,在社会主义社会更加明显。我国是个农业人口占很大比重的国家,农业也是我国国民经济发展的基础,只要农业上去了,其他事情就比较好办了。

人类的任何生产活动都需要协作。马克思指出:"许多人在同一生产过程中,或在不同的但互相联系的生产过程中,有计划地一起协同劳动,这种劳动形式叫做协作。"(第1卷第362页)任何社会都有协作,在社会主义社会,生产社会化的程度愈来愈高,社会分工愈来愈细,更需要协作。在社会主义社会,协作是在生产资料社会主义公有制的基础上,由无产阶级专政的

---

① 列宁选集·第3卷.北京:人民出版社,1960:527.

国家有计划地组织的，它不仅根本改变了协作的性质，而且为协作开辟了广阔的活动场所。社会主义协作，不仅能够在一个企业内部有组织地进行，而且可以在全社会范围内，在不同企业、不同部门、不同地区之间有计划有组织地进行。大力开展社会主义协作，可以促进社会分工和生产专业化的发展，从而有利于提高劳动生产率；可以集中力量突破国民经济中的薄弱环节，保证重点项目的完成，促进国民经济的全面发展；可以有效地利用人力、物力和财力，提高产品质量，节约劳动，降低成本。总之，要发展社会主义经济必须大力组织和开展社会主义协作。

企业管理是大规模共同劳动的客观要求。马克思指出："一切规模较大的直接社会劳动或共同劳动，都或多或少地需要指挥，以协调个人的活动，并执行生产总体的运动——不同于这一总体的独立器官的运动——所产生的各种一般职能。一个单独的提琴手是自己指挥自己，一个乐队就需要一个乐队指挥。"(第1卷第367页)资本主义生产是社会化的大生产，需要管理。社会主义生产也是大规模的社会化生产，而且由于生产资料公有制的建立，生产规模更大、分工更细、协作范围更广，更加需要管理。在社会主义企业里，有成百成千甚至上万人在一起共同劳动，如果没有统一的指挥，没有科学的管理方法，不要规章制度，不讲组织纪律，就不能进行有效的现代化生产。所以，要发展社会主义经济，提高企业的管理水平是很重要的。

任何社会为了保证社会再生产的顺利进行，都必须有一定的物质储备。马克思指出："产品储备是一切社会所共有的，即使它不具有**商品**储备形式这种属于流通过程的产品储备形式，情况也是如此。"(第2卷第163页)在社会主义社会，一定的物质储备也是不可缺少的。这是因为由于自然灾害的袭击、意外事故的发生，以及国际关系的变化等等，都可能造成国民经济发展的暂时不平衡。为了克服这些难以避免的不平衡，为了保证社会再生产的顺利进行，就必须有物质储备，包括生产资料的储备和消费品的储备。但是，物质产品的储备必须适当。储备适当，就有利于国民经济的持续发展；如果物质储备过多，产品形成积压，就会影响国民经济的发展。

因此，在社会主义社会，正确掌握和运用《资本论》中揭示的人类社会普遍适用的经济运动规律，对于发展社会主义经济也有重大的指导意义。

《资本论》关于商品经济的论述对社会主义市场经济的指导意义

马克思没有用过"商品经济"和"市场经济"的概念，但是，实际上《资本论》中用大量篇幅论述了商品经济，其中有一些直接论述商品经济一般，有一些表面看是资本主义商品经济而实际上讲的是商品经济一般。《资本论》关于商品经济一般的有关论述，对我国社会主义市场经济的运行具有重要的指导意义。

1. 商品经济首先要从社会需要出发。任何商品都具有二因素：使用价值和价值。社会不需要没有使用价值的东西，不能进行交换是不能成为商品的。

2. 价值规律是商品经济的内在规律。在商品生产和商品交换的地方，作为价值运动的规律，就必然发生作用。

3. 市场是商品经济的舞台。市场属于商品经济的范畴，商品经济离不开市场，哪里有商品生产和商品交换，哪里就有市场。所以，从某种意义上说，商品经济就是交换经济或市场经济。

4. 货币经济是一切商品生产所共有的。商品的交换要以货币为媒介，而货币本身也是一种商品，它是充当一般等价物的商品。

5. 商品经济不能没有信用和银行。商品经济也是信用经济，信用经济是货币经济的一种形式，货币经济是信用经济的基础。

6. 商品经济是竞争型经济。竞争是商品经济的特征，只要是商品经济，就会存在着竞争。

7. 商品经济是开放型经济。商品经济的发展离不开对外贸易和世界市场。

8. 商品经济要求经济协作和联合。经济协作和联合是随着社会分工和商品经济而产生和发展起来的。

9. 供求平衡是商品经济的自然规律。商品经济的顺利发展要求供给和需求平衡。

10. 商品经济必然产生商品经济的观念。在商品经济条件下必然会树立与商品经济相适应的价值观念、市场观念、竞争观念、效益观念、开放观念等。

《资本论》揭示的某些资本主义经济运动的规律对发展社会主义经济也有借鉴作用

马克思在《资本论》中揭示了资本主义经济运动的许多规律。资本主义社会的这些特有的经济规律，是不能机械地照搬到社会主义中来的。但是，资本主义某些特有的经济规律，如果抛弃掉它的资本主义性质和目的，就其方法来说，对于发展社会主义经济还有一定的借鉴作用。

《资本论》第一卷第三篇，关于资本主义生产过程两重性的分析，对于社会主义生产过程的分析，对于社会主义基本经济规律的揭示有重要的启发；第四篇关于通过提高劳动生产率来加强生产相对剩余价值的问题，如果舍去资本主义的性质，就马克思所揭示的如何提高劳动生产率的方法来说，对发展社会主义经济也是有用的；第五篇关于生产劳动与非生产劳动的分析，对于社会主义制度下，如何区分生产劳动与非生产劳动，也有重要的意义；第七篇关于资本积累与扩大再生产关系的论述，如果抛弃积累的资本主义性质，对于社会主义社会正确处理积累与扩大再生产的关系具有重要意义。

《资本论》第二卷第一篇，关于资本循环的理论，我们可以从中得到有关加强和改进社会主义的经济管理和企业管理的很多有益的启示；第二篇关于资本周转的理论，关于缩短周转时间、加快周转速度、从中求得最大经济效果的途径和方法，对社会主义经济活动仍然有重大现实意义；第三篇关于再生产的一系列基本原理，如关于社会生产分为生产资料生产和消费资料生产的原理，关于第一部类和第二部类相互关系的原理，关于简单再生产和扩大再生产关系的原理，关于物质补偿和价值补偿的原理，关于积累是扩大再生产的主要源泉、但不是唯一源泉的原理，等等，对于社会主义经济也都是适用的。从我国经济建设的实际需要出发，认真学习《资本论》第二卷，全面理解马克思关于再生产的理论，对于我们总结经验，认识规律，从而更好地进行社会主义经济建设，具有很重要的意义。

《资本论》第三卷第一至第三篇关于成本、利润、生产价格的理论，对于研究社会主义的成本、利润和社会主义的价格形成理论有重要指导意义；第四篇关于商业资本和商业利润的论述，对于社会主义社会如何搞好商业、组织商品流通和正确对待商业劳动，也是有启发的；第五篇生息资本和利息的理论，对于社会主义社会如何重视银行的作用，学习运用利息等经济杠杆也是有益的；第六篇关于地租的理论，对于社会主义农业经济方针政策的制定，对于农产品价格的制定都有重要意义。

仅从以上几个方面就可以看出，《资本论》是发展社会主义经济的重要指针。为了掌握社会主义经济运动的规律，发展社会主义经济，我们除了主要依靠实践、调查研究、总结经验外，还必须系统地学习马克思的主要著作《资本论》。

二、从解剖“细胞”开始

——《资本论》第一卷第一篇

商品和货币

在美国的底特律，曾经有人在报纸上登了一则启事，愿意花 3 000 美元购买活人身上的一只肾脏。对此竟有 100 多人愿意按这个价格出卖。这样一个事实说明什么问题呢？它说明在资本主义制度下，一切都成了商品，到处都被买卖的原则支配着。不仅一切劳动产品成了商品，人的劳动力成了商品，而且名誉、良心，甚至人体活的器官也可当作商品。正如动植物的机体是由细胞组成的一样，资本主义经济这个复杂的机体，也是由商品这个经济细胞组成的。所以，解剖资本主义社会也必须从商品开始。

概　　述

《资本论》第一卷第一篇以一般商品生产为对象，以劳动创造价值为中心思想，分析了商品到货币的转化，为研究资本和剩余价值打下了基础。这一篇揭示了研究资本主义生产过程的理论基础和历史前提。

对象明确——一般商品

《资本论》第一卷第一篇以商品生产为对象。这里所研究的商品还不是资本主义商品，而是一般商品或者叫简单商品。

我们知道，资本主义商品和简单商品的主要区别是：一是资本主义商品中包含有剩余价值；二是资本主义社会劳动力也是商品。而在第一篇中马克思所分析的商品，不仅不包含剩余价值，而且也没有把劳动力包括在内，所以这一篇讲的是简单商品，不是资本主义商品。

马克思在第一篇以简单商品为对象，是与他在《资本论》中运用的由抽象上升到具体的逻辑方法相一致的。他首先分析商品这个最一般、最简单的范畴，作为从第二篇开始分析资本主义生产过程的前提和基础。

恩格斯在《资本论》第三卷序言中明确指出："在此之后，我们就会明白，为什么马克思在第一卷的开头从他作为历史前提的简单商品生产出发，然后从这个基础进到资本——为什么他要从简单商品出发，而不是从一个在概念上和历史上都是派生的形式，即已经在资本主义下变形的商品出发。"（第3卷第17页）

马克思在第一篇研究的商品是简单商品，但他并没有退回到资本主义以前的小商品生产的历史阶段。马克思是从资本主义商品中，抽去其主要特点：劳动力也是商品和商品价值构成中的剩余价值，把资本主义商品还原为简单商品从而开始分析资本主义生产方式的。所以，这里所说的简单商品，实际上就是一般商品，不能理解为是资本主义以前的商品。

中心突出——劳动价值论

第一篇的标题是商品和货币，实际上是分析价值。第一篇的三章内容，是以劳动价值论为中心建立起来的。这是因为商品最主要的特点就是有价值，分析商品实际上就是分析价值。

第一章以价值为中心的四节是这样安排的：第一节讲商品有两个因素：使用价值和价值，而价值是矛盾的主要方面，中心是讲价值实体和价值量；那么，价值是怎么来的呢？价值是劳动创造的。第二节就分析形成价值的劳动，它具有二重性，具体劳动形成使用价值，抽象劳动形成价值；那么，这个价值怎样才能表现出来呢？第三节就分析价值形式，价值形式就是交换价值或者说就是价格，价格是价值的货币表现形式；那么，价值的本质又是什么呢？价值的本质就是生产过程中人们相互交换劳动的社会关系，而这种关系是在物的外壳掩盖下的。所以，第四节，就通过商品拜物教揭示价值的本质。

第二章、第三章，讲货币是作为价值形式来论述的。所以，《资本论》第一篇是紧紧围绕价值展开的，是以劳动价值论为中心的。

结构严密——从商品到货币

马克思在第一章中讲"商品"，是从抽象形态上分析商品内在矛盾及其外在表现，揭示商品价值的本质是在物的外壳掩盖下的人与人的社会关系。第二章中讲"交换过程"，是把商品作为矛盾的整体，分析商品矛盾的现实运动，对交换过程的分析，主要是在阐明货币的起源和本质。第三章“货币或商品流通”，是在分析货币的起源和本质的基础上，进一步分析货币的各种职能。简言之，这三章的关系是这样的：第一章分析商品，第三章分析货币，夹在这两章中间的第二章分析“货币的根源在于商品本身”，是第一章和第三章的桥梁。

方法精粹——矛盾分析法

马克思在第一篇中所运用的辩证唯物主义的方法，主要是矛盾分析法以及由抽象到具体、由简单到复杂、由分析到综合等科学方法。例如，对商品内在矛盾——使用价值和价值、具体劳动和抽象劳动、私人劳动和社会劳动、物的人格化和人格的物化——的分析是矛盾分析法的典范。在价值形式的研究中，由简单价值形式到扩大价值形式，再到一般价值形式，最后到货币形式的分析，是简单到复杂、逻辑的方法和历史的方法相结合的典范。在商品的二因素、劳动二重性，以及在价值形式中，我们还可以看到马克思如何先把矛盾双方分开来解剖、然后再把双方综合起来考察的，这是分析和综合辩证结合的典范。

意义重大——马克思经济理论的基础

首先，这一篇建立起来的科学的劳动价值理论，是马克思主义政治经济学的基础。我们知道，剩余价值理论是马克思经济理论的基石，而劳动价值论又是剩余价值理论的基础。因为“要知道什么是剩余价值，他就必须知道什么是价值”。①特别是其中的劳动二重性学说，是政治经济学的枢纽。因此，学好这一篇，就为学好整个《资本论》、掌握整个马克思主义政治经济学打下一个坚实的基础。

其次，马克思在第一篇所分析的关于商品、价值、货币的理论，对于我们研究社会主义制度下的商品生产、价值规律和货币问题，具有现实的指导意义。因为马克思在这里研究的商品、价值还不是资本主义的商品生产，而是商品生产一般，只要是商品生产就要遵循商品生产的基本规律——价值规律。社会主义社会仍然存在商品生产，因而也必须遵循马克思科学地揭示的商品生产的规律。

第三，马克思在第一篇中所运用的矛盾分析法，由抽象到具体、由简单到复杂、由分析到综合等等的科学方法，也具有普遍的意义，也是我们研究

---

① 马克思恩格斯选集·第2卷.北京：人民出版社，1974：280.

社会主义经济理论应该注意学习和掌握的。

(一)商品关系孕育着资本主义社会的一切矛盾

研究资本主义社会必须从商品开始

马克思在《资本论》第一卷第一章一开头就指出:"资本主义生产方式占统治地位的社会的财富,表现为'庞大的商品堆积',单个的商品表现为这种财富的元素形式。因此,我们的研究就从分析商品开始。"(第1卷第47页)

商品是资本主义社会最基本、最单纯的形式。毛泽东同志说,马克思"从资本主义最单纯的因素——商品开始,周密地研究了资本主义社会的经济结构。商品这个东西,千百万人,天天看它、用它,但是熟视无睹。只有马克思科学地研究了它,他从商品的实际发展中作了巨大的研究工作,从普遍的存在中找出完全科学的理论来"。①

商品是资本主义生产方式的起点。从商品出发,逻辑的进程与历史的进程相一致。"一定范围的商品流通与货币流通,从而商业的一定发展程度,是**资本形成**和资本主义生产方式的**前提,起点**。我们把商品看作这样的前提,从商品这个资本主义生产的最简单的元素出发。"②

商品包含着资本主义社会一切矛盾的萌芽,资本主义社会的矛盾,都是从商品发展起来的。列宁说:"马克思在《资本论》中首先分析资产阶级社会(商品社会)里最简单、最普通、最基本、最常见、最平凡、碰到过亿万次的**关系**——商品交换。这一分析从这个最简单的现象中(从资产阶级社会的这个'细胞'中)揭示出现代社会的**一切**矛盾(或**一切**矛盾的胚芽)。"③

商品的二因素

商品是由使用价值和价值两个因素构成的。

任何一个商品,首先具有使用价值。使用价值就是一个靠自己的属性来满足人们某种需要的物。例如,大米可以充饥,衣服可以保暖,房屋可以居住,钢笔可以写字等等。使用价值本身还有质和量的区别,使用价值的质是回答物有什么用途的问题,它由商品体的自然属性决定。每种物品的有

---

① 毛泽东选集·第3卷.北京:人民出版社,1966:775.

② 马克思恩格斯全集·第49卷.北京:人民出版社,1982:9.

③ 列宁选集·第2卷.北京:人民出版社,1972:712—713.

用性，又因其本身具有的物质性能是多方面的，所以它对人们有多方面的使用价值。例如，木材可以做燃料、可以制纸浆；现在，随着科学技术的发展，它的用途可以达到五千多种。使用价值的量是回答怎么计量的问题，使用价值的量由社会尺度来衡量；尺度的不同，一是由物的自然属性决定，二是由社会习惯造成。

“物的有用性使物成为使用价值。但这种有用性不是悬在空中的。它决定于商品体的属性，离开了商品体就不存在。”(第 1 卷第 48 页)但是，使用价值作为物的有用性，是商品学研究的对象，不是政治经济学的研究范围。使用价值作为社会的使用价值，是政治经济学必须研究的。在任何社会里，使用价值总是构成财富的物质内容，但在商品生产社会中，使用价值同时又是交换价值的物质承担者。

马克思关于价值的分析不是从概念出发，而是从现象到本质，也就是从交换价值到价值。所以，要了解价值先得懂得什么是交换价值。所谓交换价值，就是一种使用价值同另一种使用价值相交换的量的关系或比例。例如，10 斤大米可以换 5 尺布。各种使用价值之所以能按一定比例交换，是因为第一，其中必有一个共同的东西；第二，交换价值是这个共同东西的表现形式；第三，这个共同的东西不能是使用价值，因为各种使用价值千差万别，无法比较。那么，这个共同的东西是什么呢？“如果把商品体的使用价值撇开，商品体就只剩下一个属性，即劳动产品这个属性。……随着劳动产品的有用性质的消失，体现在劳动产品中的各种劳动的有用性质也消失了，因而这些劳动的各种具体形式也消失了。各种劳动不再有什么差别，全都化为相同的人类劳动，抽象人类劳动。”(第 1 卷第 50—51 页)生产任何商品都耗费了人类的劳动，商品中抽象人类劳动的凝结，就是商品的价值。所以，交换价值是价值的表现形式，价值是交换价值的基础。

抽象的人类劳动形成价值实体 作为抽象人类劳动的凝结就是价值。价值首先是看不见摸不着，但又是客观存在的东西。“商品的价值对象性不同于快嘴桂嫂。”(第 1 卷第 61 页)快嘴桂嫂何许人也？她是英国戏剧家莎士比亚的剧本《亨利四世》中的酒店女主人。在这个剧的第三幕第三场有这样一段描写：快嘴桂嫂同约翰・福斯泰夫吵嘴，约翰骂快嘴桂嫂是只水獭，“因为它既不是鱼，又不是肉，是一件不可捉摸的东西。”快嘴桂嫂反驳说：“你这样说我，真太冤枉人啦。你们谁都知道我是个老老实实的女人，从来不会藏头盖脸的,你这恶棍!”马克思在这里是用快嘴桂嫂来比喻商品价值的特点。快嘴桂嫂人们是可以看得见的,她是“从来不会藏头盖脸的”,而价值是“同一的幽灵般的对象性”。(第1卷第51页)价值实体是看不见摸不着,但又是客观存在的东西。

作为形成价值实体的抽象人类劳动,不是个别的私人劳动,而是共同的社会劳动。价值是“作为它们共有的这个社会实体的结晶”(第1卷第51页)。

作为价值还必须是凝结在物里面的人类抽象劳动,或者说必须是物化的劳动。处于流动状态的人类劳动形成价值,但它本身不是价值。它在凝固的状态中,在物化的形式上才成为价值。“使用价值或财物具有价值,只是因为抽象人类劳动体现或物化在里面。”(第1卷第51页)马克思在另一个地方讲得更明确:“处于流动状态的人类劳动力或人类劳动形成价值,但本身不是价值。它在凝固的状态中,在物化的形式上才成为价值。”(第1卷第65页)马克思的这句话已经指出劳动有了两种形态:一种是流动状态的劳动,是指劳动者正在进行操作时所表现的劳动,即在劳动过程中正在进行的劳动或劳动本身。另一种是凝结的劳动,是凝结在物里的劳动,是劳动的成果,或称物化劳动。除了这两种形态以外,马克思实际上还分析了劳动的另一种形态:潜在劳动,即劳动者具有的劳动能力。“我们把劳动力或劳动能力,理解为人的身体即活的人体中存在的、每当人生产某种使用价值时就运用的体力和智力的总和。”(第1卷第190页)所以,劳动实际上有三种形态:

潜在劳动	流动劳动	物化劳动
↓	↓	↓
劳动力	劳动本身	凝结在产品中的劳动

形成价值的劳动必须是物化劳动,它不能是流动劳动,也不能是潜在的劳动。

商品的价值既然是物化在商品中的抽象人类劳动,因此,一个商品有多少价值就要看生产它的时候花费了多少劳动,劳动的量是由劳动时间来计算的,所以,商品价值量的大小,是生产该商品所花费的劳动时间的多少决定的。那么,是不是一个人越懒惰,他制造一个商品所花的时间越多,生产的商品的价值就越大呢?答案显然是否定的。

价值量决定于社会必要劳动时间 商品价值量的大小,不是由某个生产者所花费的个别劳动时间决定的，而是由社会必要劳动，即社会平均劳动时间决定的。“社会必要劳动时间是在现有的社会正常的生产条件下，在社会平均的劳动熟练程度和劳动强度下制造某种使用价值所需要的劳动时间。”(第 1 卷第 52 页)

怎样理解社会正常的生产条件呢？社会正常的生产条件是指：劳动资料是正常的一般的；原材料具有正常的品质；原材料和劳动资料的消耗也是正常合理的。

怎样理解社会平均劳动呢？社会平均劳动是指：简单平均劳动，复杂劳动要还原为简单劳动；平均的劳动熟练程度，每个生产者技术水平大体相等；平均的劳动强度，也就是劳动内含量是大体一致的。

怎样理解“某种使用价值”呢？某种使用价值是同一种类、同一品种、同一规格的产品。

总之，“只是社会必要劳动量，或生产使用价值的社会必要劳动时间，决定该使用价值的价值量。”(第 1 卷第 52 页)

例如，有 3 个生产者生产 12 厘米的搪瓷茶杯，甲花 10 小时，乙花 8 小时，丙花 6 小时。这样，生产这种茶杯的社会必要劳动时间就是 8 小时。假设 1 小时劳动值 1 角钱，1 只茶杯的价值就是 8 角。

价值量与劳动生产力 单位商品的价值量与体现在商品中的劳动量成正比，而与劳动生产力成反比。所谓劳动的生产力，始终是指有用的具体劳动的生产力，事实上就是指某种合目的的具体劳动在一定的时间内生产使用价值的效率。所以劳动生产力也可称为劳动生产率(马克思在《资本论》中所使用的劳动生产力与劳动生产率是通用的)。劳动生产力的变化只会引起使用价值量的变化，却不会引来价值总量的变化，但会引起单位产品价值量的变化。劳动生产力是由各种情况决定的，其中包括：工人的平均熟练程度，科学的发展水平和它在工艺上应用的程度，生产过程的社会结合，生产资料的规模和效能，以及自然条件等。

劳动生产率与商品使用价值量和价值量的关系主要有以下三种情况：第一，劳动生产率与商品使用价值量成正比，劳动生产率提高，使用价值量增加；反之，劳动生产率下降，使用价值量减少。“在同样的时间内提供的使用价值量会是不同的：生产力提高时就多些，生产力降低时就少些。”(第 1 卷第 60 页)第二，劳动生产率与价值总量无关，劳动生产率变化，商品价值总量不变。“不管生产力发生了什么变化，同一劳动在同样的时间内提供的价值量总是相同的。”(第 1 卷第 60 页)第三，劳动生产率与单位商品的价值量成反比，劳动生产率提高，单位商品价值下降，反之，劳动生产率下降，单位商品价值提高。“总之，劳动生产力越高，生产一种物品所需要的劳动时间就越少，凝结在该物品中的劳动量就越小，该物品的价值就越小。相反地，劳动生产率越低，生产一种物品的必要劳动时间就越多，该物品的价值就越大。可见，商品的价值量与体现在商品中的劳动量成正比，与这一劳动的生产力成反比。”(第 1 卷第 53—54 页)

总之，商品是为交换而生产的劳动产品，它是使用价值和价值的统一，二者缺一，就不能够成为商品。这就是说：第一，不是一切有用的物都是商品，作为商品必须首先是经过人类劳动加工过的产品。空气、处女地都是有用之物，但未经人类劳动加工过，不是商品。第二，一物有效用又是人类劳动的产品，但它是用来满足生产者本人需要的产品，也不是商品。例如，农民生产供自己吃的粮食是劳动产品，但不能给别人使用，不是商品。第三，一物有效用，是劳动产品，而且还提供给别人使用，具有社会使用价值，但它没有通过交换，也还不是商品。如封建社会农民向地主交租用的产品，就不是商品。第四，一物要成为商品，不仅它是有用物，是劳动产品，能供别人使用，而且要通过交换，转到把它当作使用价值使用的人的手里。例如，农民把他生产的粮食卖给城市工人消费，这种粮食才是商品。

这就是马克思和恩格斯在第一章第一节的最后所说的：“一个物可以是使用价值而不是价值，在这个物并不是由于劳动而对人有用的情况下就是这样。例如，空气、处女地、天然草地、野生林等等。一个物可以有用，而且是人类劳动产品，但不是商品。谁用自己的产品来满足自己的需要，他生产的就只是使用价值，而不是商品。要生产商品，他不仅要生产使用价值，而且要为别人生产使用价值，即生产社会的使用价值。{而且不只是单纯为别人。中世纪农民为封建主生产交代役租的粮食，为神父生产纳什一税的粮食。但不管是交代役租的粮食，还是纳什一税的粮食，都并不因为是为别人生产的，就成为商品。要成为商品，产品必须通过交换，转到把它当作使用价值的人的手里。}”(第 1 卷第 54 页)

劳动的二重性

商品具有二因素，是由于生产商品的劳动具有二重性。一方面劳动是具体的有用劳动；另一方面，劳动又是共同的抽象劳动。因此，马克思就在《资本论》第一卷第一章第二节分析了体现在商品中的劳动的二重性。

“商品中包含的劳动的这种二重性，是首先由我批判地证明了的。这一点是理解政治经济学的枢纽”。（第1卷第55页）这一句话，包含两层主要意思：一是劳动二重性学说是马克思对劳动价值论的重大贡献；二是劳动二重性是理解政治经济学的关键。

劳动价值论并不是马克思首先发现的。马克思在继承资产阶级古典学派劳动价值论的科学成分、批判它的庸俗成分的基础上，第一次建立了科学的完整的劳动价值论。具体表现在：

第一，古典学派只知道价值是劳动创造的，只有劳动的一般笼统的概念，不能区分劳动二重性，不懂得是什么劳动创造价值。而马克思则建立了劳动二重性的学说，并指出具体劳动形成使用价值，抽象劳动创造价值。

第二，古典学派认为价值量决定于社会必要劳动时间，但是李嘉图认为社会必要劳动时间不是平均劳动时间，而是最差条件下的劳动时间。而马克思则指出，决定价值量的社会必要劳动时间是生产商品所花的社会平均劳动时间。

第三，古典学派已经有了价值与交换价值的区别，但是不了解这二者的内在联系。而马克思则分析了价值与交换价值的内在联系，并指出价值是交换价值的内容，交换价值是价值的形式。

第四，古典学派把价值理解为物的一种自然属性，而马克思则指出价值是社会历史范畴，不是永恒的范畴，资本主义制度也不是永恒的制度。

为什么说劳动二重性是理解政治经济学的关键呢？这是因为：

第一，只有在劳动二重性理论的基础上，才能建立起科学的完整的劳动价值学说。

第二，只有在劳动二重性理论的基础上，才能创立剩余价值学说，才能分析资本主义生产过程的二重性，才能区分不变资本和可变资本。

第三，只有在劳动二重性理论的基础上，才能揭示资本主义生产社会化和私人占有之间的基本矛盾。

第四，只有在劳动二重性理论的基础上，才能解决政治经济学理论上的一系列问题，从而建立马克思主义政治经济学的完整的理论体系。

所谓具体劳动是在一定的具体形式下，即在一定的目的、操作方式、对象、手段和结果下所进行的劳动。例如,农民种粮食,需要使用锄头、镰刀、拖拉机等农具,经过耕地、播种、收割等一系列具体劳动,才能从土地上把粮食生产出来。

具体劳动的作用是生产不同质的使用价值,使它成为商品交换的必要条件。具体劳动的质的区别,也就是各种不同的具体劳动,是社会分工的基础,而社会分工是商品生产存在的条件。如果没有社会分工,大家都生产一样的东西,或者大家生产的东西都用以自给自足,这样人们之间就用不着交换,也就不会有商品生产。"各种使用价值或商品体的总和,表现了同样多种的、按照属、种、科、亚种、变种分类的有用劳动的总和,即表现了社会分工。这种社会分工是商品生产存在的条件。"(第1卷第55页)但它不是商品生产存在的唯一条件。产生商品生产的另一个条件是私人劳动。"只有独立的互不依赖的私人劳动的产品,才作为商品互相对立。"(第1卷第55页)如果不是私人劳动,生产的产品没有你我之分,我生产的东西,你可以随便拿去,你生产的东西,我也可以随便拿来,那也用不着交换,也就不是商品生产。

具体劳动创造商品的使用价值。但是,具体劳动又不是它所生产的使用价值的唯一源泉。使用价值是自然物质和具体劳动这两个要素相结合的产物。"劳动并不是它所生产的使用价值即物质财富的唯一源泉。正象威廉·配弟所说,劳动是财富之父,土地是财富之母。"(第1卷第57页)

所谓抽象劳动,就是一般人类劳动的耗费。如果把劳动的有用性撇开,生产活动就只是人类劳动力的耗费,都是人的脑、肌肉、神经、手等等的生产耗费。这种同一的人类劳动的支出,作为人类一般劳动,就是抽象劳动。抽象劳动形成商品的价值,它体现人与人之间的社会关系。

抽象劳动是每个没有任何专长的普通的人的机体平均具有的简单劳动力的耗费,也就是简单平均劳动。比较复杂的劳动,是指需要经过一定专门学习和训练的比较高级的劳动。"比较复杂的劳动只是**自乘的**或不如说**多倍的**简单劳动,因此,少量的复杂劳动等于多量的简单劳动。"(第1卷第58页)这就是说,一个复杂劳动可以等于几个简单劳动。但是,在私有制社会里,复杂劳动还原为简单劳动,是在生产者的背后由社会过程决定的。

总之,作为生产商品的劳动是具体劳动与抽象劳动的对立统一。这是因为生产同一商品的劳动,只是同一劳动,不是两个劳动,也不是两次劳动,而是同一劳动具有具体劳动和抽象劳动二重属性而已，所以，二者是统一的。但是二者又有差别，作为形成使用价值的具体劳动，其意义是从质的方面被考察，它回答的是怎样劳动、是什么劳动的问题；作为形成价值的抽象劳动，其意义是从量的方面被考察，它回答的是劳动多少、劳动时间多长的问题。

由于劳动生产率直接与生产使用价值的具体劳动有关，而与形成价值的抽象劳动无关，因此，劳动生产率的变化只会引起使用价值量的变化，而不会引起价值总量的变化，甚至会出现这样一种情况，“那种能提高劳动成效从而增加劳动所提供的使用价值量的生产力变化，如果会缩减生产这个使用价值量所必需的劳动时间的总和，就会减少这个增大的总量的价值量。”（第 1 卷第 60 页）这里所说的“这个增大的总量”，指的是加大了的使用价值总量，“减少……的价值量”，是指减少了价值总和。假设原来 1 小时生产 1 件产品，花 200 小时就可以生产 200 件产品，价值 200 元。现在，劳动生产率提高了，1 小时可以生产 2 件产品，那么，如果总劳动时间由原来的 200 小时减少为 150 小时。这样，使用价值量增大了，由原来的 200 件增加到 300 件。但是，这个增大的总量的价值量却减少了，由原来的 200 元减少为 150 元。

总之，劳动的二重性形成商品的二因素，具体的有用劳动形成商品的使用价值，抽象劳动形成商品的价值。

价值形式

既然商品中的价值是抽象人类劳动的凝结，那么它又是如何表现的呢？只有进一步分析价值形式，才能懂得商品的价值是怎样表现出来的，才能懂得货币的起源和本质。

马克思认为这一节既难又重要：“除了价值形式那一部分外，不能说这本书难懂。”（第 1 卷第 8 页）可见，这一节在全书中最难，难就难在既抽象又复杂。马克思在《资本论》第一卷第一版发行后，曾经接受友人库格曼医师的劝告，把这一节按照教科书的式样，加了若干小标题，写成《价值形态》一文作为这一节的附录。第二版时，马克思又把这一节做了彻底改写，成为现在的形式。所以，这一节已不像以前那样难了。

马克思认为，关于价值形式的发展“对全书来说是太有决定意义了”。因为“**20 码麻布 ＝1 件上衣**这一……最简单的商品形式……就包含着**货币形式的全部秘密**，因此也就包含着萌芽状态的**劳动产品的一切资产阶级形**

式的全部秘密”①。这就是通过价值形式的分析，既可以揭示货币的起源，又可以揭示资本主义制度的全部秘密。

价值形式的发展是一个从简单到复杂的过程，它一共经历了四个阶段。

简单的价值形式 简单的价值形式就是一种商品的价值通过任何别一种商品来表现。它的公式是：

20 码麻布 =1 件上衣，或 20 码麻布值 1 件上衣

这种形式之所以又称为简单的、个别的或偶然的价值形式，是因为：1.这种价值形式比较单纯，所以是简单的；2.这种价值形式只是用一种商品表现另一种商品的价值，所以是个别的；3.这种价值形式是不经常的，所以是偶然的。

等式左端的麻布是价值被表现的商品，称为相对价值形式；右端的上衣，是用自己来表现麻布的价值，称为等价形式。在这里，麻布通过上衣表现自己的价值，上衣则成为这种价值表现的材料。麻布起主动作用，上衣起被动作用。

马克思对相对价值形式的研究，是先分析它的内容，然后分析它的量。相对价值形式的内容实际上就是抽象人类劳动的凝结。“当上衣作为价值物被看作与麻布相等时，前者包含的劳动就被看作与后者包含的劳动相等。……织就它织出价值而论，也和缝毫无区别，所以是抽象人类劳动。”(第 1 卷第 64—65 页)

价值形式不只是要表现价值，而且要表现一定量的价值，即价值量。例如，用 1 件上衣来表现 20 码麻布的价值量。价值量的相对表现随相对价值形式和等价形式两极价值的变化而变化。麻布或上衣的价值变化了，价值量的相对表现都要发生变化。这大致有四种情况。

1. 麻布的价值起了变化，上衣的价值不变。在这种情况下，麻布的相对价值量随麻布价值的涨落成正比例变化。

2. 麻布的价值不变，上衣的价值起了变化。在这种情况下，麻布的相对价值量随上衣价值的涨落成反比例变化。

3. 生产麻布和上衣的必要劳动量按照同一方向和同一比例同时发生变化。在这种情况下，麻布的相对价值量可以保持不变。

---

① 马克思恩格斯《资本论》书信集.北京：人民出版社，1976：216.

4. 生产麻布和上衣的必要劳动量按照同一方向但以不同的程度同时发生变化，或者按照相反的方向发生变化。在这种情况下，麻布的相对价值量的变化可以有多种情况，可以按照以上1、2、3进行推断。

一个商品的等价形式就是它能与另一个商品直接交换的形式。作为等价形式的商品，只能以它的物的一定量表现另一商品的价值量，但不能表现它本身有多大的价值。例如，以1件上衣表现20码麻布的价值，但1件上衣不能表示上衣本身的价值。

等价形式按照它的性质，具有三个特点：第一，使用价值成为它的对立面即价值的表现形式；第二，具体劳动成为它的对立面即抽象人类劳动的表现形式；第三，私人劳动成为它的对立面即直接社会形式的劳动。

一看而知，简单价值形式是直接的物物交换。在这个形式中，处于相对价值形式的商品麻布，只能表现在另一种商品上衣上，这种直接的物物交换只是偶然的行为，因而商品的价值表现也就带有偶然性，是很不充分、很不完全的。随着商品生产的发展，商品交换范围的扩大，价值形式必然要进一步向前发展。

扩大的价值形式 随着交换的发展，一种商品的价值可以表现在一系列商品上面，这时就取得了扩大的价值形式。扩大的价值形式由一种商品的一系列简单的价值形式的总和构成，所以，又叫作总和的价值形式。其公式：

$$20\text{码麻布}\begin{cases}=1\text{件上衣}\\=5\text{只羊}\\=10\text{斤茶叶}\\=1\text{钱黄金}\\=\text{其他商品}\end{cases}$$

这种价值形式从左端相对价值的表现来看，它的价值表现是未完成的，是杂乱的，是无穷无尽的。从右端等价形式来看，作为等价物的长序列商品中每一种商品都是一个特殊的等价形式，相互排斥，还没有统一的表现形式。

在扩大形式中，商品价值的表现要比简单价值形式充分一些，但这仍然是直接的物物交换，交换过程还有许多困难。比如，有麻布的人，想要上衣；有上衣的人却不要麻布，而要羊。但是，有羊的人却不要上衣，而要茶叶，这样，要经过周折交换才能成功，很不方便。扩大价值形式的缺点，说明扩大了的物物交换仍有很大困难,表明它还要向更完全的价值形式发展。

一般价值形式 随着商品生产和商品交换的进一步发展,扩大的价值形式就发展为一般的价值形式。其公式:

$$\left.\begin{array}{l}\text{1 件上衣} =\\ \text{5 只羊} =\\ \text{10 斤茶叶} =\\ \text{1 钱黄金} =\\ \text{其他商品} =\end{array}\right\}\text{20 码麻布}$$

初看起来,这种价值形式与扩大的价值形式只是位置的变换,似乎没有多大区别。实际上,与扩大的价值形式相比,一般价值形式已经起了性质上的变化。

公式右端处于等价形式的麻布,这时已经成为一般等价物,用它可以表现许多商品的价值,这样就使商品交换大大方便了。但是,这种担当一般等价物的商品最初是偶然的,大体以两种物品为对象:一种是最重要的外来交换品,一种是本地可以让渡的重要产品。这个商品会因时因地而不断变更,它只有局部的和暂时的社会效力,还不够稳定。在历史上,羊曾充当过一般等价物。人们有了羊,既可以换麻布,也可以换上衣、换茶叶,这样使交换方便得多了。但是,用羊作一般等价物有许多缺点。羊是动物,要喂养,体积大,携带也不方便。羊虽然可以宰了分成许多块,但羊头、羊腿、羊身,即使重量相等,也不能代表相同的价值。此外,有的地方用过贝壳,有的地方用过牛,有的地方用过象牙等等充当过一般等价物,但都由于有这样或那样的缺点,最后不得不一一退出一般等价物的历史舞台。因此,随着商品生产和商品交换的发展,要求一般等价物固定在某一种特殊商品上面,历史上这个特权地位被黄金夺得了。所以,我们只要在一般价值形式中用黄金来代表一般等价物,就可得到货币形式。

货币形式 其公式:

$$\left.\begin{array}{l}\text{20 码麻布} =\\ \text{1 件上衣} =\\ \text{5 只羊} =\\ \text{10 斤茶叶} =\\ \text{其他商品} =\end{array}\right\}\text{1 钱黄金}$$

从一般价值形式发展到货币形式，没有本质的变化。黄金所以会当作货币，绝不是取决于黄金天然具有的属性，而是商品关系内部矛盾发展的结果。黄金本来就是商品，曾经充当过等价物。黄金有许多优点：体积小、价值高、不腐烂、不生锈，既可分、又可合……这就使黄金成为一般等价物中的佼佼者，最终由它夺得了固定充当一般等价物的宝座，成了金光闪闪的货币。

用货币（金）表现商品的相对价值，就是价格形式。货币形式或价格形式是价值的完成形式。

马克思就这样通过价值形式的发展，揭示了货币的起源。那么，隐藏在价值形式后面的价值本质又是什么呢？马克思在第一章第三节分析价值形式后，在第四节通过对商品拜物教的分析揭示出价值的本质。

商品拜物教

商品按照价值交换本来是生产者相互交换劳动的关系，是人与人之间的关系。但是，由于人类劳动的产品采取商品形式以后，这种人与人的关系，却被商品以物的形式掩盖了。《资本论》第一卷第一章第四节的中心就是揭示价值的本质是被物的外壳掩盖着的人和人之间的生产关系。但是，这一节的标题却叫《商品拜物教性质及其秘密》。为什么揭示价值的本质要分析商品拜物教呢？这是因为，商品拜物教就是把物化在商品中的人与人之间的关系，颠倒地看成是物与物之间的关系，于是使人们对商品产生了一种神秘感，就好像古人不理解火，把火看做神火、作为崇拜对象一样，也好像宗教世界中人们崇拜人脑的产物——上帝等偶像一样，在商品世界里，人们崇拜人手的产物——商品。商品本来是人们用自己的双手劳动生产出来的物，是人生产了物。但是，在商品世界里，却表现为商品这个物在统治着人，于是，人们拜倒在商品面前形成商品拜物教。因此，为了揭示价值的本质，马克思在第一章的第四节中分析了商品拜物教的性质及其秘密。

商品的神秘性不是来自商品的使用价值。这是因为，商品的使用价值无论从它对人有用，或者从它是某种具体劳动生产出来的产品来看，都没有什么神秘的地方。例如，木匠通过他的劳动，把木头做成桌子，木材形状改变了，木材变成了桌子。桌子从使用价值角度来看，是可以感觉的物，没有什么神秘之处。但是桌子一旦成为商品，情况就不同了，它不仅具有使用价值，而且还有价值，价值是看不见、摸不着的。这样，桌子就成为一个可以感觉和超乎感觉的东西了。从使用价值方面看，它是可以感觉的物；从价值方面看，则是超乎感觉的东西。所以，商品的神秘性不是从它的使用价值发生的，而是从它的价值方面发生的。

商品的神秘性也不是来自价值规定的内容。商品价值规定的内容，就是形成商品价值实体的抽象人类劳动，这也没有什么神秘之处。这是因为：第一，从劳动的质来说，它在实质上都是人的脑、神经、肌肉、感官等等的耗费，这是生理学意义上的支出，不会产生神秘性；第二，从劳动的量来说，它在数量上都是生产上所耗费的劳动时间，生产物品所耗费的劳动时间，在任何社会都是人们关心的事情，尽管关心的程度不一样，但不具有什么神秘性；第三，从劳动的社会形式来看，人们从事生产时，无论在任何时候，都必须以一定的方式结合起来劳动，因而他们的劳动具有一定的社会形式，这也没有什么神秘之处。那么，商品的神秘性究竟从何产生呢？

商品的神秘性是来自商品形式的本身。劳动产品一旦取得了商品的形式，就意味着生产商品所耗费的劳动取得了一种特殊的社会形式，而当劳动被社会规定为抽象的或等同的性质，就以价值物的形式表现出来，使得这个商品产生谜一般的神秘性，因而商品的神秘性来自商品形式本身。

那么，商品形式本身怎样会表现出它的神秘性呢？

第一，“人类劳动的等同性，取得了劳动产品的等同的价值对象性这种物的形式”（第1卷第88页）。这就是说，人类的劳动表现为商品的价值，这就使人难于认识清楚。

第二，“用劳动的持续时间来计量的人类劳动力的耗费，取得了劳动产品的价值量的形式”（第1卷第88页）。这就是说，生产产品的劳动量表现为商品的价值量，这就使人迷惑不解。

第三，“劳动的那些社会规定借以实现的生产者的关系，取得了劳动产品的社会关系的形式”（第1卷第88页）。这就是说，生产者人与人之间相互交换劳动的社会关系，表现为商品的物与物之间的交换关系，现象掩盖了本质，因而产生了神秘性。

所以，商品的神秘性只在于人们在商品形式面前，把劳动的特殊社会性质看成为物的自然属性，把人的关系看成是物的关系。这种幻觉类似宗教迷信，所以称为商品拜物教。“因此，要找一个比喻，我们就得逃到宗教世界的幻境中去。在那里，人脑的产物表现为赋有生命的、彼此发生关系并同人发生关系的独立存在的东西。在商品世界里，人手的产物也是这样。我把这叫做拜物教。”（第1卷第89页）因此，商品拜物教是与商品生产分不开的。

在私有制的条件下，生产商品的劳动，一方面是私人劳动，另一方面是社会劳动。商品拜物教存在的根本原因就在于私人劳动和社会劳动的矛盾。在生产资料私有制的条件下，一个商品生产者要生产什么、怎样生产、生产多少，都是各个私人的事情，别人不能干涉。生产出来的劳动产品也归私人所有，别人不能无偿占有。所以，商品生产者所费的劳动首先是私人的事情，是私人劳动。但是，作为商品生产者，他花费劳动，生产产品又不是为了自己消费，而是为了同他人交换，出卖给他人，供社会的消费。所以，他的劳动又是社会劳动的一部分，是社会劳动。而且这种商品生产者的劳动具有二重的社会性：一方面是指这种劳动作为一种有用的劳动能满足一定的社会需要，所以，它是社会总劳动的一部分；另一方面是这种劳动作为抽象劳动，已化成人类劳动力的耗费，所以，它具有共同的社会性质。

私有制条件下的商品所有者的私人劳动又具有社会劳动的性质，说明这种劳动是私人劳动和社会劳动的统一。但是，私人劳动能不能转化为社会劳动要通过商品交换才能表现出来。如果商品生产者生产的东西货不对路，或者生产的数量大大超过社会的需要，他的东西就卖不掉，或者不能完全卖掉。这样，他的私人劳动就不能转化为，或者不能完全转化为社会劳动。所以，在生产者面前，他们的私人劳动的社会关系就不是表现为人们劳动中的直接的社会关系，而是颠倒地表现为物与物之间的社会关系。这种颠倒的关系可以从以下几方面表现出来：

第一，由于商品生产者的私人劳动的二重社会性质，即社会有用性和社会均等性，在交换过程中表现为商品具有使用价值和价值的形式，所以，很容易使人们把劳动产品的社会性质看作是劳动产品本身的物质属性。

第二，由于商品价值的实体，即抽象人类劳动，总是凝结在商品的物质外壳之中，所以，很容易产生物统治人的幻觉。“在交换者看来，他们本身的社会运动具有物的运动形式。不是他们控制这一运动，而是他们受这一运动控制。”（第1卷第91页）

第三，由于价值量运动的规律具有客观强制力，在商品交换中，在私人劳动产品的偶然的不断变动的交换中不以商品交换者的个人意志为转移，这也造成了物的运动支配着人的幻觉。

第四，在价格形式上，由于货币直接与一般商品相交换，好像金银本身的物质属性天然就是一般等价物，这就使得商品拜物教的幻觉更加迷惑人了。

因此，“当加利阿尼说价值是人和人之间的一种关系时，他还应当补充一句：这是被物的外壳掩盖着的关系。”（第1卷第91页注）“劳动产品作为价值，只是生产它们时所耗费的人类劳动的物的表现，这一发现在人类发展史上划了一个时代，但它绝没有消除劳动的社会性质的物的外观。”（第1卷第91页）这就告诉我们：价值不是物与物之间的关系，而是人与人之间的关系，实际上是人与人之间相互交换劳动的关系；价值不是自然属性，而是社会属性，因而价值是历史范畴，而不是永恒的范畴；价值不是直接体现人与人的关系，而且在物的外壳掩盖下的人与人的关系。所以，价值表面看来似乎是物与物的关系，而其实质是人与人的关系。

所以，是马克思第一次最完整确切地指出了：价值是商品生产中人与人之间的社会关系。

恩格斯说得好：“政治经济学从**商品**开始，即从产品由个别人或原始公社相互交换的时刻开始。进入交换的产品是商品。但是它成为商品，只是因为在这个**物**中、在这个产品中结合着两个人或两个公社之间的**关系**，即生产者和消费者之间的关系，在这里，两者已经不再结合在同一个人身上了。在这里我们立即得到一个贯穿着整个经济学并在资产阶级经济学家头脑中引起过可怕混乱的特殊事实的例子，这个事实就是：经济学所研究的不是物，而是人和人之间的关系，归根到底是阶级和阶级之间的关系；可是这些关系总是**同物结合着**，并且**作为物出现**。”①

列宁也说过：“凡是资产阶级经济学家看到物与物之间的关系的地方（商品交换商品），马克思都揭示了**人与人之间的关系**。”②

（二）交换过程是商品到货币的桥梁

马克思在《资本论》第一卷第二章中分析了交换过程，实际上是说明随着交换的发展，怎样从商品中必然分化出货币的历史过程。从第一篇的总

① 马克思恩格斯全集·第13卷.北京：人民出版社，1962：533.

② 列宁选集·第2卷.北京：人民出版社，1960：380—381.

结构来说,第二章的交换过程,是第一章的商品向第三章的货币的过渡和桥梁。

货币是交换过程矛盾的必然产物

要知道货币是怎样产生的,就必须了解商品交换过程的矛盾;而要了解商品交换过程的矛盾,就必须了解商品交换的基础和商品交换的必要性。

商品自己是不能走到市场上去直接交换的,它被人占有,受商品所有者的支配。因此,商品交换是通过商品所有者来进行的,要使交换能够实现,交换双方要有共同一致的意志行为,如果一方同意,一方不同意,交换就不能成功。这种共同的意志行为是以私有制为基础的,他们必须彼此承认双方是私有者。“这种具有契约形式的(不管这种契约是不是用法律固定下来的)法权关系,是一种反映着经济关系的意志关系。这种法权关系或意志关系的内容是由这种经济关系本身决定的。”(第 1 卷第 102 页)所以,商品和商品所有者是不同的。

对商品来说,它是没有感觉的物,只要价值相当,一个商品就可以和任何别的商品相交换。所以,它是天生的“平等派”和“昔尼克派”。把商品比作“平等派”,是说商品只要价值均等,不管其他一切质或形式的差别,都可以交换。“昔尼克派”又译“犬儒学派”,是古希腊的哲学派别之一,他们对财富、荣誉、婚姻、家庭、政治等等都采取无动于衷的态度,克己节欲,不怕过像犬一样简单的生活。马克思用这个学派对一切抱无动于衷的态度,比喻商品在交换时,不管对方采取何种自然形态,只要价值相等,就可交换。

对商品所有者来说,则是有感觉的人,它可以凭借自己感官的帮助,判断一个商品对自己有没有使用价值。一个商品对商品所有者来说没有直接的使用价值,否则,他就不会拿到市场上去;但他的商品对别人有使用价值。这是一个矛盾,只有通过交换才能解决这个矛盾。“一切商品对它们的所有者是非使用价值,对它们的非所有者是使用价值。因此,商品必须全面转手。”(第 1 卷第 103 页)这种转手就形成商品交换,通过交换实现商品的价值,通过交换证明商品的使用价值。所以,商品的价值和使用价值的矛盾,只有通过交换才能解决。但是,交换过程本身也有矛盾。

交换过程的矛盾,就是“同一过程不可能同时对于一切商品所有者只是个人的过程,同时又只是一般社会的过程。”(第 1 卷第 104 页)这就是说,交换是个人的过程,又是一般的社会的过程。一方面,从通过交换满足商品所有者的个人需要来说，是个人过程；另一方面，从通过交换把商品当作价值实现来说，它又是社会的过程。交换过程必须是个人的过程，又是一般的社会过程，商品交换才能实现。但是，这两个过程往往发生矛盾。同一过程不可能同时对于一切商品所有者只是个人的过程，同时又只是一般社会的过程。举例来说，我是一个商品所有者，我的商品是麻布，另一个商品所有者的商品是上衣。我想用我的麻布换他的上衣，从这一点来说，交换对于我是个人的过程；另一方面，我又希望他用上衣换我的麻布，从这一点来说，交换对于我又是一般社会的过程。如果我要换他的上衣，他也要换我的麻布，而且麻布和上衣的价值相等，那么在这种情况下，个人过程和一般的社会过程是统一的，交换可以进行。但是，这种情况是很偶然的。有可能我要换他的上衣，他却不愿意换我的麻布；也可能他要换我的麻布，而我不愿意换他的上衣，这就是“同一过程不可能对于一切商品所有者只是个人的过程，同时又只是一般社会的过程”。这样，交换就不可能进行。

交换过程的矛盾造成交换上的困难。因此，必须有一种商品当作一般等价物，才能解决这个困难。在商品交换中，由于社会的活动，使一种特定的商品成了一般等价物，通过这种商品来全面表现其他一切商品的价值。于是这一商品的自然形式就成为社会公认的等价形式。这种充当一般等价物的特殊商品就是货币。所以，货币是交换过程矛盾的必然产物。

货币形成的历史过程

货币的产生既是商品价值形式发展的必然产物，又是商品交换发展的历史过程的具体反映。

最早的商品交换是在原始公社末期，从原始共同体的尽头处，即这个共同体与另一共同体之间交界的地方开始的。由于两个共同体成员发生接触，以自己多余的东西换取自己所需要的东西，交换就发生了。“商品交换是在共同体的尽头，在它们与别的共同体或其成员接触的地方开始的。但是物一旦对外成为商品，由于反作用，它们在共同体内部也成为商品。”（第1卷第106页）为什么共同体之间的商品交换，会引起共同体内部的商品交换呢？因为对外交换，促进了共同体内部的分工，推动了生产力的发展，为交换而生产的产品也开始出现，同时，共同体的一些领导人也逐渐积累了私产，分工和私有这两个条件在公社内部出现了，就为交换的产生提供了可能，从而使共同体内部的产品也成为商品。

继商品生产和商品交换的产生和发展之后，就是商品转化为货币的过程。随着商品交换的发展，必然要求从商品世界中分离出一种特殊商品承担一般等价物的职能，解决直接物与物交换的困难。这种充当一般等价物的商品就“结晶为货币形式”（第1卷第107页）。这种货币形式，最初是偶然的，大体以两种物品为对象：一种是最重要的外来交换品，一种是本地可以转让的重要产品。随着商品交换日益突破地方的限制，货币形式日益转到贵金属身上。

“金银天然不是货币，但货币天然是金银。”（第1卷第107页）就是说，金银本来不是货币，但金银具有最适宜于充当货币之用的特点，货币形式的发展必然要以金银作为货币的材料。为什么金银的自然属性决定其适合于充当货币呢？

马克思在《政治经济学批判》“贵金属”一节中，详细地分析了贵金属适合于充当货币材料的各种原因：1.金银的每一份，在质上都是一样的，同时可以任意分割和合并，因而适合于表现商品的价值和价值量；2.少量金银可以代表多量劳动，体积小而价值大，便于运输和携带；3.贵金属比值高，耐久，不易损坏；4.金银不适宜作生产资料，也不是生活资料的必需品，而它们的色彩却符合人们审美的要求；5.可以从一种形态变为另一种形态，如从条块形态变为铸币形态，又可以再变回来。

货币是充当一般等价物的特殊商品

从货币的产生，可以看出货币的本质。“货币商品的使用价值二重化了。它作为商品具有特殊的使用价值，如金可以镶牙，可以用作奢侈品的原料等等；此外，它又取得一种由它的特殊的社会职能产生的形式上的使用价值。既然其他一切商品只是货币的特殊等价物，而货币是它们的一般等价物，所以它们是作为特殊商品来同作为一般商品的货币发生关系。”（第1卷第108页）可见：

货币原来也是商品。作为商品，它与其他普通商品一样，具有使用价值和价值。它作为商品具有特殊的使用价值，如金可以镶牙，可以用作奢侈品的原料等等。货币商品本身也有价值，也是人类抽象劳动的凝结。

货币不仅是商品，而且又是特殊的商品。它与普通商品比较有自己的特殊性。普通商品的使用价值只是用自己的物质性能满足人们的某种需要。而作为货币商品，它除了自身的物质性能，如可以镶牙等以外，还具有充当一般等价物的使用价值。普通的商品的价值要通过和货币交换才能表现出来,而货币作为一般等价物,它直接体现社会劳动,是价值的一般代表。普通商品是用来交换的劳动产品,而货币是商品交换发展的产物,货币商品的出现,要比普通商品晚得多。

所以,货币的最本质的特征是充当一般等价物。一般等价物是社会公认的等价形式,它可以与其他一切商品相交换,用自己的自然形式表现其他一切商品的价值。一切商品都必须换成货币,才能实现自己的价值;一切具体劳动都必须通过货币才能还原为抽象劳动;一切私人劳动都必须通过货币才能实现为社会劳动。

总之,货币是充当一般等价物的特殊商品。能不能把货币的本质简单地概括为货币是特殊商品,或者说,货币是一般商品呢?都不能。

如果只是说货币是特殊商品,意味着货币就是普通商品,与其他一切商品没有什么区别,那就忽略了货币商品的本质特征是一般等价物。

如果只是说货币是一般商品,那也不确切,容易引起混淆。因为马克思运用"一般商品"这个概念,在不同场合有不同含义。有时一般商品就是指普通商品,有时一般商品是指一般等价物,有时一般商品是指商品一般。

所以,不能简单地说,货币是特殊商品;也不能简单地说,货币是一般商品。货币实际上既是一般商品(一般等价物),又是特殊商品。"等价形式同这种特殊商品的自然形式社会地结合在一起,这种特殊商品成了货币商品,或者执行货币的职能。"(第1卷第85页)在《政治经济学批判》中马克思还说过,货币是"作为**一般**商品的特殊商品"。①在《政治经济学批判大纲》中,马克思还说过:"货币,即一切商品作为交换价值转化成的共同形式,一般商品,其本身必须作为**特殊**商品与其他商品并存。"②又说:"货币自命为一般商品,但是,由于货币的自然特点,它又是一种特殊商品。"③

(三)神奇的货币

从一首绝妙的诗说起

"金子!黄黄的、发光的、宝贵的金子!

① 马克思恩格斯全集·第13卷.北京:人民出版社,1962:37.

② 马克思恩格斯全集·第46卷上册.北京:人民出版社,1979:112.

③ 马克思恩格斯全集·第46卷上册.北京:人民出版社,1979:185.

只这一点点儿，就可以使黑的变成白的，丑的变成美的，
错的变成对的，卑贱变成尊贵，老人变成少年，懦夫变成勇士。
……
这黄色的奴隶可以使异教联盟，同宗分裂；
它可以使受咒诅的人得福，使害着灰白色的癞病的人为众人所敬爱；
它可以使窃贼得到高爵显位，和元老们分庭抗礼；
它可以使鸡皮黄脸的寡妇重做新娘……”

这首被马克思称赞为“绝妙的描绘”的诗，说明了货币的作用。

货币的作用，是通过货币的职能表现出来的。马克思在《资本论》第一卷第三章《货币或商品流通》的标题下，分析了货币的五种职能。这一章的标题为什么叫“货币或商品流通”呢？这是因为货币的职能是在商品流通中表现出来的，货币各种职能的产生和商品流通的发展是密切联系着的。一方面，货币是在商品交换过程中产生的，随着商品交换的发展，货币的职能在逐渐扩大和发展；另一方面，货币的产生促进了商品流通的发展。所以，研究货币的职能不能不研究商品流通，也只有通过商品流通的研究，才能正确理解货币的各种职能。

这一章分为三节，分析了货币的五种职能。第一节讲价值尺度；第二节讲流通手段；第三节在货币的总标题下，分析货币的另外三个职能：贮藏手段、支付手段和世界货币。马克思为什么不把货币的五种职能分成五节，而要分成三节呢？这是由于：

第一，货币的五种职能具有不同的重要性。马克思说：“一种商品变成货币，首先是作为价值尺度和流通手段的统一，换句话说，价值尺度和流通手段的统一是货币。”[①]这就是说，价值尺度和流通手段是最基本的职能，要分别叙述，另三种是派生的职能。

第二，货币的五种职能代表商品流通发展的不同阶段。价值尺度和流通手段是货币出现以后就具有的职能。而贮藏手段、支付手段和世界货币，是在商品生产和商品流通发展到一定程度以后才产生的。

---

① 马克思恩格斯全集·第13卷.北京：人民出版社，1962：113.

第三，作为价值尺度的货币只是观念上的货币，作为流通手段的货币可以是价值的符号，而执行后三种职能的货币必须是实在的货币，是以金体出现的货币。

价值尺度

价值尺度职能是货币的第一个也是最主要的职能。要弄清楚货币是怎样计量商品价值的，首先要弄清楚价值尺度和价格标准以及它们之间的关系。

货币的价值尺度职能就是用货币来计量商品的价值。或者说，是把商品价值表现为一定量的货币，以表示各种商品的价值在质的方面相同，在量的方面可以比较。就好像我们在衡量物品的长短时，要用尺子量一量一样，货币就是用来衡量商品价值大小的尺子。

执行价值尺度职能的货币，只是观念上的货币，而不必是现实的货币。"商品的价格或货币形式，同商品的所有价值形式一样，是一种与商品的可以捉摸的实在的物体形式不同的，因而只是观念的或想象的形式。"（第 1 卷第 113 页）例如，货架上陈列的热水瓶是 5 元一只，只要有一张表明 5 元的标价牌就可以了，用不着现实的货币放在旁边。

用货币来尺度其他商品的价值，货币本身也必须有一定的单位。计量货币本身的计量单位，就叫价格标准。①例如，旧中国的货币单位叫"元"，规定银圆 1 元重 7 钱 2 分，含纯银八成九，合 6.408 钱纯银。1 元分成 10 角，1 角又分成 10 分。

作为价值尺度和价格标准是有很大区别的。"作为价值尺度和作为价格标准，货币执行着两种完全不同的职能。作为人类劳动的社会化身，它是价值尺度；作为规定的金属重量，它是价格标准。作为价值尺度，它用来使形形色色的商品的价值变为价格，变为想象的金量；作为价格标准，它计量这些金量。价值尺度是用来计量作为价值的商品，相反，价格标准是用一个金量计量各种不同的金量，而不是用一个金量的重量计量另一个金量的价值。"（第 1 卷第 116 页）

简言之，作为价值尺度，是用货币尺度其他商品的价值；作为价格标准是计量货币自身的计量单位。

---

① 价格标准按《资本论》德文原文，应译为"价格尺度标准"，也可以简称为"价格尺度"（见第 1 卷第 148 页），郭大力、王亚南同志翻译的《资本论》译为"价格标度"，看来比较确切。

由于用货币表现商品的价值，就是价格，所以，弄清价值尺度和价格标准的关系之后，就要进一步弄清价格和价值的关系。

价值规律要求商品的价格与商品内在的价值相一致。由于价值是价格的基础，价格是价值的表现形式。因此，一方面从长期趋势看，价格和价值应该是趋于一致的；另一方面，从全社会来说，价格总和与价值总和总是一致的。

但是，价格和价值相一致，并不是价格和价值时时、处处完全相等。实际上，在每个个别场合，价格和价值并不是一致的，而是经常背离的。这是因为价格作为商品价值量的指数，是商品同货币的交换比例的指数。但是，商品同货币的交换比例的指数不一定是商品价值量的指数。例如，1 双鞋子的价格是 10 元，这个价格就是商品（1 双鞋子）和货币（10 元）的交换比例的指数。而 1 双鞋子和 10 元货币为什么可以相等呢？这是因为鞋子和货币都有价值，都是劳动时间的凝结。如果 1 双鞋子和 10 元货币凝结的劳动时间是相等的，都是 10 小时，那么，价格作为商品价值量的指数，是商品同货币的交换比例的指数。如果由于供求关系的变化，1 双鞋子卖 12 元或者 8 元，那么，这个商品同货币交换比例的指数，就不是商品价值量的指数。价格和价值量的偏离是存在于价格形式之中的，价格会随着供求关系的变化围绕价值上下波动。“但这并不是这种形式的缺点，相反地，却使这种形式成为这样一种生产方式的适当形式，在这种生产方式下，规则只能作为没有规则性的盲目起作用的平均数规律来为自己开辟道路。”（第 1 卷第 120 页）

价格和价值之间还存在质的背离，价格可以完全不是价值的表现。有的东西本身并不是商品，例如良心、名誉等，但是也可以被它们的所有者出卖以换取金钱，并通过它们的价格，取得商品形式。因此，没有价值的东西在形式上可以具有价格。大家知道，未开垦的土地，是自然界本来就存在的东西，不是人类劳动的产品，是没有价值的。但是，由于土地被人占有，他们可以利用它取得地租，并可以成为买卖的对象，因而，土地有价格。没有价值的土地有价格，这是一种虚幻的价格。但是，土地价格实际上是资本化的地租，是由地租转化而来的。而地租又是由农产品个别价值与社会价值的差额，或者是农产品的价值与生产价格的差额转化而来的。所以，土地价格实际上是由农产品的实在价值关系，以及由其派生的地租关系产生的。不过，这种虚幻的价格形式“又能掩盖实在的价值关系或由此派生的关系”（第

1卷第121页)。

流通手段

流通手段是货币的第二种职能。这种职能与价值尺度的职能一样,也是货币的一种基本职能。“一种商品变成货币,首先是作为价值尺度和流通手段的统一,换句话说,价值尺度和流通手段的统一是货币。”①

货币作为流通手段,就是充当商品交换的媒介。在货币出现以前的交换,是物物交换。货币出现以后,以货币为媒介的交换,就是商品流通。商品流通不仅在形式上,而且在实质上,与物物交换都是不同的。物物交换受到个人和地方的限制,商品流通打破了这种限制,扩大了商品交换的品种、数量和地域范围。物物交换当事人比较容易控制。商品流通使人们相互之间的关系错综复杂地联结起来,当事人控制不了。物物交换没有货币做媒介,商品流通以货币做媒介,而且货币不会退出流通,它不断从一个人手里转到另一个人手里。

货币作为流通手段带来了商业危机的可能性。由于货币打破了物物交换的限制,卖与买两种行为在时间上和空间上就分离了。在以货币为媒介的错综复杂的商品交换序列中,一个不买,后面一序列商品因为没有货币周转,一个个随之不能卖。因而,“商品内在的使用价值和价值的对立,私人劳动同时必须表现为直接社会劳动的对立,特殊的具体的劳动同时只是当作抽象的一般的劳动的对立,物的人格化和人格的物化的对立——这种内在的矛盾在商品形态变化的对立中取得了发展的运动形式。因此,这些形式包含着危机的可能性,但仅仅是可能性。”(第1卷第133页)

在这里,马克思提到商品有四个内在的矛盾,关于使用价值与价值的矛盾、具体劳动与抽象劳动的矛盾、私人劳动与社会劳动的矛盾前面都已经讲到过了,这里需要说明的只是物的人格化和人格的物化的矛盾。在童话、寓言等文艺作品中常用这样一种艺术描写手法,把动物、非生物、自然现象或抽象概念,当做人一样看待,这就叫作人格化。那么,马克思这里所说的物的人格化是指什么呢?所谓物的人格化,是指商品这个物实际上体现人与人之间交换劳动的社会关系,也就是说商品关系体现人与人的关系。所谓人格的物化,是指人与人的关系是通过商品这个物表现出来的。这二者之

① 马克思恩格斯全集·第13卷.北京:人民出版社,1962:113.

间的对立，实际上就是指商品中人和物的对立，或者说是主体和客体的对立。生产商品本来应该人是主体，是人通过自己的劳动生产商品，物是客体，是被生产的对象。但是，在商品关系中，却颠倒表现为物统治人。这种对立，就是人和物的颠倒关系。“在商品中，特别是在作为资本产品的商品中，已经包含着作为资本主义生产方式的特征的生产的社会规定的物化和生产的物质基础的主体化。”（第3卷第995—996页）

执行流通手段职能的货币始终处在流通领域中。那么，流通领域中究竟需要多少货币呢？这取决于两个因素：1.商品价格总额，它等于商品流通数量乘商品价格水平；2.货币流通速度，即在一定时间内同一货币的周转次数。流通中所需要的货币量与商品价格总额成正比，商品价格总额越大，流通所需要的货币就越多；与货币流通速度成反比，货币流通速度越快，流通所需要的货币就越少。因此，在一定时期内商品流通所需要的货币量，等于商品价格总额除以货币流通速度，这就是货币流通的规律。用公式来表示就是：

$$\text{一定时期内流通所需要的货币量}=\frac{\text{商品价格总额}}{\text{货币流通速度}}$$

作为流通手段的货币，在很长一段时间里，是直接的条、块，例如用金条、银块作为流通手段。但是，这样交换很不方便。后来随着商品交换的发展，出现了铸币，就是照一定的重量、成色和形状铸造成的金属货币，作为流通手段。初期的铸币与它所标度的金量是一致的。但由于金铸币在流通中会磨损，金铸币的名义含量和实际含量逐步分离，使铸币的金属存在同它的职能存在相分离，所以在货币流通中就隐藏着一种可能性：可以用其他材料做的记号或用象征来代替金属执行铸币的职能。由于特有的和历史的原因，银铸币和铜铸币相继当作辅币出现。这种银记号和铜记号，它的金属含量是由法律任意规定的，实际上完全不依赖于它们的重量和价值。

银记号或铜记号在流通中比金币磨损得更快，但是由于货币执行流通手段职能时，它是一个转瞬即逝的过程，所以人们并不十分关心它是否足值，于是又出现了由纸币来代替金属铸币。纸币是由国家发行的强制使用的价值符号。纸币的流通规律只反映金币的流通规律。“纸币流通的特殊规律只能从纸币是金的代表这种关系中产生。这一规律简单说来就是：纸

币的发行限于它象征地代表的金（或银）的实际流通的数量。"（第1卷第147页）

所以，纸币是金的符号。纸币之所以能够代表黄金成为价值符号，这是和货币的价值尺度职能和流通手段职能分不开的。一方面，从价值尺度职能看，商品价值可以观念地表现在一个金量上，这个金量则可以由纸象征地可感觉地体现出来；另一方面，从货币的流通手段的职能来看，在商品流通中，作为流通手段的货币，只起商品交换的媒介作用，在货币不断转手的过程中，单有货币的象征存在就可以了。

贮藏手段

当商品生产者出售商品取得货币后，不接着买，货币就成为贮藏货币，货币就由流通手段变为贮藏手段。

在商品流通的初期，商品生产不发达，有些人把多余产品换成货币保存起来。这是一种朴素的货币贮藏形式。随着商品生产的进一步发展，商品生产者要不断地买进生产资料和生活资料，但他生产和卖出自己的商品是要费时间的，并且能否卖掉还带有偶然性。这样，他为了不断能买，就必须把以前卖掉他的商品所得的货币贮藏起来。这是商品生产者的货币贮藏。随着商品流通的发展，货币的权力也日益扩大。由于货币是一般等价物，货币作为储藏手段，也就是把货币当作社会财富的一般代表贮藏起来，谁贮藏的货币越多，他的社会权力就越大。

在金属流通的经济中，货币贮藏有多种不同的职能。它的第一个职能，就是调节货币流通量。货币贮藏就像个蓄水池，它自发地调节着流通中的货币量，使它与商品流通需要的货币量相适应。当流通领域的货币量过多时，多余的货币就会自动退出流通领域贮藏起来；当流通领域的货币量不足时，贮藏的货币又会自动进入流通领域。"货币贮藏的蓄水池，对于流通中的货币来说，既是排水渠，又是引水渠；因此，货币永远不会溢出它的流通的渠道。"（第1卷第154页）

支付手段

当货币用于单方面的支付而不是用于双方面的交换时，货币便起着支付手段的作用。货币作为支付手段的职能，最初是在商品流通领域内的，后来逐渐越出商品流通领域，用于缴纳税款，交付地租，支付利息、工资等等。

支付手段是商品流通发展、买卖分离的结果。商品流通的发展使卖买分离，这个运动就有可能以赊购方式先取得商品，然后再支付货币。这就是先赊购后还债，货币成了支付手段。在货币当作支付手段的条件下，买者和卖者已不是简单的买卖关系，而是一种债务关系了。在这里，卖者成为债权人，买者成为债务人。

支付手段带来货币危机的可能性。“本文所谈的货币危机是任何普遍的生产危机和商业危机的一个特殊阶段，应同那种也称为货币危机的特种危机区分开来。”(第1卷第158页)马克思在这里实际上提出了两种货币危机的理论。

一是作为经济危机一个阶段或表现的货币危机。这种货币危机是指资本主义生产过剩的危机在货币信用领域里的反映，它的主要表现是现金奇缺，利息率猛涨，有价证券价格暴跌，银行大批倒闭，信用极端紧缩等。这种货币信用危机是在生产过剩的危机的基础上爆发的，但它反过来使生产过剩的危机进一步加深。这是因为，货币信用危机迫使资本家为了追逐现金而不得不勉强出卖商品，从而使物价下跌，企业得不到贷款，只能进一步缩减生产，而银行的破产又会激起工商业新的倒闭风潮。这一切都使经济危机进一步加深。

二是独立于经济危机以外而发生的货币危机。这种独立于周期性经济危机以外爆发的货币信用危机，是由于灾荒、战争以及其他政治经济原因而引起的货币信用危机。这种特殊的货币信用危机一般不是表现在货币信用体系的所有环节上，而往往表现在货币信用体系的一些个别环节上，如交易所危机、货币危机、财政信用危机等等。这种货币危机的主要表现是：经常性的通货膨胀、借贷资本过剩、货币贬值、黄金价格上涨、国际收支逆差、外汇行市经常波动等等。所以，这种货币危机有可能与物价上涨结合在一起。

货币行使支付手段职能以后，货币流通量的公式起了变化。“现在我们来考察一定时期内的流通货币的总额。假定流通手段和支付手段的流通速度是已知的，这个总额就等于待实现的商品价格总额加上到期的支付总额，减去彼此抵销的支付，最后减去同一货币交替地时而充当流通手段，时而充当支付手段的流通次数。”(第1卷第159页)

关于上述所说的“最后减去同一货币……的流通次数”，大部分人都认为有明显的差错。但是应怎样更正这个公式却有不同的意见，有人认为，“最后减去同一货币……的流通次数”，应将减去更正为除以同一货币的流通次数。又有人认为“最后减去同一货币……流通次数”，应该是减去同一货币重复流通次数所包括的货币量。

实际上，这两种理解是一致的，而不是对立的。

假设G代表一定时期内流通所需要的货币量，A代表待实现的商品价格总额，B代表到期的支付总额，C代表彼此抵销的支付，D代表同一货币的流通次数：

则(1) $G=\frac{A+B-C}{D}$

(2) $G=A+B-C-(D-1)G$

$(D-1)G$表示同一货币重复流通次数所包括的货币量。

将$(D-1)G$由等式右端移到左端则得

$$G+(D-1)G=A+B-C$$

即 $DG=A+B-C$

则 $G=\frac{A+B-C}{D}$

如果代进实际数字，假设A＝1 000元，B＝400元，C＝200元，D＝10次，那么

公式(1)　$G=\frac{1\,000+400-200}{10}=120$ 元

公式(2)　$G=1\,000+400-200-(10-1)G=1\,200-9G$

$10G=1\,200$　$\therefore G=120$ 元

所以，第一种理解和第二种理解是一致的，因而两种改法都是正确的。

世界货币

由于国际贸易的发生和发展，货币流通超出一国的范围，在世界市场上发挥作用，于是货币便有世界货币的职能。货币作为世界货币执行如下职能：1.作为国际支付手段，平衡国际贸易差额。这是它的最主要的职能。2.作为单方面的国际购买手段。在正常的时候，双方买卖只要事后支付差额，但若商品交换突然发生了不平衡，例如歉收使一国不得不向别国大量购买粮食时，贵金属也就起着国际购买手段的作用。3.充当社会财富的一般体

化物的职能。在这场合，它既不是为了支付贸易差额，也不是为了要购买对方商品，而只是为了要在金银的形式上把财富从一国转移到另一国家。

金银在世界范围内的流通是二重的，一方面，金银从产地分散到整个世界市场，为各国的流通领域所吸收，以便进入国内流通渠道；另一方面，金银又随着汇率的变动而不断在不同国家的流通领域，时而流进，时而又流出。

三、“幼虫”怎样变为“蝴蝶”

——《资本论》第一卷第二篇

货币转化为资本

蝴蝶的生长过程大体要经历四个阶段，最初是卵，接着由卵变为幼虫，然后再由幼虫变成蛹，最后成长为蝴蝶。“我们那位还只是资本家幼虫的货币所有者，必须按商品的价值购买商品，按商品的价值出卖商品，但他在过程终了时必须取出比他投入的价值更大的价值。他变为蝴蝶，必须在流通领域中，又必须不在流通领域中。”（第1卷第189页）这里马克思用“幼虫”变为“蝴蝶”来比喻货币所有者变为资本家。也就是说，只有这个“幼虫”变为“蝴蝶”，货币才能转化为资本。

概　　述

解决了使李嘉图学派破产的一个难题

第二篇只有一章，即第四章。这一章的中心是分析货币是怎样和在什么条件下转化为资本的。马克思的分析告诉我们，这个转化的实现，是以劳动力成为商品为前提的。所以，这一章的中心内容，用一句话来概括，就是劳动力成为商品，货币才能转化为资本，也就是劳动力成为商品，才使“幼虫”变为“蝴蝶”。

马克思关于劳动力成为商品，货币才能转化为资本的理论，是政治经济学上的重大革命，是对资产阶级政治经济学的有力批判。在社会科学上，马克思第一次提出劳动力这个特殊商品，明确区分了劳动和劳动力，并且论证了在一定的社会条件下，劳动力才成为商品。这样，就从根本上揭露了资本主义剥削的秘密和劳动者在资本主义制度下的地位。对于这一点，恩格斯曾多次指出其重要意义，他说：马克思“研究了货币向资本的转化，并证明这种转化是以劳动力的买卖为基础的。他以劳动力这一创造价值的属性代替了劳动，因而一下子就解决了使李嘉图学派破产的一个难题，也就是解决了资本和劳动的相互交换与李嘉图的劳动决定价值这一规律无法相容这个难题”（第2卷第22页）。

进入资本主义生产过程的前奏和过渡

对劳动力成为商品，货币转化为资本的分析，为整个剩余价值学说奠定了基础。所以，这一章在整个《资本论》中具有很重要的地位。

第一，从这一章马克思才开始进入资本的分析，但是，这一章还不是分析资本主义生产过程本身，它是从简单商品生产进入资本主义生产过程的前奏和过渡。

第二，劳动力成为商品是剩余价值生产的基础。所以，这一章对劳动力成为商品，货币转化为资本的研究，为分析资本主义生产过程，即剩余价值生产过程提供了基础。

第三，第二篇只有第四章独立成篇，这在《资本论》中是仅有的，可见其地位之重要。考茨基在他所著的《马克思的经济学说》中，把货币转化为资本归入第一篇中，这是没有道理的。

演绎的方法

为了论述劳动力成为商品，货币才能转化为资本，马克思运用演绎法，把只有一章的第二篇分为紧密联系、一环扣一环的三个部分。

第一节，分析“资本的总公式”，是从资本的流通过程分析资本的实质。结论是：资本是带来剩余价值的价值。那么，这个剩余价值是从哪里产生的呢？

第二节，分析“总公式的矛盾”，结论是：资本和剩余价值“不能从流通中产生，又不能不从流通中产生。它必须在流通中又不在流通中产生。”这是一个矛盾。这个矛盾怎么解决呢？

第三节，分析“劳动力的买和卖”，结论是：劳动力成为商品，是解决资本总公式矛盾的前提。但是，这个矛盾到底是怎样解决的，也就是剩余价值到底是怎样生产出来的呢？这要到第三篇分析资本主义生产过程时才能解决。

(一) 资本总公式

商品流通是资本的出发点

16 世纪是英国对外贸易大发展的时期。它于 1522 年创立了与西班牙和葡萄牙贸易的“西班牙公司”;1581 年创立了与土耳其、叙利亚等国贸易的“雷望公司”;1592 年创立了与波罗的海沿岸各国贸易的“东陆公司”;1600 年创立了与印度和中国贸易的“东印度公司”。英国各种国际贸易公司纷纷成立的时期,也就是英国资本主义开始形成和发展的时期。英国资本主义的生活史证明“商品流通是资本的起点。商品生产和发达的商品流通,即贸易,是资本产生的历史前提。世界贸易和世界市场在十六世纪揭开了资本的近代生活史”(第 1 卷第 167 页)。这就是说,资本是以商品流通为出发点的。没有商品生产,没有发达的商品流通,没有世界贸易和世界市场,资本主义是不可能产生和发展的,这是因为:

第一,资本主义生产是在商品生产的基础上,通过两极分化发展起来的。在商品生产和商品流通中,由于价值规律的作用,在竞争中少数商品生产者占有生产资料和生活资料变成资本家,而大多数商品生产者丧失生产资料,成为出卖劳动力的雇佣工人。

第二,货币到资本要有一个量变到质变的过程。货币所有者只有把货币积累到一定的程度,才能把货币当作资本来使用。而货币的大量积累要有发达的商业,规模比较大的交易。“商业对各种已有的、以不同形式主要生产使用价值的生产组织,都或多或少地起着解体的作用。”(第 3 卷第 371 页)

第三,仅有国内发达的商业是不够的,资本的产生和发展还必须要有对外贸易和世界市场。列宁说过,资本主义只是广阔发展的超出国家界限的商品流通的结果。因此,没有对外贸易的资本主义国家是不能设想的,并且的确没有这样的国家。

货币是商品流通的最后产物,又是资本的最初表现形式。从历史上看,资本最初是以货币形式,作为货币财产、作为商人资本和高利贷资本与土地所有权相对立。从现实生活中看,每一个新资本,最初也是以货币形式出现在市场上的。

既然资本最初采取货币的形式，那么，当作货币的货币和当作资本的货币有什么区别呢？

资本流通和商品流通的共同点和区别

商品流通和资本流通的公式是不同的：商品流通的公式是 W—G—W，即由商品转化为货币，再由货币转化为商品，是为买而卖。资本的流通公式是 G—W—G，即由货币转化为商品，再由商品转化为货币，是为卖而买。

资本流通和商品流通有它们的共同点，即都具有买卖两个过程以及相应的买者与卖者之间的对立。具体说来，1.都有两个对立阶段：卖和买；2.都有两个对立物：商品和货币；3.都有两个人对立：卖者和买者；4.都有三个当事人登场：一个只卖，一个只买，一个既买又卖。

但是，资本流通和商品流通不是一回事，它们之间有许多重大的区别。

从流通形式来看，两个流通的次序相反：商品流通是先卖后买，资本流通是先买后卖；终点和起点不一样：商品流通从商品开始，又到商品，资本流通起点是货币，终点也是货币；商品流通以货币为媒介，资本流通以商品为媒介。

从货币的使用方式看，商品流通的货币是购买手段，最终被花掉了；资本流通的货币只是被预付出去的，最后还要流回来。

从货币和商品的位置变换来看，商品流通是同一个货币变位两次，货币从一个人手里转移到另一个人手里；资本流通是同一件商品变位两次，货币又流回到它的出发点。

从流通的目的来看，商品流通的目的是使用价值；资本流通的目的是交换价值。“在 W—G—W 循环中，始极是一种商品，终极是另一种商品，后者退出流通，转入消费。因此，这一循环的最终目的是消费，是满足需要，总之，是使用价值。相反，G—W—G 循环是从货币一极出发，最后又返回同一极。因此，这一循环的动机和决定目的是交换价值本身。”（第 1 卷第 171 页）

从流通的内容来看，商品流通是两个不同使用价值的商品相互交换，是不同物质的交换。资本流通的两极都是货币，所以它的内容不是两极有质的区别而只是量的不同。最后，从流通中取出的货币大于原来投入的货币。

从流通的界限看，商品流通是有限的，商品所有者只要实现了相互间的商品交换，流通过程就结束了。资本流通是无限的，它要求不断的增殖，就必须不断地投入流通。

从价值在流通中的作用看，商品流通的主体是使用价值，价值只是商品交换的媒介；资本流通的主体是价值，它要自行增殖，原有价值不断地生出剩余价值。

综上所述，通过对商品流通和资本流通之间区别的分析，即可得出资本流通的完整形式是 G—W—G′，其中 G′=G+ΔG，即等于原预付货币额加上一个增殖额。“我把这个增殖额或超过原价值的余额叫做剩余价值。”（第 1 卷第 172 页）货币一旦能给资本家带来剩余价值，它就不再是单纯的货币，而是作为资本发生作用了。

因此，资本就是带来剩余价值的价值。“原预付价值不仅在流通中保存下来，而且在流通中改变了自己的价值量，加上了一个剩余价值，或者说增殖了。正是这种运动使价值转化为资本。”（第 1 卷第 172 页）所以，资本家是资本的代表者，资本家的意志是由资本的本性决定的。他所执行的职能，就在于有意识地不断把货币转化为资本，实现价值增殖。而他增殖价值的目的“也不是取得一次利润，而只是谋取利润的无休止的运动。这种绝对的致富欲、这种价值追逐狂，是资本家和货币贮藏者所共有的，不过货币贮藏者是发狂的资本家，资本家是理智的货币贮藏者”（第 1 卷第 174—175 页）。这就是说，资本家和货币贮藏者有一个共同点，都是拼命想赚钱发财。但是，货币贮藏者认为，只有把货币贮藏起来才能增殖，从而实现他赚钱发财的目的。实际上，货币离开流通，哪怕贮藏一万年，也不会多出一分钱。所以，货币贮藏者是发狂了的资本家，是不能实现赚钱发财的目的的。而精明的资本家却不断把货币投入流通，用来不断地购买生产资料和劳动力，从而可以不断地榨取到工人劳动创造的剩余价值，使流回的货币大于投入的货币，实现了价值增殖。所以，资本家是理智的货币贮藏者，他才可以真正实现赚钱发财的目的。

G—W—G′ 为什么叫资本总公式

为贵卖而买，即 G—W—G′似乎只是商人资本所特有的运动形式。实际上，产业资本如果从流通领域来看，它的运动形式也是这样。最后，在生息资本的场合，G—W—G′简化为没有以 W 为中介的价值增殖运动，即表现为一种简练形式：G—G′。

因此，G—W—G′事实上是直接在流通领域内表现出来的资本的总公式。它不仅适合于商业资本，而且适用于产业资本和生息资本。

以上分析得出的最重要结论就是,资本在运动中会带来剩余价值。那么剩余价值是从哪里产生的呢?这就必须进一步考察资本总公式的矛盾。

(二)资本总公式的矛盾

《资本论》第一卷第四章第二节的标题是“总公式的矛盾”。这里“矛盾”这个词,德文原版用的是复数,英文版中也是这样。可见,总公式的矛盾不是指一个矛盾,而是指一些矛盾。马克思在这一节的一开头就说:“货币羽化为资本的流通形式,是和前面阐明的所有关于商品、价值、货币和流通本身的性质的规律相矛盾的。”(第1卷第177页)在这一节的末尾马克思又概括地说:“资本不能从流通中产生,又不能不从流通中产生。”(第1卷第188页)前一句话是说,如果认为流通过程能产生剩余价值,那么就与前面讲的价值规律是矛盾的,它告诉我们流通过程、等价交换不能产生剩余价值。后一句话是说,剩余价值是产生于生产过程,而不是产生于流通过程;但是,离开了流通过程,特别是离开了劳动力的买卖也不能产生剩余价值,这是一个矛盾。

当然,资本总公式的这两个矛盾并不是并列的。前一个矛盾是指资本总公式与商品、价值的外在矛盾,是形式上的矛盾;后一个矛盾,即资本不能从流通中产生,又不能不从流通中产生,才是资本总公式本身的矛盾,是内在的矛盾。马克思的分析方法是从形式到内容,从现象到本质,先提出资本总公式外在的矛盾,然后主要分析资本总公式本身的内在的矛盾。从实际内容来看,这一节就是紧紧围绕资本总公式的内在矛盾展开的。马克思先分析流通过程不能产生剩余价值,然后分析离开流通过程也不能产生剩余价值。

流通过程不能产生剩余价值

商品流通有两种情况:一种是等价交换,一种是不等价交换,这两种情况都不能产生剩余价值。

在流通中如果是等价交换,当然不会产生剩余价值。这是因为:

第一,流通次序的颠倒不会产生剩余价值。我们知道,由于是等价交换,简单商品流通不会带来剩余价值,而资本流通从形式上来看,不过是把简单商品流通的先卖后买的次序,颠倒为先买后卖。仅仅把次序颠倒,并没有越出简单的商品流通领域,不会产生剩余价值。

第二,交换中使用价值的不同也不会产生剩余价值。在流通过程中,从使用价值的交换来看,交换者互通有无,因而是互利的。但是,作为交换价值,按照等价交换的原则,对于交换者任何一方都没有增殖价值。

第三,商品价值形式的变化也不会产生剩余价值。商品流通中,同一价值在同一商品所有者手里,最初是商品形式,然后再转化为货币形式,最后又转化为商品形式。商品流通只引起商品价值形式的变换,就只引起等价物交换,并不包含价值量的改变。所以,也不能产生剩余价值。

等价交换不能产生剩余价值是好理解的,那么,不等价交换为什么也不能产生剩余价值呢?

有人说,高价出卖可以产生剩余价值,这是只看现象,实际上是不能产生剩余价值的。这是因为,商品生产者是卖者,同时又是买者,作为卖者赚的钱,会因作为买者吃亏而抵消,所以不能产生剩余价值。

有人说,低价购买可以产生剩余价值,这也是不可能的。这与上述的理由一样,因为作为买者讨的便宜,也会在作为卖者时吃亏而抵消,也不能产生剩余价值。

有人说,高价出卖,而又有一个只消费不生产的阶级只买不卖,总可以产生剩余价值吧!这也不行。因为只买不卖必须先有一个前提:要一个特权阶级先无偿占有生产者的货币。但是,在这种情况下,高价出售实际上只是生产者把被无偿夺去的货币骗回一部分而已,这也不能产生剩余价值。

还有人说,忍受高价,不报复,总可以产生剩余价值了。这还是不行。这是因为一方所得,是另一方所失,全社会总价值仍然不变。所以,也不能产生剩余价值。

总之,“如果是等价物交换,不产生剩余价值;如果是非等价物交换,也不产生剩余价值。流通或商品交换不创造价值。”(第1卷第186页)

离开流通过程也不会形成剩余价值

流通过程不产生剩余价值,但是剩余价值的形成又不能离开流通过程。这是因为流通是商品所有者的全部相互关系的总和。在流通以外,商品所有者只同他自己的商品发生关系。商品所有者能够用自己的劳动创造价值,但是不能使价值增殖。可见,商品生产者在流通领域以外,也就是不同其他商品所有者接触,就不能使价值增殖,也就不会有剩余价值,不会有资本。

所以,资本不能从流通中产生,又不能不从流通中产生。它必须既在流通中又不在流通中产生。

这个矛盾怎么解决呢?我们必须根据商品交换内在的等价交换规律来加以说明。“货币转化为资本,必须根据商品交换的内在规律来加以说明,因此等价物的交换应该是起点。”(第1卷第188—189页)

在等价交换的前提下,要能产生剩余价值,货币所有者就必须在市场上找到这样一种商品,“它的使用价值本身具有成为价值源泉的特殊属性”(第1卷第190页)。货币所有者找到了这种特殊商品,这就是劳动力。

(三)劳动力的买和卖

劳动力成为商品,货币才能转化为资本

什么是劳动力呢?“我们把劳动力或劳动能力,理解为人的身体即活的人体中存在的、每当人生产某种使用价值时就运用的体力和智力的总和。”(第1卷第190页)

马克思对劳动力所下的这个精确的完整的定义,至少可以包括以下几个相互联系的含义:1.劳动力是指存在于人体中的一种能力,或者说劳动力的承担者是人,是劳动者;2.劳动力是指人生产使用价值,也就是进行物质资料生产时,所运用的能力;3.劳动力不仅是指人的体力,而且包括人的脑力。

劳动力在任何社会都存在,但是并不是任何社会劳动力都会成为商品。劳动力成为商品必须具备两个基本条件:第一,劳动者具有人身自由,它不包含人身依附关系,劳动者可以自由出卖自身的劳动力。“劳动力所有者要把劳动力当作商品出卖,他就必须能够支配它,从而必须是自己的劳动能力、自己人身的自由的所有者。”(第1卷第190页)第二,劳动者一无所有。“货币所有者要在市场上找到作为商品的劳动力,第二个基本条件就是:劳动力所有者没有可能出卖有自己的劳动物化在内的商品,而不得不把只存在于他的活的身体中的劳动力本身当作商品出卖。”(第1卷第191页)这就是说,劳动者被剥夺了生产资料,两手空空,除了自身的劳动力以外,不能出卖和劳动力不同的其他商品。也就是说,它是自由得一无所有的劳动者。

所以,劳动力并不向来就是商品,劳动者并不向来就是雇佣劳动者。在奴隶社会，奴隶本身是商品，他的劳动力连同他自己的人身，一次永远地卖给奴隶主。奴隶不是自由人，不能把自己的劳动力当作商品来支配。在封建社会，农奴依附于土地，也不算自由人，他还有一点归自己的私有经济，也没有自由得一无所有，他只是出卖自己的一部分劳动力。只有在封建制度已经崩溃，并且小生产者被剥夺得一无所有的时候，雇佣劳动者才会大量出现。“这种关系既不是自然史上的关系，也不是一切历史时期所共有的社会关系。它本身显然是已往历史发展的结果，是许多次经济变革的产物，是一系列陈旧的社会生产形态灭亡的产物。”(第 1 卷第 192 页)

只有当生产资料和生活资料的所有者在市场上找到出卖自己劳动力的自由工人的时候，资本才产生。由于只有劳动力的使用才能创造剩余价值，所以，劳动力成了商品，货币才能转化为资本。劳动力成为商品“这一历史条件就包含着一部世界史。因此，资本一出现，就标志着社会生产过程的一个新时代”(第 1 卷第 193 页)。从这时开始，劳动产品的商品形式才普遍化。

劳动力的使用价值和价值

劳动力既然成为商品，它也像其他一切商品一样，具有价值和使用价值。劳动力的价值，与其他一切商品的价值一样，也是由生产和再生产这种商品所必要的劳动时间决定的。资本家要工人干活，工人要维持他的劳动能力，就得吃饭、穿衣、住房子，就要有供生存的生活资料。所以，劳动力的价值，首先包括维持工人自身生存所必要的生活资料的价值。同时，工人是会衰老、死亡的，资本家要维持资本主义的剥削制度，就需要有下一代的工人源源不断地补充上来。所以，在劳动力的价值中，还不能不包括工人生儿育女、养活家属所必要的生活资料的价值。再说，工人要掌握一定的技术，资本家为了要更多地剥削工人，还不得不在劳动力价值中包括一定的教育或训练的费用，但这是微不足道的。因此，一般来说，生产劳动力所必要的劳动时间，可化为生产以上这些生活资料所必需的劳动时间；或者说，劳动力的价值就是维持工人生存和延续工人后代所必要的生活资料的价值。

至于劳动力的使用价值，则与其他一切商品的使用价值不同。劳动力是一个特殊商品，它的使用价值具有特殊的性质。其他一切商品的使用，如粮食用来充饥、衣服用来保暖等等，就不能再创造任何价值。而劳动力这个特殊商品的使用，即工人进行劳动，却能创造出价值，并且能够创造出比劳动力本身的价值更大的价值来。“资本家购买劳动力时，正是看中了这个价值差额。”(第1卷第219页)剩余价值的产生,从而货币转化为资本的秘密,就在这里。

资产阶级的自由平等是骗人的鬼话

劳动力的买卖和劳动力的使用在时间上是分开的。劳动力的价值是在流通领域内实现的。“这个领域确实是天赋人权的真正乐园。那里占统治地位的只是自由、平等、所有权和边沁。”(第1卷第199页)

所谓自由,对劳动者来说,只是出卖劳动力的自由;所谓平等,是表面上的等价交换,实际上是劳动者平等地受剥削;所谓所有权,不过是劳动者一无所有,只有劳动力可供出卖;所谓边沁①即“互利”,是大家都追求个人利益构成社会集体利益,实际上是资本家侵占工人的利益。因此,劳动力的买卖实际上是一种不合理的交易,资产阶级所宣扬的自由、平等……完全是骗人的鬼话。

而劳动力的使用,却是在生产领域中进行的。劳动力的使用过程,就是剩余价值的生产过程。一进入生产过程,我们就可以看到资本主义制度是一种罪恶的剥削制度。“让我们同货币所有者和劳动力所有者一道,离开这个嘈杂的、表面的、有目共睹的领域,跟随他们两人进入门上挂着‘非公莫入’牌子的隐蔽的生产场所吧!在那里,不仅可以看到资本是怎样进行生产的,还可以看到资本本身是怎样被生产出来的。赚钱的秘密最后一定会暴露出来。”(第1卷第199页)

---

① 边沁(1748—1832),英国资产阶级思想家,功利主义的创始人,他认为个人利益是人类行为的基础。这里把“边沁”当作互利的意思。

四、时间的原子就是利润的要素

——《资本论》第一卷第三篇

绝对剩余价值的生产

“有一位很可敬的工厂主对我说：如果你允许我每天只让工人多干10分钟的话，那你一年就把1 000镑放进了我的口袋。”“时间的原子就是利润的要素。”（第1卷第271页）这是马克思在第一卷第八章引用的英国《工厂视察员报告》中的一段话。这段话告诉我们，延长工人的劳动时间，就可以使资本家更多地榨取工人的剩余价值，从而获得更多的利润。《资本论》第一卷第三篇“绝对剩余价值的生产”就是揭示剩余价值的源泉，揭露资本家剥削工人的秘密的。

概　　述

马克思经济理论的基石

《资本论》第一卷研究资本的生产过程。第一篇是讲资本生产过程的前提，第二篇是一般商品生产过程向资本主义生产过程的过渡，现在第三篇才开始正式进入资本主义生产过程的分析。资本主义的生产过程实质上是剩余价值的生产过程。由于“绝对剩余价值的生产构成资本主义体系的一般基础，并且是相对剩余价值生产的起点。”（第1卷第557页）所以，以“绝对剩余价值生产”为篇名的这一篇，既研究了剩余价值生产的一般原理，又研究了剩余价值生产的一种特殊形式。因此，这一篇研究的中心就是剩余价值生产的问题。这一篇研究的问题，是马克思剩余价值学说的最基本部分，是《资本论》第一卷的中心。这一篇研究的剩余价值生产问题，在马克思主义经济学说中具有非常重要的地位，它是理解整个资本主义经济关系的钥匙，是建立无产阶级政治经济学的基础。所以,“生产剩余价值或赚钱,是这个生产方式的绝对规律”(第1卷第679页)。恩格斯说,剩余价值问题的解决,“是马克思著作的划时代的功绩”。[①]列宁指出:“剩余价值学说是马克思经济理论的基石。”[②]

一般和特殊相结合的结构

这一篇由五章组成,马克思是从两个方面考察剩余价值生产的:一方面把它作为剩余价值生产的最一般形式,从而在第五、六、七、九章研究了“劳动过程和价值增殖过程”“不变资本和可变资本”“剩余价值率”“剩余价值率和剩余价值量”等属于剩余价值生产的一般原理;另一方面,又把它作为特殊的即绝对剩余价值生产方法,在第八章研究了“工作日”的问题。

具体说来,马克思在第五章分析资本主义生产过程是劳动过程和价值增殖过程的统一,揭示资本主义生产的实质是剩余价值的生产;第六章分析不变资本和可变资本,进一步揭示剩余价值的源泉;第七章分析剩余价值率,揭示资本家剥削工人的程度;第八章分析工作日,揭示资本家通过延长工作日榨取绝对剩余价值的方法;第九章分析剩余价值率和剩余价值量的关系。

一篇阶级教育的生动教材

马克思在这一篇分析剩余价值又运用了抽象法。这里主要有两个抽象:一是先抽象掉剩余价值的特殊形态——利润、利息、地租等等,来讨论剩余价值的起源。马克思在给恩格斯的一封信中这样说过:“我的书最好的地方是:……研究**剩余价值**时,**撇开了它的特殊**形态——利润、利息、地租等等。……古典经济学总是把特殊形态和一般形态混淆起来,所以在这种经济学中,对特殊形态的研究是乱七八糟的。”[③]二是抽象掉技术进步,劳动生产力的变化,即是在假设劳动生产率不变,必要劳动时间不变的前提下,分析剩余价值的生产。

虽然这样,但这一篇又是生动具体、有血有肉的。马克思在这一篇,特别是第八章,运用大量生动的材料,揭示了资本主义生产的实质就是剩余价值的生产,揭露了资本家是贪婪的、凶残的吸血鬼,倾诉了工人阶级的苦难,

---

① 马克思恩格斯选集·第3卷.北京:人民出版社,1960:243.

② 列宁选集·第2卷.北京:人民出版社,1959:444.

③ 马克思恩格斯全集·第31卷.北京:人民出版社,1972:331.

发出了团结起来进行斗争的呼声，读来生动感人，是一篇阶级教育的生动教材。

（一）劳动过程和价值增殖过程

由于资本主义生产过程是劳动过程和价值增殖过程的统一，因此，马克思把第一卷第五章分为两节：第一节分析劳动过程；第二节分析价值增殖过程。劳动过程是一般，价值增殖过程是特殊，分析一般是为了说明特殊。“劳动过程只是价值增殖过程的手段，价值增殖过程本身实质上就是**剩余价值的生产，即无酬劳动的物化过程。**生产过程的整个性质就是由这一点专门规定的。”①

劳动过程是使用价值的生产过程

劳动过程就是具体劳动创造使用价值的过程，是人和自然之间物质变换的过程，也就是劳动力发挥作用的过程。劳动过程有三个要素：有目的的活动或劳动本身，劳动对象和劳动资料。

劳动就是劳动力的使用。劳动首先是人们从事物质生产的活动，它是人和自然之间的结合过程，是人通过自己的活动来引起调整和控制人和自然之间的物质变换的过程。人们在劳动过程中，一方面改造自然界，另一方面改造人类自己。人的劳动还是一种有目的、有计划的活动，与动物求生的本能有着根本的区别。蜘蛛织网、蜜蜂酿蜜都只是动物的本能活动，而人类的劳动，是一种有目的的生产活动。“蜘蛛的活动与织工的活动相似，蜜蜂建筑蜂房的本领使人间的许多建筑师感到惭愧，但是最蹩脚的建筑师从一开始就比最灵巧的蜜蜂高明的地方，是他在用蜂蜡建筑蜂房以前，已经在自己的头脑中把它建成了。”（第 1 卷第 202 页）

劳动对象就是在劳动生产过程中所要加工改造的对象，包括自然界原来就有的如土地、水中的鱼、原始森林中的树木、地下的矿石等，和被人类劳动加过工的原料，如织布厂所用的棉纱、机器厂所用的钢铁等。一切原料都是劳动对象，但并不是任何劳动对象都是原料，劳动对象只有在它已经通过劳动而发生变化的情况下才是原料。

① 马克思恩格斯全集・第 49 卷.北京：人民出版社，1982：50.

劳动资料就是劳动者控制和改造劳动对象的物或物的综合体。劳动资料又叫劳动手段,即劳动借以改造劳动对象的手段。属于劳动资料的首先是工具,如农业上用的各种农具、工业上用的各种机器。还有土地、道路、运河以及生产上的建筑物,如厂房、仓库等等。使用劳动资料进行生产是人类劳动的一个重要特征。劳动资料是由劳动所创造的,并随着劳动力的发展而发展,因而劳动资料对于判断社会经济形态,具有重要的意义。"各种经济时代的区别,不在于生产什么,而在于怎样生产,用什么劳动资料生产。劳动资料不仅是人类劳动力发展的测量器,而且是劳动借以进行的社会关系的指示器。"(第1卷第204页)

如果整个生产过程从其结果的角度,从产品的角度加以考察,那么劳动资料和劳动对象就表现为生产资料,劳动本身则表现为生产劳动。而一个使用价值究竟表现为劳动资料还是劳动对象,就要看它在生产过程中的地位和作用。拿土地来说,人们在开垦的荒地,是人们劳动的对象,而不是劳动资料;工厂的建筑物所使用的土地是劳动资料而不是劳动对象;但是在采矿部门,矿场的建筑物所用的土地是劳动资料,而被开采的矿山是劳动对象。

任何一个使用价值不管是当作劳动资料还是当作劳动对象,都必须和活的劳动相接触才能发挥作用。人是活的、能动的主体,而物是死的东西,只有经过人的劳动,才能使死的物发挥应有的作用。"机器不在劳动过程中服务就没有用。不仅如此,它还会由于自然界物质变换的破坏作用而解体。铁会生锈,木会腐朽,纱不用来织或编,会成为废棉。活劳动必须抓住这些东西,使它们由死复生,使它们从仅仅是可能的使用价值变为现实的和起作用的使用价值。"(第1卷第207—208页)

劳动过程既是产品的生产过程,也是生产资料的消费过程。这里的消费是生产消费而不是个人消费,二者是不同的,生产消费是把产品当作劳动的生活资料来消费,而个人消费是把产品当作养活个人的生活资料来消费。

总之,劳动过程是人与自然之间的物质变换的一般条件,是人类生活的永恒的自然条件,在任何社会,它都是不可缺少的过程。

资本主义劳动过程,就它是资本家消费劳动力的过程来说,有两个特点:

第一,工人的劳动属于资本家,工人在资本家的监督下劳动。工人生产什么,怎样生产,都必须服从资本家的意志。

第二,劳动产品归资本家所有,而不是归生产工人所有。工人不能占有自己的劳动产品。

价值增殖过程是剩余价值的生产过程

资本家生产的目的,不仅要生产使用价值,而且要生产价值;不仅要生产价值,而且要生产剩余价值。价值增殖过程,就是剩余价值生产过程。

资本主义生产过程,是在一般商品生产的基础上发展起来的。商品生产过程是劳动过程和价值形成过程的统一。因此,为了揭示剩余价值是怎样生产出来的,在考察劳动过程之后,首先必须考察价值形成过程。

商品价值的形成过程,就是生产资料旧价值的转移和活劳动创造新价值的过程。

在劳动过程中,生产资料的使用价值被消费了,它们的使用形态是变化了,但它们的价值则被转移到新产品的价值中去了。

在劳动过程中,由于劳动力的使用而凝结于产品上的劳动,形成新的价值。

在价值形成中,一方面,生产资料转移了自身的价值;另一方面,活的劳动创造了新价值。两者结合在一起形成了产品的总价值。但是,价值形成过程不能揭示剩余价值的秘密。要揭示这个秘密,就必须分析价值增殖过程。

要揭示价值增殖的秘密,关键在于分析劳动力这一特殊商品。劳动力的价值和劳动力的使用即劳动在劳动过程中创造的价值是两个不同的量,资本家购买劳动力时,正是看中了这个价值差额。劳动力的卖者和任何别的商品卖者一样,实现劳动力的交换价值而让渡了劳动力的使用价值。但是,具有决定意义的,是这个商品独特的使用价值,它是价值的源泉,并且是大于它自身价值的源泉。比如,资本家支付了劳动力的日价值,因此,劳动力一天的使用,即一天的劳动就归他所有。劳动力维持一天假定只费半个工作日,而劳动者却能劳动一整天,劳动力使用一天所创造的价值比劳动力自身一天的价值大一倍。这个超过劳动力价值的部分就是价值的增殖部分,也就是被资本家白白占有的剩余价值。所以,价值增殖过程不外是超过一定点而延长了的价值形成过程。如果资本所支付的劳动力价值恰好为新的等价物所补偿,那就是单纯的价值形成过程。如果价值形成过程超过这一点，那就成为价值增殖过程。

资本主义生产过程是劳动过程和价值增殖过程的统一

生产过程的二重性来源于生产商品的劳动二重性，生产使用价值的具体劳动构成劳动过程；创造价值和剩余价值的抽象劳动构成价值增殖过程。

当作一般的商品生产过程，它是劳动过程和价值形成过程的统一；当作资本主义的商品生产过程，它是劳动过程和价值增殖过程的统一。

资本主义生产过程的主导方面是价值增殖过程，也就是剩余价值生产过程。资本主义生产的特定内容和目的，就是生产剩余价值或榨取剩余劳动。“剩余价值的生产是资本主义生产的决定的目的。”(第 1 卷第 257 页)

资本主义生产过程二重性的主导方面，决定了资本主义的基本经济规律是剩余价值规律。“生产剩余价值或赚钱，是这个生产方式的绝对规律。”(第 1 卷第 679 页)

马克思通过资本主义生产过程二重性的分析，揭示了剩余价值的秘密，揭穿了资本家剥削工人的真相，这是马克思划时代的功绩。

(二) 不变资本和可变资本

马克思在《资本论》第一卷第六章，以劳动二重性为依据，通过对不变资本和可变资本的分析，进一步揭示了剩余价值的起源和本质，更深刻地揭露了资本主义剥削的秘密。

劳动在价值形成中的二重作用

在劳动过程中，一方面劳动者把一定量抽象劳动加到劳动对象上，这就是创造新价值；另一方面，劳动者又同时把具体劳动作用于生产资料，这就是转移生产资料的旧价值。这是劳动者在同一时间内同一劳动二重作用的结果，而不是两次劳动。“在同一时间内，劳动就一种属性来说必然创造价值，就另一种属性来说必然保存或转移价值。”(第 1 卷第 225 页)

同一次劳动的这二重结果是由劳动的二重性产生的。作为具体劳动，把旧价值转移到产品中去；作为抽象劳动，在产品中加进了新价值。劳动这种作用的区别可以从劳动生产率和生产资料价值的变动中表现出来。

一、如果劳动生产率变化，生产某一产品的社会必要劳动时间由 6 小时降为 3 小时，则该产品加入的新价值只有原来一半了，但生产资料价值的转移依然不变。

二、如果劳动生产率不变，而生产资料的价值变了，某一生产资料的价值上升了二倍，那么生产资料价值的转移就增加二倍，但劳动新加入的价值，依然不变。

三、如果劳动生产率和生产资料价值都不变，一个产品中转移的价值和新加入的价值是成正比例的，劳动者加入的价值愈多，转移的价值也愈多。

"在已定的不变的生产条件下，工人加进的价值越多，他保存的价值就越多。但是，他能保存更多的价值，并不是因为他加进了更多的价值，而是因为他在不变的和不以他自己的劳动为转移的条件下加进这些价值。"（第1卷第228页）在这里，马克思强调的是在生产条件不变，主要是指劳动生产率与生产资料价值不变的情况下，工人加进的价值越多，生产资料转移的价值才越多。例如，生产1件产品需要6小时，相当于加进6元新价值，需要消耗生产资料价值12元，也就是生产资料转移的价值12元。假设生产条件不变，现在要生产2件产品，就需要追加劳动6小时，加进的新价值就由6元增加到12元，生产资料转移的价值也就由12元增加到24元。这就是在已定的不变的生产条件下，工人加进的价值越多，他保存的价值就越多。如果生产条件变化了，假设生产资料价值降低了50%，在这种情况下，仍然按照上例，工人加进价值增加一倍由6元增加到12元，但是生产资料转移的价值并没有增加，仍然是12元。这就是说，生产条件变化了，工人加进的价值越多，他保存的价值不一定也越多。所以，他能保存更多的价值，并不是因为他加进了更多的价值，而是因为他在不变的和不以他自己的劳动为转移的条件下加进这些价值。

劳动过程的不同因素在产品价值形成上起着不同的作用

劳动过程中主要有两个因素：生产资料和劳动力。

生产资料是转移旧价值。这是因为，在劳动过程中，生产资料失掉自己原来的使用价值，是为了创造新的使用价值。由于旧的使用价值消失，原有的价值不能再保存，因此，必须转移到新的使用价值上去。但是，生产资料的不同因素，在价值形成中有不同的转移方式。一切未经人的协助就天然存在的生产资料，如土地、风、水、原始森林中的树木等等，它本身不是人类劳动的产品，没有价值可以丧失，也就不会把任何价值转移到产品中去；劳动资料全部参加劳动过程，却只部分地逐步地转移其价值；原材料在劳动过程中常有损耗并不是全部参加劳动过程，但全部转移其价值。“因此，生产资料的价值是再现在产品的价值中，确切地说，不是再生产。所生产出来的是旧交换价值借以再现的新使用价值。”（第1卷第234页）

劳动力价值是再生产和增殖。劳动力首先再生产自身的等价，这个新价值首先用于补偿资本家在购买劳动力时预付的货币，就这部分新价值来讲，它再生产了劳动力价值的等价物。“它是真正的再生产，不象生产资料的价值只是表面上的再生产。在这里，一个价值用另一个价值来补偿是通过创造新价值来实现的。”（第1卷第235页）劳动力的活动还会增殖，生产一个剩余价值。这个剩余价值就是产品价值超过消耗掉的产品形成要素即生产资料和劳动力的价值而形成的余额。

在劳动过程中，生产资料和劳动力在价值形成中的不同作用，反映在资本构成上便形成不变资本和可变资本。

不变资本是投在生产资料上的资本

由于生产资料在生产过程中，只能转移原来的价值，而不能给资本家带来剩余价值，所以，资本家投在生产资料上的那部分资本，就叫不变资本。我们知道，一部分生产资料价值，是由机器设备、厂房等劳动资料构成的，它们在生产过程中可以使用很多年，它们的价值是逐渐转移到新产品中去的；而一部分生产资料，如原料、燃料、辅助材料，它们在一次生产过程中会全部消费掉，它们的价值就是一次全部转移到新产品中去。不论是逐渐转移的价值，还是一次转移的价值，只要是“变为生产资料即原料、辅助材料、劳动资料的那部分资本，在生产过程中并不改变自己的价值量。因此，我把它称为不变资本部分，或简称为不变资本。”（第1卷第235页）

但是，不变资本这个概念绝不排斥它的组成部分，例如原材料价值、机器价值本身发生变动的可能性。“生产资料的价值变动，虽然使已经进入生产过程的生产资料受到影响，但不会改变生产资料作为不变资本的性质。”（第1卷第237页）

可变资本是投在劳动力上的资本

在劳动过程中发挥作用的劳动力，它不是转移劳动力的价值，而是创造新的价值，它不仅可以创造劳动力自身的等价，而且会给资本家生产剩余价值。所以，投在劳动力上的那部分资本就叫作可变资本。“变为劳动力的那部分资本，在生产过程中改变自己的价值。它再生产自身的等价物和一个超过这个等价物而形成的余额,剩余价值。这个剩余价值本身是可以变化的,是可大可小的。这部分资本从不变量不断变为可变量。因此,我把它称为可变资本部分,或简称为可变资本。"(第1卷第235—236页)

马克思把资本分成不变资本和可变资本,表明剩余价值不是由资本家的全部资本带来的,而只是由可变资本带来的,是由工人的劳动创造的,从而进一步揭示了剩余价值的源泉。

资产阶级古典政治经济学只有固定资本和流动资本的区分,而没有不变资本和可变资本的区分。马克思根据劳动二重性理论,把资本分为不变资本和可变资本,这是对政治经济学的一个重大贡献。

(三)资本家剥削工人程度的准确表现

在第六章分析不变资本和可变资本的基础上,马克思在第七章分析剩余价值率,说明资本家剥削工人的程度。

这一章共分四节。第一节《劳动力的剥削程度》,说明什么是剩余价值率,怎么来表示,并指出剩余价值率是工人受资本家剥削程度的准确表现。第二节《产品价值在产品相应部分上的表现》,说明产品的价值构成可以通过产品的相应部分来表现,也可以通过劳动时间的相应部分来表现。但是,这种划分容易使人产生一种错觉,似乎剩余价值是由工作日的最后部分生产出来的。资产阶级的辩护士西尼耳,为了反对缩短工作日就捏造了"最后一小时",胡说资本家的利润就是由工人在工作日的最后一小时生产出来的。第三节《西尼耳的"最后一小时"》就是专门批判这个谬论的。第四节《剩余产品》,又从实物形式上分析剩余价值率。所以,这一章主要是讲剩余价值率及其表现形式的。

用价值表现的剩余价值率

从价值的形式来看,剩余价值率是剩余价值对可变资本(或劳动力价值)的比率。这是因为剩余价值是由可变资本带来的,因此,只有拿剩余价值和可变资本相比,才能正确地反映资本家剥削工人的程度。"剩余价值的相对量,即可变资本价值增殖的比率,显然由剩余价值同可变资本的比率来决定,或者用$\frac{m}{v}$来表示。……我把可变资本的这种相对的价值增殖或剩余

价值的相对量，称为剩余价值率。”（第 1 卷第 242 页）

用公式来表示：

$$剩余价值率=\frac{剩余价值}{可变资本}$$

由于剩余价值率一般用 m'表示，剩余价值用 m 表示，可变资本用 v 表示，所以，上述公式可以写成：

$$m'=\frac{m}{v}$$

用劳动表现的剩余价值率

从劳动的形式来看，剩余价值率是剩余劳动对必要劳动的比率。

工人在劳动过程的一段时间内，只是生产自己劳动力的价值，这段时间就叫作必要劳动时间，在这部分时间内消耗的劳动就叫作必要劳动，一般用 a 表示。劳动过程的第二段时间，即工人超出必要劳动的界限做工的时间，就是剩余劳动时间，这段时间所消耗的劳动就是剩余劳动，一般用 a'表示。

由于可变资本的价值，也就是劳动力的价值决定于必要劳动，剩余价值决定于剩余劳动。“所以从这里可以得出结论：剩余价值和可变资本之比等于剩余劳动和必要劳动之比，或者说，剩余价值率 $\frac{m}{v}=\frac{剩余劳动}{必要劳动}$。这两个比率把同一种关系表示在不同的形式上：一种是物化劳动的形式，另一种是流动劳动的形式。”（第 1 卷第 244 页）

用公式表示：

$$剩余价值率=\frac{剩余劳动}{必要劳动}\text{ 即 }m'=\frac{a'}{a}$$

“把价值看作只是劳动时间的凝结，只是物化的劳动，这对于认识价值本身具有决定性的意义；同样，把剩余价值看作只是剩余劳动时间的凝结，只是物化的剩余劳动，这对于认识剩余价值也具有决定性的意义。使各种社会经济形态例如奴隶社会和雇佣劳动的社会区别开来的，只是从直接生产者身上，劳动者身上，榨取这种剩余劳动的形式。”（第 1 卷第 243—244 页）

用产品表现的剩余价值率

从产品的形式来看，剩余价值率是剩余产品对必要产品的比率。

“决定剩余价值率的，不是剩余价值同资本总额的比率，而是剩余价值同资本的可变部分的比率；同样，决定剩余产品水平的，也不是剩余产品同总产品的其余部分的比率，而是剩余产品同代表必要劳动的那部分产品的比率。”(第 1 卷第 257 页)因此，所谓剩余产品就是代表剩余价值的那部分产品；所谓必要产品，就是代表必要劳动的那部分产品。

用公式表示就是：

$$剩余价值率=\frac{剩余产品}{必要产品}$$

剩余价值率也就是剥削率。“剩余价值率是劳动力受资本剥削的程度或工人受资本家剥削的程度的准确表现。”(第 1 卷第 244 页)剩余价值率越高，也就是剥削程度越高，资本家获取的剩余价值量越大。因此，资本家总是千方百计地提高剩余价值率，提高对工人的剥削程度，以榨取更多的剩余价值。

在资本主义制度下，剩余价值率是在不断提高的。据统计，在美国，采矿工业和加工工业的剩余价值率，在 1889 年为 145%，1919 年为 165%，1929 年为 210%，1939 年为 220%，1947 年为 260%，1958 年为 267%；美国制造业的剩余价值率 1962 年为 309%，1969 年为 328%。另据日本经济学家的计算，日本的剩余价值率 1955 年为 277.3%，1960 年为 327.3%，1965 年为 326.1%，1970 年为 370.7%。

(四) 围绕工作日的斗争

绝对剩余价值，是在劳动生产力、劳动强度不变的前提下，由工作日绝对延长而增加的剩余劳动时间形成的，它以工作日的长度为基础。“我把通过延长工作日而生产的剩余价值，叫做绝对剩余价值”。(第 1 卷第 350 页)所以，工作日的长度，是绝对剩余价值生产的中心问题。《资本论》第一卷第八章分析工作日。

按照逻辑联系，“工作日”这一章由七节组成，大体上可分为三个部分。第一部分是第一节，分析工作日的界限，说明绝对剩余价值生产的源泉，以及在工作日上斗争的原因，是全章的导论。第二部分是第二至第四节，揭露资本家剥削绝对剩余价值的残酷方法，揭示资本主义生产方式是榨取工人阶级血汗的剥削制度。第三部分是第五至第七节，叙述工人阶级争取正常工作日而进行斗争的历史进程，揭示限制工作日运动的重要意义。

权利与权利的对抗

工作日是由必要劳动时间和剩余劳动时间两部分构成的。在劳动生产力不变从而必要劳动时间不变的情况下，工作日就随剩余劳动的长度而变化。所以，工作日是可变的。

工作日虽然是一个可变量，但它只能在一定界限内变动。它的最低界限是无法确定的。但在资本主义社会，工作日决不会缩短到必要劳动时间这个最低限度。它的最高界限取决于两点：第一，是劳动力的身体界限。因为一个人在24小时中，总必须在吃饭、睡觉、穿衣等等方面花去一定时间，超出了这个界限不仅是不允许的，也是不可能的。第二，是道德的界限，因为工人必须有时间满足精神和社会的需要，这种需要的范围和数量由一般的文化状况决定，没有这方面的需要界限，也是不可能的。因此，工作日是在身体界限和社会界限之内变动的。但是这两个界限都有很大的伸缩性，有很大的变动余地。

资本家总是力求延长工作日。因为资本家是人格化的资本，他的灵魂就是资本的灵魂。而资本只有一种本能，就是获取剩余价值，用自己的不变部分即生产资料吮吸可能多的剩余劳动。“资本是死劳动，它象吸血鬼一样，只有吮吸活劳动才有生命，吮吸的活劳动越多，它的生命就越旺盛。”(第1卷第261页)资本家还以商品交换规律为根据，要和任何别的买者一样，想从他的商品的使用价值中取得尽量多的利益。

工人则尽力反对延长工作日。因为从工人的角度看，既然按照商品交换规律进行交易，我一日劳动的使用权虽然属于资本家，但劳动力一日的售卖价格，也必须够我再生产自己的劳动力，我今日劳动了，我明天得像今天一样，在体力、健康和精神的正常状态下来劳动。资本家无限制延长工作日，就能在一天内使用掉工人三天还恢复不过来的劳动力。资本家在劳动上得到的利益，就是工人在劳动实体上遭受的损失，使用劳动力和掠夺劳动力是两回事。工人要求正常工作日，和别的卖者一样，是要求得到劳动力的价值。

资本家总是力求延长工作日，工人总是反对延长工作日，这就出现了权利同权利相对抗。因此，在工作日问题上，资本家和工人存在着不可调和的矛盾。“于是这里出现了二律背反，权利同权利相对抗，而这两种权利都同样是商品交换规律所承认的。”(第1卷第262页)二律背反，又叫二律矛盾，最早来源于希腊文，意思是规律的矛盾。在德国古典哲学家康德的哲学体系中，理性的二律背反占重要地位，其含义是表明两个相互排斥而又被认为同样都是正确的命题之间的矛盾。马克思在这里借用这个用语，是说明购买劳动力的资本家要坚持他买者的权利，尽量延长工作日；而出卖劳动力的工人要坚持他卖者的权利，要求缩短工作日。因此，在工作日长短的问题上，发生了权利同权利的对抗，而这两种权利，都是商品的等价交换规律所承认的。于是在这里出现了二律背反的情况。

这个矛盾怎么解决呢？这个矛盾的解决取决于阶级力量的对比和斗争。在平等的权利之间，力量就起决定作用。所以，在资本主义生产的历史上，工作日的正常化过程表现为规定工作日界限的斗争，这是全体资本家即资本家阶级和全体工人即工人阶级之间的斗争。

资本家对剩余劳动的贪欲

在一切剥削社会中，都有剩余劳动。“资本并没有发明剩余劳动。凡是社会上一部分人享有生产资料垄断权的地方，劳动者，无论是自由的或不自由的，都必须在维持自身生活所必需的劳动时间以外，追加超额的劳动时间来为生产资料的所有者生产生活资料，不论这些所有者是雅典的贵族，伊特剌斯坎的僧侣，罗马的市民，诺曼的男爵，美国的奴隶主，瓦拉几亚的领主，现代的地主，还是资本家。”（第1卷第263页）但是，资本家对剩余价值的追求是十分贪婪的，他和封建领主等其他剥削者比起来，更是有过之而无不及。

从剥削形式比较，一切剥削阶级都追逐剩余劳动，这是他们的共同点，而他们之间的区别只在于榨取这种剩余劳动的形式不同。封建领主主要是采取剥削剩余产品的形式，也就是榨取实物形式的剩余劳动。资本家则采取剥削剩余价值的形式，也就是以货币形式表现的剩余劳动。

从剥削程度上比较，虽然封建主像野兽一样地虐待劳动者，但他们的剥削程度要受到有限的产品数量的限制。“如果在一个社会经济形态中占优势的不是产品的交换价值，而是产品的使用价值，剩余劳动就受到或大或小的需求范围的限制，而生产本身的性质就不会造成对剩余劳动的无限制的需求。”（第1卷第263页）虽然资本家采取的形式比较“文明”，但他们对剩余劳动的贪欲则是无限的。从实质上看，资本家的剥削程度比封建主更严重。

从必要劳动和剩余劳动的界限比较，封建徭役劳动明白表示着剩余劳动是专门提供的劳动时间，它和必要劳动是截然分开的。但在资本主义生产中，劳动时间的这种划分是察觉不出来的，剩余劳动和必要劳动融合在一起了。“资本家对剩余劳动的贪欲表现为渴望无限度地延长工作日，而领主的贪欲则较简单地表现为直接追求徭役的天数。”(第 1 卷第 265 页)

从劳动立法比较，封建领主和工厂主还通过一项项法律条文使对剩余劳动的贪欲合法化。封建制度的国家授于封建领主对农民劳动以几乎无限的剥削权力，是对剩余劳动贪欲的积极表现。而资本主义制度的国家则规定工作日的一定限度，英国的工厂法规定了工作日的长度，因此它是这种贪欲的消极表现。

资本家为了榨取更多的剩余劳动，对工人阶级进行残酷的剥削，他们拼命延长工作日，大量使用童工和女工。“某些‘大公司’担心丧失时间，即担心丧失占有别人劳动的时间，并从而‘丧失利润’。这不能成为‘充足的理由’，让 13 岁以下的儿童和不满 18 岁的少年在长达 12—16 小时的时间内‘丧失’吃午饭的时间，或者象给蒸汽机添煤加水，给羊毛加肥皂水，给机轮上油等那样，把午饭仅仅当作劳动资料的辅助材料在生产过程进行中加给他们。”(第 1 卷第 277 页)

“资本由于无限度地盲目追逐剩余劳动，象狼一般地贪求剩余劳动，不仅突破了工作日的道德极限，而且突破了工作日的纯粹身体的极限。它侵占人体成长、发育和维持健康所需要的时间。它掠夺工人呼吸新鲜空气和接触阳光所需要的时间。它克扣吃饭时间，尽量把吃饭时间并入生产过程，因此对待工人就象对待单纯的生产资料那样，给他饭吃，就如同给锅炉加煤、给机器上油一样。”(第 1 卷第 294—295 页)

资本家“每天用 10 小时从那些必须靠人放到凳子上才能干活的幼童的血中抽出丝来”(第 1 卷第 325 页)。

“我死后哪怕洪水滔天！这就是每个资本家和每个资本家国家的口号。因此，资本是根本不关心工人的健康和寿命的，除非社会迫使它去关心。人们为体力和智力的衰退、夭折、过度劳动的折磨而愤愤不平，资本却回答说：既然这种痛苦会增加我们的快乐(利润)，我们又何必为此苦恼呢？不过总的说来，这也并不取决于个别资本家的善意或恶意。自由竞争使资本主义生产的内在规律作为外在的强制规律对每个资本家起作用。”(第 1 卷第

299—300 页)

“一个 7 岁的孩子竟劳动 15 小时!”(第 1 卷第 273 页)

可见,资本家是道道地地的吸血鬼,资本主义制度是罪恶的人剥削人的制度。在资本主义制度下,工人阶级遭受的剥削和压迫是极其深重的。

工人阶级为缩短工作日而进行的斗争

工人阶级为反对延长工作日进行了英勇的斗争。经过工人阶级的斗争,资产阶级不得不制定限制工作日的法律,把工作日由 12 小时缩短为 10 小时,后来又缩短到 8 小时。

马克思总结工人阶级斗争的经验指出:

第一,限制工作日法律的制定是工人阶级长期斗争的结果。“我们看到,这些按照军队方式一律用钟声来指挥劳动的期间、界限和休息的详尽的规定,决不是议会设想出来的。它们是作为现代生产方式的自然规律从现存的关系中逐渐发展起来的。它们的制定、被正式承认以及由国家予以公布,是长期阶级斗争的结果。”(第 1 卷第 313 页)

第二,工人阶级的斗争需要自己的同盟军。“工人阶级的进攻力量则随着他们在没有直接利害关系的社会阶层中的同盟者的增加而大为加强。”(第 1 卷第 328 页)

第三,工人阶级必须团结起来进行斗争,才能限制资本的剥削。“孤立的工人,‘自由’出卖劳动力的工人,在资本主义生产的一定成熟阶段上,是无抵抗地屈服的。因此,正常工作日的确立是资本家阶级和工人阶级之间长期的多少隐蔽的内战的产物。”(第 1 卷第 331 页)“为了‘抵御’折磨他们的毒蛇,工人必须把他们的头聚在一起,作为一个阶级来强行争得一项国家法律,一个强有力的社会屏障,使自己不致再通过自愿与资本缔结的契约而把自己和后代卖出去送死和受奴役。”(第 1 卷第 335 页)

(五) 决定剩余价值量的规律

资本家榨取的剩余价值的总量,是由可变资本量和剩余价值率决定的,也就是由劳动力价值的大小、雇工人数的多少和剩余价值率的高低三者决定的。这些因素的变化有多种情况,马克思在《资本论》第一卷第九章分析了决定剩余价值量的三个规律。

第一个规律

决定剩余价值量的第一个规律的内容，就是剩余价值量是由可变资本量和剩余价值率决定的，也就是由劳动力价值的大小、雇工人数的多少和剩余价值率的高低三者决定的。由于“所生产的剩余价值量，等于一个工人一个工作日所提供的剩余价值乘以所使用的工人人数。又因为在劳动力价值已定的情况下，一个工人所生产的剩余价值量是由剩余价值率决定的，由此就得出如下第一个规律：所生产的剩余价值量，等于预付的可变资本量乘以剩余价值率，或者说，是由同一个资本家同时剥削的劳动力的数目与单个劳动力受剥削的程度之间的复比例决定的。”（第 1 卷第 336—337 页）

用公式来表示，就是：

$$M=\begin{cases}\dfrac{m}{v}\times v\\[2ex] K\times\dfrac{a'}{a}\times n\end{cases}$$

K 代表劳动力的价值，n 代表被剥削的工人的人数。在一定量剩余价值的生产上，一种因素的减少，可以由另一种因素的增加来补偿。如果可变资本减少了，可以用提高剩余价值率来补偿；如果剩余价值率降低了，可以用可变资本的增加来补偿。

第二个规律

决定剩余价值量的第二个规律的内容是指：“平均工作日（它天然总是小于 24 小时）的绝对界限，就是可变资本的减少可以由剩余价值率的提高来补偿的绝对界限，或者说，就是受剥削的工人人数的减少可以由劳动力受剥削的程度的提高来补偿的绝对界限。”（第 1 卷第 339 页）这就是说，可变资本的减少可以由剩余价值率的提高来补偿是有界限的，这是因为工作日绝对不可能延长到 24 小时以上。

这说明绝对剩余价值的剥削方式是有一定界限的，要进一步提高剩余价值率，榨取更多的剩余价值，就必须改变方式。

第三个规律

决定剩余价值量的第三个规律的内容是：如果剩余价值率、劳动力价值已定，则剩余价值量与可变资本成正比例。“第三个规律是从所生产的剩余价值量取决于剩余价值率和预付的可变资本量这两个因素而得出来的。如果剩余价值率或劳动力受剥削的程度已定，劳动力价值或必要劳动时间量已定，那末不言而喻，可变资本越大，所生产的价值量和剩余价值量也就越大。”（第1卷第339页）

第三个规律告诉我们，所生产的剩余价值量取决于所雇佣的工人人数，而要雇佣一定量的工人，就需要有一定的可变资本和相应的不变资本。因此，要使货币转化为资本，就必须有一定的最低限额的货币。而且，货币所有者还必须脱离生产劳动才能成为一个名副其实的资本家。如果雇工不多，他还要和他的工人一样直接参加生产劳动，他只是资本家和工人之间的一个中间人物，是一个“小业主”。作为一个资本家，他的全部时间都要用来占有从而控制别人的劳动，用来出售这种劳动的产品，这就必须大大超过“小业主”所雇佣的人数。

五、“榨取血汗的艺术的进步”

——《资本论》第一卷第四篇

相对剩余价值的生产

“在资本主义社会里，技术和科学的进步意味着榨取血汗的艺术的进步。”[①]列宁的这句话深刻地揭示了资本主义生产的实质，揭示了资本主义的物质文明和科学技术的进步并不意味着对工人剥削程度的减轻，而只会加重对工人的剥削程度。那么，为什么在资本主义社会里，科学技术的进步意味着对工人剥削的加重呢？要懂得这个道理，就要学习《资本论》第一卷第四篇相对剩余价值的生产。

概　　述

对象、中心和意义

相对剩余价值的生产，中心是分析资本家怎样通过缩短必要劳动时间，相应延长剩余劳动时间，来加强对工人的剥削。而缩短必要劳动时间，主要有两个办法：提高劳动生产率和提高劳动强度。所以，这一篇较多地讲到生产力的问题，但不是研究生产力本身，而是讲资本家怎样通过提高劳动生产率加强对工人的剥削，榨取更多的相对剩余价值。它可以使我们进一步加深对资本主义剥削实质和资本主义基本矛盾的认识；另外马克思在该篇所总结的提高劳动生产率的种种方法，如果抛开它的资本主义形式，对于我们研究社会主义制度下提高劳动生产率的问题，也有现实的指导意义。

---

① 列宁全集·第18卷.北京：人民出版社，1960：594.

与上一篇的关联

这一篇研究的问题与上一篇有密切的关系。

从联系来看,第三篇是第四篇的前提和基础。第三篇讲的不仅是剩余价值生产的一种方法,而且是剩余价值生产的一般原理,对第四篇仍然适用。从剩余价值生产的方法来说,绝对剩余价值生产也是相对剩余价值的理论前提和出发点;从历史来说,绝对剩余价值也先于相对剩余价值。

从区别来看,第三篇绝对剩余价值是在假设劳动生产率和劳动强度不变的前提下,通过工作日的延长来榨取剩余价值;第四篇相对剩余价值是在假设工作日长度不变的前提下,通过提高劳动生产率和劳动强度来榨取剩余价值。

篇章的结构

第四篇由四章组成。第十章说明"相对剩余价值的概念",为全篇提供了理论原则,具有绪论的性质;第十一、十二、十三章研究资本主义社会劳动生产力发展的三个阶段:"协作""分工和工场手工业""机器和大工业"。通过这三个阶段,分析资本家如何进一步榨取相对剩余价值,劳动如何更加隶属于资本,以及资本主义的基本矛盾如何进一步发展。

(一)相对剩余价值的生产

为什么只是关心生产交换价值的资本家,总是力求降低商品的交换价值?这是政治经济学奠基人之一、重农学派的主要代表魁奈①用来为难他的论敌的一个问题。对于这个问题任何一个资产阶级经济学家都无法回答,只有马克思在《资本论》第一卷第十章科学地回答了这个问题。

马克思在相对剩余价值的概念中,首先分析了相对剩余价值的产生与劳动生产率的关系,然后分析相对剩余价值的形成与超额剩余价值的关系,最后指出资本主义提高劳动生产率的对抗性。

相对剩余价值是由缩短必要劳动时间、相应延长剩余劳动时间产生的

"我把通过缩短必要劳动时间、相应地改变工作日的两个组成部分的量的比例而生产的剩余价值,叫做相对剩余价值。"(第 1 卷第 350 页)这就是说,相对剩余价值是由缩短必要劳动时间、相应延长剩余劳动时间产生的。

---

① 弗朗斯瓦·魁奈(1694—1774),法国资产阶级古典政治经济学的主要代表者,重农学派的创始人。

缩短必要劳动时间怎么可以延长剩余劳动时间呢？假设工作日长度为12小时，其中必要劳动时间10小时，剩余劳动时间2小时，在工作日长度12小时不变的情况下，要增加剩余劳动时间只有通过缩短必要劳动时间才能实现。比如必要劳动时间从10小时缩短为8小时，那么，剩余劳动时间就由2小时增加到4小时。很明显，这里改变的不是工作日的长度，而是工作日中必要劳动时间和剩余劳动时间的划分。

由于工人的必要劳动时间是由再生产劳动力价值的时间决定的，而劳动力价值是由工人及其家属所必需的生活资料价值构成的，因此，要缩短必要劳动时间，就必须降低劳动力价值，也就是要降低劳动者必要生活资料的价值量。当然资本家可以把工资压到劳动力价值以下，这就减少了劳动者必要生活资料的使用价值量，劳动力就只能是萎缩的再生产。虽然这种方法在工资的实际运动中起着重要的作用，但在现在的研究中，我们还是假定资本家购买劳动力时，是按照价值买卖的，因而必要劳动时间只能在劳动力价值自身下降时减少。

而要降低劳动力价值就必须提高劳动生产力。劳动生产力的提高，可以缩短单个商品的社会必要劳动时间，从而使较小量的劳动获得生产较大量使用价值的能力。在这种情况下，工人所消耗的生活资料数量不减少，但生活资料的价值下降了，从而劳动力价值下降了。所以，要进行相对剩余价值的生产，就必须变革劳动过程的技术条件和社会条件，从而变革生产方式，以提高劳动生产力。通过提高劳动生产力来降低劳动力的价值，从而缩短生产劳动力价值所必要的工作日部分。

相对剩余价值的形成与超额剩余价值

缩短必要劳动时间，相应地延长剩余劳动时间，并不是哪个资本家想出来的，而是在各个资本家追逐超额剩余价值的竞争中形成的。

提高劳动生产力，降低劳动力价值是资本的必然趋势，而不是资本家的直接目的。就单个资本家来讲，提高劳动生产力来使他的产品便宜时，绝不是为了相应地降低劳动力价值，从而减少必要劳动；而是为了使他的商品变得便宜，从而获得超额剩余价值。

超额剩余价值是商品的个别价值低于社会价值的差额。因为市场上所承认的现实价值不是个别价值而是社会价值，所以，劳动生产率高的个别企业在出售商品时，就不仅获得了剩余价值，而且可以获得超额剩余价值。例如：

超额剩余价值的形成

生产条件	个别价值	社会价值	社会价值和个别价值的差额
劳动生产率低的企业	9	6	－3
中等劳动生产率的企业	6	6	0
劳动生产率高的企业	3	6	＋3

从上表可以看出，劳动生产率高的企业，由于它的个别价值低于社会价值，因而可以获得 3 元的超额剩余价值。如果他在他的个别价值以上，社会价值以下出卖商品，不仅可以获得一部分超额剩余价值，而且还可以扩大商品的销路，增加竞争力量。所以资本家追求超额剩余价值的动机，使他不得不提高劳动生产率。

超额剩余价值与相对剩余价值的产生有什么关系呢？

第一，超额剩余价值本身就是属于相对剩余价值的生产。因为在这种情况下，剩余价值生产的增加也是靠必要劳动时间的缩短和剩余劳动时间的相应延长而产生的。见下表：

项　　目	产品(件)				价　　值(元)					劳动时间(小时)		
	合计	c	v	m	合计	转移价值 c	新创造价值			合计	v	m
							小计	v	m			
1	2	3	4	5	6	7	8	9	10	11	12	13
在社会平均劳动条件下	12	6	5	1	12	6	6	5	1	12	10	2
在劳动生产力提高条件下	24	$14\frac{2}{5}$	6	$3\frac{3}{5}$	20	12	8	5	3	12	$7\frac{1}{2}$	$4\frac{1}{2}$

从上表可以看出，在劳动生产力提高、个别资本家获得超额剩余价值条件下，必要劳动时间由 10 小时减为 $7\frac{1}{2}$小时。因此，剩余劳动时间由 2 小时相应地增加为 $4\frac{1}{2}$小时。所以，采用改良的生产方法的资本家比他的同行，可以在一个工作日中占有更多劳动时间作为剩余劳动，资本家全体在生产剩余价值时所要做的事情，由他个别地先做了。

第二，随着劳动生产率的普遍提高，超额剩余价值会消失，但所有资本家都能获得相对剩余价值。价值由劳动时间决定的规律,会作为竞争的强制规律,迫使他的竞争者也采用新的技术和生产方法。而当新的生产方法一经普遍采用,这种超额剩余价值也就随之消失了。不过,社会生产力的普遍提高,从而商品价值的全面下降,固然消灭了这种超额剩余价值,但劳动力的价值却社会地下降了,从而相对剩余价值的生产也普遍地提高了。某一个个别资本家的超额剩余价值消失了,资本家全体的相对剩余价值却增加了。

可见,相对剩余价值是资本家在追逐超额剩余价值过程中,通过提高劳动生产率而形成的。

资本主义提高劳动生产力的对抗性

在资本主义生产关系下,资本家阶级提高劳动生产力的目的完全是为了占有劳动生产力增进的成果。他通过提高劳动生产力来使商品便宜,并通过商品便宜来使工人本身便宜,是为了能够购买廉价的劳动力,从而生产更多的剩余价值。

资本家提高劳动生产力,不是为了降低商品的绝对价值,他关心的是提高包含在其中的剩余价值。所以,从单个资本家来讲,他提高生产力也完全是为了加深对劳动者的剥削。由于在资本主义生产关系下,劳动生产力的提高既能使商品便宜又能使商品中包含的剩余价值提高,这就解答了魁奈提出的那个看似矛盾的问题:为什么一心只追求交换价值的资本家,却又总是力求降低商品的交换价值。

在资本主义生产关系下,通过发展劳动生产力而节省劳动,其目的绝不是为了缩短工作日,而是要缩短必要劳动时间,延长剩余劳动时间。“在资本主义生产中,发展劳动生产力的目的,是为了缩短工人必须为自己劳动的工作日部分,以此来延长工人能够无偿地为资本家劳动的工作日的另一部分。”(第1卷第357页)

可见,资本家阶级通过科学技术的进步,提高劳动生产力,从而降低生活资料的价值,绝不是对劳动者有利,而是为了更深入地剥削劳动者。这是榨取血汗的艺术的进步。

(二)资本主义简单协作

一个骑兵连的进攻力量,与单个骑兵分散展开的进攻力量的总和是不等的；一个步兵团的抵抗力量，与单个步兵分散展开的抵抗力量的总和也是不等的。同样，单个劳动力的机械总和，与许多人共同劳动所发挥出来的力量的总和，也是不等的。例如，一根 1 000 斤重的水泥杆，一个能扛 100 斤的工人，当然是扛不动的；10 个能扛 100 斤的工人，如果是分散劳动，也扛不起来。如果 10 个工人共同劳动一起来扛，那就轻而易举了。问题的关键在哪里呢？这是因为协作不仅可以提高个人生产力，而且可以创造一种集体生产力。《资本论》第一卷第十一章就是讲“协作”的。

什么叫资本主义简单协作

协作是自古以来就有的。资本主义以前有协作，资本主义有协作，资本主义消灭以后还会有协作。那么什么是资本主义协作呢？资本主义协作有简单协作，工场手工业的分工协作，还有机器大工业的协作。

要懂得什么是资本主义简单协作，就要懂得什么叫简单协作；而要懂得简单协作，首先要懂得什么是协作。所以还得先从协作谈起。

协作就是许多劳动者在同一生产过程中，或在不同的但互相联系的生产过程中，有计划地一起协同劳动。如果在同一生产过程从事协作的劳动者之间没有劳动分工，就叫作简单协作。而资本主义简单协作，就是较多的工人在同一时间、同一空间，为了生产同种商品，在同一资本家的指挥下工作。“较多的工人在同一时间、同一空间（或者说同一劳动场所），为了生产同种商品，在同一资本家的指挥下工作，这在历史上和逻辑上都是资本主义生产的起点。”（第 1 卷第 358 页）

协作可以提高劳动生产力

协作为什么会提高劳动生产力呢？

第一，协作形成社会平均劳动。在协作过程中，许多劳动者集合在一起，为生产同类商品而共同劳动的时候，相互间的劳动差别可以相互抵消，使劳动成为社会的平均劳动。只有这样才能使资本家出卖商品时，实现剩余价值，不致亏本。“对单个生产者来说，只有当他作为资本家进行生产，同时使用许多工人，从而一开始就推动社会平均劳动的时候，价值增殖规律才会完全实现。”（第 1 卷第 360 页）

第二，协作可以节约生产资料。在许多工人共同参加的劳动过程中，生产资料会由于共同消费而得到节约。这是因为：协作可以使生产资料得到合理的使用，但生产资料的价值，不会因为它的使用价值被充分运用而有所增加；协作要求扩大生产规模，但是所需要增加的生产资料的价值，不会和生产资料的规模和效果按同一比例增加；共同使用的生产资料转移到单个产品上去的价值部分会更小。例如，建造一个能够供20个工人生产的厂房，所需要的投资，肯定会小于建造只能有2个工人一起生产的10个厂房所花的投资。

第三，协作不仅提高了个人生产力，而且创造了集体力。许多劳动者同时在同一不可分的工作上共同劳动，就形成总的结合劳动。这种结合劳动的力量，比一个个劳动者的机械力量要大得多。例如，一块1 000斤的石头，一个人无论如何搬不动；如果有10个人协作，就可以搬动。

第四，协作使许多劳动者在一起劳动，就会激发他们的竞争心和集中他们的精力，从而提高个人的工作效率，我们常说的人多力量大，就是这个道理。

第五，协作可以使许多人的同种作业具有连续性，组织流水作业，使劳动对象可以更快地通过劳动过程的各个阶段，从而提高工作效率。例如，造房子搬砖头，有许多人排成一行传递，要比一个个人上下分别搬运来得快。

第六，协作可以同时进行不同的操作，组织全面作业，从多方面对劳动对象进行加工，从而缩短创造总产品所必要的劳动时间。

第七，协作可以集中力量在短时间内完成紧急的任务。许多生产部门都有紧张时期，集中大量劳动者进行协同劳动可以减少损失。例如，农业收割季节到了，不集中较多的人在一起抢收抢种，就会造成减产。

第八，协作能扩大劳动的空间范围，可以使那些需要有广阔空间的操作，如排水、筑路、修堤等大型工程得以进行。

第九，协作还可以在较小的空间范围内，投入大量劳动，从而减少非生产费用。这种缩小是由劳动者的集结、不同劳动过程的靠拢和生产资料的积聚造成的。

总之，和同样数量的单干的个人工作日的总和比较起来，因协作而结合的工作日可以生产更多的使用价值，因而可以减少生产一定产品所必要的劳动时间。协作或结合的工作日的特殊生产力，是劳动力的社会结合所形成的劳动生产力或社会的劳动生产力。这种生产力是由协作本身产生的，它是社会劳动的生产力，而不是资本的生产力。

协作促进资本主义生产关系的发展

协作不仅能提高劳动生产力，而且促进了资本主义生产关系的发展。

首先，协作要求资本的集中。劳动者集合在一定的场所，是他们协作的条件，那么，同一个资本家，如果不同时雇佣较多的工人，就不能进行协作。所以，只有资本额集中到一定程度、能够使许多工人在一起劳动的时候，协作才得以进行。因此，协作要求资本集中，首先要求可变资本的集中，其次要求不变资本的集中。资本集中了，可以扩大资本主义生产规模，从而剥削更多的雇佣工人。

其次，协作要求加强管理，发展了资本对劳动的支配。社会化大生产客观要求管理。这是因为，共同劳动总是要有某种指挥，以便按照生产总的要求来协调各个人的活动，就像一个乐队需要一个乐队指挥一样。但是，资本主义的管理是由资本的性质决定的。“一旦从属于资本的劳动成为协作劳动，这种管理、监督和调节的职能就成为资本的职能。这种管理的职能作为资本的特殊职能取得了特殊的性质。”(第 1 卷第 367—368 页)

资本主义管理的内容是对抗的。资本主义生产过程的动机和决定目的，是尽可能多地生产剩余价值，因而也就是资本家尽可能多地剥削劳动力。随着同时雇佣的工人人数的增加，他们的反抗也加剧了，因此，管理是资本为压制这种反抗所进行的管理。同时，随着同雇佣工人对立的生产资料的增加，为使这些生产资料正常使用，资本家为了防止对生产资料的浪费而管理。最后，资本主义管理，是以资本家的权威、资本家的权力和工人相对立。

资本主义管理的形式是专制的。随着大规模协作的发展，这种专制也在发展。资本家还把监督的职能交给了他雇佣的代理人。工厂像个大兵营，资本家把监督的职能交给了他手下的工业上的军官(经理)和军士(监工)，教他们在劳动过程中以资本的名义进行指挥。资产阶级经济学家曾把奴隶制度下的这种监督活动算作非生产费用，但在考察资本主义生产时，却把由剥削所决定的管理和由社会劳动过程的性质本身引起的管理职能混为一谈。实际上，资本家之所以是资本家，并不是因为他是工业的领导人，恰恰相反，他之所以成为工业的司令官，只因为他是资本家。

最后，资本主义简单协作使劳动的社会生产力表现为资本的生产力。由于劳动者协作而提高劳动生产力所带来的好处，虽然资本家没有花费很多钱，却被他以相对剩余价值的形式占去了。“因此，一方面，资本主义生产方式表现为劳动过程转化为社会过程的历史必然性；另一方面，劳动过程的这种社会形式表现为资本通过提高劳动过程的生产力来更有利地剥削劳动

过程的一种方法。”(第1卷第372页)

(三) 资本主义工场手工业

在17世纪前后,华丽的马车在欧洲很风行。据说法国国王路易十六拥有217辆马车,这种马车就是在工场手工业中生产出来的。《资本论》第一卷第十二章就是分析工场手工业的。

第十二章《分工和工场手工业》,全章共五节,前三节着重从生产力的角度进行考察。第一节先讲工场手工业的两重起源;第二节讲它的要素:局部工人及其工具;第三节讲工场手工业的两种基本形式。后两节着重从生产关系的角度进行考察,第四节讲工场手工业内部的分工和社会内部的分工;第五节讲工场手工业的资本主义性质。

工场手工业是以分工和手工劳动为基础的协作

工场手工业也是一种协作。这种协作仍然是以手工劳动为基础,但是它已经有了分工。

资本家把不同行业的手工业者组织在一个工场里,实行分工协作,共同生产一种商品。另外,资本家把同一行业的手工业者组织在一个工场里,实行分工协作。这是资本主义工场手工业形成的两种方式。

与此相适应,工场手工业有两种基本形式。一种叫混成的工场手工业,是指产品是由许多零件机械地组成的工场手工业。例如,马车工场的资本家,把制造马车所需要的木匠、马具匠、裁缝、铁匠、玻璃匠、油漆匠等不同行业的劳动者雇佣进来,让每个工匠分别为马车专门生产一种零件,然后装配成马车。

还有一种叫有机的工场手工业,是指产品是经过一系列有机程序的操作而完成的工场手工业。例如,制针工场是资本家把生产针的许多个体手工业者雇佣进来,把原来制针的整个生产过程分为相互联结的若干工序,如抽丝、拉直、切割、削尖等。原来由一个人从头到尾制针,改成每个工人只专门从事一种操作;原来可能一个人要依次完成20种操作,现在制针工场可以有将近20个制针匠同时进行制作。

工场手工业提高了社会劳动生产率

工场手工业虽然仍然是手工劳动,但是由于分工,大大提高了劳动生产率。

工场手工业使劳动专业化，便于工人积累劳动经验，改进劳动方法；使工人经常重复做同一种工序，可以学会用最少的劳动消耗达到预期的效果；使工人的手艺代代相传，日益熟练；还可以缩小工作中的空隙，提高劳动强度或者减少劳动力的非生产消耗，从而提高了劳动生产率。

工场手工业使劳动工具专门化，使劳动工具简单化、多样化，从而提高劳动生产率。同时，劳动工具专门化，还为机器的产生创造了物质条件。

工场手工业把原来分散的手工业结合在一起，使生产过程具有连续性，各个生产程序之间彼此衔接，联系非常紧密，因此缩短了制成品各个生产阶段之间的空间距离。制成品从一个阶段到另一阶段所需要的时间减少了，同样用在这种转移上的劳动也减少了，因而提高了劳动生产率。

工场手工业使生产阶段具有并存性，从而提高劳动生产率。工场手工业的分工，不仅使生产过程在时间上相互衔接，而且使生产过程的各个阶段在空间上各自并存，因此在同一时间内可以提供更多的成品。

工场手工业为了使生产过程能够在时间上连续、在空间上并存，就必须按比例地组织生产，使劳动者人数、原料数量以及其他生产资料的数量有一定的比例。生产要素的比例性可以大大提高劳动生产率。

“原来一个制针匠一天连二十根针也制造不出来，而有了分工，在工场手工业里，一个制针工人平均可以制针四千八百根，劳动生产率提高了几百倍。”这是工场手工业时期的政治经济学集大成者亚当·斯密①对工场手工业分工提高劳动生产率的一段具体的论证。

工场手工业是文明精巧的剥削手段

工场手工业分工是生产相对剩余价值的一种特殊方法。它不仅只是为资本家发展社会劳动生产力，而且靠使工人畸形化来发展社会劳动生产力。因此，一方面，它表现为社会经济形成过程中的历史进步和必要的发展因素；另一方面，它又是文明、精巧的剥削手段。

工场手工业促进了资本和资本家权力的增大。工场手工业的分工使雇佣工人人数的增加成为技术上的必要。而相应于可变资本的增加，不变资本也必须成倍增加，并且要比可变资本增加得更快。资本的增加，意味着资

---

① 亚当·斯密(1723—1790)，英国工场手工业开始向机器大工业过渡时期的资产阶级经济学家，古典政治经济学的杰出代表和理论体系的建立者。

本家权力的增大。

工场手工业使工人片面性发展，分工使工人各自从某一方面发展他的专长，使工人成为畸形物，使劳动更加隶属于资本。“工场手工业把工人变成畸形物，它压抑工人的多种多样的生产志趣和生产才能，人为地培植工人片面的技巧。”(第1卷第399页)“工场手工业工人按其自然的性质没有能力做一件独立的工作，他只能作为资本家工场的附属物进行生产活动。”(第1卷第399页)

工场手工业还造成劳动力和工资的等级制度。分工使多数工人成为简单劳动者，少数成为复杂劳动者，形成了劳动力的等级制度，使智力和体力劳动进一步分离，加深了两者的对立。“工场手工业分工的产物，就是物质生产过程的智力作为别人的财产和统治工人的力量同工人相对立。这个分离过程在简单协作中开始，在工场手工业中得到发展，大工业中完成。”(第1卷第400页)

工场手工业使劳动力价值下降，剩余价值扩大。工场手工业中的分工，使工人简单地分为熟练工人和非熟练工人。前者因为工作简化，学习费用减少；后者则不需要学习费用。在这两种情况之下，劳动力价值都会降低，从而增加相对剩余价值。

另外，智力上和身体上的畸形化，还使工人患有种种职业病。

工场手工业分工与社会分工的联系和区别

社会分工和工场手工业分工的联系在于：

“社会内部的分工……同工场手工业内部的分工一样，是从相反的两个起点发展起来的。”(第1卷第389页)社会内部分工的两个相反的起点是：一个是原来独立的东西丧失了独立，这是指原来互不依赖的独立公社，后来由于产品交换的发展，产生了相互依赖的社会分工；一个是原来不独立的东西获得了独立，这是指原来公社内部由于性别和年龄不同所产生的相互依赖的自然分工，后来由于交换的发展，逐步发展成为独立的不同商品生产者之间的社会分工。工场手工业内部分工的两个相反的起点是：一个是指不同种手工业者在工场手工业内部分别从事不同的工种；一个是原来是同种手工业者在工场手工业内部分工从事不同的操作。

社会分工和工场手工业分工都以一定量的人数为前提。工场手工业分工必须以同时使用一定量工人为前提；同样，社会分工必须以一定的人口数量和人口密度为前提。

社会分工和工场手工业分工还是相互促进的。社会分工是工场手工业内部分工的前提;工场手工业的内部分工会促进社会分工的发展。

社会分工和工场手工业的分工不仅有联系,而且有区别。

从产品来看,社会分工使各个独立生产者生产的产品都成为商品;而工场手工业内部的分工不生产商品。

从媒介来看,社会分工通过商品交换来媒介它们的分工;而工场手工业内部的分工,是通过资本家购买不同劳动力结合为总劳动力来媒介他们的分工。

从生产资料来看,社会分工以生产资料分散在许多商品生产者中间为前提;工场手工业内部的分工则以生产资料积聚在一个资本家手中为前提。

从比例性来看,在工场手工业内部,资本家占有生产资料从而对劳动分工有支配权,使生产可以按比例地进行;社会分工则由于每一个商品生产者都是生产资料私有者,他们爱怎样生产就怎样生产,使社会生产成为无政府状态。

从权威性看,工场手工业的分工以资本家对工人的绝对权威为前提;社会分工则使独立的商品生产者相互对立,他们不承认任何别的权威,只承认竞争的权威。

"整个社会内的分工,不论是否以商品交换为媒介,是各种社会经济形态所共有的;而工场手工业分工都完全是资本主义生产方式的独特创造。"(第1卷第397—398页)

工场手工业的历史局限性和过渡性

但是,工场手工业具有很大的历史局限性,它阻碍资本主义的进一步发展。这是因为:第一,工场手工业虽然把工人简单地分为熟练工人和非熟练工人,但是熟练工人占压倒优势,非熟练工人仍然不多。第二,工场手工业虽然使操作适应于劳动者的不同年龄、体力和发育,从而迫切要求在生产上对妇女儿童进行剥削,但是由于习惯和男工的反抗而难以实现。第三,工场手工业虽然降低了工人的教育费用,从而降低了劳动力的价值,但较难的局部劳动仍然需要较长的学习时间。第四,由于手工的熟练是工场手工业的基础,所以工人也能够凭借他们的手艺和资本作斗争。第五,资本始终不能占有工场手工业工人全部可供支配的劳动时间。

总之，由于工场手工业仍然以手工技术为基础，它既不能掌握全部社会生产，也不能根本改造社会生产。工场手工业发展到一定程度，它的狭隘的技术基础和它本身创造出来的生产需要发生了矛盾。因此，工场手工业必然要向机器大工业过渡。

（四）资本主义机器大工业

……虽然暴君的手只有一个，但他的气力谁都比不上。
仅是一只烧红的铁手，他能使人民群众成群地灭亡。
他的心有烈火在燃烧，他把儿童当作果腹的食粮。
他的祭司象他一样凶狠，用铁腕扼杀人们的命运；
贪得无厌地给他找牺牲，用人们的鲜血铸造金银。

这是一位英国工人作家在《蒸汽王》一诗中对资本主义使用机器给劳动人民带来痛苦和灾难的控诉。其实机器本身是无辜的，问题在于资本主义制度；机器和机器的资本主义使用是不同的。

机器大工业是资本主义生产的典型形式

我们知道，协作是资本主义生产方式的起点，工场手工业是向机器大生产的过渡阶段，机器和大工业才是典型的资本主义生产方式。这是因为：第一，机器和大工业在质上改变了相对剩余价值的技术基础；第二，机器和大工业在量上大大增加了相对剩余价值的生产。所以，机器和大工业是资本主义生产的典型形式。

“机器和大工业”是《资本论》第一卷第十三章的内容。这一章篇幅巨大，一共有145页，内容丰富，涉及的问题很广，在《资本论》中占有重要的地位。

这一章研究机器和大工业，中心是说明机器是生产剩余价值的手段，不是讲机器本身，而是讲机器的资本主义应用；不是讲生产力，而是讲生产力的发展对生产关系的影响。机器的应用使生产更加社会化，但生产资料更加集中在少数资本家手里，从而使资本主义生产关系和生产力的矛盾进一步发展。

这一章共十节，大致可分为三大部分。第一至第四节可以作为第一部分，主要讲机器的资本主义应用怎样发展了资本主义的基本矛盾。第一节从劳动过程看机器的发展，第二节从价值形成过程看机器如何转移其价值，第三节从价值增殖过程看机器如何占有劳动力，第四节综合前三个方面，从资本主义生产过程的整体来考察资本化的机器如何支配劳动者。第五到第七节可以作为第二部分，分析资本主义基本矛盾如何表现为工人阶级和资产阶级之间的矛盾和斗争。第五节讲这个矛盾首先表现为工人和机器之间的斗争，第六节讲这一斗争在理论上的反映，第七节继续批判资产阶级辩护士的谬论。第八到第十节是第三部分，说明资本主义基本矛盾怎样进一步扩展，使资本主义生产关系统治着全社会。第八节讲机器大工业如何取代工场手工业、手工业和家庭工业，第九节讲工厂法的普遍化，第十节讲机器大工业使农业资本主义化，从而到处建立起资本关系的统治。

什么是机器

有的人说，工具是简单的机器，机器是复杂的工具；有人说，工具的动力是人，机器的动力是自然力。这些说法都不对。

“作为工业革命起点的机器，是用一个机构代替只使用一个工具的工人，这个机构用许多同样的或同种的工具一起作业，由一个单一的动力来推动，而不管这个动力具有什么形式。”（第 1 卷第 413 页）这就是说，机器是由一个动力推动的许多同种工具一起作业的机构。而资本主义机器大工业，就是广泛使用机器代替手工劳动的资本主义工业。

一切发展了的机器，都是由发动机、传动机构、工具机或工作机三个本质不同的部分构成的。发动机是整个机器的动力；传动机构是调节运动，必要时改变运动的形式，把运动传导到工具机上的机构；工具机是直接作用于劳动对象上的机构。

在某种产品的生产过程中，许多同种或不同种工作机在空间上的集结，形成机器协作。

在制造某种产品的生产过程中，各种不同工作机的分工协作，结合成为一个机器体系。

当工作机不需要人的帮助就能完成加工原料所必需的一切运动，而只需人从旁照料时，就是自动的机器体系。

机器只有通过共同劳动才能发生作用。这是因为：机器使技术条件彻底改变，要求以自然力代替人力，以自然科学代替手工经验中的陈规，这就需要通过人的协作劳动来使用自然力和科学，因此，机器使社会劳动组织彻底改变。在机器大工业中，以机器体系为客观骨骼，这也需要通过人们的协作劳动来操作这些机器。因此，机器只有“通过直接社会化的或共同的劳动才发生作用”（第1卷第423页）。

资本主义使用机器的界限

机器的运用可以迅速地提高劳动的社会生产力。这是因为：第一，机器的运用，突破了人的生理器官的限制，能够用来推动许多工具；第二，机器的运用，可以使自然力为生产服务；第三，机器的运用，可以使科学的成就运用到生产中去。

但是，在资本主义制度下，由于机器是生产剩余价值的手段，因此，使用机器不是无条件的，而是有界限的。本来机器的使用可以提高劳动生产率，减少单位产品所耗费的劳动量。所以，作为使用机器的一般界限，只要“生产机器所费的劳动要少于使用机器所代替的劳动”（第1卷第430页）就行了。但是，资本家使用机器的目的，不是为了节省劳动，而是为了榨取更多的剩余价值。我们知道，剩余价值是工人劳动所创造的价值减去劳动力价值的差额。因此，节省或降低劳动力价值就可以给资本家带来更多的剩余价值。运用机器如果不能节省劳动力价值，给资本家带来剩余价值，资本家是不愿意使用机器的。

所以，“对资本家说来，只有在机器的价值和它所代替的劳动力的价值之间存在差额的情况下，才会使用机器。”（第1卷第431页）这就是说，在资本主义社会，使用机器还有特殊的界限。这个界限就是机器的价值必须小于它所代替的劳动力的价值。否则，资本家就宁可使用手工劳动，而不使用机器。

机器是生产剩余价值的手段

机器的使用和大工业的发展是社会经济的巨大进步。但在资本主义制度下，机器来到人间却给劳动人民带来痛苦和灾难。这是因为机器是生产剩余价值的手段，资本主义使用机器是为了加强对工人阶级的剥削。

机器的资本主义使用，可以使资本家大量雇佣童工和女工。“就机器使肌肉力成为多余的东西来说，机器成了一种使用没有肌肉力或身体发育不成熟而四肢比较灵活的工人的手段。因此，资本主义使用机器的第一个口号是妇女劳动和儿童劳动！”（第1卷第433页）女工和童工的使用给整个工人阶级造成什么后果呢?

1. 扩大了剥削范围,使工人家庭的全体成员不分男女老少都处在资本的直接统治之下。

2. 提高了剥削程度。机器把工人家庭全体成员都抛到市场后,工人家庭生活费用不集中在男劳动力上面,而是分摊到全家,这样就使劳动力的价值下降,剩余价值率提高。

3. 使工人和资本家之间的契约发生了革命。过去工人出卖自己的劳动力,在形式上还当作自由人,现在他出卖妻子儿女,成了奴隶贩卖者。

4. 机器使妇女儿童的身体愈益萎缩,又使他们的精神受摧残。

5. 机器打破了工场手工业时期成年男工凭借手艺和体力所保有的一些对资本的反抗力,资本的统治空前强化。

机器的资本主义运用,创造了延长工作日的新条件,也创造了延长工作日的新动机。这是因为:

1. 机器发生作用的期间越长,由机器转移到单位产品上的价值也就越小。因此,资本家为了吸收更多的剩余价值,就要求尽可能延长工作日,最好机器 24 小时都不停地运转。

2. 资本家为了减少机器损耗所造成的损失,尽力要延长工作日。机器的损耗有两种:有形损耗,包括使用的磨损和不使用的自然损耗;无形损耗,是由于新的更便宜更有效的机器出现使旧机器价值贬值所造成的损失。这些损耗的减少,只有通过延长工作日才能达到。

3. 资本家为了减少不变资本的支出,就要尽量延长工作日。延长工作日不仅能增加剩余价值,还能相对地减少获得这项剩余价值所需要的投资。

4. 资本家为了获得超额剩余价值而延长工作日。在采用机器的初期,资本为了不失时机,就无限制延长工作日,以占有更多的超额剩余价值。

5. 资本家为了克服机器普遍应用后,可变资本减少却要增加剩余价值的矛盾,因而延长工作日。在机器普遍采用后,超额剩余价值消失,一般剩余价值率提高。但在机器生产的场合下,可变资本必然会因投资庞大而减少,这个矛盾也推动资本家拼命延长工作日。

因此,机器的资本主义使用,一方面创造了延长工作日的新的动机;另一方面,又造成失业人口的存在,迫使工人听命于资本强加于他们的纪律。这样,机器就打破了工作日的一切道德界限和自然界限。机器本来是缩短劳动时间最有力的手段，但却成为把工人一家的全部生活时间变成增殖资本价值的劳动时间的最可靠的手段。

机器的资本主义使用还是提高劳动强度榨取相对剩余价值的一种重要手段。

随着机器的资本主义使用，要求延长工作日，劳动强度也随之加强了。但是从劳动者的生理界限来讲，劳动力的活动能力同它的活动时间成反比。如果工作日长度和劳动强度同时增加，势必使社会的生命根源受到威胁，结果在工人阶级的斗争下，产生了受法律限制的正常工作日。从此，资本家就竭尽全力，一心一意加快发展机器体系，来生产相对剩余价值，迫使工人在同样的时间内增加劳动消耗，提高劳动力的紧张程度。“不言而喻，随着机器的进步和机器工人本身的经验积累，劳动的速度，从而劳动的强度，也会自然增加。”（第1卷第449页）那么，资本家是怎样提高工人的劳动强度呢？

1. 从主观条件劳动力来讲，资本是用计件工资以及改进劳动组织等等办法，使劳动者在一定时间内支出更多的劳动。

2. 从客观条件生产资料来讲，资本手中所有的机器，则是提高劳动强度、榨取更多剩余劳动的手段。这是通过两种方法达到的：一是提高机器的运转速度；另一是扩大同一个工人看管机器的数量，即扩大工人的劳动范围。

劳动强度提高以后，资本家的财富增加得更快了。但由于机器运转的加速，使劳动紧张到使人吃惊的程度。结果工人的健康受到损害，伤亡率大大提高，从而使劳动力本身遭受很大破坏。“机器劳动极度地损害了神经系统，同时它又压抑肌肉的多方面运动，侵吞身体和精神上的一切自由活动。甚至减轻劳动也成了折磨人的手段，因为机器不是使工人摆脱劳动，而是使工人的劳动毫无内容。”（第1卷第463页）

机器的资本主义应用造成过剩人口

资产阶级经济学家穆勒①、西尼耳②之流为了反对工人运动，维护资产阶级利益，炮制出了一个机器排挤工人会腾出相应的资本、再去雇佣被排挤出来的工人的谬论，但事实并不是这样。

在资本主义制度下，劳动资料一作为机器出现，立刻就成为工人本身的

① 詹姆斯·穆勒（1773—1836），英国资产阶级经济学家，李嘉图理论的庸俗化者，在哲学上是边沁的追随者。

② 纳·威·西尼耳（1790—1864），英国资产阶级庸俗经济学家。

竞争者。机器不仅扼杀手工工人，在大工业内部，机器不断改进，也会排挤更多的工人，而且可以用不熟练的劳动代替熟练的劳动，用童工代替成年工，用女工代替男工，从而大大压低劳动力的价格。

机器不仅是排挤工人的手段，而且是资本用以压制工人运动的武器。事实证明，机器就是作为资本对付工人暴动的武器而出现的。“机器不仅是一个极强大的竞争者，随时可以使雇佣工人‘过剩’。它还被资本公开地有意识地宣布为一种和工人敌对的力量并加以利用。机器成了镇压工人反抗资本专制的周期性暴动和罢工等等的最有力的武器。”(第1卷第476—477页)

机器排挤工人并不可能游离出相应的资本，这是因为，代替工人的机器不是白白得到的，而是靠排挤工人腾出来的可变资本购置的。机器排挤工人只能游离出工人的生活资料，因为工人被机器排挤以后，他们根本无钱购买生活资料。所以，与资产阶级学者的说教正好相反，机器排挤工人不是游离出资本，而是游离出一个“过剩人口”。

机器本身对于把工人从生活资料中“游离”出来是没有责任的。“同机器的资本主义应用不可分离的矛盾和对抗是不存在的，因为这些矛盾和对抗不是从机器本身产生的，而是从机器的资本主义应用产生的!”(第1卷第483页)

因为机器就其本身来说可以缩短劳动时间，而它的资本主义应用却延长工作日；

机器本身可以减轻劳动，而它的资本主义应用却提高工人的劳动强度；

机器本身是人对自然力的胜利，而它的资本主义应用却使人受自然力奴役；

机器本身可以增加生产者的财富，而它的资本主义应用，却使生产者变成需要救济的贫民。

机器虽然会排挤本部门的工人，但会引起其他部门工人的增加。这是因为:第一，机器生产的产品增加，消耗的原料也会增加，因此生产原料的部门就要扩大;第二，机器生产在一个工业部门的扩大，给这个工业部门提供生产资料的那些部门就必须增加生产;第三，机器参加了产品生产中的一个过程，就会引起其他过程劳动需要的增加;第四，机器生产会使社会分工扩大，因而使社会生产部门越来越多样化;第五，采用机器的结果会使剩余产品增加、剥削阶级财富增加，从而会产生新的奢侈要求，因此生产奢侈品的生产部门要增加;第六，机器的运用和大工业的发展会造成新的世界市场，从而运输业必须发展；第七，机器生产的发展，使那些生产周期长的部门如运河、船坞、桥梁等所需要的劳动增加；第八，机器的运用，生产力的发展，对劳动力的剥削进一步加强，使工人阶级中越来越大的部分有可能被用于非生产劳动，从而使仆人、使女、侍从等等“仆役阶级”增加。

但是，由于这些部门吸收工人是由新的积累的资本而来的，而不是由排挤工人所腾出的资本而来的，所以与所谓补偿理论毫无共同之处。“虽然机器在应用它的劳动部门必然排挤工人，但是它能引起其他劳动部门就业的增加。不过，这种作用同所谓的补偿理论毫无共同之处。”（第1卷第484页）

机器的广泛使用使资本主义生产关系统治全社会

机器的运用要求把分散的家庭劳动和工场手工业迅速转变为工厂生产。所以，机器的资本主义运用首先征服了手工经营，并逐步使近代工场手工业从属于自己。工厂法的推行又加速了生产技术的改进，一方面使工场手工业转化为工厂的物质条件成熟起来，另一方面又由于资本支出的扩大加速了小师傅的破产和资本的积聚。

机器大工业的发展，工厂法的普遍化，还使资本主义基本矛盾进一步发展。它使生产社会化与资本主义私人占有的矛盾普遍和加深；它使工人阶级与资产阶级的阶级斗争普遍化；它使资本主义企业内部的计划性与整个社会生产的无政府状态的矛盾加重。因此，工厂法“在使生产过程的物质条件及其社会结合成熟的同时，也使生产过程的资本主义形式的矛盾和对抗成熟起来，因此也同时使新社会的形成要素和旧社会的变革要素成熟起来”。（第1卷第550页）

机器在农业中的应用，首先引起农村人口“过剩”；同时，它消灭了旧社会的堡垒——“农民”，代之以雇佣工人，并且使农业也社会化了。机器的运用既造成了农业和工业的分离和对立，同时又为工业和农业更高级的结合创造了物质前提。资本主义农业的发展是为了榨取更多的剩余价值，获得更多的利润，因此，它不仅要剥削劳动者，使农民日益贫困，而且还要掠夺土地，拼命耗费土地的肥力。“资本主义农业的任何进步，都不仅是掠夺劳动者的技巧的进步，而且是掠夺土地的技巧的进步，在一定时期内提高土地肥力的任何进步，同时也是破坏土地肥力持久源泉的进步。……因此，资本主义生产发展了社会生产过程的技术和结合，只是由于它同时破坏了一切财富的源泉——土地和工人。”（第1卷第552—553页）

六、“相对”是绝对的，“绝对”是相对的

——《资本论》第一卷第五篇

绝对剩余价值和相对剩余价值的生产

你听说过“父生子，子生父”吗？这种似乎奇怪的说法并不奇怪。马克思就这样说过：“一旦生了儿子，并由于有了儿子而生了父亲。”（第1卷第177页）当然，有父亲才会有儿子，没有儿子哪里会有父亲。一个人之所以成为父亲，就是由于他有了儿子。我中有你，你中有我，这就是事物之间互为前提、相互联系、相互渗透的一种常见的现象。在自然界是这样，在社会生活中也是这样。在资本主义社会，资本家剥削工人的两种基本方法也是这样。绝对剩余价值是相对的，因为它以劳动生产率的提高为前提；相对剩余价值又是绝对的，因为它以工作日能够延长为前提。

概　　述

没有特殊的研究对象

《资本论》第一卷第五篇没有自己的特殊研究对象，它是前两篇的综合。马克思对剩余价值生产的研究，采用的是先分析后综合的方法。第三篇先分析绝对剩余价值，第四篇再分析相对剩余价值，第五篇则是把剩余价值生产的两种方法综合起来研究，从而进一步说明资本主义生产的本质，以及劳动力价格和剩余价值量的变化规律。

综合和补充

这一篇由三章组成：第十四章论述“绝对剩余价值和相对剩余价值”的辩证关系，是前两篇的总结，也是这一篇的重点；第十五章《劳动力价格和剩余价值的量的变化》和第十六章《剩余价值率的各种公式》，是从绝对剩余价值和相对剩余价值生产相结合的角度，研究剩余价值率的数量变化规律。

这可以说是剩余价值生产理论的补充。

(一) 绝对剩余价值和相对剩余价值

第一卷第十四章中心是说明资本是一种特殊的历史的生产关系。在这种特殊的历史生产关系下,生产劳动表现为资本增殖的手段,工人必须为资本生产“绝对剩余价值和相对剩余价值”。剩余价值的生产只能由资本主义生产关系来说明,而不能由自然条件来说明。

关于生产劳动的概念

从简单劳动过程的观点考察,生产劳动就是直接生产物质资料(即使用价值)的劳动。“如果整个过程从其结果的角度,从产品的角度加以考察,那末劳动资料和劳动对象表现为生产资料,劳动本身则表现为生产劳动。”(第1卷第205页)这个从简单劳动过程的观点得出的生产劳动的定义,对于资本主义生产过程是绝对不够的。

劳动过程中协作关系的发展,使生产劳动的概念扩大了。为了从事生产劳动,现在不一定要亲自动手,只要成为总体工人的一个器官,完成他所属的某一种职能就够了。这就是说,由于协作关系的发展,直接和间接从事物质资料的生产的劳动都是生产劳动。例如,不仅直接操纵机器生产某一产品的工人在生产劳动,而且产品的工艺设计者如工程师、生产过程中的管理者如经济师等,也在生产劳动。

但是,资本主义生产又使生产劳动的概念缩小了。这是因为资本主义生产不仅是商品的生产,它实质上是剩余价值的生产,因而只有生产剩余价值的劳动才是生产劳动。也就是说,工人单是进行生产已经不够了,他必须生产剩余价值。只有为资本家生产剩余价值或者为资本的自行增殖服务的工人,才是生产工人。因此,“生产工人的概念决不只包含活动和效果之间的关系,工人和劳动产品之间的关系,而且还包含一种特殊社会的、历史地产生的生产关系。这种生产关系把工人变成资本增殖的直接手段。”(第1卷第556页)

绝对剩余价值与相对剩余价值的辩证关系

绝对剩余价值和相对剩余价值是剩余价值生产的两种方法,把它们综合起来考察,可以看出二者既有联系又有区别。

第一，绝对剩余价值生产是相对剩余价值生产的基础和起点。“绝对剩余价值的生产构成资本主义体系的一般基础，并且是相对剩余价值生产的起点。”(第1卷第557页)这是因为绝对剩余价值的生产，只同工作日长度有关；但相对剩余价值的生产，要以工作日已经延长到必要劳动时间以上为前提，并以此为起点，变革劳动的技术过程和劳动组织，从而缩短必要劳动时间才能产生。

第二，绝对剩余价值以劳动对资本的形式隶属为前提，相对剩余价值要以劳动对资本的实际隶属为前提。所谓劳动对资本的形式隶属就是劳动在资本主义生产关系上隶属于资本。绝对剩余价值的生产只要劳动在资本主义生产关系上隶属于资本就够了。随着生产力的发展，资本主义的劳动过程通过分工和采用机器生产，技术条件劳动组织发生了根本变革，工人完全成了机器的附属物，工人离开了机器就不能单独进行生产。这就意味着劳动者不仅在形式上，而且在实际上隶属于资本。相对剩余价值的生产，要求劳动对资本的形式隶属，让位于劳动对资本的实际隶属。“相对剩余价值的生产以特殊的资本主义的生产方式为前提；这种生产方式连同它的方法、手段和条件本身，最初是在劳动在形式上隶属于资本的基础上自发地产生和发展的。劳动对资本的这种形式上的隶属，又让位于劳动对资本的实际上的隶属。”(第1卷第557页)

第三，生产相对剩余价值的方法同时也是生产绝对剩余价值的方法。这是因为机器是延长工作日最有力的手段。“无限度地延长工作日正是表现为大工业的特有的产物，特殊的资本主义生产方式一旦掌握整整一个生产部门，它就不再是单纯生产相对剩余价值的手段，而一旦掌握所有决定性的生产部门，那就更是如此。”(第1卷第558页)

第四，绝对剩余价值与相对剩余价值互为前提又有区别。相对剩余价值是绝对的，因为它以工作日绝对延长到超过必要劳动时间为前提。绝对剩余价值是相对的，因为它以劳动生产率发展到能够把必要劳动时间限制为工作日的一个部分为前提。但是，只要涉及如何提高剩余价值率的问题，这两种形式的差别就可以感觉到了。假定劳动力按其价值支付，那么，或者是劳动生产力和劳动强度不变，剩余价值率就只有通过工作日的绝对延长才能提高；或者是工作日的长度已定，剩余价值率只有通过提高劳动生产力或劳动强度，从而缩短必要劳动时间而相对地增加剩余劳动来提高。

剩余价值生产的经济基础和自然基础

剩余价值的生产是在一定的基础上产生的，我们应当从经济基础即由资本主义生产关系来说明，而不能由自然条件或劳动生产率来说明。但是，也不能说自然条件和劳动生产率同剩余价值生产毫无关系。

无论哪种形式的剩余价值的生产，都要以一定的劳动生产力为前提，如果劳动生产力极为低下，以至劳动者要用他的全部时间去生产维持他和他的家属的必要生活资料，那就没有剩余劳动，也就没有剥削阶级。没有一定程度的劳动生产率，工人就没有这种可供支配的劳动时间；而没有这种剩余时间，就不可能有剩余劳动，从而不可能有资本家。“一切剩余价值，不仅相对剩余价值，而且绝对剩余价值，都是以一定的劳动生产率为基础的。如果劳动生产率只达到这样的发展程度：一个人的劳动时间只够维持他本人的生活，只够生产和再生产他本人的生活资料，那就没有任何剩余劳动和任何剩余价值，就根本没有劳动能力的价值和这个劳动能力所创造的价值之间的差额了。”（第4卷Ⅰ第22页）

当然自然条件的优劣，对于剩余劳动的数量大小也有一定的影响。自然条件，例如气候越好，土地自然肥力越大，劳动者维持与再生产这些必要生活资料的必要劳动就越少。因此，自然发生的劳动生产率可以使必要劳动减少，从而提供了剩余劳动增加的可能性。所以，劳动的自然条件，特别是土壤的自然肥力，会影响剩余价值量；但绝不能反过来说，最肥沃的土壤最适于资本主义生产方式的生长。资本主义生产方式以人对自然的支配为前提，而不是以自然条件为前提。

自然条件只对剩余价值的生产提供可能性，而其现实性在于资本主义生产关系。可以说剩余价值有一个自然基础，但这只是从最一般的意义来说，即良好的自然条件是以自然为条件的劳动生产力，使劳动者不必以全部时间从事必要劳动，于是提供了剩余劳动的可能性；但可能性还不是现实性，绝不能认为自然发生的劳动生产率是剩余价值生产的原因。良好的自然条件从而较高的劳动的自然生产力，始终只提供剩余价值的可能性。要使这种可能性转化为现实性，还需要外部的强制，即需要资本主义生产关系的强制。“资本关系就是在作为一个长期发展过程的产物的经济基础之上产生的。作为资本关系的基础和起点的已有的劳动生产率，不是自然的恩惠，而是几十万年历史的恩惠。”（第1卷第560页）

总之，剩余价值的生产，应该从资本主义生产关系去说明，不能由劳动生产率或自然条件去说明。

关于剩余价值的起源问题，是个爆炸性的问题。资产阶级古典经济学集大成者李嘉图①懂得这是一个危险的问题，因而有意回避它。“对这个问题，李嘉图学派也只是回避，而没有解决。这些资产阶级经济学家实际上具有正确的本能，懂得过于深入地研究剩余价值的起源这个爆炸性问题是非常危险的。”（第1卷第564页）而约翰·穆勒②却用庸俗经济学的陈腐遁词掩盖问题的实质。例如，穆勒说什么：“资本提供利润的原因在于，食物、衣服、原料和劳动资料等存在的时间比生产它们所需要的时间长。”（第1卷第564页）对此，我们应该说些什么呢？“平地上的一堆土，看起来也象座小山；现代资产阶级的平庸，从它的‘大思想家’的水平上就可以测量出来。”（第1卷第566页）

（二）劳动力价格和剩余价值的量的变化

第一卷第十五章中，马克思从绝对剩余价值和相对剩余价值相结合的角度研究“劳动力价格和剩余价值的量的变化”，基本上有三个因素：1.工作日长度；2.劳动强度；3.劳动生产力。这三个因素有各种不同的组合，可以是两个因素不变，只有一个因素变化，也可以是三个因素同时变化。下面是几种主要组合。

工作日的长度和劳动强度不变，劳动生产力可变

在这种情况下，劳动力价值和剩余价值是由三个规律决定的。

第一，不论劳动生产率如何变化，也不论产品数量和单个商品的价格如何变化，一定长度的工作日总表现为相同的价值产品。

第二，劳动力价值和剩余价值按照相反的方向变化，即劳动生产率提高，会降低劳动力价值，提高剩余价值；劳动生产率下降，提高劳动力价值，降低剩余价值。

第三，剩余价值量的变化取决于劳动力价值量的变化，即剩余价值的增

① 大卫·李嘉图（1772—1823），19世纪初叶英国资产阶级古典政治经济学的杰出代表和完成者。

② 约翰·斯图亚特·穆勒（1806—1873），英国资产阶级哲学家和经济学家。

加或减少始终是劳动力价值相应的减少或增加的结果，而绝不是这种减少或增加的原因。

根据这个规律，剩余价值的变化是以劳动生产力的变化所引起的劳动力价值的变动为前提的。所以，“在劳动生产力提高时，劳动力的价格能够不断下降，而工人的生活资料量同时不断增加。但是相对地说，即同剩余价值比较起来，劳动力的价值还是不断下降，从而工人和资本家的生活状况之间的鸿沟越来越深。”（第1卷第571页）

工作日和劳动生产力不变，劳动强度可变

在这种情况下，对产品价值、劳动力价格和剩余价值的影响如下：

第一，对产品价值的影响。劳动强度提高既能增加产品总量，又能增加价值总量，而单位产品价值量不变。

第二，对劳动力价格的影响。劳动强度较大的工作日不仅会创造更多的价值产品，而且会使劳动力价格和剩余价值量同时增加。在劳动力价格提高时，劳动力价格还可能降低到劳动力价值以下。这就是说，劳动强度的提高如果超过了生理界限，劳动力就遭受破坏，既使劳动力价格有所增加，也补偿不了劳动力的加速损耗。

第三，对剩余价值的影响。不管什么生产部门，只要提高劳动强度，就会缩小必要劳动，增加剩余价值量。

“如果一切产业部门的劳动强度都同时相等地提高，新的提高了的强度就成为普通的社会的正常强度，因而不再被算作外延量。但是甚至在这种情况下，平均的劳动强度在不同的国家仍然是不同的，因而会使价值规律在不同国家的工作日的应用上有所变化。一个国家的强度较大的工作日，比另一个国家的强度较小的工作日，表现为更大的货币额。”（第1卷第574页）

劳动生产力和劳动强度不变，工作日可变

在这种情况下，工作日可以向两个方向变化。

第一，工作日缩短。既然劳动生产力和劳动强度不变，必要劳动也就不变，工作日的缩短，就只会缩短剩余劳动时间或减少剩余价值，从而剩余价值率也会随之减少。资本家只有把劳动力的价格压到它的价值以下，才能避免损失。

第二，工作日延长，剩余价值就随之增加。这样，劳动力的价值，绝对地说，虽然不变；相对地说，却下降了。“随着工作日的延长，劳动力的价格尽管

名义上不变，甚至有所提高，还是可能降到它的价值以下。”（第1卷第575页）

劳动的持续时间、劳动生产率和劳动强度同时变化

在这种情况下，有多种组合，可以是两个因素变化，一个因素不变，或者三个因素同时变化。马克思在这里只谈了两种情况。

第一，劳动生产力降低，同时工作日延长。在这种情况下，剩余价值的绝对量和相对量可能有这样几种情况：1.剩余价值的比例量降低，它的绝对量仍可保持不变；2.剩余价值的绝对量增加，它的比例量仍可保持不变；3.工作日延长到一定的程度时，剩余价值的比例量和绝对量都可能增加。在这种情况下，一方面资本加速增长，另一方面劳动者的贫困也加速增长。

第二，劳动强度和劳动生产力提高，同时工作日缩短。在这种情况下，资本家用提高劳动生产力和劳动强度来对付工作日的缩短有一定界限，这是因为在资本主义生产关系下，工作日不能缩短到必要劳动时间。在社会主义条件下，“必要劳动将会扩大自己的范围。一方面，是因为工人的生活条件日益丰富，他们的生活需求日益增长。另一方面，是因为现在的剩余劳动的一部分将会列入必要劳动，即形成社会准备基金和社会积累基金所必要的劳动。”（第1卷第578页）

资本主义生产的无政府状态所造成的浪费限制着劳动生产力的提高和工作日的缩短。劳动生产力越是增长，工作日就越能缩短。从社会的角度来看，劳动生产率还随同劳动的节约而增长。这种节约不仅包括生产资料的节约，而且还包括一切无用劳动的免除，而这只有在社会主义社会里才能做到。这是因为，资本主义生产方式虽然迫使单个企业实行节约，但是它的无政府状态的竞争制度却造成社会生产资料和劳动力的最大的浪费。

劳动普遍化是工作日的缩短的绝对界限。在劳动强度和劳动生产力已定的情况下，劳动越是普遍化，社会工作日中必须用于物质生产的部分就越小，从而个人从事自由活动、脑力活动的时间部分就越大。从这一方面来说，工作日的缩短的界限就是劳动的普遍化。剥削阶级为了它自己的利益，总是把愈来愈沉重的劳动负担加到劳动群众的肩上。只有消灭剥削制度，才有可能实现劳动普遍化。

（三）剩余价值率的各种公式

马克思在第一卷第十六章中，非常简明地指出了剩余价值率的正确公式，同时又批判了资产阶级古典学派所提出的剩余价值率的错误公式。

正确的公式

$$\frac{\text{剩余价值}}{\text{可变资本}}=\left(\frac{\mathrm{m}}{\mathrm{v}}\right)=\frac{\text{剩余价值}}{\text{劳动力价值}}=\frac{\text{剩余劳动}}{\text{必要劳动}}$$

这个公式充分地表明了剩余价值率的实质，揭示了资本家对工人的剥削程度，所以，这是正确的公式。

错误的公式

$$\frac{\text{剩余劳动}}{\text{工作日}}=\frac{\text{剩余价值}}{\text{产品价值}}=\frac{\text{剩余产品}}{\text{总产品}}$$

以上公式中的产品价值只能理解为工作日的价值产品，产品价值的不变部分不包括在内。以上公式的错误在于：

第一，这个公式实际上只表示工作日或其价值产品按怎样的比例在资本家和工人之间进行分配。

第二，这些公式掩盖了资本主义剥削关系，代替的是一种协作关系的假象，仿佛工人和资本家在这种协作关系中是按照产品的不同形成要素的比例来分配产品的。

第三，在数量上缩小了资本家对劳动力的剥削程度，它所表现的数量总是小于剩余价值率，并且总不超过100%。

不确切的公式

$$\frac{\text{剩余价值}}{\text{劳动力价值}}=\frac{\text{剩余劳动}}{\text{必要劳动}}=\frac{\text{无酬劳动}}{\text{有酬劳动}}$$

这个公式之所以不确切，是因为它会引起一种误解，好像资本家是向劳动而不是向劳动力支付报酬。但如果把$\frac{\text{无酬劳动}}{\text{有酬劳动}}$当作是$\frac{\text{剩余劳动}}{\text{必要劳动}}$的通俗表现，误解就会消除。这是因为在剩余劳动时间，劳动力的利用为资本家创造出无须他付出代价的价值，资本家无偿地获得了劳动力的这种利用。在这个意义上，剩余劳动可以称为无酬劳动。也正是从这个意义来说，资本按其本质，是对无酬劳动的支配权。

七、资本主义欺诈的最丰富的源泉

——《资本论》第一卷第六篇

工　　资

“我给，为了你给；我给，为了你做；我做，为了你给；我做，为了你做。”这是罗马法中契约关系的四个公式。在古代罗马，由于商品生产有了一定程度的发展，所以就产生了调整商品货币关系的一些法律。这四个公式就是权利上的平等关系在法律上的表现。

在资本主义社会有一种假象，好像是工人出力，资本家出钱，工人做一天工，得一天工资，公平交易，完全平等。事实真是这样的吗？马克思的工资理论揭开了资本主义工资的秘密。正如马克思在分析计件工资时所指出的，资本主义工资实际上是“进行资本主义欺诈的最丰富的源泉”(第 1 卷第 605 页)。工资理论是马克思经济学说的重要组成部分。马克思曾经说过，工资理论是《资本论》中三个崭新因素之一。①

概　　述

工资理论是剩余价值生产理论的继续和补充

马克思在《资本论》第一卷第二篇分析了剩余价值产生的前提，第三和第四篇分析了剩余价值的源泉和资本家榨取剩余价值的两种基本方法，第五篇又进行了综合分析。现在第六篇分析工资，作为剩余价值生产理论的继续和补充。

那么，为什么说工资理论是剩余价值生产理论的继续和补充呢？

---

① 参见：马克思恩格斯《资本论》书信集.北京：人民出版社，1976：250.

第一，我们知道，剩余价值来源于工人劳动创造的价值大于其劳动力价值的那部分。资本家购买的是工人的劳动力，而不是工人的劳动。资本家支付给工人的工资是劳动力的价值，而不是劳动的价值。但是，在资本主义社会却有一个假象，工资表现为劳动的价值或价格，这样，似乎工人得到了劳动的全部报酬，工资形式掩盖了资本主义的剥削。因此，完整的剩余价值生产理论，不仅要说明剩余价值是怎样产生的，而且要揭露工资形式怎样掩盖了剩余价值的剥削。“工资第一次被描写为隐藏在它后面的一种关系的不合理的表现形式。”①

第二，前面在分析资本家榨取工人的剩余价值时，是假定资本家按照工人的劳动力价值支付工资的；但是，实际上工人的工资往往低于劳动力的价值，资本家总是把工资形式作为进一步榨取剩余价值的手段。“把工资强行压低到这一价值以下，在实际运动中起着极为重要的作用……在一定限度内，这实际上是把工人的必要消费基金转化为资本的积累基金。”(第1卷第657—658页)

由于马克思的工资理论既揭露了工资形式怎样掩盖着剩余价值的剥削，又论证了工资形式是资本家进一步榨取剩余价值的手段，所以，第六篇研究工资是对第二篇到第五篇所阐明的剩余价值生产理论的继续和补充。

第六篇的主要任务是揭示工资的本质

这一篇主要是揭示工资的本质不是劳动的价值或价格，而是劳动力的价值或价格，以此为中心，分为四章。第十七章《劳动力的价值或价格转化为工资》主要是揭示作为劳动力价值或价格的工资，怎样和为什么会歪曲地表现为劳动的价值或价格。第十八章《计时工资》主要是揭示计时工资是劳动力价值的转化形式，第十九章《计件工资》主要是揭示计件工资又是计时工资的转化形式。以上两章虽然是讲工资形式，实际上是通过工资形式进一步揭示工资的本质。第二十章《工资的国民差异》主要是说明形成各国工资水平差异的原因，以及比较各国工资时应该注意的各种因素。

第六篇所讲的工资是马克思工资理论的一部分

《资本论》第一卷第六篇题为“工资”，当然是讲工资理论的；但是不能反

① 马克思恩格斯《资本论》书信集.北京：人民出版社，1976：250.

过来说，马克思的工资理论就在《资本论》第一卷第六篇。实际上第六篇所讲的工资只是马克思工资理论的一部分，例如《资本论》第一卷除第六篇外，第二篇关于劳动力价值的分析、第五篇中关于劳动力价格和剩余价值量相互关系的分析、第七篇中关于工资运动规律的分析等，都是工资理论的重要内容。第二卷第一篇关于商业职工工资的分析、第三篇中关于工资在社会总产品交换和再生产中意义的分析，以及第三卷第二篇关于工资与生产价格关系的分析、第四篇中关于工资下降趋势的分析、第七篇中关于工资是工人收入形式的分析等，也是马克思工资理论的重要内容。另外，马克思在《雇佣劳动与资本》《工资、价格和利润》《哥达纲领批判》中也有许多关于工资理论的论述。所以，第六篇的工资理论只是马克思工资理论的一部分，而不是全部。

（一）工资是劳动力价值或价格的转化形式

马克思在第一卷第十六章中揭示了工资是劳动力的价值或价格，而不是劳动的价值或价格。

劳动不是商品，没有价值

在资本主义社会里，从表面现象来看，工人付出了劳动，得到了工资，这样，工人的工资就表现为劳动的价格。根据这种表面现象，就很容易使人认为，工资是劳动的价值或价格，其实这是完全错误的。把工资说成是劳动的价值或价格，就等于把劳动说成是商品，是不正确的。劳动不是商品，没有价值。这是因为：

第一，商品的价值是耗费在商品生产上的社会劳动，商品的价值量，用它所包含的劳动量来决定。如果说劳动是商品，有价值，那就是说劳动的价值由劳动决定。例如，说 1 小时劳动的价值等于 1 小时劳动，这是无意义的同义反复。

第二，劳动不是独立存在的实体，不能作为商品出卖。如果劳动要作为商品在市场上出卖，那就必须在出卖以前已经是一个物质存在的商品。但事实上，活劳动是劳动力的使用，劳动力是在生产过程中使用的，活劳动绝不会在出卖之前就已存在。

第三，如果说劳动是商品，是用较少量劳动同较多量劳动相交换，那就会违反价值规律;如果是等量劳动与等量劳动相交换,资本家便无利可图,那就会消灭资本主义生产本身。所以,如果说劳动是商品,那就会"或者消灭那个正是在资本主义生产的基础上才自由展开的价值规律,或者消灭那种正是以雇佣劳动为基础的资本主义生产本身"。(第1卷第586页)

实际上,在商品市场上同货币所有者直接对立的不是劳动,而是工人。工人出卖的是他的劳动力,当工人的劳动实际开始的时候,它就不再属于工人自己了,因而也就不再能被工人出卖了。成为商品的是劳动力,而不是劳动。劳动是价值的实体和内在的尺度,但是它本身没有价值。

所以,工资实质上是劳动力的价值或价格,而不是劳动的价值或价格,所谓"劳动的价值"完全是一个虚幻的用语。所以,把工资当作劳动的价值或价格,是完全错误的。

工资表现为劳动的价值,掩盖了资本主义的剥削

如果把工资说成是劳动的价值,那就会掩盖雇佣工人的无酬劳动。似乎是资本家购买了工人的全部劳动,支付了工人全部劳动的报酬。"于是,工资的形式消灭了工作日分为必要劳动和剩余劳动、分为有酬劳动和无酬劳动的一切痕迹。全部劳动都表现为有酬劳动。"(第1卷第590页)这种现象比徭役劳动和奴隶劳动更加隐蔽和有害。在奴隶社会,奴隶的全部劳动都表现为无酬劳动;在封建社会,农奴为自己的劳动和为地主的劳动,在时间和空间上都是很清楚的;而在资本主义社会,无酬劳动也表现为有酬劳动,"货币关系掩盖了雇佣工人的无偿劳动。"(第1卷第591页)

所以,工资表现为劳动的价值和价格,掩盖了资本家剥削工人的现实关系。"工人和资本家的一切法权观念,资本主义生产方式的一切神秘性,这一生产方式所产生的一切自由幻觉,庸俗经济学的一切辩护遁词,都是以这个表现形式为依据的。"(第1卷第591页)

工资表现为劳动的价值是怎样造成的

如果说揭示工资的秘密需要一个很长的历史时期,而要说明工资为什么会表现为劳动的价值和价格却是很容易的。

第一,从资本和劳动的交换关系看,资本和劳动的交换与一般商品的买卖一样,买卖双方是平权的。从形式上看,工人出力,资本家出钱,好像谁也占不了谁的便宜。

第二,从工资的支付来看,工人的工资,是在他已提供了自己的劳动以后被支付的，于是，工资就好像是工人出卖劳动的结果，就好像是劳动的代价。

第三，从工人的角度来看，劳动是获得一定额工资的购买手段。不管他的劳动力的价值或价格有怎样的变动，他总是要劳动 12 小时，他所得到的工资的每一个变动，在他看来，就必然表现为 12 个劳动小时的价值或价格的变动。

第四，从资本家的角度来看，他无疑希望用尽量少的货币换取尽量多的劳动，他实际上所关心的只是劳动力的价格与劳动力执行职能时所创造的价值之间的差额，而且他还力图把贱买贵卖这一欺诈行为，说成是他的利润的来源，于是他总是强辩劳动已支付了价值，声称工资就是劳动的价值或价格，从而来掩盖剥削。

第五，从工资的实际运动来看，有两种现象也似乎表明，资本家所支付的不是劳动力的价值，而是劳动的价值。一是工资随着工作日长度的变化而变化。工人劳动 6 小时给 6 小时的工资，劳动 8 小时给 8 小时的工资。工人加班，资本家也给一点加班工资。这样，工资就很像是劳动的代价。二是熟练程度、工作效率、劳动强度不同的工人，资本家支付的工资也不同，这样，工资也像是劳动的代价。

总之，工资是劳动的价值或价格，这是现象，工资的本质是劳动力的价值和价格。现象是直接地自发地作为流行的思维形式再生产出来的，而本质只有通过科学才能揭示出来。

（二）计 时 工 资

工资的本质是通过工资形式表现出来的。工资主要有两种形式：计时工资和计件工资。马克思在第一卷第十八章先分析计时工资。

计时工资是劳动力价值的转化形式

计时工资就是按一定的时间单位，如月、周、日、小时等来支付的工资。劳动力总是按一定时间出卖的。工人按照一定时间出卖劳动力得到的货币额，称为名义工资。工人靠出卖劳动力得到的货币额转化成的生活资料数量，称为实际工资。

劳动力每 1 小时的价格，就叫劳动价格，它等于劳动力的平均日价值除以平均工作日的小时数。其公式：

$$劳动价格=\frac{劳动力的日价值(或日工资)}{工作日长度(小时数)}$$

因此，计时工资主要取决于三个因素：工作日长度、劳动价格和劳动力价值。“一般的规律就是：如果日劳动、周劳动等等的量已定，那末日工资或周工资就取决于劳动价格，而劳动价格本身或者是随着劳动力的价值而变化，或者是随着劳动力的价格与其价值的偏离而变化。反之，如果劳动价格已定，那末日工资或周工资就决定于日劳动或周劳动的量。”(第1卷第596页)

计时工资是资本家加强剥削的一种手段

在资本主义制度下，资本家往往通过计时工资进一步加强对工人的剥削。

第一，资本家利用计时工资，可以使工人遭受就业不足的痛苦。例如，工作日是10小时，劳动力的日价值为1元，即一个劳动小时的价格为0.1元。如果现在工人一天就业的时间不足10小时，减少为5小时，按照上面的劳动价格计算，则他只能拿到0.5元的日工资，即得不到他的劳动力价值。所以，“这里我们又发现了工人由于就业不足所遭受的苦难的源泉。”(第1卷第597页)

第二，资本家利用计时工资，又可以使工人遭受过度劳动的痛苦。在实行计时工资的条件下，资本家常常利用小时工资制来加强对工人的剥削。他们只规定每小时劳动的平均工资，但不规定工作日长度和日工资的总额。这样，资本家就可以按照自己的需要和利益，任意延长劳动时间，使工人过度劳动，来榨取更多的剩余价值。“他可以破坏就业方面的任何规则性，完全按照自己的方便、意愿和眼前利益，使最惊人的过度劳动同相对的或完全的失业互相交替。他可以在支付‘正常的劳动价格’的借口下，把工作日延长到超过正常的限度，而不给工人任何相应的补偿。”(第1卷第597页)

第三，资本家还可以利用所谓额外劳动报酬延长劳动时间，降低劳动价格。资本家在按小时支付工资时，往往规定一个标准工作日时间，超过这个标准界限的劳动时间，则作为额外劳动时间，支付低得可怜的超额工资，借以延长工作日，增加剥削。

第四，资本家利用劳动价格的低廉，刺激劳动时间的延长，加强剥削。因为劳动价格越低，工人为了保证得到可怜的平均工资，付出的劳动量必然越大,也就是说工作日越长。劳动时间的延长反过来又会引起劳动价格的下降,从而引起工资的下降。

第五,资本家利用工人之间和资本家之间的竞争来压低工资。资本家为了达到延长工作日、压低工资、增加剥削的险恶目的,还利用工人迫于贫困急需就业、存在竞争的状态,来实现他的可耻企图。

(三) 计 件 工 资

工资的另一种基本形式是计件工资。马克思在第一卷第十九章分析了计件工资。

计件工资是计时工资的转化形式

在实行计件工资的情况下,好像工人出卖的是物化在产品中的劳动,工资是由劳动者的工作效率决定的,其实这只是假象。计件工资是计时工资的转化形式,因而计件工资本质上仍然是劳动力的价值或价格。

第一,在同一工业部门或同一工种中计时工资和计件工资往往同时并存,这说明二者并没有本质的区别。

第二,计件工资是在计时工资的基础上发展起来的。计件工资额取决于工人所生产的产品数量和单位产品工价。而工价的确定,是以工人在实行计时工资时一天所能生产的商品数量和工人一天工资的平均额为依据的。所以,计时工资是计件工资的基础。

第三,无论是计时工资还是计件工资,都是以劳动时间为基础的。所不同的是计时工资直接以时间单位为基础,计件工资通过物间接以时间为基础。

计件工资是最适合资本主义生产方式的工资形式

计件工资是资本家加强对工人剥削的一种最好的形式。

第一,在计件工资上,劳动的质量是由产品本身来控制的,产品必须具有平均的质量,计件价格才会被完全支付。资本家往往借口产品不合规格,而任意克扣工资。所以"计件工资是克扣工资和进行资本主义欺诈最丰富的源泉"(第1卷第605页)。

第二,计件工资还给资本家提供了一个十分确定的计算劳动强度的尺度,资本家会借口某些工人不合这个要求而解雇他们。"如果工人没有平均

的工作效率，因而不能提供最低限度的日劳动，他就会被解雇。”（第1卷第606页）

第三，计件工资既然可以控制劳动的质量和强度，这就使劳动的监督成为多余。因此计件工资既成为近代家庭劳动的基础，也成为包工制和工头制等层层剥削和压迫制度的基础。

第四，实行计件工资，工人为了多得一点工资，被迫尽可能提高劳动强度和延长工作日；而这又使资本家容易把劳动强度的标准程度提高，并趁着工作日延长而压低劳动价格。

第五，计件工资还是资本家降低工资水平的手段。在计件工资情况下，各个工人的实际收入，会因为技能、体力、精力、耐力等等不同而有很大的差别。这虽然不会改变资本和雇佣劳动之间的一般关系，但它一方面会促进工人个性的发展，另一方面也促进了他们之间的竞争。因此，“计件工资有一种趋势，就是在把个别工资提高到平均水平以上的同时，把这个水平本身降低。”（第1卷第608页）

资本主义制度下工资形式的发展趋势

在自由竞争阶段，采用计件工资制相当普遍。到了帝国主义阶段，特别是第二次世界大战以后，计件工资就呈现出下降的趋势。如英国在1858年拿计件工资的工厂工人约占80％，20世纪40年代末期约占一半，1973年抽样统计约占40％；瑞典1965—1970年计时工资由33％增加到45％，混合工资由19％增加到25％，而计件工资由48％减少到30％；美国全国工资收入者中采用工资刺激形式（包括计件、奖金或佣金）的，在1940年左右估计占25％，1959年略有回升，约占30％，1959—1963年，又下降到26％。计件工资总趋势是下降的。

在现代资本主义条件下，为什么计件工资是下降的趋势呢？这是因为：

第一，由于科学技术的发展，生产日益自动化，一方面使工人个人或小组的劳动成果不能直接地精确地计量甚至无法计量；另一方面自动化装置本身又制约着工人的劳动强度和劳动质量。

第二，由于实行计件工资制，在经济萧条和衰退时期对工人越来越不利。由于计件制可以扩大工人与工人之间的工资差别，不利于工人的团结。另外由于计件工资制可以造成同一个工人一生中各个不同工龄时期的工资差别。所以，从工人来说，也反对计件工资制。

第三，从资本家来说，为了避免在计件工资下不断提高劳动定额或降低工资单价而引起工人的反抗，也宁愿采取其他的办法来加强对工人的剥削。

（四）工资的国民差异

怎样比较各国工资的差异呢？马克思在第一卷第二十章回答了这个问题。

怎样比较各国工资的差异

世界各国工人的工资是不一致的，那么，怎样来比较和分析工资的国民差异呢？“在比较国民工资时，必须考虑到决定劳动力的价值量的变化的一切因素：自然的和历史地发展起来的首要的生活必需品的价格和范围，工人的教育费，妇女劳动和儿童劳动的作用，劳动生产率，劳动的外延量和内含量。”（第1卷第613页）例如，有的国家以肉食为主，有的国家以粮食为主，因此，前者的工资就应该比后者高一些。如果两个国家的工人都拿一样的工资，那么前者就不能维持基本生活需要。所以，不能简单地用两个国家工人工资的绝对额直接对比，说一个国家工人的工资高，另一个国家工人的工资低；而应该考虑到决定劳动力价值量的各种因素，进行综合的比较分析。

资本主义发达的国家名义工资较高，但实际工资不一定也高

为什么资本主义发达的国家名义工资较高，而实际工资不一定也高呢？“一个国家的资本主义生产越发达，那里的国民劳动的强度和生产率，就越超过国际水平。因此，不同国家在同一劳动时间内所生产的同种商品的不同量，有不同的国际价值，从而表现为不同的价格，即表现为按各自的国际价值而不同的货币额。所以，货币的相对价值在资本主义生产方式较发达的国家里，比在资本主义生产方式不太发达的国家里要小。由此可以得出结论：名义工资，即表现为货币的劳动力的等价物，在前一种国家会比在后一种国家高；但这决不是说，实际工资即供工人支配的生活资料也是这样。”（第1卷第614页）

理解这段话要弄懂三个问题：1.怎样理解“有不同的国际价值”？2.什么是“货币的相对价值”？3.为什么“决不是说，实际工资……也是这样”？为了说明这些问题，列表举例如下：

生产发展程度	劳动时间（小时）	产品数量（件）	单位产品个别价值（元）	单位产品国际价值（元）	同一劳动时间所生产的商品不同量所表现的国际价值（元）	同一货币购得的商品中包含的劳动量（小时）（即货币相对价值）
	1	2	3＝1÷2	4	5＝2×4	6＝1÷5
发达国家	10	20	0.5	1	20	0.5
中等国家	10	10	1	1	10	1
不发达国家	10	5	2	1	5	2

关于第一个问题。在世界市场上，由于价值规律的作用，一切商品的价值，不是按照各国国内的社会必要劳动时间来计量，而是按照世界范围内的社会必要劳动时间来计量。因此，同质同量的同种商品只能具有同一的国际价值。那么，为什么说，“有不同的国际价值”呢？这里讲的不是单位商品有不同的国际价值，而是指不同国家在同一劳动时间内所生产的同种商品的不同量，即同一时间生产的同种商品的总量不同，因此，表现出不同的国际价值。如上表，各个国家同一商品单位产品国际价值是相同的，都是1元。但由于在发达国家里同一劳动时间可以生产更多的商品（20件），也就可以表现为更多的国际价值即更多的货币量（20元）。在不发达国家同一劳动时间只生产5件商品，只能表现较少的国际价值5元。所以，不同国家在同一劳动时间内所生产的同种商品的不同量，有不同的国际价值。

关于第二个问题，什么是“货币的相对价值”？

根据马克思这段话的前后文来看，货币的相对价值，是指货币本身所含的劳动量和货币所购得的商品中所含的劳动量之间的对比关系。从上表可以看出，从国际范围来讲，某种商品包含的社会必要劳动为1小时，以货币表示的国际价值为1元；在发达国家里，10小时生产20件产品，在不发达国家，同一时间只生产5件产品。既然每件产品的国际价值为1元，那么同一劳动时间（10小时）的成果在世界市场上，发达国家表现为20元，不发达国家只有5元。既然不同国家的同一劳动时间会形成不同的国际价值，并相对地表现不同的货币额，那么也可以倒过来说，同一货币价值在不同国家会相对地表现为不同的劳动时间，即同一货币在发达国家所购的商品中包含的劳动量比不发达国家会较小。同样是1元买1件商品，但在发达国家里，1件商品只代表0.5小时，而在不发达国家里，却代表2小时。所以，货币相对价值是指同一货币所购得的商品中包含的劳动量。

关于第三个问题,好多人理解为资本主义发达国家名义工资高,实际工资反而低,这是不确切的。理解这句话应注意两个问题:

第一,马克思曾指出:“但这决不是说,实际工资……也是这样。”这是说资本主义发达国家实际工资与名义工资不相一致,这包括三种可能性:一是高,二是不变,三是低。不能理解为就是低,而且主要不是低。

第二,这里讲的实际工资不仅是指实际工资的绝对量,还应包括实际工资和劳动力价值的关系,即要看到实际工资能补偿劳动力的消耗的程度。资本主义国家,劳动生产率越是高,劳动强度也在提高,工人为要补偿劳动力的过度消耗,需要消费较多的生活资料。因此,名义工资比较高,生活资料数量也可能高一些,但其实际工资还会低于劳动力价值,从而使劳动力在萎缩的状态下再生产。

资本主义发达国家名义工资较高,但相对的劳动价格较低

由于资本主义发达的国家劳动强度和劳动生产力都较高,从而资本所占有的剩余价值也就更大。所以,在这类国家里,名义工资虽然较高,但相对的劳动价格,即工资同剩余价值和产品价值相比较的劳动价格,反而比资本主义不发达的国家低一些。这是因为,资本主义生产发达的国家,由于劳动强度和劳动生产率的大大提高,资本家会得到更高的剩余价值。因此,较高的名义工资实际上意味着资本主义发达国家内更高的剥削程度。

八、“血球”越滚越大

——《资本论》第一卷第七篇

资本的积累过程

资本就像“血球”一样，越滚越大。但是，这个球不是天上下的白雪的雪球，而是工人阶级的血汗凝结成的“血球”。“资本来到世间，从头到脚，每个毛孔都滴着血和肮脏的东西。”（第1卷第829页）那么，资本这个“血球”为什么会越滚越大呢？这就是马克思在《资本论》第一卷第七篇所要揭示的。

概　　述

资本的滚“血球”过程就是资本的积累过程

前面各章分析了商品转化为货币、货币转化为资本、资本如何占有剩余价值的问题，现在要进一步研究剩余价值怎样转化为资本的问题。剩余价值转化为资本的过程，就是资本的积累过程，也就是资本的滚“血球”过程。“把剩余价值当作资本使用，或者说，把剩余价值再转化为资本，叫做资本积累。”（第1卷第635页）资本的积累过程，也可以说是资本主义扩大再生产过程。“积累就是资本的规模不断扩大的再生产。”（第1卷第637页）

这一篇研究的资本积累过程，是作为《资本论》第一卷的总结写的。它揭示了资本主义一定要灭亡，社会主义一定要胜利，这是不以人们的意志为转移的客观规律。

要在运动中考察资本积累

资本是一个运动，要在运动中来考察积累。这个运动的第一阶段，是资本家首先用货币购买劳动力与生产资料；第二阶段进入直接生产过程，通过生产过程，生产出包含有预付资本加上剩余价值的商品；最后第三阶段把商品卖出去，把商品转化为货币，只有这样，货币才能再转化为资本，才能使资本运动不断进行下去。因此，资本积累的条件是：1.资本家能卖掉自己的商品；2.剩余价值在资本家各个集团之间已经瓜分完毕。但是，马克思在《资本论》第一卷第七篇分析资本积累时假定：1.生产商品的资本家是按照商品的价值出售商品的，剩余价值能够顺利实现；2.资本主义的生产者当作全部剩余价值的所有者。“总之，我们首先抽象地来考察积累，也就是把积累只看作直接生产过程的一个要素。”“暂时抛开掩盖它的机构的内部作用的一切现象。”（第1卷第620页）

从简单到复杂的篇章

第七篇除了一个导言先说明本篇研究的对象和方法外，由五章组成。按照从简单到复杂、从本质到现象的叙述方法，第二十一章《简单再生产》是从作为扩大再生产的前提、基础和出发点的简单再生产开始，揭示资本主义再生产的实质是资本主义生产关系的再生产。第二十二章《剩余价值转化为资本》是讲资本如何从剩余价值产生，分析资本主义再生产如何以扩大的规模进行。第二十三章《资本主义积累的一般规律》阐述在资本积累过程中，一方面是资产阶级的财富的积累，另一方面是无产阶级贫困的积累。第二十四章《所谓原始积累》概述资本主义生产关系的产生过程和最后必然灭亡的历史趋势。最后，第二十五章《现代殖民理论》，通过近代殖民学说的批判，进一步说明资本不是物，也不是什么永恒存在的东西，而是一定历史阶段的生产关系。

（一）简单再生产

自从有了人类，就有了生产。生产主要有两种类型：简单再生产和扩大再生产。资本主义再生产的特点不是简单再生产，而是扩大再生产。由于简单再生产是扩大再生产的前提、基础和出发点，所以分析资本主义再生产还必须从“简单再生产”开始。

马克思在第一卷第二十一章分析了资本主义简单再生产不仅是物质资料再生产，而且是资本价值的再生产，特别是资本主义生产关系的再生产。

物质资料的再生产

人类为了生存，总要不断地生产吃的、穿的、住的、用的东西。一个社会不能停止消费，因而也不能停止生产。所以，社会生产必须不断反复地进行。每一个社会生产过程，从经常的联系和它不断更新来看，就是再生产过程。

物质资料的替换是再生产的条件。任何一个社会，为了不断地进行生产，总要不断地以它的年产品的一部分再转化为生产资料，从而在实物形态上去替换一年里所消费掉的生产资料，包括劳动资料、原料和辅助材料等，并重新并入生产过程。所以，物质资料的生产是再生产的一个重要条件。

简单再生产只是生产过程在原来规模上的重复，即如果剩余价值被资本家全部消费掉，那么，生产规模只能在原有规模上进行，这就是资本主义简单再生产。这种简单再生产虽然只是生产过程按同一规模的反复，但这样的反复继续，会暴露资本主义生产过程的一些新的特征。“虽然简单再生产只是生产过程在原来规模上的重复，但是这种重复或连续性，赋予这个过程以某些新的特征，或者不如说，消除它仅仅作为孤立过程所具有的虚假特征。”(第 1 卷第 622 页)

资本价值的再生产

资本主义简单再生产不仅是物质资料的再生产，而且是资本价值的再生产。

从再生产的过程看，可变资本是由工人的劳动创造的。资本家为了进行生产，必须用可变资本来购买劳动力。这就造成一种假象，好像可变资本是资本家预付的。“因此，从我们上面所持的观点来看，下面的情况是可能的：资本家曾经一度依靠某种与别人的无酬劳动无关的原始积累而成为货币所有者，因而能够作为劳动力的购买者进入市场。”(第 1 卷第 624 页)

这句话容易给人一种印象，资本家当中有“可能”不是靠剥削起家、而是以劳动起家的。这是翻译上的问题，郭大力、王亚南同志的译本，对这句话是这样翻译的：“所以，从我们以上的观点看，似乎也可以说，资本家有一次是由某种和别人的没有报酬的劳动独立无关的原始积累，成为货币的所有者，因此能够作为劳动力的购买者跨进市场。”①这里不是译的“可能”，而是

① 郭大力、王亚南译.资本论·第 1 卷.第 2 版.北京：人民出版社，1963：622—623.

“似乎也可以说”。《资本论》法文版中译本写得更加清楚：“是否应该假定：资本家阶级第一次出现在劳动市场上时，就已经靠自己的劳动和节约积累起一笔财富，从而使它能够以货币形式预付工人的生活资料？我们暂时先这样解决问题，在所谓的原始积累一章中再进行更详细的考察。”（法文版第597页）这里是说暂时的“假定”。

这样看来，根据德文原文，郭、王译本和法文版中译本的翻译是比较符合马克思原意的。所以，不能认为马克思说过，资本家有可能以劳动起家。这是一个暂时的“假定”，是“似乎也可以说”，不是有这种“可能”，更不是事实，只是一个假象。而且，只要从再生产过程来考察，这个假象也就马上会消失的。从生产过程的反复继续来看，资本家这个月购买劳动力所付的工资是资本家用工人上个月的劳动产品转化的货币来支付的；从再生产过程看，工人不仅不断创造维持劳动力再生产的价值，而且还包括养活资本家的剩余价值。所以，在资本主义社会，不是资本家养活工人，恰恰相反，是工人自己养活了自己，又养活了资本家。

从再生产过程来看，全部资本都是工人的劳动创造出来的。从表面现象看，在资本主义生产过程开始时，资本家所预付的货币，好像是与无酬劳动无关的原始积累而来的；但是从再生产的角度来考察，即使在简单再生产过程中，也可以看出资本家所投入的全部预付总资本，仍然同可变资本一样，是工人的剩余劳动创造的剩余价值转化而来的。“如果资本家把自己预付资本的等价物消费掉，那末，这些资本的价值不过只代表他无偿占有的剩余价值的总额。他的原有资本的任何一个价值原子都不复存在了。”（第1卷第625页）例如，某资本家拥有1 000元资本，他每年占有200元剩余价值，且每年都被他消费掉；过了5年，他就消费了1 000元，实际上等于他原有的1 000元资本价值都被他消费掉了。但是他之所以仍然还占有1 000元资本价值，只是由于他占有了1 000元剩余价值的结果。这就是说，不管原有1 000元资本是怎样来的，而现存的1 000元资本都是剩余价值转化而来的。也就是说，不是他自己的，而是工人的剩余劳动创造的。

总之，从再生产过程看，工人的劳动不仅创造了剩余价值，创造了可变资本，而且创造了全部资本。资本都是剩余价值转化而来的。因此，当工人阶级取得政权后，剥夺资产阶级的一切生产资料归全民所有，是完全合理的，这不过是收回了工人阶级祖祖辈辈辛勤劳动所创造的财富罢了。

资本主义生产关系的再生产

资本主义再生产不仅是物质资料的再生产，而且不断地再生产出劳动力和劳动条件的分离，不断地再生产出剥削工人的条件和雇佣劳动关系。在资本主义社会，不仅工人阶级的不断维持和再生产始终是资本再生产的条件；而且，从社会角度看，工人阶级即使在直接劳动过程以外，也同死的劳动工具一样是资本的附属物。“罗马的奴隶是由锁链，雇佣工人则由看不见的线系在自己的所有者手里。”(第1卷第629页)所以资本主义生产过程只要作为再生产过程考察，它就不只生产商品，不只生产剩余价值，并且生产和再生产资本主义生产关系本身：一方面是资本家，另一方面是雇佣工人。因此，无产阶级要摆脱资本主义生产关系，求得自身的解放，就必须进行社会主义革命，彻底摧毁资本主义制度。

(二) 资本主义扩大再生产

资本主义再生产的特点，不是简单再生产，而是扩大再生产。因此，马克思在《资本论》第一卷第二十二章以“剩余价值转化为资本”为题，开始分析资本主义扩大再生产。

这一章共五节。第一节分析资本积累的实质是资本主义扩大再生产，以及商品生产所有权规律如何转变为资本主义占有规律；第二节批判古典政治经济学关于扩大再生产的错误见解；第三节说明在剩余价值量已定的情况下，积累由剩余价值分为资本和收入的比率来决定，而不是由“节欲”来决定；第四节分析在资本和收入的比率已定的情况下决定积累量的因素；第五节批判所谓劳动基金。这一章的主要内容在第一、三、四节。

资本积累与扩大再生产

“把剩余价值当作资本使用，或者说，把剩余价值再转化为资本，叫做资本积累。”(第1卷第635页)所以，剩余价值到资本的转化就是资本的积累过程，也就是资本主义扩大再生产的过程。比如，有一个资本家有资本10 000元，一年生产的剩余价值是2 000元，如果他把这2 000元全部用于个人消费，那么，明年用于生产的资本仍然是10 000元，生产规模没有扩大，这就是简单再生产。如果他把这2 000元剩余价值一分为二，1 000元作为个人消费，另外1 000元作为资本积累用来扩大生产规模，那么，下一年用于生产的资本就是 11 000 元，这就是资本主义的扩大再生产。

资本主义扩大再生产是靠什么呢？资本主义扩大再生产的主要源泉在于资本积累。有了资本积累，资本家就可以运用更多的资本，购买追加的劳动力和生产资料，来扩大生产规模。“具体说来，积累就是资本的规模不断扩大的再生产。”（第 1 卷第 637 页）

其次，资本主义扩大再生产表明，剩余价值是资本积累的源泉。要进行资本积累，资本家从工人身上剥削来的剩余价值就不能全部消费掉，而要将一部分积累起来，作为新的资本，用来追加生产资料和劳动力以扩大生产规模。

再次，资本主义扩大再生产表明，资本积累的实质是对无酬劳动的占有。资本家的追加资本积累不是由劳动得来的，而是对无酬劳动的占有。它的每一个价值原子都是工人无酬劳动生产出来的，并且“对过去无酬劳动的所有权，成为现今以日益扩大的规模占有活的无酬劳动的唯一条件。资本家已经积累的越多，就越能更多地积累”（第 1 卷第 639 页）。

商品生产所有权规律转变为资本主义占有规律

资本积累是由剩余价值转化而来的；而资本家无偿占有工人创造的剩余价值，是由商品生产所有权规律转化而来的。所谓商品生产所有权规律转变为资本主义占有规律，就是商品生产的等价交换规律转变为资本主义的剩余价值规律。

商品生产的所有权意味着商品生产者既是生产资料的所有者，又以自己劳动为基础，并占有自己的劳动产品，从而在交换过程中，商品所有者是平权关系，只能按等价进行交换。所以，这里讲的商品生产所有权规律指的是等价交换的价值规律。

资本主义占有形式的不断再生产，以不断购买劳动力为起点。在劳动力市场上，这种购买是与商品等价交换的价值规律相一致的。但是，购买劳动力的等价交换仅仅是形式上的等价交换，这是因为：第一，用来交换劳动力的那部分资本本身只是不付等价物而占有的别人劳动产品的一部分；第二，这部分资本不仅必须由工人来补偿，而且在补偿时还要加上新的剩余。所以，资本主义占有规律的特点，是以等价交换为形式，而以无偿占有为实质。

这种资本主义占有方式是对商品生产规律的应用，并没有破坏商品生产的规律。“不论资本主义占有方式好象同最初的商品生产规律如何矛盾，但这种占有方式的产生决不是由于这些规律遭到违反，相反地，是由于这些规律得到应用。”(第1卷第640页)

第一，从劳动力的买卖看，资本家把一定数额的货币转化为资本，用来购买劳动力；工人出卖自己的劳动力，取得自己商品的价值，从而把这个商品的使用价值即劳动，让渡给资本家；资本家把归他占有的劳动力同归他占有的生产资料相结合，生产出归他占有的新产品，因而这个新产品在法律上也归他所有。所以，资本家由于占有生产资料和占有劳动，因而占有新产品，正是应用了商品生产的规律。

第二，从生产资料价值的转移看，这个新产品的价值，包含着已被消耗掉的生产资料价值。但是，只有通过有用劳动对生产资料的消费，才能把生产资料的价值转移到新产品上去。劳动力所有者必须提供这种有用劳动，才能卖出去。因此，工人的有用劳动对于这种生产资料价值的转移，是资本家应用商品生产规律购买劳动力的必然结果。

第三，从剩余价值看，在这个新产品的价值中，包含着劳动力价值的等价和剩余价值。这个剩余价值的产生，是由于劳动力的价值低于劳动力使用所创造的价值，这没有违背商品生产的价值规律。这是因为工人所出卖的是劳动力，并已按照商品交换规律得到了它的交换价值，同时才让渡它的使用价值，这同其他一切商品交换是一样的。至于劳动力这种特殊商品具有独特的使用价值，它能提供劳动和创造价值，这也不违反商品生产的一般规律。

积累是由经济规律决定，而不是由“节欲”决定

面对着工人运动的兴起，英国庸俗经济学家、资本主义制度的辩护士西尼耳，于1836年提出了一个臭名昭著的“节欲论”。他说：“我用节欲一词来代替被看作生产工具的资本一词。”事实上，资本积累来源于剩余价值，绝不是由资本家的“节欲”来的，西尼耳企图用主观意志代替客观规律是无济于事的。在资本主义社会，资本越是积累，资本家就越挥霍，根本谈不上什么“节欲”。

剩余价值分割为资本和收入的比例是由什么来决定的呢？表面看来，这种分割是由资本家个人进行的；实际上，这是由资本主义客观经济规律决定的。首先是由剩余价值规律决定的。资本家作为人格化的资本，他的意志就是资本的意志。资本的唯一动机和目的就是榨取剩余价值。因此，对剩余价值的贪欲，驱使着资本家去积累资本扩大再生产。“他狂热地追求价值的增殖，肆无忌惮地迫使人类去为生产而生产，从而去发展社会生产力，去创造生产的物质条件。”(第 1 卷第 649 页)其次是由竞争规律决定的。资本主义竞争作为外在的力量，强迫每个资本家要不断地积累。在资本主义社会，存在着“大鱼吃小鱼，小鱼吃虾米”的激烈竞争。谁的资本大，谁就在竞争中处于有利的地位，否则，就有破产和被吞并的危险。因此，资本家只有进行积累，扩大资本，才有力量不断改进技术，降低成本，提高竞争能力。“竞争使资本主义生产方式的内在规律作为外在的强制规律支配着每一个资本家。竞争迫使资本家不断扩大自己的资本来维持自己的资本，而他扩大资本只能靠累进的积累。”(第 1 卷第 649—650 页)

促使资本家积累的是资本主义的客观规律，根本不是什么他主观的节欲。相反，资本越积累，资本家就越浪费。资本家像一切剥削阶级一样，也要追求享受；虽然在他暴富以前，他的致富欲与享受欲是有矛盾的，但随着资本主义生产的发展，他的挥霍浪费就可以和他的积累一同增加，一方决不会妨碍另一方。并且这种挥霍对于资本主义经营来讲还是必要的，因为讲排场向来是资本家为炫耀富有从而取得信贷的手段。“虽然资本家的挥霍从来不象放荡的封建主的挥霍那样是直截了当的，相反地，在它的背后总是隐藏着最肮脏的贪欲和最小心的盘算；但是，资本家的挥霍仍然和积累一同增加，一方决不会妨害另一方。”(第 1 卷第 651 页)

决定积累量的因素

资本家从工人身上榨取的剩余价值要分为两个部分，一部分由资本家作为收入消费，另一部分用作资本或积累起来。在其他条件不变的情况下，剩余价值分割为资本和收入的比例，就决定资本积累量的大小。如果在一定量剩余价值中，资本家个人消费的比例越大，积累量就越小；资本家个人消费的比例量越小，积累量就越大。例如，有两个资本家，一年榨取的剩余价值都是 10 000 元，资本家甲将剩余价值分为收入与资本的比例是 7∶3，那么，他的积累量就是 3 000 元；资本家乙将剩余价值分为收入与资本的比例是 4∶6，那么，他的积累量就是 6 000 元。

如果在剩余价值分为资本和收入的比例已定的情况下，积累量的大小就取决于以下因素：

第一,劳动力的剥削程度。在同样的可变资本的条件下,剥削程度越高,工人创造的剩余价值量就越多,资本积累数量也就越多。把工资压低到劳动力价值以下、延长工作日和提高劳动强度都可以提高对劳动力的剥削程度,从而提高积累量。提高劳动强度和延长工作日,还可以利用劳动和自然结合的伸张力增加积累的物质要素。例如,在采掘工业中原料不是预付资本的组成部分,而是自然的无偿给予,很容易容纳增加的劳动量。在这里,由于劳动力具有伸缩性,即使不预先增加不变资本,积累的领域也能扩大。"总的结论是:资本一旦合并了形成财富的两个原始要素——劳动力和土地,它便获得了一种扩张的能力,这种能力使资本能把它的积累的要素扩展到超出似乎是由它本身的大小所确定的范围,即超出由体现资本存在的、已经生产的生产资料的价值和数量所确定的范围。"(第 1 卷第 663 页)

第二,劳动生产率。随着社会劳动生产率的提高,采取相对剩余价值生产方法生产的剩余价值量就会增加,资本积累数量也会增加。劳动生产率是随着科学技术的不断进步而不断提高的。这是因为由于技术进步,旧的机器、工具、器具等等会不断地被效率更高、功能更大和价格更低的新的机器、工具、器具所替换,从而不仅可以促进产品数量不断增多,并且也促进了剩余价值数量的不断增大。"正象只要提高劳动力的紧张程度就能加强对自然财富的利用一样,科学和技术使执行职能的资本具有一种不以它的一定量为转移的扩张能力。同时,这种扩张能力对原资本中已进入更新阶段的那一部分也发生反作用。资本以新的形式无代价地合并了在它的旧形式背后所实现的社会进步。"(第 1 卷第 664 页)

第三,所用资本和所费资本的差额增大。所用资本是指在生产过程中使用的全部资本;所费资本是指在生产过程中实际消耗的资本。由于投在机器、设备、各种建筑物等劳动资料上的资本,不是在一次的生产过程中全部消耗掉,而只是消耗一部分。因此,所用资本总是大于所费资本,所用资本和所费资本之间存在着差额。

随着资本的增长,所用资本和所费资本之间的差额也相应增大。例如,投在机器设备上的资本价值为 10 000 元,可使用 10 年,折旧率为 10%,每年实际耗费转移到产品中的价值为 1 000 元;一年的所用资本和所费资本的差额就是 9 000 元。如果资本增加到 20 000 元,折旧率仍然为 10%,那么在其他条件不变的情况下,所用资本和所费资本的差额就扩大到 18 000 元。这样，劳动资料价值虽然逐渐地转移走了，但它们的使用价值并不会同比例地丧失掉。它们依旧在生产中发挥着原有的作用，就像自然力一样，无代价地为资本家提供服务。“它们越是整个地被使用而只是部分地被消费，那末，它们就越是象我们在上面说过的自然力如水、蒸汽、空气、电力等等那样，提供无偿的服务。被活劳动抓住并赋予生命的过去劳动的这种无偿服务，会随着积累规模的扩大而积累起来。”（第 1 卷第 667 页）

最后，积累量的大小，还取决于预付资本量的大小。这是因为，在资本有机构成和劳动力的剥削程度不变的情况下，预付资本量越大，可变资本量就相应越大，剩余价值量必然增加，从而资本积累量也越大。“生产的规模越是随着预付资本量一同扩大，生产的全部发条也就越是开动得有力。”（第 1 卷第 668 页）

（三）资本主义积累的一般规律

资本积累会给工人阶级的命运造成什么影响呢？马克思在《资本论》第一卷第二十三章，分析“资本主义积累的一般规律”，就是通过资本构成的变化，来研究资本积累对工人阶级的影响。马克思在这一章一开头就写道：“我们在这一章要研究资本的增长对工人阶级的命运产生的影响。”（第 1 卷第 672 页）

这一章共五节。第一节，资本构成不变，对劳动力的需求随积累的增长而增长。主要是讲在资本有机构成不变的情况下，资本积累对工人阶级的影响。第二节，在积累和伴随积累的积聚的过程中资本可变部分相对减少。主要是讲随着资本积累，资本有机构成提高，可变资本相对减少。第三节，相对过剩人口或产业后备军的累进生产。主要是讲可变资本相对减少形成相对过剩人口，造成工人失业。第四节，分析相对过剩人口的各种形式，揭示资本主义积累的一般规律，阐明无产阶级贫困的理论。第五节，对资本主义积累一般规律的例证。

只是把金锁链稍微放松一点而已

资本的增长，对工人阶级的命运产生着重大的影响，其中有一个重要因素就是资本构成的变化。

在资本构成不变时，资本积累可能带来工人工资的提高，但也只是把金锁链暂时稍微放松一点而已。

从价值形式来看，资本分为不变资本和可变资本的比率，称为资本的价值构成。

从资本价值所包含的物质内容来看，生产资料数量和劳动力数量之间的比例关系，称之为资本的技术构成。

由技术构成决定并且反映技术构成变化的资本价值构成，叫作资本的有机构成。凡是简单地说资本构成的地方，一般都是指资本的有机构成。

在资本构成不变、积累增加的情况下，工人的工资有可能提高。“资本的积累需要，能够超过劳动力或工人人数的增加，对工人的需求，能够超过工人的供给，这样一来，工资就会提高。”(第 1 卷第 673 页)

但是尽管工人工资增加，也不会改变资本主义生产的基本性质。这是因为，资本积累不过是以扩大的规模再生产资本关系：一极是更多的或更大的资本家，另一极是更多的隶属于资本的雇佣工人。因此，资本的积累就是无产阶级的增加，就是资本的剥削范围的扩大。工资暂时上涨，劳动者生活的稍有改善，不会消除雇佣奴隶的从属关系和被剥削状况。“在工人自己所生产的日益增加的并且越来越多地转化为追加资本的剩余产品中，会有较大的份额以支付手段的形式流回到工人手中，使他们能够扩大自己的享受范围，有较多的衣服、家具等消费基金，并且积蓄一小笔货币准备金。但是，吃穿好一些，待遇高一些，持有的财产多一些，不会消除奴隶的从属关系和对他们的剥削，同样，也不会消除雇佣工人的从属关系和对他们的剥削。由于资本积累而提高的劳动价格，实际上不过表明，雇佣工人为自己铸造的金锁链已经够长够重，容许把它略微放松一点。”(第 1 卷第 677—678 页)同时，资本家购买劳动力是为了增殖他的资本。“生产剩余价值或赚钱，是这个生产方式的绝对规律。”(第 1 卷第 679 页)不论劳动力的卖价对工人怎样有利，工人总要提供一定量的无酬劳动作为积累的源泉，工资的增大至多也不过说明工人必须提供的无酬劳动量的减少，这种减少永远也不会达到威胁资本主义的程度。而且，工资的上涨有着不可逾越的界限。这个界限，不仅使资本主义制度不受侵犯，而且还保证资本主义制度的规模扩大的再生产。“资本主义积累的本性，绝不允许劳动剥削程度的任何降低或劳动价格的任何提高有可能严重地危及资本关系的不断再生产和它的规模不断扩大的再生产。”(第 1 卷第 681 页)

资本积累使可变资本相对减少

事实上，随着社会劳动生产率的提高，随着资本积累和集中的进行，资本有机构成必然会不断提高。与此相应，可变资本就会日益相对减少。

资本积累的增加与劳动生产率的提高是相辅相成的。资本积累的增加，会促进劳动生产率的提高，而劳动生产率的提高又会反过来促进资本积累的增长，成为推动积累发展的最有力的杠杆。

劳动生产率的提高，首先直接反映在资本技术构成的提高上，使生产资料的量比推动它的劳动力的量相对增长。这反映在资本的价值构成上，是不变资本的价值靠减少可变资本而增加。因此，劳动生产率的提高必然引起资本构成的变化，使可变资本相对减少。

那么，资本积累是怎样进行的呢？一般说来，资本有机构成的提高以资本的增大为前提，而资本的增大有两种具体形式：一是资本积聚；二是资本集中。

资本积聚，就是单个资本直接通过积累而使本身扩大起来，即个别资本通过把剩余价值转化为资本，来增大资本的总额。它有两个特征：第一，积聚的增进要受社会财富增长程度的限制；第二，社会资本分散在单个资本家手里，他们作为独立的商品生产者互相对立着。

资本集中，就是把已经形成的许多单个资本集中起来，是资本家剥夺资本家，是许多小资本变成少数大资本。和积聚的特征不同，集中不受社会财富的绝对增长或积累的绝对增长的限制，它把一些小资本合并起来又消灭了这些资本的互相独立、互相对立的性质。资本集中的手段是竞争和信用。竞争是通过使商品便宜来进行的。商品便宜取决于劳动生产率，而劳动生产率又取决于生产规模，使较大的资本战胜较小的资本。信用事业是随同资本主义的生产而形成的，起初它作为积累的小小助手不声不响地挤了进来，通过一根根无形的线把那些分散在社会上的游资吸引到单个或联合的资本家手中；但是很快它就成了竞争中的新的强大武器，最后变成一个实现资本集中的庞大的社会机构。

随着资本积累，一方面使新形成的资本有越来越高的资本构成；另一方面又使原有的资本在进行物质更新时有越来越高的构成。因此，随着资本积累，可变资本日益相对减少。

相对过剩人口是资本主义特有的人口规律

随着资本积累，可变资本日益相对减少，从而形成相对过剩人口。所谓相对过剩人口，就是指劳动者的供给超过了资本对它的需要。就是说，这些人口相对于资本的需要来说，是“多余”的人；但并不是说，这些人已经绝对地“多余”了。他们并不是社会上真正“多余”的人。“资本主义积累不断地并且同它的能力和规模成比例地生产出相对的，即超过资本增殖的平均需要的，因而是过剩的或追加的工人人口。”(第1卷第691页)

因此，马克思把相对过剩人口，称作是“资本主义生产方式特有的人口规律”。“过剩的工人人口是积累或资本主义基础上的财富发展的必然产物。”(第1卷第692页)

相对过剩人口是资本积累的产物，又是资本主义生产方式存在的一个条件。这是由于在资本的积累进程中，资本积累的增加，信用事业的发展以及生产过程技术条件的变化等等，会引起资本的突然膨胀需要而立即吸收大批工人，这靠人口的自然增长是来不及的，只能由相对过剩人口来提供。

资本主义生产是有周期性的。资本主义生产的繁荣阶段，生产扩大，就业人数增加；危机时，生产规模缩小，失业人数增加。这个周期变化，对人口的要求的变化，也是靠相对过剩人口来调节的。所以，资本主义工业的周期变化“就是建立在产业后备军或过剩人口的不断形成、或多或少地被吸收、然后再形成这样的基础之上的”(第1卷第694页)。即使是英国殖民部官员梅里威耳，以及臭名昭著的马尔萨斯也不得不把工人的相对过剩人口宣布为积累的必要条件。

相对过剩人口的迅速增加使就业人口所受剥削更重。劳动生产率越是增长，相对过剩人口也越多。工人阶级中就业部分的过度劳动，扩大了它的后备军的队伍，而失业工人的竞争，又反过来迫使就业工人不得不从事过度劳动和听从资本的摆布，即工人阶级的一部分从事过度劳动迫使它的另一部分无事可做。反过来，它的一部分无事可做迫使它的另一部分从事过度劳动。这成了资本家致富的手段，又加速了产业后备军的生产。

所以，相对过剩人口就像一个劳动力的“蓄水池”，是资本家获得廉价的劳动力所不可缺少的。正是在这个意义上，资本主义的相对过剩人口，又叫作产业后备军。就业工人是产业的现役军，失业工人是产业的后备军，他们都是资本主义生产不可缺少的。因此，在资本主义社会，不可能消灭失业，要消灭失业，就必须消灭资本主义制度。

在资本主义社会，相对过剩人口基本上有三种形式：

第一种是流动的过剩人口。这是指那些时而失业、时而找到工作的失业工人，也就是在一定时期找不到工作的失业者。在资本主义工业的中心，有些工人时而被解雇，时而又复工。在这里，过剩人口处于流动的形式。由于在现代资本主义工业中，大量使用童工和女工，使相当一部分成年男工变为流动过剩人口。

第二种是潜在的过剩人口。这是指农村中的过剩人口。资本主义生产一旦侵入农业，资本积累从而资本构成的提高，对农业工人的需求就会绝对减少。而且这种减少不像工业那样，会由更大的吸引得到弥补，从而在农村形成了大量的过剩人口。那么，为什么说这种过剩人口是潜在的呢？这是因为，从表面看来，他们一般还保留少量生产资料，好像并没有失业；但是实际上他们在农业中已经是“多余”的人了。所以这部分过剩人口处在潜在的形式中。

第三种是停滞的过剩人口。这是指那些没有固定职业的人口。这部分人口虽然形式上还是现役劳动军的一部分，但是就业极不规则，经常处于半失业状态，它的特点是劳动时间最长而工资最低。

最后，相对过剩人口的最底层是属于赤贫需要救济的人们。他们的生产包含在相对过剩人口的生产中。这个社会阶层由三类人组成：第一类是有劳动能力的人；第二类是孤儿和需要救济的贫民的子女；第三类是衰弱的、流落街头的、没有劳动能力的人。这些人和前述三种过剩人口一样是资本主义生产和发展的一个存在条件。

资本主义积累的一般规律

随着资本积累，资本家的资本越来越大，而工人失业人口也越来越多，工人阶级愈益贫困，这就是资本主义积累的一般规律。关于资本主义积累的一般规律，马克思指出：“社会的财富即执行职能的资本越大，它的增长的规模和能力越大，从而无产阶级的绝对数量和他们的劳动生产力越大，产业后备军也就越大。可供支配的劳动力同资本的膨胀力一样，是由同一些原因发展起来的。因此，产业后备军的相对量和财富的力量一同增长。但是同现役劳动军相比，这种后备军越大，常备的过剩人口也就越多，他们的贫困同他们所受的劳动折磨成反比。最后，工人阶级中贫苦阶层和产业后备军越大，官方认为需要救济的贫民也就越多。**这就是资本主义积累的绝对**

的、一般的规律。象其他一切规律一样，这个规律在实现中也会由于各种各样的情况而有所变化。”(第 1 卷第 707 页)这告诉我们：

1. 资本主义积累的一般规律包括资本积累规律、资本主义人口规律和无产阶级贫困规律。

2. 资本主义积累的一般规律是绝对的规律。这就是说只要资本主义制度存在，就必然存在这个规律。

3. 资本主义积累一般规律是客观存在的，但在现实中会由于各种各样的情况而有所变化，因而在不同的历史时期、不同的国家，它的表现形式是不同的。

“但是同现役劳动军相比，这种后备军越大，常备的过剩人口也就越多，他们的贫困同他们所受的劳动折磨成反比。”(第 1 卷第 707 页)这句话在马克思亲自校订过的法文版中，把“成反比”改为“成正比”。那么，到底是成反比还是成正比呢？弄清楚这个问题的关键在于怎样理解这句话后面的那个“他们”是指谁？如果这里的“他们”是指常备过剩人口，则他们的贫困同他们所受的劳动折磨成反比。这是因为他们贫困是由于他们失去了劳动就业的机会。如果这里的“他们”是指现役劳动军，那么，常备过剩人口的贫困同现役劳动军所受的劳动折磨“成正比”。“工人阶级的一部分从事过度劳动迫使它的另一部分无事可做；反过来，它的一部分无事可做迫使它的另一部分从事过度劳动。”(第 1 卷第 698 页)

无产阶级的贫困是资本积累的必然结果，随着资本积累，无产阶级状况日趋恶化。无产阶级所创造的社会财富越大，资本积累也就越多，无产阶级的人数和他们的劳动生产力也越大，其结果反而使无产阶级的处境越来越恶化。在资本主义制度下，一切提高社会劳动生产力的方法都是靠牺牲工人来实现的。由于一切生产剩余价值的方法同时就是积累的方法，而积累又反过来成为发展这些方法的手段。由此可见：“不管工人的报酬高低如何，工人的状况必然随着资本的积累而日益恶化。”(第 1 卷第 708 页)这就决定了在资本积累的同时必然产生贫困的积累。“在一极是财富的积累，同时在另一极，即在把自己的产品作为资本来生产的阶级方面，是贫困、劳动折磨、受奴役、无知、粗野和道德堕落的积累。”(第 1 卷第 708 页)因此，资本越是积累，无产阶级就越加贫困。

(四)资本主义积累的历史趋势

我们知道,资本积累以剩余价值为前提,剩余价值以资本主义生产为前提,而资本主义生产又以商品生产者掌握有较大量的资本和劳动力为前提。那么,商品生产者最初握有的资本又是从哪里来的呢?马克思在《资本论》第一卷第二十四章研究了资本的原始积累问题。

资本原始积累不是资本主义生产方式的结果,而是资本主义生产方式的起点。这一章,马克思不仅指出了资本主义生产关系的历史前提,而且指出了资本主义必然灭亡的历史趋势。

资本原始积累是用血和火的文字载入人类编年史的

资产阶级经济学者们曾经把资本原始积累描绘成田园诗式的东西。他们说什么:在很久很久以前,世界上有两种人,一种是勤劳、智慧而又特别节俭的人,他们靠勤劳节俭而积累起大量财富;另一种是懒惰的、消费自己所有一切的人,他们最后除了自己的皮,再没有其他可以出卖的东西。于是前一种人成为资本家,后一种人成为雇佣劳动者。这完全是骗人的鬼话。"在真正的历史上,征服、奴役、劫掠、杀戮,总之,暴力起着巨大的作用。"(第1卷第782页)

所谓资本原始积累,简单说来,就是生产者和生产资料分离的过程。"创造资本关系的过程,只能是劳动者和他的劳动条件的所有权分离的过程,这个过程一方面使社会的生活资料和生产资料转化为资本,另一方面使直接生产者转化为雇佣工人。因此,所谓原始积累只不过是生产者和生产资料分离的历史过程。这个过程所以表现为'原始的',因为它形成资本及与之相适应的生产方式的前史。"(第1卷第782—783页)这也就是说,所以叫作资本的原始积累,是因为这个过程发生在资本主义生产方式确立之前,是建立资本主义生产方式的一个必不可少的准备。

对农民土地的掠夺,是使直接生产者转化为雇佣工人的主要方式,形成资本原始积累过程的基础,这以英国的"圈地运动"最为典型。15世纪末,因毛纺织工业的兴起及羊毛价格的上涨,英国的统治阶级用暴力手段圈占农民的耕地,平毁村庄,并把强占的土地连成一片,围上篱笆,变成牧羊场。被圈地区的村庄房屋被毁灭,农民破产,沦为乞丐和流浪者。这个暴力的运动，当时被称为“羊吃人”。同时，资产阶级国家还颁布了多种血腥的法律，通过鞭打、烙印、酷刑等，禁止农民流浪，强迫他们接受雇佣劳动制度所必需的纪律。“在原始积累的历史中……首要的因素是：大量的人突然被强制地同自己的生存资料分离，被当作不受法律保护的无产者抛向劳动市场。对农业生产者即农民的土地的剥夺，形成全部过程的基础。”（第 1 卷第 784 页）

对货币财富的掠夺是资本原始积累的重要因素，这是通过殖民制度、国债、重税、保护关税制度、商业战争等等暴力手段进行的。所有这些方法，都是依靠国家权力，即利用集中的有组织的社会暴力，来促进封建生产方式向资本主义生产方式的转化。所以，“暴力是每一个孕育着新社会的旧社会的助产婆。暴力本身就是一种经济力”（第 1 卷第 819 页）。

在这些手段中，殖民制度在资本原始积累中起着特别重要的作用。资产阶级通过征服殖民地，奴役和残杀土著居民，搜刮黄金和财物，进行掠夺性的殖民地贸易等等，使少数人手中集中了大量货币财富，为进行资本主义大生产积累了大量货币资本。“美洲金银产地的发现，土著居民的被剿灭、被奴役和被埋葬于矿井，对东印度开始进行的征服和掠夺，非洲变成商业性地猎获黑人的场所：这一切标志着资本主义生产时代的曙光。这些田园诗式的过程是原始积累的主要因素。”（第 1 卷第 819 页）

总之，资本的原始积累过程是通过直接使用暴力来实现的。资本家发家致富的过程，是千百万劳动人民被劫掠、被征服、被杀戮的过程。“资本来到世间，从头到脚，每个毛孔都滴着血和肮脏的东西。”（第 1 卷第 829 页）资本积累的历史是一部肮脏的历史，“是用血和火的文字载入人类编年史的”（第 1 卷第 783 页）。

这个血腥的历史过程，完全是建筑在广大劳动人民群众遭受残酷剥削、深重苦难的基础之上的。在这段历史中，资本主义基本矛盾即生产社会化和资本主义私人占有制之间的矛盾也就形成并逐步激化起来。

外壳就要炸毁了

资本的原始积累过程，是对直接生产者的剥夺过程。随着资本主义基本矛盾的发展，剥夺者也要被剥夺了。劳动者一旦转化为无产者，他们的劳动条件一旦转化为资本，资本主义生产方式一旦站稳脚跟，劳动的进一步社会化导致生产的进一步社会化，就和资本的占有制不相容了。这使资本主义基本矛盾更加激化了，要解决这个矛盾只有通过社会主义革命消灭资本主义制度，这就是无产阶级的历史使命。现在要剥夺的已经不再是独立经营的劳动者，而是剥削许多工人的资本家了。这种剥夺是通过资本主义生产本身的内在规律的作用，即通过资本的集中进行的，一个资本家打倒许多资本家。随着这种集中或少数资本家对多数资本家的剥夺，规模不断扩大的劳动过程的协作形式日益发展，科学日益被自觉地应用于工艺方面，土地日益被有计划地共同利用，劳动资料日益转化为只能共同使用的劳动资料，一切生产资料因作为结合的社会劳动的共同生产资料使用而日益节省。随着那些掠夺和垄断这一过程的全部利益的资本巨头不断减少，贫困、压迫、奴役、退化和剥削的程度不断加深，而日益壮大的、由资本主义生产过程本身的机构所训练、联合和组织起来的工人阶级的反抗也不断增长。资本的垄断成了与这种垄断一起并在这种垄断之下繁盛起来的生产方式的桎梏。随着资本主义基本矛盾的日益激化，“生产资料的集中和劳动的社会化，达到了同它们的资本主义外壳不能相容的地步。这个外壳就要炸毁了。资本主义私有制的丧钟就要响了。剥夺者就要被剥夺了。”(第1卷第831—832页)也正如毛泽东同志所指出的，社会主义制度终究要代替资本主义制度，这是一个不以人们自己的意志为转移的客观规律。不管反动派怎样企图阻止历史车轮的前进，革命或迟或早总会发生，并且将必然取得胜利。

资本主义私有制到社会主义公有制是否定的否定

资本主义的私有制是对小生产者的私有制的第一个否定。但资本主义内在矛盾的发展，又造成对自身的否定，这是否定的否定。这种否定并不是重新建立私有制，而是在生产资料的公有制基础上，重新建立个人所有制。第一个否定是少数掠夺者剥夺人民大众，后一个否定则是人民大众剥夺少数掠夺者。

“这种否定不是重新建立私有制，而是在资本主义时代的成就的基础上，也就是说，在协作和对土地及靠劳动本身生产的生产资料的共同占有基础上，重新建立个人所有制。”(第1卷第832页)

这句话告诉我们，由对资本主义私有制变革而成的社会主义公有制，是将土地和其他生产资料归全体劳动人民共同占有，实现生产资料公有制，但在这个基础上还要重新建立个人所有制。

杜林[1]曾诬蔑马克思把个人所有制和公有制说成是一个东西，对此恩格斯在《反杜林论》中作了批驳。恩格斯指出，杜林根本不懂得马克思所讲的个人所有制和公有制是什么意思。恩格斯说：“靠剥夺剥夺者而建立起来的状态，被称为以土地和靠劳动本身生产的生产资料的公有制**为基础的**个人所有制的恢复。对任何一个懂德语的人来说，这就是，公有制包括土地和其他生产资料，个人所有制包括产品即消费品。”[2]马克思和恩格斯关于社会主义公有制的重要论述，既批驳了杜林的污蔑，同时也澄清了某些人认为社会主义社会对个人消费品也实行公有制的糊涂思想。

（五）现代殖民理论

最后一章目的何在

通过以上对资本主义生产过程的分析，我们可以看出，资本不是物，而是一种社会生产关系。资本主义制度也不是永恒的制度，它有一个产生、发展和灭亡的过程。但是，资产阶级及其代言人却把资本看作是一种物，把资本主义制度说成是一种永恒的制度。在《资本论》第一卷最后一章，即第二十五章，马克思通过批判英国资产阶级经济学家威克菲尔德的殖民理论，进一步说明资本是一种社会生产关系。正如马克思在这一章最后一段所指出的，本章的目的，并不是要在这里研究殖民地的状况，“我们感兴趣的只是旧大陆的政治经济学在新大陆发现并大声宣布的秘密：资本主义的生产方式和积累方式，从而资本主义的私有制，是以那种以自己的劳动为基础的私有制的消灭为前提的，也就是说，是以劳动者的被剥夺为前提的。”（第 1 卷第 843 页）

所以，这一章论述“现代殖民理论”，实际上是通过对资产阶级学者的殖民学说的批判，利用他们对殖民地经济的说明和例证，来进一步说明马克思以上各章所论述的理论的正确性。

在殖民地发现的资本主义生产关系的真理

资产阶级代言人威克菲尔德的殖民学说，并不是他关于殖民地有什么

---

① 欧根·卡尔·杜林（1833—1921），德国反动的小资产阶级社会主义者、工人运动中的机会主义分子，马克思主义的敌人。

② 马克思恩格斯选集·第 3 卷.北京：人民出版社，1974：170.

新发现，而是他在殖民地发现了关于宗主国资本主义生产关系的真理。例如：

资本不是一种物，而是一种以物为媒介的人和人之间的社会关系。“生产资料和生活资料，作为直接生产者的财产，不是资本。它们只有在同时还充当剥削和统治工人的手段的条件下，才成为资本。”（第1卷第835页）

剥夺人民群众的土地是资本主义生产方式的基础。“只要劳动者是自己的生产资料的所有者，他就能为自己积累；只要他能为自己积累，资本主义积累和资本主义生产方式就是不可能的。”（第1卷第836页）

相对过剩人口是资本主义积累的条件。“资本主义生产最美妙的地方，就在于它不仅不断地再生产出雇佣工人本身，而且总是与资本积累相适应地生产出雇佣工人的相对过剩人口。”（第1卷第838页）

九、资本运动的关键在于连续性

——《资本论》第二卷第一篇

资本形态变化及其循环

世界上一切事物都是在不断运动的。生命在于运动，资本也是一种运动。资本只有在不断的运动中，才能吸吮工人的剩余劳动，榨取和实现更多的剩余价值。所以，资本要发挥它的作用，就要不断地运动。那么，资本是怎样运动的呢？资本循环是资本运动的形式。

概　　述

资本从某一形态出发又回到原出发点的运动

所谓资本循环，就是资本从一种形态出发，经过一系列形态变化，又回到原来出发点的运动。例如，资本从货币形态出发，用货币购买生产资料和劳动力，使货币资本形态转化为生产资本形态，进入生产过程生产出带有剩余价值的商品，然后把商品再卖出去，使资本从商品资本形态再转化为货币资本形态，这就是一个循环。这一篇就是研究资本的这种形态变化和循环的，这种研究的关键在于说明如果要使单个资本的生产和流通能够顺利进行，就必须保持资本运动的连续性。

这里研究的资本循环是产业资本的循环，也就是按资本主义方式经营的物质资料生产部门的资本，包括工业、农业、交通运输业、建筑业等等，而且实际上是以工业资本为代表进行分析的。

这里研究的资本循环是单个资本的循环，也就是单个资本家经营企业所投入的资本的循环，是个别资本的运动，不是社会总资本的运动。

这里研究的资本循环侧重于货币资本的循环。这是因为货币资本，即以货币形式存在的资本是产业资本循环最片面、最典型和最一般的表现形式。最典型是因为货币资本循环把产业资本的动机和目的，即赚钱发财表现得最醒目；最片面是因为它强调的是这个过程的货币形式，是强调资本家金银数量的增加；最一般是因为货币资本循环的反复，已经包含着生产资本的循环和商品资本的循环。

资本循环由形态变化、流通时间、流通费用三部分组成

由于资本循环包括形态变化、流通时间、流通费用，所以，这一篇就由第一到第六章大体上可以分为三个部分：

第一部分是第一至第四章，是分析资本的形态变化，也就是论述资本的流通采取什么形式。资本在循环中，要依次采取三种不同的形态：货币资本、生产资本、商品资本。所以，第一章分析"货币资本的循环"，第二章分析"生产资本的循环"，第三章分析"商品资本的循环"。第四章分析"循环过程的三个公式"，实际上是把前三章的分析综合起来，从总体上来论述产业资本的运动，说明产业资本循环是三个循环的统一。

第二部分是第五章，分析"流通时间"。产业资本的循环不仅需要经历一系列形态变化，而且需要经历一定的时间。资本循环一次所经历的时间，就是流通时间。

第三部分是第六章，分析"流通费用"。资本循环一次不仅有形态变化，要经历时间，而且要耗费费用。资本完成它的循环所消耗的全部费用，等于生产费用和流通费用之和。生产费用就是资本循环在生产领域所消耗的费用，流通费用就是资本循环在流通领域所消耗的费用。第六章所分析的流通费用，不是资本循环一次所需的全部费用，而是在流通领域所耗费的费用。

奥地利社会民主党创始人和领导人维克多·阿德勒①，曾任《工人报》编辑，由于在《工人报》发表了一系列批评奥地利政府的文章，于 1895 年 3 月被判处监禁 7 个星期。他在狱中想钻研《资本论》第二卷和第三卷，1895 年 3 月 16 日恩格斯写信告诉他："第二卷。第一篇。第一章要弄通，然后读第二和第三章就比较容易了，第四章是总的概述，也要用心读；第五和第六章容

① 维克多·阿德勒(1852—1919)，奥地利社会民主党创始人和领导人之一，后为奥地利社会民主党和第二国际机会主义派首领之一。

易懂，特别是第六章，谈的是次要的东西。"①

根据恩格斯的提示，学习《资本论》第二卷第一篇以第一章和第四章为重点是毫无疑问的。节省流通费用对于获得更大的经济效益具有重大意义，所以，我们学习第六章也是比较重要的。

动态分析法是其重要特点

这一篇资本循环是把资本作为一个运动来考察的，其中心是说明资本运动的形式，以及如何保持资本运动的连续性。资本运动一停止，生产和流通就会中断。因此，为了保持资本运动的不断进行，资本就要不断地保持货币资本、生产资本和商品资本三种运动的形式。而每一个资本形态的运动本身又要不断地经过生产阶段和流通阶段。因此，从方法论来说，动态分析法是这一篇方法论的特点。

（一）货币资本的循环

要懂得货币资本的循环，首先要了解什么是货币资本。

货币资本是以货币形式存在的资本。货币资本的职能是在资本循环过程中，购买生产资料和劳动力，为生产剩余价值准备条件，从而使货币资本转化为生产资本。

货币资本的循环，简单说来，就是以货币资本为出发点再回到货币资本的运动。具体说来，就是以货币资本(G)为出发点，用货币购买生产要素：劳动力(A)和生产资料(Pm)；然后进入生产过程(P)，生产出带有剩余价值的商品(W′)；最后出卖商品，取得比预付货币(G)更多的货币(G′)。

这个过程用公式来表示就是：

$$G—W\cdots P\cdots W'—G'$$

写得详细一点就是：

$$G—W\begin{cases}A\\Pm\end{cases}\cdots P\cdots W'(W+w)—G'(G+g)$$

写得简单一点就是：

① 马克思恩格斯《资本论》书信集.北京：人民出版社，1976：581.

$$G—G'$$

从货币资本循环的这个公式中，我们可以看出，货币资本的循环要经历三个阶段。所以，分析货币资本循环的第二卷第一章又分成四节：第一节分析购买阶段；第二节分析生产阶段；第三节分析出售阶段，然后第四节综合起来论述货币资本的总循环。

购买阶段

货币资本循环的第一阶段，就是资本家用货币到市场上购买劳动力和生产资料，把手中的货币转化为商品，完成货币资本到生产资本的形态转化。用公式表示就是：

$$G—W\left\langle\begin{array}{l}A\\Pm\end{array}\right.$$

这里，G 代表货币，—代表流通过程，W 代表商品，A 代表劳动力，Pm 代表生产资料。

G—W，用货币购买商品，在形式上是一般商品流通，而实质上是资本流通。这是因为：这里的 G 不是一般的货币，而是资本的预付形式。它最后要带来更多的货币，使资本增殖。这里的 W 也不是一般商品，不是供个人消费，而是生产要素：劳动力和生产资料，是供生产消费，是生产资本的存在形式。

$G—W\left\langle\begin{array}{l}A\\Pm\end{array}\right.$，用货币购买的商品不仅有劳动力和生产资料这种质的区别，而且在量上也要保持一定的比例关系。“这种量的关系一开始就是由一定数量的工人所要耗费的超额劳动即剩余劳动的量决定的。”（第 2 卷第 33 页）这是因为，资本是带来剩余价值的价值，作为资本生产要素的生产资料，在生产过程中是作为剩余劳动的压榨器和吸收器。所以，一定量的劳动需要多少生产资料，不仅要考虑必要劳动时间，而且要考虑剩余劳动时间能推动的生产资料量，这个量的比例还要适当。如果买的生产资料过少，就会停工待料，劳动力就不能充分利用；如果买的生产资料过多，就会形成物资积压，资本的效能就不能充分发挥。

$G—W\left\langle\begin{array}{l}A\\Pm\end{array}\right.$是以生产资料的资本主义所有制为前提，也就是以劳动力成

为商品为前提的。在 $G—W\left\langle\begin{matrix}A\\Pm\end{matrix}\right.$ 过程中，G—A，劳动力成为商品是货币资本转化为生产资本的关键；而劳动力之所以成为商品，是以劳动力和生产资料相分离为前提，也就是以资本家占有生产资料，劳动者一无所有为前提。“问题的实质，在这里作为 $G—W\left\langle\begin{matrix}A\\Pm\end{matrix}\right.$ 行为的基础的，是分配。所谓分配，不是通常意义上的消费资料的分配，而是生产要素本身的分配，其中物的因素集中在一方，劳动力则与物的因素相分离，处在另一方。”（第 2 卷第 40 页）

生产阶段

资本家用购买的商品从事生产消费，就是生产阶段。资本家作为资本主义商品生产者进行活动，使他的资本完成生产过程，生产出新的商品，这种商品的价值大于它的生产要素的价值。其公式为：

$$G—W\left\langle\begin{matrix}A\\Pm\end{matrix}\right. \cdots P \cdots W'$$

这里，P 代表处于生产领域的生产资本，…代表生产过程，W′代表商品资本，其价值等于生产资本的价值加上剩余价值。

生产阶段是资本循环中具有决定意义的阶段。这个生产阶段，不是一般的生产阶段，是商品生产阶段；但又不是一般商品的生产阶段，而是资本主义的商品生产阶段。这个阶段从物质内容来看，是生产消费阶段，通过这个生产阶段生产出新的商品。这个阶段从生产关系来看，其过程直接表现为资本对劳动的奴役和剥削，体现资本主义生产的特点。只有这个阶段资本家才能达到取得剩余价值的目的，所以，这个阶段是资本循环的关键性阶段。

在这个阶段中，通过劳动力的使用和生产资料的消耗，不仅可以生产出一种新的商品，而且可以生产出大于生产资本价值的价值，也就是会产生剩余价值。但是，生产资料和劳动力在价值形成和剩余价值生产过程中的作用是完全不同的。生产资料在价值形成中只是转移原来的价值，而劳动力是创造新价值，它不仅可以创造相等于劳动力价值的价值，而且会产生大于劳动力价值的剩余价值。

购买阶段的前提是劳动力和生产资料的分离，而在生产阶段，劳动力和生产资料必须结合起来，才能进行生产。“不论生产的社会形式如何，劳动者和生产资料始终是生产的因素。但是,二者在彼此分离的情况下只在可能性上是生产因素。凡要进行生产,就必须使它们结合起来。实行这种结合的特殊方式和方法,使社会结构区分为各个不同的经济时期。"(第2卷第44页)在资本主义社会,由于生产资料的资本主义所有制,劳动力和生产资料是分离的。只有通过资本家购买劳动力,在生产过程中作为资本的生产的存在形式,劳动力和生产资料才能结合起来。在资本主义制度下,"自由工人和他的生产资料的分离,是既定的出发点,并且我们已经看到,二者在资本家手中是怎样和在什么条件下结合起来的——就是作为他的资本的生产的存在方式结合起来的。"(第2卷第44页)

这个结合进入生产过程,就是资本主义生产过程。"任何商品生产的经营都同时成为剥削劳动力的经营;但是,只有资本主义的商品生产,才成为一个划时代的剥削方式。"(第2卷第44页)

"任何商品生产的经营都同时成为剥削劳动力的经营"。这句话的德文原文是:Jeder Betrieb der Waren Proauktlan wird Zugleich Betred Der Ausbeutung Der Arbeitskraft……其中 wird 是 werden 的第三人称未来式。werden 这个词有"成为""变成"或"变为"等含义,它的未来式 wird 也就有"将要成为""将要变为"等含义。因此,这句话的原意是:任何商品生产的经营都同时将要变为剥削劳动力的经营。马克思这句话告诉我们,商品生产有可能成为剥削劳动力的资本主义经营。但是,决不能把这句话理解为任何商品生产的经营都是剥削劳动力的经营。简单商品生产有可能自发地变成资本主义剥削劳动力的商品生产,但它本身还不是剥削劳动力的经营。社会主义的商品生产更不是剥削劳动力的经营。这是因为,马克思历来认为,有私有制才有商品生产,实行生产资料公有制的社会主义社会是没有商品生产的。这里所说的任何商品生产的经营都可能变为剥削劳动力的经营,实际上是说任何私有制的商品生产经营都可能成为剥削劳动力的经营。因此,不能从这句话得出社会主义商品生产也必然会成为剥削劳动力的经营。

只有资本主义的商品生产,才成为一个划时代的剥削方式。这是因为,生产资料和劳动力的资本主义结合,由于劳动组织和科学技术的巨大成就,使整个社会的经济结构发生了根本的变革,并且大大地超过了以前任何社会。

生产资本从价值形式来看,是由不变资本和可变资本组成的;从物质形式看,是由生产资料和劳动力组成的。但是,生产资料不是任何时候都能成为资本的，只有在资本主义制度下，它才成为生产资本。同样，劳动力也不天然就是资本，只有在资本主义制度下，它才成为商品出卖给资本家，才成为生产资本。“生产资料本身，只有在劳动力作为生产资本的人的存在形式，能够和生产资料相合并时，才成为生产资本的物的形式或生产资本。因此，正如人类劳动力并非天然是资本一样，生产资料也并非天然是资本。”（第2卷第45页）

生产资本的职能是能够生产出一个包含剩余价值的商品，也就是通过生产阶段使生产资本变为具有更大价值的商品资本。“因此，产品不只是商品，而且是孕育着剩余价值的商品。它的价值＝P＋M，等于生产这种商品所耗费的生产资本的价值P，加上这个生产资本产生的剩余价值M。”（第2卷第45页）

销售阶段

资本家把生产过程生产出来的商品拿到市场上去出卖，完成商品资本到货币资本的转化。其公式是：W′—G′，就是销售阶段。

这里的W′，是包含了剩余价值的商品，它不仅包含原有价值的补偿，还有个剩余价值。“W′这个价值，等于生产它时保存的价值加上生产资本提供的剩余价值。它的价值大于这个资本价值，多了这个剩余价值w。”（第2卷第47页）因此，W′代表了预付价值与剩余价值的关系，也就是包含了资本家和工人之间的关系。“W′表示一种价值关系，表示商品产品的价值和生产它所消耗的资本的价值的关系，就是说，表示它的价值是由资本价值和剩余价值构成的。”（第2卷第47页）

由W′—G′，也就是由商品资本转化为货币资本，对资本家来说，是非常重要的。这是一个“惊险的跳跃”（第1卷第124页）。这是因为，第一，如果W′卖不掉，资本家就会破产，资本的再生产运动就会中断。“这个跳跃如果不成功，摔坏的不是商品，但一定是商品所有者。”（第1卷第124页）第二，如果卖的速度不同，资本的再生产规模会以不同程度扩大或缩小。卖的速度快可以扩大再生产规模，卖的速度慢，就可能缩小生产规模。第三，如果W′只卖掉一部分，有可能只够补偿预付的资本价值，而不能实现剩余价值；如果卖掉很少，有可能不仅不能实现剩余价值，甚至不能补偿资本价值。

W′—G′还把流通过程一分为二：资本价值的流通过程和剩余价值的流

通过程。

$$W'\left\{\begin{array}{l} W—— \\ +\ —G' \\ w— \end{array}\right\}\begin{array}{c} G \\ + \\ g \end{array}$$

W—G 是资本价值的流通，是预付资本的还原；w—g 是剩余价值的流通。

作为终点的 G′和作为起点的 G 是有很大不同的。从量的差别来说，G′ > G；从质的差别来说，G 是作为货币来执行职能，它是由于购买了生产资料和劳动力之后，才转化为资本，它的职能重点是货币资本。G′的职能是资本，它的重点是货币资本。“G′以货币形式，作为已经实现的货币资本表现这个结果，并不是由于它是资本的货币形式，是**货币**资本，相反地，是由于它是货币**资本**，是货币形式的资本。”（第 2 卷第 56 页）从形态来看，G′是商品资本的转化形式，而 G 是资本的货币形式。

作为终点的 G′与 W′既有共同点，又有区别。其共同点在于：第一，二者都是已经增殖的资本价值，都包含剩余价值；第二，都是资本的存在形式，一个是商品资本，一个是货币资本。但是二者又有区别：一、资本的形式不一样，一个是货币形式的资本，另一个是商品形式的资本；二、W′形式还可以使人看到商品资本是生产过程的结果；而 G′形式使人看不到它来源于资本主义生产过程，从而掩盖了资本主义剥削。“商品资本，作为资本主义生产过程的直接产物，使人想起它的这种起源，因而，它在这种形式上比货币资本较为合理，不象货币资本那样没有概念，在货币资本中，资本主义生产过程的任何痕迹都已消失，正象在货币上商品的一切特殊的使用形式都消失一样。”（第 2 卷第 59 页）

货币资本的总循环

把以上三个阶段联结起来就是货币资本的总循环，其公式是：

$$G—W\left\langle\begin{array}{l} A \\ Pm \end{array}\right.\cdots P\cdots W'(W+w)-G'(G+g)$$

在这里，资本要经过货币资本、生产资本、商品资本三种形态变化，循环要经过购买、生产、销售三个阶段，通过循环不仅保存了原有价值，而且带来了剩余价值。从货币出发，最后又回到货币形式，这就是货币资本的总循环。

货币资本循环是产业资本的循环。所谓产业资本，就是投在按资本主义方式经营的生产部门的资本。“资本价值在它的流通阶段所采取的两种形式，是**货币资本**的形式和**商品资本**的形式；它属于生产阶段的形式，是**生产资本**的形式。在总循环过程中采取而又抛弃这些形式并在每一个形式中执行相应职能的资本，就是**产业资本**。这里所说的产业，包括任何按资本主义方式经营的生产部门。”(第 2 卷第 63 页)产业资本的正常循环，一方面要求资本价值不断从一种形态转化为另外一种形态；另一方面，在一定的时间内又要把资本固定在一定的形式上。也就是资本既要不断变化，又要每时每刻同时表现为三种形式。

作为产业资本循环最典型、最片面、又是最一般形式的货币资本循环，具有以下特点：

第一，在货币资本循环中，货币资本是总循环过程的出发点和复归点。这个过程，最明显地表示出资本主义生产的目的和动机就是赚钱。

第二，货币资本循环中的生产过程，是价值增殖的手段，也就是说，发财致富是生产的目的。

第三，货币资本的价值能增殖，不但表现在过程的开始和终结，而且表现在“金光闪闪的货币形式上”(第 2 卷第 69 页)。

第四，货币资本循环没有表现出个人消费。资本家用货币购买生产资料，只表现出生产消费，购买劳动力也是购买生产的要素。至于工人的个人消费是在货币资本循环的公式以外的，资本家的个人消费在货币资本循环的公式中也表现不出来。

因此，“货币资本的循环，是产业资本循环的最片面、从而最明显和最典型的表现形式；产业资本的目的和动机——价值增殖，赚钱和积累——表现得最为醒目(为贵卖而买)。”(第 2 卷第 71 页)“只要资本主义生产方式是作为前提存在，也就是说，处在由资本主义生产决定的社会状态中，那末，产业资本循环的一般形式就是货币资本的循环。”(第 2 卷第 74 页)

(二) 生产资本的循环

第二卷第二章分析“生产资本的循环”，实际上主要是研究生产资本循环中的流通过程，是研究这个通过流通过程有多少剩余价值转化为资本的问题。如果剩余价值全部用于资本家个人消费，这就是简单再生产；如果剩余价值有一部分用于积累，那就是扩大再生产。这一章分成四节，实际上是两个部分：第一部分是第一节，分析简单再生产；第二部分是第二至第四节，分析积累和扩大再生产。第三和第四节是第二节的补充。

什么是生产资本的循环

要懂得什么是生产资本的循环，首先要了解什么是生产资本。

生产资本就是以生产资料和劳动力的形式存在的资本。在任何社会中，生产资料和劳动力始终是生产的因素，但只有在资本主义社会中，资本家购买这些因素，用来生产商品榨取剩余价值，它们才成为生产资本。生产资本的职能就是在生产过程中，通过资本家把生产资料和劳动力结合起来，生产出带有剩余价值的商品，使生产资本转化为商品资本。

生产资本的循环简单说来，就是以生产资本为出发点再回到生产资本的运动。具体说来就是以生产资本(P)为出发点，经过生产过程生产出带有剩余价值的商品(W′)；然后经过流通过程，先把W′卖出去，换成货币(G′)，使商品资本转化为货币资本；最后再用货币购买劳动力和生产资料，使货币资本再回到生产资本。

在简单再生产，即资本家把剩余价值全部用于个人消费的情况下，生产资本循环的公式就是：

$$P\cdots W'-G'-W\cdots P$$

写得详细一点就是：

$$P\cdots W'\left\{\begin{array}{c}W\\+\\w\end{array}\right\}\begin{array}{c}-\\-\\-\end{array}G'\left\{\begin{array}{c}G\\+\\g\end{array}\right\}\begin{array}{l}-W\left\langle\begin{array}{l}A\\Pm\end{array}\right.\cdots P\\ \\-w\end{array}$$

简单的表示就是：P…P

在扩大再生产，即资本家把一部分剩余价值转化为资本的情况下，生产资本循环的公式如下：

$$P\cdots W'-G'-W'\left\langle\begin{array}{l}A\\Pm\end{array}\right.\cdots P'$$

生产资本循环的特点

生产资本的循环与货币资本的循环相比较，具有以下一些特点：

第一，货币资本的循环，不表示资本的再生产，而生产资本的循环表示资本的再生产。“这个循环表示生产资本职能的周期更新，也就是表示再生产，或者说，表示资本的生产过程是增殖价值的再生产过程；它不仅表示剩余价值的生产，而且表示剩余价值的周期再生产。”（第 2 卷第 75 页）剩余价值如果全部用于资本家的个人消费就是简单再生产；如果剩余价值有一部分或全部转化为资本就是扩大再生产。

第二，货币资本的循环以生产过程为媒介，两头是流通过程，中间是生产过程；生产资本的循环以流通过程为媒介，两头都是生产过程，中间是流通过程。

第三，生产资本的循环揭示了货币资本循环的片面性，它告诉我们剩余价值不是来自流通过程，而是来自生产过程。但是，它又造成了一种新的假象，似乎资本主义不是为了追求剩余价值，而是为生产而生产。

生产资本循环的总公式

把简单再生产条件下的生产资本循环和扩大再生产条件下的生产资本循环概括起来，生产资本循环的总公式是：

$$P\cdots \overbrace{W'-G'}^{1}\cdot \overbrace{G-W}^{2}\left\langle\begin{matrix}A\\ Pm\end{matrix}\right.\cdots P(P')$$

这样一个公式既包括简单再生产情况下生产资本的循环，也包括扩大再生产情况下生产资本的循环。

如果是简单再生产，那么 P＝P，(2)项的 G 等于 G′—g；

如果是扩大再生产，那么 P＝P′，(2)项的 G 就大于 G′—g。这又有两种可能：一种可能是 g，也就是全部剩余价值都转化为资本；另一种可能是一部分剩余价值转化为资本，一部分剩余价值用于资本家个人消费。

（三）商品资本的循环

第二卷第三章“商品资本的循环”，主要是说明商品资本循环的特点。商品资本的循环不仅是单个资本的一种循环方式，而且体现了社会总资本的运动。

什么是商品资本的循环

要懂得什么是商品资本的循环，也得先了解什么是商品资本。商品资本就是以商品形式存在的资本。“商品，作为已经增殖的资本价值的直接由生产过程本身产生的职能存在形式，就成了**商品资本**。”(第 2 卷第 46 页)商品资本的职能就是通过销售把含有剩余价值的商品转化为货币，使商品资本转化为货币资本。

商品资本的循环简单说来，就是以商品资本为出发点，最后再回到商品资本的运动。具体说来，就是以商品资本为出发点，经过出卖过程，把商品资本转化为货币资本，使商品转化为货币，用货币购买生产要素：劳动力和生产资料；然后进入生产过程，生产出带有剩余价值的商品，由生产资本再转化为商品资本。用公式表示，就是 $W'—G'—W\cdots P\cdots W'$，写得详细一点就是：

$$W'\begin{cases} W- \\ -G' \\ w- \end{cases}\begin{cases} G-W\begin{cases} A \\ Pm \end{cases}\cdots P\cdots W' \\ \\ g-w \end{cases}$$

简单的表示就是 $W'—W'$。

商品资本循环的特点

商品资本循环的第一个特点，就是它的起点是商品，通过点是商品，终点也是商品。作为起点的商品是上一个生产过程的结果；作为通过点的商品是作为生产要素的劳动力和生产资料；作为终点的商品是新生产出来的商品。“在这个循环中，W'是作为运动的起点、经过点和终点，因此，它总是存在着。”(第 2 卷第 110 页)

商品资本循环的第二个特点，就是作为起点的商品资本的价值，与作为货币资本的起点和生产资本起点的资本价值不一样，它不是预付资本的价值，而是已经增殖了的价值，它的价值是预付资本价值加上剩余价值。“商品资本的循环不是以资本价值开始，而是以商品形式上增大了的资本价值开始，因而它一开始就不仅包含商品形式的资本价值的循环，而且包含剩余价值的循环。”(第 2 卷第 102 页)

商品资本循环的第三个特点，就是前面是卖和买两个流通过程，最后是生产过程。“在这里，是以包含两个对立阶段的总流通来开始循环。”(第 2 卷第101页)货币资本循环两头是流通过程,中间是生产过程,以生产为媒介;而生产资本循环两头是生产过程,中间是流通过程,流通是媒介。

商品资本循环的第四个特点,就是它不仅包括资本价值的流通,而且包括剩余价值的流通;它不仅包括生产消费,而且包括个人消费。“因此,全部消费——个人的消费和生产的消费——作为W′的循环的条件进入这一循环。”(第2卷第109页)所以,商品资本循环,一方面是单个资本循环的一种特殊形式,另一方面又体现为社会总资本的运动。

最后,商品资本循环也是一个再生产过程,它的起点是前一个生产过程的结果,它的终点是第二个生产过程的开始,它实际上联系了两个生产过程。“它是再生产过程的经常性的条件。”(第2卷第110页)

商品资本循环表现出社会总资本的运动

商品资本的循环不但表现了单个资本的运动,同时它也表现出社会总资本的运动。

第一,商品资本循环包含着货币资本循环和生产资本循环,并且相互交错在一起。“因而不仅看作一切单个产业资本共有的运动形式,而且同时看作各单个资本的总和即资本家阶级的总资本的运动形式。”(第2卷第112—113页)

第二,商品资本循环既包括补偿生产资本的那部分产品的运动,而且包括形成剩余产品的那部分产品的运动。“W′…W′是唯一的这样的一个循环,在这个循环中,原来预付的资本价值只形成运动始极的一部分,因而运动一开始就表明是产业资本的总和运动,既是补偿生产资本的那部分产品的运动,又是形成剩余产品的那部分产品……的运动。”(第2卷第113页)

第三,商品资本循环不仅包括生产消费,而且包括个人消费。“工人的个人消费和剩余产品中非积累部分的个人消费,包括全部个人消费。”(第2卷第109页)

所以,马克思在分析个别资本的运动时,以货币资本的循环和生产资本的循环为代表;而分析社会总资本的运动,则以商品资本的循环为代表。

(四)产业资本循环是三个循环的统一

第二卷第四章题为“循环过程的三个公式”,实际上是把前三章的分析综合起来,从总体上来论述产业资本的运动,说明产业资本循环就是三个循环的统一。

总循环是三个循环的现实统一

产业资本循环的三种形式,可以从三个不同的方面反映资本运动的特点,但不是三个独立资本的运动,必须把这三者统一起来,才能了解产业资本运动的全部过程。"产业资本的连续进行的现实循环,不仅是流通过程和生产过程的统一,而且是它的所有三种循环的统一。"(第 2 卷第 119 页)

第一,三个循环过程的前提都表示三个过程的结果,都表现了原因和结果的相互关系。

第二,三个循环中的每一个因素,都表现为出发点、通过点和复归点。

第三,三个循环都是生产过程和流通过程的统一。

第四,三个循环都以价值增殖为目的,也就是都是为了生产和实现剩余价值。

产业资本作为一个连续不断的总运动来看,都包含着三个循环。三个循环互为前提,一种形式循环的反复,已经包含着其他形式的循环的进行。在货币资本的不断循环中,包含了生产资本和商品资本的循环;在生产资本不断循环中,包含了货币资本和商品资本的循环;在商品资本循环中,同样,包含了货币资本和生产资本的循环。而且,任何一个单个的产业资本,都必须同时处在三种循环中。"这三种循环,三种资本形态的这些再生产形式,是连续地并列进行的。所以,在这里,总循环是它的三个形式的现实的统一。"(第 2 卷第 117 页)

马克思关于产业资本是三个循环统一的原理,说明剩余价值不在流通过程中产生,又不能离开流通过程。资本在循环中任何一个环节出现问题,再生产就会中断,资本运动的连续性就遭到破坏,资本家的剩余价值就不可能实现。

连续性是资本主义生产的特征

资本循环的关键在于资本运动的连续性,那么,怎样才能保持资本运动的连续性呢?

首先,资本家的资本不能只采取一种形式,而必须按照一定的比例分成相应的三个部分,同时并存于货币资本、生产资本和商品资本三种形式上。"这三种循环,三种资本形态的这些再生产形式,是连续地并列进行的。"(第

2卷第117页)由于资本循环表现为生产过程和流通过程的统一,如果把全部资本都投在货币资本或商品资本形式上,生产过程就会中断;如果把全部资本都投在生产资本上,流通过程就会中断;如果全部资本分为货币资本、生产资本和商品资本的比例不适当,资本循环也不能顺利进行。

其次,资本家的资本还必须相继地通过循环的三个阶段。"产业资本的连续进行的现实循环,不仅是流通过程和生产过程的统一,而且是它的所有三个循环的统一。但是,它之所以能够成为这种统一,只是由于资本的每个不同部分能够依次经过相继进行的各个循环阶段,从一个阶段转到另一个阶段,从一种职能形式转到另一种职能形式。"(第2卷第119页)这就是说,货币资本要不断转化为生产资本,再转化为商品资本,最后回到货币资本形式上;生产资本要不断转化为商品资本,再转化为货币资本,最后又回到生产资本形式上;商品资本要不断转化为货币资本,再转化为生产资本,最后又回到商品资本形式上来。如果其中有一个阶段中断,资本循环就不能再进行下去了。

所以,要保持资本运动的连续性,产业资本的三种形式就必须在空间上并存,资本循环的三个阶段在时间上继起。"只有在三个循环的统一中,才能实现总过程的连续性,而不致发生上述的中断。社会总资本始终具有这种连续性,而它的过程始终是三个循环的统一。"(第2卷第121页)

第三,要以价值革命得到克服和抵销为前提,也就是以价值没有剧烈的变动为前提。价值的剧烈变动会影响资本循环的正常进行。

"资本作为自行增殖的价值,不仅包含着阶级关系,包含着建立在劳动作为雇佣劳动而存在的基础上的一定的社会性质。它是一种运动,是一个经过各个不同阶段的循环过程,这个过程本身又包含循环过程的三种不同的形式。因此,它只能理解为运动,而不能理解为静止物。"(第2卷第122页)

马克思在这里实际上对资本下了一个最全面的定义,这样一个定义包含以下几层含义:

第一,资本是作为自行增殖的价值,也就是带来剩余价值的价值。资本总是采取货币形式,但是货币本身并不是资本。例如工人和农民手中的货币,只是一般的流通手段,而不是资本;只有当货币带来剩余价值时,它才变成了资本。

第二,资本包含着阶级关系,它是资产阶级剥削无产阶级的关系。因此，资本是一种社会生产关系。

第三，资本包含着特殊的社会性质。资本是建立在雇佣劳动基础上的社会历史范畴，而不是一个自然的、永恒的范畴。它在一定社会历史条件下产生，又在一定社会条件下消亡。

第四，资本是一种运动。资本只有在运动中才能保存和增殖自己。资本一旦停止运动，就不能再带来剩余价值，它的生命就会完结。

但是，资本运动的连续性，只有在价值革命得到克服和抵销时，才能存在和继续存在。“但是很明显，尽管发生各种价值革命，资本主义生产只有在资本价值增殖时，也就是在它作为独立价值完成它的循环过程时，因而只有在价值革命按某种方式得到克服和抵销时，才能够存在和继续存在。”（第2卷第122页）

这里所讲的“独立价值”或“价值的独立性”，是指价值是客观现实存在的东西，而不是人们主观的虚构。从质的方面来说，它是抽象人类劳动的凝结；从量的方面来说，它决定于社会必要劳动时间，因而具有独立的性质。

这里所讲的“价值革命”，主要是指由于劳动生产率变化引起的价值量的剧烈变动。价值的这种剧烈变动，也就是价值革命，不会影响价值的独立性，也就是不会影响价值是抽象人类劳动的凝结，也不会影响价值量决定于社会必要劳动时间，但是会对资本循环产生影响。价值革命怎样影响资本循环呢？

从价值革命对货币资本的影响来看，如果生产资料价值变动了，投下的货币资本量也要变化，只有货币资本量按比例变化，才能保持原有的生产规模。

从价值革命对生产资本的影响来看，如果生产要素的价值下降，要维持原有生产规模则有三种情况：1.在生产资本中会游离出一部分货币用来贮藏；2.游离出一部分货币购买生产资料用来扩大再生产；3.游离出一部分货币用来购买原料进行储备。如果生产要素的价值提高，也会造成三种情况：1.再生产不能按原有规模进行；2.追加货币资本维持原有生产规模；3.用积累的货币基金来维持原有生产规模。

从价值革命对商品资本的影响来看，如果价值提高，商品资本价值就增加；如果价值下降，商品资本就贬值。

那么，产业资本循环与商品流通关系怎样呢？

产业资本循环与商品流通的关系

只要是商品生产，产业资本的循环，不论是作为货币资本的循环还是作为商品资本的循环，总是和商品流通交错在一起的。

资本循环是总流通的一个组成部分，因此作为商品流通和货币流通的一般规律，也适应资本循环。

商品流通过程有两个相反的序列，由商品到货币（W—G）和由货币到商品（G—W）。而资本循环既包括资本价值流通，又包括剩余价值的流通。在剩余价值流通中，用剩余价值来购买商品时，没有两个相反的序列。

（五）资本循环一次所经历的时间

资本循环不仅有形态变化，而且要经历一段时间。资本通过一次循环所经历的全部时间，就是第二卷第五章标题所说的“流通时间”，它等于生产时间加流通时间。“一定资本的总流通时间，等于它的流通时间和它的生产时间之和。”（第2卷第171页）流通时间＝生产时间＋流通时间，而这两个流通时间是有区别的。前一个流通时间是指广义的流通时间，或者叫总流通时间，是资本循环一次所需要的全部时间；后一个流通时间是狭义的流通时间，它是指资本在流通领域中停留的时间，等于购买时间和出卖时间之和。

生产时间

生产时间是指资本在生产领域中停留的时间。“资本在生产领域停留的时间是它的生产时间。”（第2卷第138页）它又包括劳动时间和非劳动时间。

劳动时间是指生产一种商品所经过的劳动过程的全部时间。它是劳动力和生产资料相结合发挥作用的时间，只有在这个时间内才能创造价值和剩余价值。所以，劳动时间是资本循环的时间中具有决定意义的时间。

非劳动时间，是指劳动过程中断的时间。它包括：1.停工时间，是指生产过程中断，已经进入生产过程的生产资本不发挥作用的时间，例如工厂晚上或休假日不开工的时间；2.生产资料储备时间，是指生产资料作为生产过程的条件已经具备，但尚未进入生产过程的时间；3.自然作用时间，是指商品生产过程中劳动过程中断，自然力独立发挥作用的时间。例如，金属铸件的物理硬结时间、酿酒的化学发酵时间、农业的动植物生长时间等等。在非劳动时间，既不创造价值也不创造剩余价值。“在整个生产过程的正常中断期间，即生产资本不执行职能的间歇期间，既不生产价值，也不生产剩余价值。……但它促进产品的完成，成为产品生涯的一部分，是产品必须经

过的一个过程。”(第 2 卷第 140 页)

由于非劳动时间既不创造价值，也不创造剩余价值，所以，生产时间和劳动时间越吻合，在一定期间内一定生产资本的生产效率就越高，它的价值增殖就越大。因此，资本主义生产的趋势是，尽可能缩短非劳动时间。

流通时间

流通时间就是资本在流通领域中停留的时间，“资本在流通领域停留的时间是它的流通时间。”(第 2 卷第 138 页)这里所说的流通时间是指狭义的流通时间，它由购买时间和出卖时间两部分组成。

购买时间，就是货币转化为商品所需要的时间；出卖时间，就是商品转化为货币所需要的时间。一般说来，购买比较容易，而出卖比较困难。因此，出卖时间占流通时间较大的部分。但是，由于卖关系到剩余价值的实现问题，所以卖比买更为重要。

流通时间是资本增殖的一个必要条件，没有购买和出卖，生产过程就不能进行，剩余价值就不能生产和实现。但是，生产时间和流通时间是相互排斥的，资本在流通时间内不执行生产资本的职能，它既不生产商品，也不生产剩余价值。“资本的流通时间，一般说来，会限制资本的生产时间，从而也会限制它的价值增殖过程。限制的程度与流通时间持续的长短成比例。”(第 2 卷第 142 页)这就是说，流通时间的延长或缩短，对于生产时间的缩短和延长，或者说对于一定量资本作为生产资本执行职能的规模的缩小或扩大，起了一种消极限制的作用。因此，流通时间越短，资本的职能就越大，资本的生产效率就越高，它的自行增殖就越大。

(六) 资本循环在流通领域所花的费用

资本循环在流通中不但要经历一定的时间，而且要花费一定的费用。资本循环在流通领域所消耗的费用，就叫作“流通费用”。马克思在第二卷第六章把流通费用分为三类。

纯粹流通费用

纯粹流通费用就是由商品的价值形式变化而耗去的费用。这是一种单纯为资本价值形式的转形，即由货币变为商品和由商品变为货币而支出的费用，它不创造价值，是由剩余价值来补偿的费用。“**一切只是由商品的形**

式转化而产生的流通费用，都不会把价值追加到商品上。这仅仅是实现价值或价值由一种形式转变为另一种形式所需的费用。投在这种费用上的资本(包括它所支配的劳动)，属于资本主义生产上的非生产费用。这种费用必须从剩余产品中得到补偿，对整个资本家阶级来说，是剩余价值或剩余产品的一种扣除。"(第 2 卷第 167 页)纯粹流通费用包括由买卖时间、簿记和货币所引起的费用。

一、买卖时间引起的费用。资本由商品到货币和由货币到商品的形式转化，就是资本家进行交易，执行买进和卖出的职能，这是需要耗费一些费用的。这些买卖引起的费用，包括广告费、通讯费、营业员的工资，以及商店的其他开支。这些费用对资本主义生产过程来说，是一个必要的因素。因为没有这种费用，生产资料就不能买进，生产过程就会中断，或者商品的价值和剩余价值就不能实现。但是，这些费用都是为了实现价值，既不能生产或增加商品的使用价值，又不能增加价值和剩余价值。所以，这些费用，必须从社会已经生产出来的剩余价值中扣除。"无论如何，用在买卖上的时间，是一种不会增加转化了的价值的流通费用。""资本的这种预付，既不创造产品，也不创造价值。它相应地缩小预付资本生产地执行职能的范围。"(第 2 卷第 150 页)

二、由簿记所引起的费用。簿记是以货币为主要计量单位，连续地系统地对企业经济活动进行核算、分析和记载。在簿记上既要耗费活劳动，即簿记员耗费的劳动，也要耗费物化劳动，即使用钢笔、墨水、纸张、写字台等所消耗的费用。这些费用都是必要的，但它们是非生产性的费用，既不生产商品，又不生产价值和剩余价值，所以与买卖上的费用一样，是属于纯粹流通费用。但是，簿记所产生的各种费用，同单纯买卖时间的费用毕竟有一定区别。单纯买卖时间的费用是由商品生产过程产生，而簿记由一般生产过程产生。而且随着生产过程社会化程度的提高，簿记更加必要，其费用也会越少。"过程越是按社会的规模进行，越是失去纯粹个人的性质，作为对过程的控制和观念总结的簿记就越是必要；因此，簿记对资本主义生产，比对手工业和农民的分散生产更为必要，对公有生产，比对资本主义生产更为必要。但是，簿记的费用随着生产的积聚而减少，簿记越是转化为社会的簿记，这种费用也就越少。"(第 2 卷第 152 页)

三、由货币引起的费用。执行货币职能的金和银这种商品，作为货币专门留在流通过程中，既不能进入个人消费，也不能进入生产消费，这是一种固定在单纯流通形式上的社会劳动。同时，货币在流通中的磨损，还不断要求得到补偿，这种费用随着资本主义生产的发展而增大。这种花在货币上的费用是社会财富的扣除，是非生产性的费用，它是社会财富中必须为流通过程牺牲的部分。

保管费用

保管费用是为了储备商品所支出的费用，所以又叫储备费用。商品生产出来以后，要进入消费过程，这里有一段间隔时间，也就是商品停留在市场上的时间，这段时间形成商品储备。在这个储备过程中所耗费的费用，就是储备费用。储备费用具体说来，包括以下各项：1.存货的数量损耗部分；2.存货的质量变坏部分；3.保管储备所需要的物化劳动和活劳动。

储备是任何社会都必需的，“产品储备是一切社会所共有的，即使它不具有**商品**储备形式这种属于流通过程的产品储备形式，情况也是如此。”（第2卷第163页）储备一般有三种形式：生产资本的形式、个人消费基金的形式、商品储备的形式。但这里说的保管费用主要是以商品资本形式所耗费的费用，这是一种生产过程在流通过程内的继续所耗费的费用。这种费用能使商品的使用价值得到保存，因此是生产性的流通费用，因而它会创造价值并把价值追加到商品中去，成为单个资本家发财致富的源泉。但是，这种使商品变贵而不追加商品使用价值的费用对社会来说，是生产上的非生产费用。“使商品变贵而不追加商品使用价值的费用，对社会来说，是生产上的非生产费用，对单个资本家来说，则可以成为发财致富的源泉。”（第2卷第154页）“储备费用仍然是社会财富的扣除，虽然它是社会财富的存在条件之一。”（第2卷第166页）

储备费用是生产性的非生产费用，它不会都加入商品价值，这要看商品储备是正常的还是不正常的。如果是不正常的，投入的保管费用就不会加入商品价值；只有正常的储备费用才会增加商品价值。

运输费用

运输费用简单地说，就是由商品在空间上的移动所引起的费用，它是生产过程在流通领域内继续进行而支付的费用。

商品在空间上的流通，也就是商品的位置的移动，例如，将工业品从城市运到农村、把农产品从农村运到城市，这就是商品的运输。这种由运输活动引起的费用，就是运输费用。

运输业一方面是一个独立的生产部门，另一方面又表现为生产过程在流通过程中的继续。“商品在空间上的流通，即实际的移动，就是商品的运输。运输业一方面形成一个独立的生产部门，从而形成生产资本的一个特殊的投资领域。另一方面，它又具有如下的特征：它表现为生产过程**在**流通过程**内**的继续，并且**为了**流通过程而继续。”（第 2 卷第 170 页）

运输有它的特点，它的生产过程的结果，不是新的物质的产品，不是商品，而是场所的变更。场所变更就是运输业产生的效用。由于花在交通运输业的费用具有生产的性质，是生产性质的流通费用，因此这种费用可以加到被运输的商品价值中去。“投在运输业上的生产资本，会部分地由于运输工具的价值转移，部分地由于运输劳动的价值追加，把价值追加到所运输的产品中去。”（第 2 卷第 168 页）

由于运输业是生产部门，因此商品生产的价值规律也适用于运输业。

在资本主义生产方式下，由于交通运输工具的发展，运输规模的扩大，使单位商品的运输费用减少，但由于一切产品的绝大多数转化为商品，以及远方的市场代替当地的市场，从社会来说，运输费用却增加了。

为什么把流通费用分为三类

有人说，我看到的政治经济学读物中似乎都是把流通费用分为两类：纯粹流通费用和生产性流通费用，这里为什么分为三类呢？把流通费用分为三类是马克思在《资本论》第二卷第六章讲的。我们认为，马克思这样分类是很有道理的，因为这三种流通费用的性质是各不相同的。

第一类纯粹流通费用是由价值形式变化引起的费用，它既不增加使用价值，也不创造价值，完全是非生产费用。

第二类保管费用，它是生产性的非生产费用，具有二重性质。这是一种既是生产性又是非生产性的流通费用。具体说来，它的二重性表现在：

第一，保管费用不能增加商品的使用价值，所以，是非生产的；但是，它可以保存使用价值使商品变贵，因此，又具有生产性。“使商品变贵而不追加商品使用价值的费用，对社会来说，是生产上的非生产费用。”（第 2 卷第 154 页）

第二，保管费用对社会来说是社会财富的扣除，是非生产的；对单个资本家来说，可成为发财致富的源泉，又可以说是生产的。“从社会的观点看，它们又可以是单纯的费用，是活劳动或物化劳动的非生产耗费，但是正因为这样，对单个资本家来说，它可以起创造价值的作用，成为他的商品出售价格的一种加价。""对单个资本家来说，则可以成为发财致富的源泉。"（第2卷第154页）"储备费用仍然是社会财富的扣除，虽然它是社会财富的存在条件之一。"（第2卷第166页）

第三，正常的保管费用加入商品价值是生产的，不正常的保管费用不能加入商品价值，是非生产的。但作为正常的保管费用要具备两个条件：一是满足社会需要的储备量；二是储备要与生产时间相适应。不正常的保管费用是由于这种"储备的形成就是流通的停滞，由此引起的费用就不会把价值加到商品上"（第2卷第164页）。

第四，保管费用作为价值形式转化的时间是非生产性的；保管费用作为保存价值而花的费用具有生产性。"如果形成商品储备所需要的流通费用，只是产生于现有价值由商品形式转化为货币形式的时间……那末，这些流通费用和第一节所列举的流通费用的性质就完全相同。"（第2卷第156—157页）如果"这些费用的目的本身不是价值的形式转化，而是价值的保存，而价值存在于作为产品、作为使用价值的商品中，因而只有通过产品的保存、使用价值本身的保存，价值才能得到保存"（第2卷第157页）。

第三类运输费用，这是生产过程在流通过程的继续所引起的费用，是生产性的费用。所以，我们还是根据马克思的意见把流通费用分为三类比较好。

十、加速资本周转是为了获取更多的剩余价值

——《资本论》第二卷第二篇

资本周转

资本不但要不断运动，通过运动吮吸活劳动，而且要加快运动的速度，以便吮吸更多的劳动。加快资本运动的速度就是加速资本周转。资本周转的中心问题是周转速度。资本周转速度的快慢，对剩余价值的生产和实现关系很大。在付出同样多的预付资本的情况下，资本周转速度越快，带来的剩余价值也就越多。所以，资本家总是千方百计加速资本周转，以获得更多的剩余价值。

概　述

资本周转和资本循环的联系和区别

资本循环是运动，资本周转也是运动，它们有什么不同呢？"资本的循环，不是当作孤立的行为，而是当作周期性的过程时，叫做资本的周转。"（第2卷第174页）可见，资本不断的反复的循环，就叫作资本周转。这样可以看出，资本循环和资本周转既有联系又有区别，二者互相依存，又相互制约。

资本周转和资本循环的共同点在于：第一，二者都是研究单个产业资本的运动，都是单个资本家或单个资本主义企业的资本的运动（不涉及社会总资本的运动），而且它们都是物质生产领域资本的运动（也都不涉及商业资本和银行资本的运动）。第二，二者都包括购买、生产和销售三个阶段，都是生产和流通的统一。第三，二者的目的都是为了生产和实现剩余价值，使资本家在生产过程中榨取的剩余价值，通过流通过程而实现。

资本周转和资本循环的区别表现在：第一，从对象看，资本循环主要是

用货币资本来表现，而资本周转主要用生产资本来表现。资本循环为什么主要用货币资本表现，这在上一篇已经讲了，现在要说明的是为什么资本周转必须主要以生产资本为对象。这是因为，资本主义生产的目的是为了榨取剩余价值，也就是使预付资本得到增殖，所以，要分析资本周转，就要分析预付资本的周转。所谓预付资本就是资本家为榨取剩余价值而预先垫付出去的资本。在产业资本运动的三种形式中，商品资本的起点不是预付资本的价值，而是已经增殖的资本价值，所以分析资本周转不能以商品资本为对象。货币资本和生产资本的起点虽然都是预付资本的价值，但由于生产资本的不同组成部分具有不同的周转方式和周转时间，和资本周转的快慢关系很大，所以，分析资本周转主要应该分析生产资本的周转。

第二，从内容看，资本循环是分析资本运动的形态变化和运动过程的阶段，是一笔预付资本通过三种形态，经过三个阶段，由起点回到终点，是圆圈运动，表示的是一次运动。资本周转是分析资本运动速度的快慢，是分析资本运动一次要花多少时间，怎样不断地运动，不仅是一次的循环，而是不断的反复的循环。

第三，从资本量看，资本循环是研究一笔预付资本怎样投资和收回，只研究一次运动中的资本量。而资本周转是研究单个资本家或单个资本主义企业的总预付资本量的运动，不是一笔预付资本的运动，而是总资本量的运动；也不是一次运动，而是不断反复的运动。

第二篇的结构

第二篇由第七到第十七章组成，大体上可以分为三个部分：

第一部分是第七章《周转时间和周转次数》，为导论部分。这一章首先对资本周转下了最一般的定义，然后主要讲了资本周转速度快慢表示的两种方法：周转时间和周转次数。

第二部分是第八章到第十四章，分析影响资本周转速度的各种因素。影响资本周转速度主要有两个因素：一是生产资本的构成，二是周转时间。因此，第八到第十一章先分析生产资本的构成，即“固定资本和流动资本”的问题。第八章主要是正面阐述固定资本和流动资本的划分，以及固定资本的组成、补偿和修理等问题；第九章是把固定资本和流动资本的周转速度平均化，从而计算“预付资本的总周转，周转的周期”。第十和第十一章批判资产阶级古典经济学的重要代表：重农学派、亚当·斯密和李嘉图，即“关于固定资本和流动资本的理论:重农学派和亚当·斯密”、“关于固定资本和流动资本的理论:李嘉图”。第十二章到第十四章分析周转时间对周转速度的影响:第十二章分析“劳动期间”,第十三章分析“生产时间”,第十四章分析“流通时间”。

第三部分是第十五章到第十七章,是分析资本周转速度的快慢对预付资本、剩余价值生产和实现的影响。第十五章先分析“周转时间对预付资本量的影响”,第十六章分析“可变资本的周转”对剩余价值的影响,第十七章分析资本周转速度对“剩余价值的流通”的影响。

学习《资本论》第二卷第二篇,第七章到第九章是比较重要的,特别是第八章,因为对固定资本和流动资本划分的基本问题,在这一章都讲了。第十二章到第十四章应主要掌握如何缩短周期来加速资本周转速度。第十六章通过年剩余价值率的分析,论述了资本周转与剩余价值生产和实现的关系,也是比较重要的。

数量分析法是其特色

第二篇在方法上,除与第一篇一样基本是采用动态分析的方法以外,数量分析法比较突出。

第二篇研究资本周转,中心是分析资本周转速度问题,即量的变化问题。周转时间、周转次数、预付资本的总周转、周转的周期,都是用数量来表示的,因此,这一篇数字、公式、表格、计算比较多。马克思对数量的分析有其特点:

第一,这里分析的量不是静止的量,而是运动的量,主要不是量的大小,而是量的变化、发展的速度。

第二,这里分析的量不仅是绝对的量,例如周转时间的长短、资本量的大小、剩余价值量的多少,而且有相对的量,例如年剩余价值率就是一年内生产的剩余价值总额和预付可变资本的价值额之间的相对量。

第三,这里分析的量不是孤立的量,是从量到质,通过量的变化说明质。例如,马克思通过分析资本家加快资本周转速度可以获得更多的剩余价值,这好像都是量的问题,而实际上通过这些量的变化证明资本主义生产的目的和动机是预付资本的增殖,这就进一步说明了资本主义生产的实质是剩余价值的生产。

(一) 关于资本周转的一些基本概念

周转时间

资本的周转时间就是从预付一定形式的资本时起，到这个资本带着剩余价值以同样形式回到资本家手中的时间。“资本的周转时间，包含着总资本价值从一个循环周期到下一个循环周期的间隔时间，包含着资本生活过程的周期性，或者说，包含着同一资本价值的增殖过程或生产过程更新、重复的时间。”(第 2 卷第 174 页)资本在周转过程中既要经过生产领域，又要经过流通领域。资本处在生产领域的时间是资本的生产时间，资本处在流通领域的时间是资本的流通时间。生产时间加流通时间就是资本周转时间。

周转时间的长短，标志着周转速度的快慢。周转时间越短，就表明周转速度越快；周转时间越长，就表明周转速度越慢，所以，周转时间和周转速度成反比。例如，有同量的两个预付资本(假定都是 10 000 元)，预付资本甲周转一次是 3 个月，预付资本乙周转一次是 6 个月，这就说明资本甲的周转速度比资本乙快一倍。

周转次数

周转速度还有一种表示方法，就是周转次数。周转次数是指在一定时间内(通常是指一年内)，资本周转的次数。周转次数等于一年的时间(12 个月或 365 天)除以一定资本周转一次的时间(多少月或多少天)，用公式表示：

$$\text{周转次数}(n)=\frac{\text{一年时间}}{\text{资本周转一次的时间}}$$

一定量资本周转次数越多，就表明周转速度越快；周转次数越少，就说明周转速度越慢。例如，资本甲周转一次是 3 个月，那么，它的周转次数等于 $12\div3=4$，就是一年周转 4 次；资本乙周转一次是 6 个月，它的周转次数是 $12\div6=2$，就是一年只周转 2 次，也就表明资本甲比资本乙周转速度快一倍。所以，周转时间和周转次数，只是同一周转速度的两种不同的表示方法，而不是表示两个不同的周转速度。

上面讲的是单个资本周转速度如何计算的问题，那么，预付总资本周转怎么表示呢？

预付资本的总周转

所谓预付资本的总周转就是预付资本的平均周转。“预付资本的总周转，是它的不同组成部分的平均周转。”(第 2 卷第 204 页)预付资本的平均周转等于一年内固定资本的周转价值加流动资本周转额之和除以预付资本总额。按照马克思在《资本论》第二卷第九章的举例计算，如下表：

生产资本组成	预付资本量	年周转次数	年周转价值
固定资本	80 000	1/10	8 000
流动资本	20 000	5	100 000
合　　计	100 000	$1\frac{2}{25}$	108 000

$$\text{预付资本总周转}=\frac{\text{年周转价值}}{\text{预付资本量}}=\frac{108\,000}{100\,000}=1\frac{2}{25}\text{次}$$

周转周期

从固定资本在生产过程中发挥作用，到价值转移完毕，并随着产品出售全部收回，这就是一个周转周期。这个周转周期是由固定资本的平均使用寿命决定的。“预付资本价值必须完成一个包含多次周转的周期，例如上述场合，就是一个包含十个年周转的周期，而这个周期是由所使用的固定资本的寿命决定的，从而是由它的再生产时间或周转时间决定的。”(第 2 卷第 206 页)

那么周转周期到底怎样计算呢？例如，某工厂有固定资本 800 000 元，其中机器设备 400 000 元，可以使用 10 年；厂房建筑物 300 000 元，可使用 15 年；设备 100 000 元，可使用 5 年。则该厂的固定资本周转周期 $=\frac{40+30+10}{40\div10+30\div15+10\div5}=\frac{80}{8}=10$，即该厂的固定资本周转周期是 10 年。

(二) 影响资本周转速度的因素之一
——固定资本和流动资本

影响资本周转速度的因素，首先是生产资本的组成，也就是固定资本和流动资本，这两个不同组成部分及其比重的大小会影响资本周转速度。所以，马克思在第二卷第八章分析固定资本和流动资本。

1. 生产资本由固定资本和流动资本两部分组成

生产资本按照它的价值转移方式的不同，可以分为固定资本和流动资本。

固定资本

在生产资本中，物质形态全部参加生产过程，而价值逐步转移到新产品中的那部分资本，就叫固定资本，即投在厂房、机器、设备等等劳动资料上的那部分生产资本。“这个资本部分不是在它的使用形式上进行流通，进行流通的只是它的价值，并且这种流通是逐步地、一部分一部分进行的，和从它那里转移到作为商品进行流通的产品中去的价值相一致。在它执行职能的全部时间内，它的价值总有一部分固定在它里面，和它帮助生产的商品相对立，保持着自己的独立。由于这种特性，这部分不变资本取得了**固定资本**的形式。”(第 2 卷第 177 页)例如，一台机器值 100 000 元，可以使用 10 年。在产品生产中，整个机器是每年都全部参加生产过程的，但是其价值每年只能有 10 000 元转移到这一年生产的新产品中去。

固定资本的所谓“固定”，并不是指固定资本的实物形态必须“固定”在一定的地理位置上不能移动，而是指它能在较长的时期内，在反复参加许多次的生产过程中，能保持固定的实物形态。所以，位置不变的厂房、建筑物是固定资本的实物形态；而不断变更位置、又不断处于生产过程中的车辆、船舶也是固定资本。没有生命的劳动资料固然是固定资本，农业生产上的役畜、种畜、奶牛等动物也是固定资本。

流动资本

在生产资本中，全部一次投入生产过程，价值不是分期转移而是一次转移的那部分资本，就叫流动资本，包括“一部分是由存在于辅助材料和原料上的不变资本要素构成，一部分是由投在劳动力上的可变资本构成”(第 2 卷第 183 页)。投在原料、辅助材料上的那部分资本，从物质形式看，参加一次生产过程后便全部消费掉，形成一种新的使用价值；从价值形式看，参加一次生产过程后便把全部价值转移到新产品中去，并经过产品出售而转化为货币全部流回到资本家手中，这部分资本属于流动资本是毫无疑问的。资本家用于购买劳动力的那部分资本，并不是把价值转移到新产品中去，而是在生产过程中由活劳动重新创造出来。工人在劳动过程中不仅创造了相当于劳动力价值的那部分价值，而且还创造了剩余价值。因此，在价值形态上，投在劳动力上的资本，同投在原材料上的资本是根本不同的；但是，从价值的周转方式来看，二者是一样的，都是通过一次生产过程就把全部价值加入到新的产品中去，并经过产品销售以货币形式回到资本家手中。因此购买劳动力的那部分生产资本，也构成流动资本的一部分。

所以，"不管劳动力和不变资本中**非固定**资本的组成部分就价值的形成来说是多么不同，它的价值的这种周转方式却和这些部分相同，而与固定资本相反。生产资本的这两个组成部分——投在劳动力上的价值部分和投在非固定资本的生产资料上的价值部分——由于它们在周转上的这种共同性，而作为**流动**资本与固定资本相对立。"（第 2 卷第 185 页）

固定资本和流动资本的区别

第一，二者价值转移的方式不一样。固定资本的价值是逐渐转移到新产品中去的，而流动资本的价值是一次全部加入到新产品中去的。

第二，二者周转时间不一样。固定资本周转一次的时间较长，而流动资本周转一次的时间较短。固定资本周转一次，流动资本可以周转多次。

第三，二者回收方式和期限不一样。固定资本是一次预付，分批逐渐收回，全部价值的回收期间较长；流动资本是一次预付，一次收回，全部价值的回收期限较短。

第四，二者的物质更新方法不一样。固定资本的多种物质要素在其发挥作用的时间内，不需要不断购买和更新；而流动资本的多种要素，无论是原材料，还是劳动力都要不断地在实物形式上更新。

2. 固定资本的组成部分、补偿、修理和积累

固定资本的价值是根据它本身磨损的程度逐渐转移到新产品中去的。由磨损程度所决定的固定资本价值转移的大小，会直接影响资本周转的速度。所以，为了进一步探讨资本周转速度，必须分析固定资本本身的问题。

固定资本的有形磨损和无形磨损

固定资本的磨损有两种，一种叫有形磨损，也就是物质磨损；另一种叫无形磨损，也就是精神磨损。

物质磨损是指机器、厂房、建筑物等固定资本的物质要素的损耗。这有两种原因：一是由于使用引起的磨损，例如机器的运转会形成磨损，机器运转的速度越快，使用的时间越长，磨损程度就越快；二是由于自然力的作用而引起的磨损，如金属由于氧化作用会生锈，木料由于雨淋日晒会腐朽。这种磨损是看得见、摸得着的，所以叫有形磨损。

精神磨损是指固定资本在它们的有效使用期限内，由于生产技术进步引起的资本价值上的贬值。这又有两种情况：一是由于劳动生产率的提高，生产同样机器设备的社会必要劳动时间减少，因而使原有固定资本的价值相应下降；一是由于新的技术的发明和应用，出现了效率更高的机器设备，因而使原有的固定资本贬值。这两种情况都是固定资本价值上的损耗，而物质形式上没有磨损。这种磨损是看不见、摸不着的，只能在精神上感受到，所以叫作精神磨损或无形磨损。例如，原来一部机器价值 10 000 元，可使用 10 年，每年折旧 1 000 元；使用 5 年后，由于劳动生产率的提高，生产这部机器只需要 5 000 元了。那么，除了前面 5 年已折旧 5 000 元外，其他 5 000 元只值 2 500 元了。这样按 2 500 元提存的折旧，资本家原来预付资本 10 000 元，现在只能收回 7 500 元，损失了 2 500 元，这部分损失就是精神磨损。

由于固定资本存在着物质上和精神上的磨损，因此，就需要进行固定资本的更新。

固定资本的物质替换和价值补偿

固定资本在物质形式上进行替换，在价值形式上进行补偿，这就叫固定资本更新。

固定资本要进行更新或提前更新，大体上有这样一些情况：一是由于固定资本的磨损需要固定资本更新；二是技术进步要求用新的机器设备代替旧的机器设备，也要求固定资本更新；三是竞争也会迫使旧的劳动资料在它的寿命完结之前就要进行更新；四是资本主义的经济危机，以及灾祸也会迫使企业提前更新机器设备。在资本主义条件下，固定资本更新，可以促进危机阶段过后社会生产的恢复和发展；同时，又为新的生产过剩，为下一次经济危机的到来准备了物质条件。“这种由若干互相联系的周转组成的包括若干年的周期（资本被它的固定组成部分束缚在这种周期之内），为周期性的危机造成了物质基础。”（第 2 卷第 207 页）

固定资本更新大体上有两种情况：一部分固定资本有一定的平均寿命，

到了一定时间，就要全部替换。例如，一匹马不能一部分一部分地替换，只能用另一匹马来替换。有一部分固定资本是由同一种组成部分构成的，但这种组成部分耐用时间不一样，因而要在不同期间一部分一部分地更新。例如，车站上的铁轨要比别处的铁轨替换得快些。要进行固定资本更新，必须设立折旧基金。折旧基金就是逐年按照固定资本磨损程度而提取的货币准备金。折旧基金等于固定资本的价值除以它平均使用的年限。例如，一台机器值 10 000 元，使用 10 年，那么，这台机器每年就要提折旧基金 1 000 元，待 10 年后机器报废时，重新购置新的机器。

固定资本更新的折旧基金，是用来补偿已经损耗掉的劳动资料的价值，用来替换已经磨损了的厂房、机器、设备的。所以，折旧基金实际上属于简单再生产的范围。但是，由于固定资本的物质要素在其平均使用年限内，在物质形态上总是独立存在和发挥作用的，不到全部磨损，不需要更新；而逐步提取的折旧基金，可以用来扩大企业，或改进机器以提高机器效率。所以，固定资本更新可以扩大再生产。“固定资本价值中这个转化为货币的部分，可以用来扩大企业，或改良机器，以提高机器效率。这样，经过一段或长或短的时间，就要进行再生产，并且从社会的观点看，是规模扩大的再生产。如果生产场所扩大了，就是在外延上扩大；如果生产资料效率提高了，就是在内含上扩大。这种规模扩大的再生产，不是由积累——剩余价值转化为资本——引起的，而是由从固定资本的本体分出来，以货币形式和它分离的价值再转化为追加的或效率更大的同一种固定资本而引起的。”（第 2 卷第 192 页）

固定资本的维持和修理

为了保证固定资本各个物质要素的正常使用，必须进行维持和修理。

固定资本的维持有两种方法：一是通过使用而维持。例如，机器不进入劳动过程也会损坏，因此，通过不断使用机器使机器得到维持；二是通过直接支出劳动而维持。例如，为了维持机器的正常运转必须经常擦洗。

为维护固定资本所花去的费用，就是固定资本的维护费用。“投在这种劳动上的资本，虽然不进入作为产品来源的真正的劳动过程，但是属于流动资本。这种劳动在生产中必须不断地耗费，因而它的价值也必须不断地由产品价值来补偿。投在这种劳动上的资本，属于流动资本中要弥补一般非生产费用的部分，这个部分要按年平均计算，分摊到价值产品中去。”（第 2 卷

第 194 页）

固定资本的修理，指机器在使用中遇到损伤而要进行的修理。这种损伤是偶然的，因而由此造成的修理也是偶然的。修理也要追加资本和劳动，这种追加资本属于流动资本，但它要按照固定资本的平均寿命相应地分摊到产品价值中去。“这种投在真正修理上的资本，从某些方面看，形成一种独特的资本，既不能列入流动资本，也不能列入固定资本，但作为一种经常支出，算作流动资本较为合适。”（第 2 卷第 197 页）

那么，生产资本构成与资本周转速度的关系又怎样呢？

3. 生产资本构成与资本周转速度

在生产资本构成中，固定资本和流动资本所占比重的大小，对资本周转速度的快慢有很大影响。由于固定资本周转一次所需要的时间比较长，流动资本周转一次所需要的时间比较短，因此，在生产资本中固定资本所占比重越大，整个预付资本周转的速度就越慢；相反，流动资本所占比重越大，则整个预付资本的周转速度就越快。一般说来，轻工业部门生产资本中流动资本所占比重较大，它的资本周转速度就比较快；重工业部门生产资本中固定资本所占比重较大，它的资本周转速度就比较慢。所以，资本主义国家的工业化，往往都是从资本周转速度快的纺织、面粉等轻工业开始的。

4. 必须澄清的两种混淆

资产阶级经济学家在固定资本和流动资本的划分上有许多错误，主要有两个混淆必须予以澄清。

不能把流动资本与流通资本相混淆

马克思在第二卷第十章，评价了重农学派和亚当·斯密关于固定资本和流动资本的理论。马克思首先指出了重农学派在这个问题上的正确见解，然后着重批判亚当·斯密在这个问题上的错误。亚当·斯密在这方面的错误很多，其中有一个重要错误就是把流动资本与流通资本相混淆。“亚·斯密在这里规定为流动资本的东西，就是我要称之为**流通资本**的东西。”（第 2 卷第 214 页）流通资本和流动资本的区别表现在：

第一，二者含义不同。流通资本是在流通领域发挥作用的资本；流动资本是使用价值一次投入，价值也是一次转移的生产资本。

第二，二者范围不同。由于产业资本可以分为生产资本和流通资本两部分，所以，流通资本是产业资本的一个组成部分；而生产资本又可分为固定资本和流动资本，所以，流动资本是生产资本的一个组成部分。

第三，二者概念不同。流通资本是相对于生产资本而言的。流通资本是在流通领域发挥作用的资本，生产资本是在生产领域发挥作用的资本；流动资本是相对于固定资本而言的，流动资本是价值一次转移的资本，固定资本是价值逐步转移的资本。

第四，二者组成不同。流通资本是由货币资本和商品资本组成的；流动资本是由投在原材料上的资本和投在劳动力上的可变资本组成的。

第五，二者作用不同。流通资本是资本循环和周转中必需的资本，但由于它是处于流通领域的资本，因此，它不能创造价值和剩余价值；而流动资本是生产资本的一个组成部分，主要是其中的流动可变资本，即投在劳动力上的那部分资本，它在生产过程中不仅可以再生产自身的价值，而且可以生产出剩余价值。

流通资本与流动资本的关系可以这样表示：

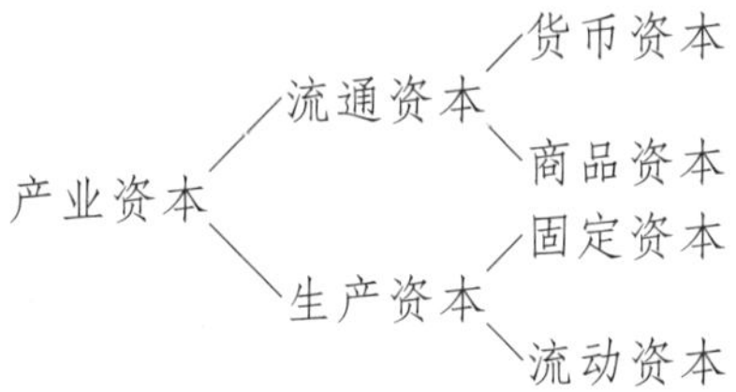

不能把固定资本和流动资本与不变资本和可变资本相混淆

马克思在第二卷第十一章批判了李嘉图对于固定资本和流动资本理解的错误。李嘉图在这个问题上不仅继承了亚当·斯密的错误，而且还提出了一些新的更错误的观点。例如，他把物的耐久程度，作为划分固定资本和流动资本的标准；他把流动资本混同于可变资本；最突出的错误是把固定资本和流动资本的划分与不变资本和可变资本的区分相混淆。马克思一再指出，李嘉图把“固定资本＝劳动资料，流动资本＝投在劳动上的资本”(第 2 卷第 240 页)。“把固定资本和流动资本的对立同不变资本和可变资本的对立等同起来”(第 2 卷第 242 页)。

虽然固定资本和流动资本同不变资本和可变资本有一个共同点，即它们都是生产资本的组成部分；但是，固定资本不等于不变资本，流动资本也不等于可变资本。固定资本和流动资本与不变资本和可变资本的区别主要表现在：

第一，二者的划分标准不一样。固定资本和流动资本的划分，是以资本价值的不同转移方式来划分的。在生产资本中，价值逐步转移的是固定资本，价值一次转移的是流动资本；而不变资本和可变资本的划分是根据各组成部分在价值形成中的作用来划分的。在生产过程中，不能带来资本增殖，也就是不能产生剩余价值的资本是不变资本；在生产过程中，能够产生剩余价值的资本是可变资本。

第二，二者的组成不同。不变资本是由投在厂房、机器等劳动资料上的资本和投在原材料上的资本组成的；而固定资本只包括投在厂房、机器等劳动资料上的资本。流动资本是由投在原材料上的资本和投在劳动力上的资本组成的；而可变资本只包括投在劳动力上的资本。

第三，二者的作用不同。固定资本和流动资本的划分，在于通过资本构成分析影响资本周转速度的因素。固定资本所占比重大，资本周转速度就慢；流动资本所占比重大，资本周转速度就快。而不变资本和可变资本的划分，在于通过不同资本在价值增殖过程中的不同作用，揭示剩余价值的来源，揭露资本主义剥削的秘密，说明剩余价值是由投在劳动力上的可变资本产生的。

固定资本和流动资本与不变资本和可变资本的关系列表如下：

按资本在价值形成中的作用来划分	资本的各种用途	按资本价值的不同转移方式来划分
不变资本	转为机器厂房等的资本	固定资本
	转为原材料的资本	
可变资本	转化劳动力的资本	流动资本

在资产阶级经济学者眼中，只有固定资本和流动资本的区分，没有不变资本和可变资本的区分。把资本区分为不变资本和可变资本是马克思对政治经济学的一个重要贡献。

(三)影响资本周转速度的因素之二
——劳动期间、生产时间和流通时间

影响资本周转速度的，除了固定资本和流动资本的区分及其比例外，还有劳动期间、生产时间和流通时间的长短。

劳动期间对资本周转速度的影响

什么叫劳动期间？马克思在第二卷第十二章指出，劳动期间是指一定生产部门为提供一件成品所需要的相互联系的工作日数目。“由许多依次进行、互相联系的工作日构成的工作日，我称为**劳动期间**。我们讲工作日，指的是工人每天必须耗费劳动力，每天必须劳动的劳动时间的长短。而我们讲劳动期间，指的是一定生产部门为提供一件成品所必需的互相联系的工作日的数目。”(第2卷第257页)

可见，劳动时间和劳动期间并不完全是一回事，它们既有联系又有区别。劳动时间是指劳动力与生产资料相结合实际发挥作用的时间，也就是劳动者利用劳动工具直接作用于劳动对象的时间；而劳动期间是指在一定的生产部门为生产一件产品所必需的相互联系的工作日的数目。所以，劳动期间与劳动时间密不可分，但是又有区别。例如，生产一部机器需要花费40个劳动小时，我们就可以说生产一部机器的劳动时间是40个小时。假设工作日长度是10小时，就可以说生产一部机器的劳动期间是4个工作日；如果工作日长度是8小时，那么，生产一部机器的劳动期间就是5个工作日。马克思在《资本论》中运用这两个概念时，有的时候是很严格的，有的时候是混用的，因此，我们要具体情况具体分析。

生产某一产品劳动期间的长短是由产品的性质、生产规模和生产技术条件决定的。“产品的特殊性质或制造产品时应达到的有用效果，使劳动期间有长有短。”(第2卷第259页)不同生产部门由于产品的性质不同，所需要的劳动期间就不同。一般说来，重工业的劳动期间要比轻工业长。例如，机器制造业生产一台机车需要几个月，而棉纺织业每天都可以提供棉纱、棉布。即使是同一生产部门，由于所要提供的产品的规模大小不同，劳动期间长短也不同。例如，同样是机器制造业，生产一台机车需要几个月，而生产一艘大型轮船需要一年甚至几年。另外，同一产品由于生产技术条件不同，

劳动期间的长短也不相同。例如，做一件衣服，用手工缝制需要几天，而用缝纫机制作只要几小时。

劳动期间的长短怎样影响资本周转速度呢？劳动期间的长短，不仅会影响资本周转速度，而且会影响预付流动资本的数量。劳动期间愈长，资本周转速度就愈慢，所需流动资本量就愈多；劳动期间愈短，资本周转速度愈快，所需流动资本量就愈少。所以，在资本主义生产初期，资本家很少经营劳动期间很长、规模很大的事业，如筑路、开凿运河等等，这些事业只有在资本积累已十分可观，信用制度十分发达的情况下才能进行。“在资本主义生产不太发达的阶段，那些需要很长劳动期间，因而需要在较长时间内大量投资的企业，特别是只能大规模经营的企业，例如筑路、开凿运河等等，或者完全不按资本主义的方式经营，而由公共团体或国家出资兴办。”（第 2 卷第 260 页）“举办劳动期间相当长而规模又很大的事业，只有在资本积聚已经十分显著，另一方面信用制度的发展又为资本家提供方便的手段，使他可以不用自己的资本而用别人的资本来预付、来冒险的时候，才完全成为资本主义生产的事情。”（第 2 卷第 261 页）同时，资本家总是千方百计缩短劳动期间，减少预付流动资本，加快资本的周转速度，从而榨取和实现更多的剩余价值。

怎样才能缩短劳动期间呢？协作、分工、机器的使用，可以增加一个工作日的产品，同时可以在相互联系的生产行为中缩短劳动期间。劳动期间的缩短是和在较短时间内预付更大的资本联系在一起的，因此，发展信用事业加速资本积聚和集中也可以缩短劳动期间。有些生产部门，例如农业和畜牧业，虽然劳动期间的长短要取决于一定的自然条件，但通过选择良种、改良技术等方法也可以在一定程度上缩短劳动期间。

生产时间对资本周转速度的影响

前面已经说过，生产时间就是资本停留在生产领域的时间。劳动时间始终是生产时间，但是生产时间不都是劳动时间。马克思在第十三章所讲的生产时间，是除劳动时间以外的自然作用时间和生产资料储备时间。

自然作用时间是指在产品的制造过程中，劳动对象往往要受自然过程的支配，经历物理的、化学的、生理的变化时间。例如，铁铸件需要一个冷却时间，酿酒需要一定的发酵时间，养猪有一个育肥时间，等等。自然作用时间在农业和林业中特别显著。农业中这种生产期间和劳动期间的差别成为农业和农村副业相结合的自然基础。在林业中“漫长的生产时间……从而漫长的资本周转期间，使造林不适合私人经营，因而也不适合资本主义经营。资本主义经营本质上就是私人经营，即使由联合的资本家代替单个资本家，也是如此。文明和产业的整个发展，对森林的破坏从来就起很大的作用，对比之下，对森林的护养和生产，简直不起作用”（第2卷第272页）。

生产资料储备时间就是生产资料已进入生产领域，但还没有进入生产过程的劳动资料和原材料储备的时间。例如，纺织厂在每年秋后棉花大量上市季节购买了大批棉花，这些棉花虽然进入了工厂的原料仓库，但还没有进入生产过程，这就是原材料的储备时间。生产资料储备时间的长短取决于购买生产资料的难易程度、距离市场的远近和交通运输工具的发展程度。

生产时间和劳动期间的不一致，对于流动资本的支出和固定资本的使用、进而对资本周转的速度都有很大影响。在劳动期间只是生产时间一部分的那些生产部门，流动资本的支出，在一年的各个不同时期是极不均衡的。在劳动过程中断、生产过程处于自然作用的时间内，为了使生产能够连续不断地进行，往往需要追加预付资本。在这种情况下，固定资本的使用也是有时充分利用、有时闲着不用，很不规则。例如，农业机械的使用，一年中总是有或长或短的时间中断。这些都要求资本家要预付更多的资本。

因此，为了缩短资本周转时间，加快资本周转速度，不但要尽可能缩短劳动时间，而且要尽可能缩短生产时间和劳动时间的差距。

流通时间对资本周转速度的影响

马克思在第二卷第十四章分析了流通时间的长短对资本周转速度的影响。流通时间由出售时间和购买时间两部分组成。购买时间是资本由货币形式转化为生产资本要素的时间；出售时间由资本处在商品资本状态的期间决定。相对说来，出售时间是最有决定意义的部分。“流通时间，从而整个周转期间，是按照这个时间的相对的长短而延长或缩短的。”（第2卷第276页）影响流通时间长短的，主要有三个因素：

第一，产销距离的远近。“商品的销售市场和生产地点的距离，是使出售时间，从而使整个周转时间产生差别的一个经常性的原因。”（第2卷第277页）所谓产销距离，就是商品的销售市场和生产地点的距离。一般说来，产销距离近，出售时间就短，资本的周转就快；产销距离远，出售时间就长，资本的周转就慢。为了考虑产销距离对资本周转时间的影响，必须考虑生产力的合理布局。

第二，交通运输的条件。“交通运输工具的改良，会绝对缩短商品的移动时间。”(第 2 卷第 277 页)交通运输工具先进，运输速度快，出售时间就短；交通运输工具落后，运输速度慢，出售时间就长。因此，改进交通工具，发展交通运输业是缩短流通时间、加速资本周转的一个重要方面。

第三，市场的供求状况。“周转时间的差别也是由供货契约的范围引起的。契约范围随资本主义生产的范围和规模一同扩大。作为买者和卖者之间的交易的供货契约，是一种与市场即流通领域有关的业务。”(第 2 卷第 281 页)销售市场是繁荣还是萧条，需求量是增加还是减少，会影响出售时间的长短。供应渠道是畅通还是阻塞，商品的供应是否适销对路，是否物美价廉，都影响购买时间的长短。因此，资本家为了缩短流通时间，加速资本周转，总是不断研究市场供求状况的。

(四) 资本家加速资本周转是为了获取更多的剩余价值

资本周转速度的快慢，通过对预付资本量、年剩余价值率、剩余价值的流通的影响，从而对剩余价值的生产和实现产生重大的影响。

周转时间对预付总资本量的影响

周转时间对预付资本量的影响，是马克思在第二卷第十五章分析的。这一章共五节，前四节说明周转时间对预付资本量的影响，第五节说明价格变动对预付资本量的影响。马克思先从生产时间和流通时间的不同比例关系来考察周转时间对预付资本量的影响；然后具体研究了劳动期间等于流通期间、劳动期间大于流通期间、劳动期间小于流通期间这三种情况下对预付资本量的影响；最后作出结论：生产要能按原有规模连续进行，预付资本的一定部分就必须经常处于货币形式。正如恩格斯所指出的：“本文的要点在于论证：一方面，产业资本的一个可观的部分必须不断处于货币形式，另一方面，一个更加可观的部分必须暂时取得货币形式。”(第 2 卷第 316 页)

在资本主义社会，资本家为榨取剩余价值需要预先垫付一笔货币资本，用来采购生产资料和劳动力，这笔预先垫付的资本，就叫预付资本。加速资本周转的速度，可以节约预付资本量，扩大再生产规模，榨取更多的剩余价值。“由于资本抛弃它的商品形式和采取它的货币形式的速度不同，或者说，由于卖的速度不同，同一个资本价值就会以极不相同的程度作为产品形成要素和价值形成要素起作用，再生产的规模也会以极不相同的程度扩大或者缩小。”（第 2 卷第 48 页）

从固定资本来说，周转速度的加快，一方面可以避免或减少无形损耗的损失，另一方面还可以加速固定资本更新，提高固定资本的利用率。例如，原来固定资本周转一次是 20 年，加快周转速度后，是 10 年周转一次。这样，资本家预付的资本就可以更快地回收，用它来进行固定资本更新，也可以用来扩大生产规模，从而都可以使资本家获得更多的剩余价值。

从流动资本来说，周转速度的加快，可以大大节省预付的流动资本。我们知道，周转时间包括生产时间和流通时间。为了使生产能够连续不断地进行，产业资本必须按生产时间和流通时间的比例分成两部分，一部分处于生产状态，称为生产资本；一部分处于流通状态，称为流通资本。“生产要不间断地进行，产业资本就始终只能有一部分实际上加入生产过程。当一部分处在生产期间的时候，另一部分必须总是处在流通期间。换句话说，资本的一部分，只有在另一部分脱离真正的生产而处于商品资本或货币资本形式的条件下，才能作为生产资本执行职能。忽视这一点，也就完全忽视了货币资本的意义和作用。”（第 2 卷第 295 页）

由于生产时间和流通时间的长短不同，都直接会影响资本的周转速度，因此都会影响预付资本量。例如生产一种产品需要生产时间 6 个月，每个月需要预付资本 1 000 元，总共需要 6 000 元；流通时间是 3 个月，就要追加预付流通资本 3 000 元。如果加快了资本周转速度，生产时间由 6 个月缩短为 4 个月，就可以节约流通资本 2 000 元；流通时间缩短为 2 个月，又可以节约 1 000 元，一共可以节约 3 000 元流通资本。所以，资本周转速度越快，维持同样的生产规模所需要的流通资本数量越小，越能节约预付资本。如果把节约的流通资本投入生产，就会相应地扩大生产规模，榨取更多的剩余价值。

资本周转对年剩余价值率的影响

马克思在第二卷第十六章分析了可变资本周转对剩余价值的影响。这一章共三节，第一节通过年剩余价值率的分析揭示剩余价值与预付可变资本的关系；第二节从单个企业的角度研究周转期间的长短对预付可变资本量的影响；第三节从社会的角度考察可变资本的周转，说明周转时间长和周转时间短的生产部门之间必须保持一定的比例关系。这一章的中心是在第一节,即关于年剩余价值率的问题。

资本周转速度快,其中预付可变资本的周转速度也快。由于在预付资本量中,只有用来购买劳动力的可变资本才能创造剩余价值。这样,一年中同量预付可变资本,就可以雇用更多的工人,榨取更多的剩余价值,表现为更高的年剩余价值率。所谓年剩余价值率(一般用 M'表示),就是一年内生产的剩余价值量与预付可变资本的比率。“我们把一年内生产的剩余价值总额和预付可变资本的价值额之比,称为年剩余价值率。”(第 2 卷第 329 页)资本周转速度快慢,直接影响预付可变资本数量的大小,决定年剩余价值率的高低。例如,有甲乙两个资本,每周雇用同等的劳动力,都要预付可变资本 100 元,剩余价值率也相等,都是 100%。但是这两个资本的周转速度不一样:资本甲每年(假设是 50 周)周转一次,每周预付 100 元,一年就要预付可变资本 5 000 元,获取剩余价值 5 000 元。而资本乙每年可以周转 10 次,也就是每 5 周就可以周转一次,因此,它实际使用的可变资本与甲一样也是 5 000 元,获取剩余价值也是 5 000 元;但是由于它每 5 周就可以周转一次,全年只要预付可变资本 500 元就够了。

这样,资本甲年剩余价值率 $=\frac{5\,000}{5\,000}=100\%$,资本乙年剩余价值率 $=\frac{5\,000}{500}=1\,000\%$。这就是说,资本乙的周转速度是资本甲的 10 倍,因而年剩余价值率也是资本甲的 10 倍,资本乙由于周转速度快,以较少的预付可变资本,可以获得更多的剩余价值。

资本周转对剩余价值流通的影响

马克思在第二卷第十七章分析资本周转对剩余价值流通的影响,以及剩余价值的实现所需要的货币从哪里来的问题。这一章由三个部分组成:引言部分着重说明资本周转速度对剩余价值流通的影响,这是本章的主题;第一节着重说明在简单再生产条件下,剩余价值的实现所需要的货币从哪里来的问题;第二节着重说明在扩大再生产条件下,剩余价值的实现所需要的货币从哪里来的问题。所以,学习这一章主要是引言部分,了解资本周转速度对剩余价值流通的影响。

资本周转速度不仅对剩余价值的生产有重大影响,而且对剩余价值的流通也有影响。

所谓剩余价值的流通，首先是指剩余价值的实现问题，也就是体现着剩余价值的商品资本怎样转化为货币资本的问题。资本周转速度快，剩余价值的实现也就快；资本周转速度慢，剩余价值的实现也就慢。

剩余价值的流通还包括剩余价值实现的方式问题，也就是剩余价值如何转化为资本家的个人消费资料和转化为追加生产资本扩大再生产的问题。资本周转速度快的资本，可以在原预付资本量的基础上扩大再生产，也可以用一部分剩余价值从事技术改良，或者用于追加流通资本。所以，资本周转速度快的资本，比资本周转速度慢的资本在剩余价值实现上也具有更多的有利条件。

由此可见，资本周转速度的快慢，同资本家有着非常密切的利害关系。所以，资本家总是千方百计加速资本周转，以获得更多的剩余价值。但是，由于资本主义制度固有的矛盾，资本家加速资本周转，获取更多的剩余价值的企图，并不是都能顺利实现的。

十一、平衡本身是一种偶然现象

——《资本论》第二卷第三篇

社会总资本的再生产和流通

在资本主义社会，不仅有个别资本的运动，而且有社会总资本的运动。《资本论》第二卷第三篇“社会总资本的再生产和流通”，就是研究社会总资本的运动的，也就是我们通常所说的社会再生产的理论。马克思的社会再生产理论告诉我们，要使社会再生产能够顺利地进行，生产资料生产和消费资料生产之间必须保持适当的比例关系，使社会再生产从物质方面和价值方面都得到补偿。因此，社会再生产的核心是实现问题，归根到底是社会再生产如何按比例发展的问题。但是，在资本主义制度下，由于生产资料的私人占有制，那里流行的是“上帝管大家，各人管自己”。每个资本家为了追逐剩余价值，进行着激烈的斗争，整个社会的生产是盲目的、无政府状态的，社会再生产的比例经常遭到破坏。“在这种生产的自发形式中，平衡本身就是一种偶然现象。”(第 2 卷第 558 页)

概　　述

社会总资本的运动

《资本论》第二卷第三篇研究的是社会总资本的运动，要弄清这一篇研究的对象，首先要懂得什么叫社会总资本。

社会总资本或叫社会资本，是指资本主义社会中互相联系的所有单个资本的总和。社会总资本的运动是由个别资本的运动汇合而成的。“社会资本＝单个资本……之和，社会资本的总运动＝各单个资本的运动的代数和。”(第 2 卷第 113 页)“社会资本的运动，由社会资本的各个独立部分的运

动的总和，即各个单个资本的周转的总和构成。”（第 2 卷第 390 页）

研究社会总资本的再生产和流通，就是研究各单个资本运动总和的不断更新不断重复的生产过程。

由于商品资本既包括生产消费又包括个人消费，既包括资本流通，又包括剩余价值流通和一般商品流通。所以，社会总资本再生产和流通的分析，是以商品资本为对象的。“在 W′…W′运动中，正是要通过说明总产品 W′的每一价值部分会变成什么，才能认识社会再生产的条件。在这里，总的再生产过程既包括资本本身的再生产过程，也包括以流通为媒介的消费过程。”（第 2 卷第 436 页）

平衡分析法是其特点

马克思在这一篇突出地运用了平衡分析法。无论是分析简单再生产，还是扩大再生产，都不仅分析了再生产实现的前提条件，而且分析了平衡条件和平衡公式。例如，Ⅰ(v＋m)＝Ⅱc，既是简单再生产实现的一个前提条件，又是平衡条件；又如扩大再生产，马克思不仅分析了扩大再生产的前提条件之一是：Ⅰ(v＋m)＞Ⅱc，而且分析了它的平衡条件是：Ⅰ(v＋m)＝Ⅱc＋ⅠΔc＋ⅡΔc。再生产实现的前提条件说明，符合这个条件再生产就有可能进行，有了平衡条件说明符合这个条件再生产才能顺利实现。在再生产中不断求得新的平衡，不仅是第二卷第三篇运用的一种方法，而且也是再生产顺利实现的重要条件。

社会再生产理论的组成

这一篇由第十八章到第二十一章组成。第十八章《导言》，主要是告诉我们这一篇研究的对象是社会总资本的再生产和流通。第十九章《前人对这个问题的阐述》，主要是评价资产阶级古典政治经济学的再生产理论。这一章分为三节：第一节《重农学派》，马克思肯定了重农学派的代表者魁奈对再生产理论的贡献；第二节《亚当·斯密》，主要是批判斯密在再生产理论上的错误；第三节《以后的经济学家》，主要是说明斯密以后的经济学家由于受斯密的影响，在再生产理论上没有取得什么新成就。马克思在第十九章批判地研究了资产阶级古典政治经济学的再生产理论以后，接着在第二十、二十一章正面阐述自己关于社会再生产的理论。由于社会再生产可以分为简单再生产和扩大再生产两种类型，而且简单再生产是扩大再生产的基础和出发点，所以，第二十章先分析《简单再生产》。第二十一章研究《积累和扩大再生产》。

可见,学习这一篇重点应放在第二十章和第二十一章,同时,第十八章也不能忽视。

(一) 研究对象和货币资本的作用

第十八章是导言,具体分为两节:第一节讲研究的对象,第二节讲货币资本的作用。

社会再生产研究的对象和范围

第三篇研究的对象是社会总资本的再生产和流通,或者说就是社会总资本的运动。社会总资本的运动,由社会资本的各个独立部分的运动总和所构成,也就是由各个单个资本的周转的总和所构成。社会资本的再生产和流通,包括直接的再生产过程和流通过程,是直接生产过程和流通过程的统一。“资本的再生产过程,既包括这个直接的生产过程,也包括真正流通过程的两个阶段,也就是说,包括全部循环。”(第 2 卷第 389 页)

作为社会总资本的再生产和流通,与第二卷第一篇和第二篇研究的个别资本的再生产和流通,在研究对象和范围上是有很大区别的。

第一,社会总资本的再生产和流通,不仅包括生产消费,而且包括个人消费。“这个总过程,既包含生产消费(直接的生产过程)和作为其媒介的形式转化(从物质方面考察,就是交换),也包含个人消费和作为其媒介的形式转化或交换。”(第 2 卷第 390 页)从个别资本来看,资本家也要以一部分剩余价值作为收入,供个人消费;工人所得工资也要用于个人消费。但这种个人消费是在资本的运动过程以外进行的,不属于资本流通的范围。但是,从社会角度来看,资本家和工人购买个人消费品的过程,同时也就是生产消费品的资本主义企业出卖商品的过程,就是他的商品资本转化为货币资本的过程。所以,在社会总资本的运动中包括个人消费。

第二,正由于社会总资本的运动包括个人消费,所以,社会总资本的运动不仅包括资本流通,而且包括媒介个人消费的一般商品流通。“社会总资本的循环却包括那种不属于单个资本循环范围内的商品流通,即包括那些不形成资本的商品的流通。”(第 2 卷第 392 页)

第三,社会总资本的再生产和流通,不仅包括资本的流通,而且包括剩余价值的流通。剩余价值的流通，一般说来可以分为两部分：一部分作为追加资本加入资本流通，另一部分作为收入进行个人消费，加入一般商品流通。“资本的循环也包括剩余价值的流通，因为剩余价值构成商品资本的一部分。”(第 2 卷第 391 页)

货币资本在社会再生产中的作用

为什么把货币资本的作用作为第三篇的导言来讲，恩格斯在这一节的一开始就指出：“虽然下面阐述的内容属于本篇的后面部分，但我们还是想立即在这里研究一下，就是说，把货币资本作为社会总资本的一个组成部分来考察。”(第 2 卷第 392 页)这就是说，货币资本是社会总资本的一个组成部分，在社会总资本的再生产和流通中具有重要作用。因此，必须放在导言中先分析。

在单个资本周转时，货币资本显示了两个作用：第一，资本运动总是从货币开始，“它是每个单个资本登上舞台，作为资本开始它的过程的形式。因此，它表现为发动整个过程的第一推动力。”(第 2 卷第 393 页)第二，预付资本任何时候都有一部分保持货币形式。但是，“由于周转期间的长短不同和周转期间两个组成部分——劳动期间和流通期间——的比例不同，必须不断以货币形式预付和更新的那部分预付资本价值与它所推动的生产资本即连续进行的生产的规模之间的比例，也就不同。”(第 2 卷第 393 页)

关于第一点，从社会总资本的运动来看，除了运动是从货币资本开始以外，还表明不增加货币资本也能扩大再生产。“并入资本中的各种生产要素的扩大，在一定界限之内，不是取决于预付货币资本的量。”(第 2 卷第 393—394 页)这是因为：

第一，通过延长劳动时间、提高劳动强度，加强对劳动力的剥削，可以扩大再生产。

第二，通过对自然物进行充分合理的使用，可以扩大生产规模。

第三，通过更加有效地利用劳动资料，提高设备利用率或延长设备使用时间，可以扩大生产规模。

第四，通过充分利用科学技术的成果，可以扩大生产规模。

第五，通过劳动的社会结合和提高劳动力的熟练程度，可以扩大再生产。

第六，通过提高劳动生产率来扩大生产规模。

第七，通过加强资本的集中，也可以扩大生产规模。

第八，通过缩短周转时间，也可以扩大生产规模。

以上“这一切显然和真正的货币资本问题无关。这只是表明，预付资本……在转化为生产资本之后，它含着生产的潜力，这些潜力的界限，不是由这个预付资本的价值界限规定的，这些潜力能够在一定的活动范围之内，在外延方面或内涵方面按不同程度发挥作用”(第 2 卷第 395 页)。

关于第二点，从社会总资本的运动来看，社会预付资本在任何时候也必须有一部分采取货币形式，因为只有这样社会再生产才不会停止。但从社会总资本角度看，货币预付量大小随周转期间而变化。

周转期间分为两部分：生产时间和流通时间。由于资本总要有一部分采取货币形式，所以周转时间越长，需要的货币资本量就越大。但是，随着资本主义发展，特别是信用制度和股份公司的发展，这种货币资本不再受单个资本家所拥有的货币资本量的限制。

“有些事业在较长时间内取走劳动力和生产资料，而在这个时间内不提供任何有效的产品；而另一些生产部门不仅在一年间不断地或者多次地取走劳动力和生产资料，而且也提供生活资料和生产资料。在社会公有的生产的基础上，必须确定前者按什么规模进行，才不致有损于后者。”“在社会公有的生产中，货币资本不再存在了。社会把劳动力和生产资料分配给不同的生产部门。生产者也许会得到纸的凭证，以此从社会的消费品储备中，取走一个与他们的劳动时间相当的量。这些凭证不是货币，它们是不流通的。”(第 2 卷第 396—397 页)在这里马克思告诉我们，社会主义社会，货币资本不再存在了。但是，社会主义社会要正确处理好生产周期长与生产周期短的部门之间的关系，要实行按劳分配的原则。

（二）简单再生产的实现条件

由于简单再生产是扩大再生产的前提和出发点，因此，马克思在第二卷第二十章分析简单再生产，也就是分析在没有积累的情况下，社会再生产的实现条件。

这一章一共由 13 节组成，大体上可以分为以下几种类型：

第一类属于导言性质的，包括第一节《问题的提出》和第二节《社会生产的两个部类》。这一部分是讨论这一章研究的对象、前提和出发点等问题的。

第二类是属于基本内容方面的，包括第三节《两个部类之间的交换：Ⅰ(v+m)和Ⅱc的交换》、第四节《第Ⅱ部类内部的交换。必要生活资料和奢侈品》、第六节《第Ⅰ部类的不变资本》、第七节《两个部类的可变资本和剩余价值》、第八节《两个部类的不变资本》、第十一节《固定资本的补偿》。这一部分分析简单再生产实现的条件问题，是这一章的中心和主要内容。

第三类是属于基本内容引申和补充方面的，包括第五节《货币流通在交换中的媒介作用》和第十二节《货币材料的再生产》。

第四类是属于批判资产阶级再生产理论的，包括第九节《对于亚当·斯密、施托尔希和拉姆赛的回顾》[①]、第十节《资本和收入：可变资本和工资》、和第十三节《德斯杜特·德·特拉西的再生产理论》[②]。

所以，这一章的主要内容在第一、二、三、四、六、七、八、十一节。

简单再生产是扩大再生产的基础和出发点

所谓简单再生产，就是指生产过程在原有规模上的重复，它是相对于扩大再生产而言的。所谓扩大再生产就是生产过程比原有规模更大的再生产。资本主义再生产的特点是规模扩大的再生产而不是简单再生产。那么，为什么分析社会总资本的再生产，要先从简单再生产开始呢？

首先，简单再生产是扩大再生产的现实要素和出发点。扩大再生产无非就是规模比原来更大的再生产，也就是说，扩大再生产是在简单再生产的基础上，把它的生产规模加以扩充和提高。“只要有积累，简单再生产总是积累的一部分，所以，可以就简单再生产本身进行考察，它是积累的一个现实因素。”(第2卷第438页)这就是说，在扩大再生产条件下，简单再生产是扩大再生产的一个组成部分，是进行扩大再生产所必经的一个阶段。为了使扩大再生产得以顺利进行，第一步必须先达到原有的生产规模，必须首先保证简单再生产，然后以此为出发点，进行扩大再生产。

其次，简单再生产是实现扩大再生产的物质基础。要扩大再生产就必须有一定数量追加的生产资料和消费资料。这些追加的物质要素，都是上

---

① 安得列依(亨利希·昂利)施托尔希(1766—1835)，俄国经济学家、统计学家和历史学家，彼得堡科学院院士，资产阶级古典政治经济学的模仿者。乔治·拉姆赛(1800—1871)，英国经济学家，资产阶级古典政治经济学的后期代表人物之一。

② 安都昂·路易·克劳德·德斯杜特·德·特拉西(1754—1836)，法国庸俗经济学家，感觉论哲学家，君主立宪的拥护者。

一期生产出来的，也就是说都是原来简单再生产节余和积累的结果。“如果只考察价值量，扩大再生产的物质基础是在简单再生产内部生产出来的。”(第2卷第560页)扩大再生产只能由简单再生产生产出来，扩大再生产必须也只能是在简单再生产基础上进行。如果不首先维持和恢复简单再生产，就从事扩大再生产，这是没有基础的，不牢靠的，必将影响整个社会再生产的正常进行。

第三，从简单再生产开始是从抽象到具体的方法的运用。“在资本主义基础上，没有任何积累或规模扩大的再生产是一种奇怪的假定，另一方面，生产条件在不同的年份不是绝对不变的(而假定它们是不变的)，那末，规模不变的简单再生产就只是一个抽象。”(第2卷第438页)但这是一个科学的合理的抽象。这是因为研究扩大再生产的实现条件，主要困难不在于积累，而在于两大部类之间的相互关系，在于价值补偿和实物补偿。先把积累因素抽象掉，从分析简单再生产开始，有利于集中注意力来解决这个难题。这样，就为研究扩大再生产奠定了基础。

社会总产品的价值补偿和实物补偿

社会总资本再生产的条件，就是社会总产品各个组成部分如何实现的条件，也就是社会再生产的价值补偿和实物补偿的问题。社会总资本的运动“不仅是价值补偿，而且是物质补偿，因而既要受社会产品的价值组成部分相互之间的比例的制约，又要受它们的使用价值，它们的物质形式的制约”(第2卷第437—438页)。

所谓价值补偿，是指产品价值的各个组成部分如何从商品形态转化为货币形态的问题，也就是社会总产品的各个部分如何卖出和卖给谁的问题。

所谓实物补偿，是指社会产品价值的各个部分在实现为货币形态以后，又如何取得所需要的商品的问题，也就是资本家如何和从哪里购到再生产所需要的生产资料，资本家和工人又如何和从哪里购买到消费品的问题。

只有社会总产品的各个组成部分既在价值上得到补偿，又在实物上得到补偿，社会总资本的再生产才能继续进行。因此，社会总资本再生产的核心问题，是社会总产品的实现问题，也就是社会总产品的价值补偿和物质补偿的问题。

那么，什么叫社会总产品呢？社会总产品就是社会在一定时期内，通常是指一年中所生产的全部物质资料的总和。它是由一个国家工业、农业、建筑业等物质生产部门的劳动者共同创造的。社会总产品既是生产过程的结果，又是再生产过程的条件，是整个社会存在和发展的物质基础。

社会总产品从实物形态来看是由生产资料和消费资料两部分组成的。生产资料就是必须进入或至少能够进入生产消费的产品，它是人们从事物质资料生产所必需的一切物质条件，也就是人们在生产过程中所使用的劳动资料和劳动对象的总和，包括土地、森林、矿藏、机器、厂房、原材料等等。消费资料就是进入个人消费的产品，它是用来满足人们物质和文化生活需要的那部分社会产品，包括人们吃的、住的、穿的、用的各种消费品。马克思按照社会总产品的实物形态，把社会生产分成两大部类：第Ⅰ部类生产资料生产（简称Ⅰ）和第Ⅱ部类消费资料生产（简称Ⅱ）。

社会总产品从价值形态来看是由不变资本、可变资本和剩余价值三部分组成的。不变资本部分（以 c 表示），就是已消耗的生产资料的价值，是旧价值的转移；可变资本部分（以 v 表示），就是劳动力价值的等价，相当于资本家支付的工资；剩余价值（以 m 表示），就是产业工人剩余劳动创造的价值。所以，社会总产品从价值构成来说，由 c＋v＋m 三部分组成。

把社会总产品按实物形态分为生产资料和消费资料两大部类，按价值形态分为 c、v、m 三个部分，是分析社会再生产的前提。只有弄清了社会产品的组成，才能分析社会总产品的实现问题。

简单再生产的基本交换关系

研究简单再生产首先要以如下图式为出发点：

Ⅰ　4 000c＋1 000v＋1 000m＝6 000

Ⅱ　2 000c＋500v＋500m＝3 000

在以上图式中第Ⅰ部类产品的价值是 6 000，其实物形态都是生产资料；第Ⅱ部类产品的价值是 3 000，其实物形态是消费资料，全部产品总价值为 9 000。为了保证简单再生产的顺利进行，两大部类的产品必须经过相互间的交换，才能得到价值补偿和实物补偿。简单再生产有三个基本交换关系。

1. 第Ⅱ部类工人的工资 500v 和资本家的剩余价值 500m，必须用于消费资料。它们将在第Ⅱ部类内部的相互交换中实现。这样，就有 Ⅱ(500v＋

500m)＝1 000，以消费资料形式从总产品中消失。

2. 第Ⅰ部类的1 000v＋1 000m，同样必须用于消费资料，即用于第Ⅱ部类的产品。因此，它们必须同第Ⅱ部类与它们价值相等的不变资本部分2 000c进行交换。这样，第Ⅰ部类得到价值相等的消费资料，第Ⅱ部类得到价值相等的生产资料。因此，就有Ⅱ2 000c和Ⅰ(1 000v＋1 000m)从计算中消失。

3. 还剩下Ⅰ4 000c，它们由生产资料构成，只能用于第Ⅰ部类，以便补偿该部类消费掉的不变资本。因此，要通过第Ⅰ部类内部的相互交换来解决。

以上三种基本交换关系可以图示如下：

Ⅰ　③ 4 000c ＋ 1 000v＋1 000m ＝6 000

②

Ⅱ　2 000c ＋ 500v＋500m ① ＝3 000

简单再生产两大部类之间交换的实现条件

“在简单再生产中，第Ⅰ部类的商品资本中的v＋m价值额(也就是第Ⅰ部类的总商品产品中与此相应的比例部分)，必须等于不变资本Ⅱc，也就是第Ⅱ部类的总商品产品中分出来的与此相应的部分；或者说，Ⅰ(v＋m)＝Ⅱc。”(第2卷第446页)这是马克思在第三节分析两个部类之间的交换：Ⅰ(v＋m)和Ⅱc的交换后得出的结论。这个结论告诉我们，简单再生产两大部类之间交换的实现条件的基本公式是：

Ⅰ(v＋m)＝Ⅱc

这个公式的含义说明，第Ⅰ部类的可变资本加剩余价值，应等于第Ⅱ部类的不变资本。按照前例就是：

Ⅰ　4 000c＋ 1 000v＋1 000m ＝6 000

Ⅱ　2 000c ＋500v＋500m＝3 000

Ⅰ(v＋m)＝Ⅱc就是Ⅰ(1 000v＋1 000m)＝Ⅱ2 000c

这一公式体现了社会生产两大部类之间的内在联系。它表明，要使简单再生产能够正常进行，第Ⅰ部类生产资料的生产和第Ⅱ部类对生产资料的需要之间，以及第Ⅱ部类消费资料的生产和第Ⅰ部类对消费资料的需要之间，都必须保持适当的比例。只有在这个条件下，社会产品的各个组成部分才能顺利实现价值补偿和实物补偿，从而社会总资本的简单再生产才能正常进行。

这一公式是简单再生产两大部类之间实现的基本条件也是平衡条件。

第Ⅱ部类内部交换的实现条件

简单再生产要顺利实现，不仅两大部类之间要保持一定的比例关系，需要平衡，而且第Ⅱ部类的内部各分类之间也要保持一定比例关系，也要平衡。

为了研究第Ⅱ部类内部交换的实现条件，又可以把第Ⅱ部类分成两个辅类：

1. 必要的消费资料（必需品），它们进入工人阶级的消费，同时也构成资产阶级消费的一部分。

2. 奢侈消费资料（奢侈品），它们只进入资产阶级的消费，所以只能和花费的剩余价值交换。

在第Ⅱ部类分为两个辅类以后，第Ⅱ部类内部的交换情况如下：

$$\text{Ⅱ}_a 1\,600c + 400v + (240 + \boxed{160)m} = 2\,400$$

$$\text{Ⅱ}_b 400c + \boxed{100v + (60} + 40)m = 600$$

这就是说，第Ⅱ部类内部交换的实现是：

$$\text{Ⅱ}_a 160m = \text{Ⅱ}_b (100v + 60m) \text{ 或者是}$$
$$\text{Ⅱ}_b 100v < \text{Ⅱ}_a 160m$$

如果把剩余价值中资本家用于必需品消费的部分称为 m_1，把剩余价值中资本家用于奢侈品消费的部分称为 m_2，那么，第Ⅱ部类内部交换实现的条件就是：

$$\text{Ⅱ}_a m_2 = \text{Ⅱ}_b (v + m_1) \text{ 或者}$$
$$\text{Ⅱ}_b v < \text{Ⅱ}_a m$$

从以上我们可以看出，把第Ⅱ部类内部交换加进来以后，简单再生产的实现条件除了 Ⅰ(v＋m)＝Ⅱ$_c$ 以外，还要加上一条：

$$Ⅱ_a m_2 = Ⅱ_b(v + m_1)$$ 或者

$$Ⅱ_b v < Ⅱ_a m$$

就第Ⅱ部类内部的交换来说，由于生活必需品(即Ⅱ$_a$)部门中资本家获得的剩余价值，必须有一部分作为自己的消费，多余部分才能与生产奢侈品的部门Ⅱ$_b$v 交换。因此，“投入奢侈品生产的 v，必须等于以必要生活资料形式生产的 m 中和它的价值量相适应的部分，因而就必然小于这整个 m，即小于(Ⅱ$_a$)m。”(第 2 卷第 453 页)

第Ⅰ部类内部的交换

简单再生产的顺利实现，不仅有两大部类之间的交换、第Ⅱ部类内部的交换，而且还要有第Ⅰ部类内部的交换。

马克思实际上已经把第Ⅰ部类也分成两个辅类，即生产生产资料的生产资料部门和生产消费资料的生产资料部门。“它是用来生产Ⅰc 的生产资料，而不是用来生产Ⅱc 的生产资料的，是用来生产生产资料的生产资料，而不是用来生产消费资料的生产资料的。”“为了从简单再生产过渡到扩大再生产，第Ⅰ部类的生产要能够少为第Ⅱ部类制造不变资本的要素，而相应地多为第Ⅰ部类制造不变资本的要素。”(第 2 卷第 560 页)

在第Ⅰ部类内部，生产生产资料与生产消费资料的生产资料之间，要保持一定的比例关系，而与第Ⅱ部类交换的是生产消费资料的生产资料，因此，在第Ⅰ部类内部交换的，从价值形态来说是Ⅰc，从物质形态来说是生产生产资料的生产资料。

Ⅰc 在第Ⅰ部类的用途是供生产消费之用。这有两种情况：

一部分作为本部门的生产资料，直接进入本生产部门，如煤炭用于煤炭生产，钢铁以机器形式进入钢铁的生产。

另一部分是在第Ⅰ部类内部流通，经过流通供第Ⅰ部类内其他有关部门生产消费之用。

在这里，马克思还提到社会主义社会第Ⅰ部类内部的交换也同样有两种情况，一部分留在本部门消费，另一部分转移到其他部门消费。“如果生产是社会公有的，而不是资本主义的，那末很明显，为了进行再生产，第Ⅰ部类的这些产品同样会不断地再作为生产资料在这个部类的各个生产部门之间进行分配，一部分直接留在这些产品的生产部门，另一部分则转入其它生产场所，因此，在这个部类的不同生产场所之间发生一种不断往返的运动。”（第2卷第473—474页）

两个部类的可变资本和剩余价值

从两大部类交换的条件和公式：Ⅰ(v+m)=Ⅱc，还可以派生出一个从第Ⅱ部类出发的两大部类之间进行交换的条件和公式，这就是：

$$Ⅱ(c+v+m)=Ⅰ(v+m)+Ⅱ(v+m)$$

这个公式的含义说明第Ⅱ部类每年生产的消费资料总价值要等于两大部类可变资本和剩余价值的总和，或者说每年生产的消费资料总价值等于当年新创造的价值。

这一公式表明了第Ⅱ部类消费资料产品的实现与两大部类工人和资本家个人消费之间的关系。在简单再生产条件下，第Ⅱ部类生产的消费资料在价值形态上，应该和全社会工人取得的工资和资本家占去的剩余价值总和相等；在实物形态上，应该与工人和资本家所需要的消费资料相适应。

但是，这个公式不是简单再生产的基本公式，而是派生公式。在公式Ⅰ(v+m)=Ⅱc的两端都加Ⅱ(v+m)，就可以得出Ⅱ(c+v+m)=Ⅰ(v+m)+Ⅱ(v+m)。

两个部类的不变资本

从两大部类交换的基本条件和公式Ⅰ(v+m)=Ⅱc，还可以派生出一个从第Ⅰ部类出发的两大部类之间进行交换的条件和公式，这就是：

$$Ⅰ(c+v+m)=Ⅰc+Ⅱc$$

这个公式的含义是，第Ⅰ部类所生产出的生产资料的价值总和应该等于两大部类不变资本价值的总和。

这一公式表明了生产资料的生产同两大部类对生产资料需要之间的关系。在简单再生产条件下，第Ⅰ部类生产资料的供给应该同两大部类对生产资料的需要相等。

这一公式也是一个派生公式，在公式Ⅰ(v+m)=Ⅱc的两端都加上Ⅰc就可以得出Ⅰ(c+v+m)=Ⅰc+Ⅱc。

所以，简单再生产两大部类之间的交换，虽然有三个公式，这三个公式也代表不同的含义。但是，简单再生产两大部类之间交换的基本条件和基本公式只有一个，就是 Ⅰ(v＋m)＝Ⅱc，它既是前提条件又是平衡条件。因此，简单再生产两大部类之间的实现条件通常用 Ⅰ(v＋m)＝Ⅱc 这个公式来表示就可以了。

固定资本的补偿问题加进后的实现问题

以上分析简单再生产的实现条件是，假定产品价值组成部分的不变资本价值(c)都是在一年中一次全部转移到新产品中去的，并且都要由当年社会产品中取得实物补偿。但是，实际上不变资本又是由两部分组成的：一部分是不变的流动资本，如原材料等是在生产过程中一次全部转移，当年全部补偿的；还有一部分是不变的固定资本，如机器、厂房等等，它们的价值是每年只转移一部分到新产品中去，它的实物形态也不需要每年重新补偿。这样就会产生一个矛盾，每年都要有一部分固定资本的价值通过出卖产品来实现，但是这一部分价值不能当年就买。因此，在全部产品价值中有一部分只卖不买，这样全社会就会有一部分生产资料的价值不能实现，从而，社会再生产也就不能顺利进行。

这个矛盾是可以解决的。这是因为，社会总资本是由许多单个资本形成的，在社会再生产过程中，各个资本家的固定资本可以处在不同的使用阶段。一部分资本家的固定资本在提取折旧基金，积累货币，暂时不买；另一部分资本家的固定资本已经折旧完毕，可以用积累的货币来进行固定资本更新。如果更新的固定资本价值总额Ⅱc(1)和尚在使用的固定资本的年折旧总额Ⅱc(2)，这两者在时间上相互衔接，而且价值上也相等，那么，社会再生产仍然能够顺利进行。这就是说，如果把固定资本补偿问题加进去，简单再生产的实现条件，还要加上 Ⅱc(1)＝Ⅱc(2)。“在这里先决条件显然是：第Ⅱ部类不变资本的这个固定组成部分，即按自己的全部价值再转化为货币，因而每年要用实物更新的固定组成部分(第 1 部分)应该等于第Ⅱ部类不变资本中另一个固定组成部分的年损耗，也就是等于以旧的实物形式继续执行职能，而其损耗(即转移到所参与生产的商品中去的价值损失)先要用货币来补偿的那个固定组成部分的年损耗。因此，这样一种平衡，好象就是规模不变的再生产的规律了；换句话说，因为生产生产资料的第Ⅰ部类一方面要提供第Ⅱ部类不变资本的流动组成部分，另一方面要提供它的固定组成部分，

所以，劳动在第Ⅰ部类的分配比例必须保持不变。”(第2卷第521页)

在资本主义社会中，由于平衡只是一种偶然现象，这二者时间上不衔接，价值上不等是经常的。这样，就必然会产生货币不足、商品过剩，或者货币过剩、商品不足的现象。因此，需要有一种不断的生产过剩来补救。在资本主义社会，这种生产过剩是危机的一个要素，因而是一种祸害。

但是，在社会主义条件下，这二者的关系比较容易解决，它可以通过必要的物资储备来调节，即“用不断的相对的生产过剩来补救”。“再生产的资本主义形式一旦废除，问题就归结如下：寿命已经完结因而要用实物补偿的那部分固定资本(这里是指在消费资料生产中执行职能的固定资本)的数量大小，是逐年不同的。如果在某一年数量很大……那在下一年就一定会很小。假定其它条件不变，消费资料年生产所需的原料、半成品和辅助材料的数量不会因此减少；因此，生产资料的生产总额在一个场合必须增加，在另一个场合必须减少。这种情况，只有用不断的相对的生产过剩来补救：一方面要生产出超过直接需要的一定量固定资本；另一方面，特别是原料等等的储备也要超过每年的直接需要(这一点特别适用于生活资料)。这种生产过剩等于社会对它本身的再生产所必需的各种物质资料的控制。但是，在资本主义社会内部，这种生产过剩却是无政府状态的一个要素。”(第2卷第526—527页)

从上面的分析中我们可以看出，马克思认为简单再生产的实现条件应该有四条：第一条，也是最主要的一条是 $\mathrm{I}(v+m)=\mathrm{II}c$；第二条是 $\mathrm{II}_a m_2=\mathrm{II}_b(v+m_1)$ 或 $\mathrm{II}_b v<\mathrm{II}_a m$；第三条是Ⅰ内部的交换；第四条是 $\mathrm{II}c(1)=\mathrm{II}c(2)$。另外，还有两个派生条件，一条是：$\mathrm{II}(c+v+m)=\mathrm{I}(v+m)+\mathrm{II}(v+m)$；另一条是：$\mathrm{I}(c+v+m)=\mathrm{I}c+\mathrm{II}c$。在一些政治经济学的通俗读物中，通常只讲第一条，这不能说是错的，因为这已经抓住了最主要最基本的条件；但是这不够全面和准确。至于有些专门研究再生产实现条件的专论和专著，强调简单再生产的实现条件只有一条，并想以此来指导实践，那就很值得研究了。

(三) 扩大再生产的实现条件

资本主义再生产的特征，不是简单再生产，而是扩大再生产。马克思在

第二卷第二十一章分析扩大再生产条件下，社会再生产实现的条件。这一章由四节组成：第一节研究第Ⅰ部类的积累；第二节研究第Ⅱ部类的积累；第三节用公式来说明积累，实际上是分析扩大再生产实现的前提条件和平衡条件，是这一章的中心；第四节补充说明，是讲积累中的货币从何而来的问题。所以，这一章的主要内容在第三节。

这一章马克思在具体分析扩大再生产的实现时，是以积累为前提的。

要进行积累用以扩大再生产，必须具备两个条件：首先，必须把一部分剩余价值贮藏起来变成货币积累，并且要积累到一定数量，足够在实际上去扩大生产规模；第二，能够在市场上买到追加的生产资料和劳动力，以及维持追加劳动力所必需的消费资料。在资本主义社会，由于存在大量失业工人，要追加劳动力是不成问题的；但是，要追加生产资料和生活资料，社会总产品的各个组成部分就不能保持简单再生产时的那种比例关系，而必须建立新的比例关系。

每个资本家都要进行积累，都要先有货币积累，这只有卖了以后不买才能做到。大家都卖，买者是谁？也就是说，为进行积累的货币到底从何而来？要解决这个问题，就要把第Ⅰ部类和第Ⅱ部类的积累区别开来分析。

第Ⅰ部类的积累

要扩大再生产，首先第Ⅰ部类要积累。第Ⅰ部类积累包括货币积累和实际积累，而且货币积累要先于实际积累。实际积累就是追加不变资本和可变资本。

货币积累过程，一方面是只卖不买进行货币贮藏，但要有另一部分人只买不卖，把货币投入流通。这种情况是可能的，因为一部分人进行货币积累时，另一部分资本家在进行实际积累，把货币投入市场。但是，要投入市场的货币等于积累的货币，才能达到平衡。在资本主义社会这种平衡是偶然的现象。“在这种生产的自发形式中，平衡本身就是一种偶然现象。”（第2卷第558页）

要进行实际积累，首先要追加不变资本。追加不变资本是由工人创造的剩余产品形成的，在这里剩余产品是由生产生产资料的生产资料构成的。追加不变资本是用来生产生产资料的生产资料，而不是用来生产消费资料的生产资料，所以，它在本部类中使用。需要追加多少不变资本，这取决于生产规模的大小和劳动生产率的状况。由于追加不变资本，扩大再生产所需要的货币量就更大。“已经在一个国家执行职能的生产资本(包括并入生产资本的劳动力,即剩余产品的创造者)越多,劳动的生产力,从而生产资料生产迅速扩大的技术手段越发展,因而,剩余产品的量无论在价值方面或在价值借以体现的使用价值量方面越大。”(第 2 卷第 561 页)

要进行实际积累还要追加可变资本。在资本主义制度下,要追加可变资本是不成问题的。首先,资本主义社会总是存在着大量相对过剩人口,劳动力总是准备好了的;其次,由于资本有机构成不断提高,不增加劳动力也可以推动更多的劳动。虽然“没有积累,还是能够在一定界限之内扩大它的生产规模。但是,这里要讲的是特定意义上的资本积累,因此,生产的扩大,要取决于剩余价值到追加资本的转化,也就是要取决于作为生产基础的资本的扩大”(第 2 卷第 565 页)。

第Ⅱ部类的积累

第Ⅰ部类要积累,第Ⅱ部类也要积累。第Ⅱ部类积累与第Ⅰ部类一样,也就是剩余价值不能全部用于资本家个人消费,还要有一部分剩余价值转化为资本。

第Ⅱ部类追加资本扩大再生产要碰到一个问题,也就是第Ⅰ部类的各个要素要重新组合,第Ⅱ部类内部也要重新组合。“我们在这里涉及的是一种特殊的现象,这种现象之所以发生,只是由于第Ⅰ部类的各要素之间(就再生产来说)有了不同的组合,没有这种组合的变化,就根本不可能发生规模扩大的再生产。”(第 2 卷第 570 页)。因为第Ⅰ部类的重新组合不仅涉及本部类,而且涉及第Ⅱ部类,所以,扩大再生产条件下的实现条件要用公式才能说明。

扩大再生产的开端公式

马克思分析扩大再生产以下列公式为开端公式:

$$\text{Ⅰ}\quad 4\,000c+1\,000v+1\,000m=6\,000$$
$$\text{Ⅱ}\quad 1\,500c+750v+750m=3\,000$$

这个公式的假设条件是:第一,第Ⅰ部类的总产品价值大于第Ⅱ部类;第二,Ⅰ(v+m)>Ⅱc;第三,第Ⅰ部类有机构成是 4∶1,第Ⅱ部类的有机构成是 2∶1;第四,两大部类的剩余价值率都是 100%。如果再假设第Ⅰ部类的积累率为 50%,第Ⅱ部类的积累率根据第Ⅰ部类的需要而变化,那么,为积累的目的而改变的组合如下:

$$\text{Ⅰ} \quad 4\,400c + 1\,100v + 500 \text{消费基金} = 6\,000$$
$$\text{Ⅱ} \quad 1\,600c + 800v + 600 \text{消费基金} = 3\,000$$

这样一个为积累而改变的组合是根据以上假设条件逐步推导出来的。

先看第Ⅰ部类，由于积累率是 50%，因此第Ⅰ部类的积累额就等于 $\text{Ⅰ}_m(1\,000) \times 50\% = 500$，$\text{Ⅰ}_m 1\,000$ 减去 500 积累基金剩下来的就是 500 消费基金。又由于第Ⅰ部类的有机构成是 4∶1，因此，作为积累基金的追加资本 500，400 用于不变资本，因而，$\text{Ⅰ}_c = 4\,000 + 400 = 4\,400$；100 用于追加可变资本，因而，$\text{Ⅰ}v = 1\,000 + 100 = 1\,100$。

再看第Ⅱ部类，由于第Ⅰ部类有 1 100 Ⅰv 和 500 消费基金共 1 600，需要和第Ⅱ部类消费资料进行交换；而第Ⅱ部类本来能拿出与第Ⅰ部类交换的只有 1 500 Ⅱ_c，为了适应第Ⅰ部类的需要就必须追加 100 Ⅱ_c，这要在 Ⅱ_m 中扣除。因此，第Ⅱ部类为积累的不变资本即 $\text{Ⅱ}_c = 1\,500 + 100 = 1\,600$。又由于第Ⅱ部类的有机构成是 2∶1，$\text{Ⅱ}_c$ 追加 100，Ⅱ_v 相应要追加 50，这 50 也要在 Ⅱ_m 中扣除。这样 Ⅱ_v 就 $= 750 + 50 = 800$。Ⅱ_m 原为 750 要减去 100 作为追加不变资本，又要减去 50 作为追加可变资本。因此，第Ⅱ部类的消费基金为 $750 - 100 - 50 = 600$。

所以，为扩大再生产而改变的两大部类的组合公式就是：

$$\text{Ⅰ} \quad (4\,000+400)c + (1\,000+100)v + 500(1\,000-400-100) \text{消费基金} = 6\,000$$

$$\text{Ⅱ} \quad (1\,500+100)c + (750+50)v + 600(750-100-50) \text{消费基金} = 3\,000$$

其中用于再生产的资本是：

$$\text{Ⅰ} \quad 4\,400c + 1\,100v = 5\,500$$
$$\text{Ⅱ} \quad 1\,600c + 800v = 2\,400$$

如果以此为出发点进行再生产，那么，第二年年终就可得出：

$$\text{Ⅰ} \quad 4\,400c + 1\,100v + 1\,100m = 6\,600$$
$$\text{Ⅱ} \quad 1\,600c + 800v + 800m = 3\,200$$

以此类推，第三年年终为：

$$\left.\begin{cases}\text{I} & 4\,840c+1\,210v+1\,210m=7\,260\\ \text{II} & 1\,760c+880v+880m=3\,520\end{cases}\right\}=10\,780$$

第四年年终为：

$$\left.\begin{cases}\text{I} & 5\,324c+1\,331v+1\,331m=7\,986\\ \text{II} & 1\,936c+968v+968m=3\,872\end{cases}\right\}=11\,858$$

第五年年终为：

$$\left.\begin{cases}\text{I} & 5\,856c+1\,464v+1\,464m=8\,784\\ \text{II} & 2\,129c+1\,065v+1\,065m=4\,259\end{cases}\right\}=13\,043$$

第六年年终为：

$$\left.\begin{cases}\text{I} & 6\,442c+1\,610v+1\,610m=9\,662\\ \text{II} & 2\,342c+1\,172v+1\,172m=4\,686\end{cases}\right\}=14\,346$$

"在五年规模扩大的再生产期间，第Ⅰ部类和第Ⅱ部类的总资本，已经由 5 500c＋1 750v＝7 250，增加到 8 784c＋2 782v＝11 566，也就是按 100∶160 之比增加了。总剩余价值原来是 1 750，现在是 2 782。已经消费的剩余价值，原来在第Ⅰ部类是 500，在第Ⅱ部类是 600，合计＝1 100；但是在最后一年，在第Ⅰ部类是 732，在第Ⅱ部类是 745，合计＝1 477，因此，是按 100∶134 之比增加了。"(第 2 卷第 580 页)

扩大再生产实现的前提条件

要实现扩大再生产首先必须满足两个前提条件和公式。

第一，扩大再生产必须有追加的生产资料，作为两个部类追加不变资本之用。这种追加的生产资料是由第Ⅰ部类的剩余产品提供的。"既然把积累作为前提，Ⅰ(v ＋ m)就大于Ⅱc，而不象简单再生产那样，和Ⅱc 相等；因为 1.第Ⅰ部类已经把它的一部分剩余产品并入自己的生产资本……2.第Ⅰ部类要用它的剩余产品，为第Ⅱ部类进行积累时所必需的不变资本提供材料。"(第 2 卷第 582 页)所以，扩大再生产的第一个前提条件应该是：

$$\text{I}(v+m)>\text{II}c \quad \cdots\cdots\cdots\cdots\cdots\cdots\cdots\cdots\cdots\cdots \quad (1)$$

这个公式(1)表明，为了能够提供追加的生产资料，第Ⅰ部类中代表可变资本和剩余价值的这两部分产品，在价值总量上必须大于第Ⅱ部类的不变资本。只有这样，这两部分产品在补偿了第Ⅱ部类已消耗的生产资料之后，才能余下一部分生产资料来满足扩大再生产追加生产资料的需要。

第二，扩大再生产还必须有追加的消费资料，作为两个部类追加可变资本之用。就像第Ⅰ部类必须用它的剩余产品为第Ⅰ部类和第Ⅱ部类追加生产资料一样，第Ⅱ部类也要在这个意义上为第Ⅰ部类和第Ⅱ部类提供追加的消费资料。“所以，在资本主义生产内，Ⅰ(v＋m)不能与$Ⅱ_c$相等；那就是，二者不能在交换上相抵。用Ⅰ$\frac{m}{x}$表示$Ⅰ_m$中当作资本家收入支出的部分，Ⅰ$\left(v+\frac{m}{x}\right)$可以等于，或大于，或小于$Ⅱ_c$；但Ⅰ$\left(v+\frac{m}{x}\right)$必须比Ⅱ(c＋m)总是更小。更小多少，就看第Ⅱ部类资本家阶级在Ⅱm中无论如何必须自己消费多大的部分而定。”①这就是说，扩大再生产的第二个前提条件应该是：

$$Ⅱ\left(c+m-\frac{m}{x}\right)>Ⅰ\left(v+\frac{m}{x}\right) \quad\cdots\cdots\cdots\cdots\cdots\cdots (2)$$

这个公式(2)中的$\frac{m}{x}$，代表剩余价值用于资本家阶级个人消费的部分；$\left(m-\frac{m}{x}\right)$，实际上代表剩余价值中用于积累的部分。

这个公式表明，扩大再生产还必须有追加的消费资料。因此，第Ⅱ部类中代表不变资本和供积累用的剩余价值之和就必须大于第Ⅰ部类的可变资本加供资本家个人消费用的剩余价值之和。因为只有这样，第Ⅱ部类所提供的消费资料，才能在补偿了第Ⅰ部类工人和资本家的消费之后，还能余下一部分消费资料来满足两大部类扩大再生产对追加消费资料的需要。

扩大再生产这两个前提条件和基本公式反映了扩大再生产两大部类之间互为条件、相互结合、相互促进、相互制约的辩证关系。因此，要扩大再生产首先要求既有追加的生产资料，又要有追加的消费资料。

---

① 引自《资本论》第二卷，第581页。郭大力、王亚南译本，人民出版社1964年版。我认为这个版本对以上这句话的翻译，比中央编译局翻译的、列入《马克思恩格斯全集》第24卷的版本更准确。

扩大再生产实现的平衡条件

以上两个前提条件如果得到了满足，扩大再生产就有可能进行，但是不一定能顺利进行。要使扩大再生产能够顺利实现，也就是要使追加的生产资料和消费资料得到充分实现，社会再生产的实现还要有平衡条件和平衡公式，也就是社会再生产两大部类还必须保持适当的比例关系。

第一，扩大再生产要能顺利进行，第Ⅰ部类可能追加的生产资料必须和两大部类需要追加的生产资料相等。“在以资本的增加为基础的生产中，Ⅰ(v＋m)必须＝$Ⅱ_c$加上再并入资本的那部分剩余产品，加上第Ⅱ部类扩大生产所必需的不变资本的追加部分。”（第2卷第585页）马克思的这句话明确地指出，为了扩大再生产的顺利进行，不仅要求Ⅰ(v＋m)＝$Ⅱ_c$，而且要求有：

$$Ⅰ(v+m)=Ⅱ_c+Ⅰ\Delta c+Ⅱ\Delta c \quad \cdots\cdots\cdots\cdots\cdots\cdots (3)$$

（Δc表示追加的不变资本，它的物质形态是追加的生产资料）

公式(1) Ⅰ(v＋m)＞$Ⅱ_c$，只回答要扩大再生产必须有追加的生产资料，而没有回答要追加多少生产资料。公式(3) Ⅰ(v＋m)＝$Ⅱ_c$＋ⅠΔc＋ⅡΔc，不仅包含Ⅰ(v＋m)＞$Ⅱ_c$，而且回答了Ⅰ(v＋m)比$Ⅱ_c$大出的部分要正好等于第Ⅰ部类和第Ⅱ部类追加的不变资本，也就是说，两大部类需要追加的生产资料和第Ⅰ部类可能提供的生产资料相等。

第二，扩大再生产要能顺利进行，第Ⅱ部类可能提供的追加消费资料必须和两大部类需要追加的消费资料相等。用公式表示就是：

$$Ⅱ\left(c+m-\frac{m}{x}\right)=Ⅰ\left(v+\frac{m}{x}\right)+Ⅰ\Delta v+Ⅱ\Delta v \quad \cdots\cdots\cdots\cdots (4)$$

（Δv表示追加的可变资本，它的实物形态是追加的消费资料）

公式(2) $Ⅱ\left(c+m-\frac{m}{x}\right)>Ⅰ\left(v+\frac{m}{x}\right)$只回答了扩大再生产必须有追加的消费资料，而没有回答它需要追加多少消费资料。公式(4)不仅包含$Ⅱ\left(c+m-\frac{m}{x}\right)>Ⅰ\left(v+\frac{m}{x}\right)$，而且回答了$Ⅱ\left(c+m-\frac{m}{x}\right)$比$Ⅰ\left(v+\frac{m}{x}\right)$大的部分正好等于第Ⅰ部类和第Ⅱ部类追加的可变资本，也就是说，两大部类需要追加的消费资料要和第Ⅱ部类可能提供的追加消费资料相等。

扩大再生产的平衡条件也可以用下列公式来表示：

$$\text{I}\left(v+\Delta v+\frac{m}{x}\right)=\text{II}(c+\Delta c) \cdots\cdots\cdots\cdots\cdots\cdots\cdots (5)$$

这是因为，如果把公式（3）$\text{I}(v+m)=\text{II}c+\text{I}\Delta c+\text{II}\Delta c$ 中的I_m 分解为 $\text{I}\Delta_c+\text{I}\Delta_v+\text{I}\frac{m}{x}$，即分解为追加的生产资料、追加的消费资料和资本家的个人消费。那么就可得出：$\text{I}v+\text{I}\Delta c+\text{I}\Delta v+\text{I}\frac{m}{x}=\text{II}c+\text{II}\Delta c+\text{I}\Delta c$，把等式左右两端的相同部分$\text{I}\Delta c$ 减去，也就是公式（5）$\text{I}\left(v+\Delta v+\frac{m}{x}\right)=\text{II}(c+\Delta c)$。同样，如果把公式（4）$\text{II}\left(c+m-\frac{m}{x}\right)=\text{I}\left(v+\frac{m}{x}\right)+\text{I}\Delta v+\text{II}\Delta v$ 中的II_m 分解为 $\text{II}\Delta c+\text{II}\Delta v+\text{II}\frac{m}{x}$，也就是分解为追加的生产资料、追加的消费资料和资本家的个人消费，那么就可得出：$\text{II}c+\left(\text{II}\Delta c+\text{II}\Delta v+\text{II}\frac{m}{x}\right)-\text{II}\frac{m}{x}=\text{I}\left(v+\frac{m}{x}\right)+\text{I}\Delta v+\text{II}\Delta v$，把等式左右的相同部分$\text{II}\Delta v$ 减去，也就是公式（5）$\text{II}(c+\Delta c)=\text{I}\left(v+\Delta v+\frac{m}{x}\right)$。

从公式（3）和（4）都可以推导出公式（5），但公式（5）并不能代替公式（3）和（4）。它们可以相互补充，从不同的角度反映不同的含义。公式（5）的含义是第Ⅰ部类产品中可变资本加追加的可变资本再加资本家消费的剩余价值三者之和，应该等于第Ⅱ部类产品中不变资本加追加的不变资本之和。从实物形式看，体现第Ⅰ部类能够向第Ⅱ部类提供的生产资料，和第Ⅱ部类能够向第Ⅰ部类提供的消费资料，两者价值相等。

扩大再生产的平衡条件和公式告诉我们，扩大再生产的顺利进行，要求第Ⅰ部类和第Ⅱ部类之间，社会生产和社会需要之间必须保持平衡。“就象第Ⅰ部类必须用它的剩余产品为第Ⅱ部类提供追加的不变资本一样，第Ⅱ部类也要在这个意义上为第Ⅰ部类提供追加的可变资本。”（第2卷第584页）但是由于资本主义社会生产社会化和生产资料私人占有之间的矛盾，不可能按照社会的客观需要来按比例分配社会劳动。因此，社会生产和社会需要之间总是存在着矛盾，平衡经常遭到破坏，到一定程度时，只有通过经济危机来强制地暂时解决。

扩大再生产的两大规律

马克思在《资本论》第二卷中研究社会总资本的扩大再生产，是在生产技术条件不变，从而资本有机构成不变的假定下进行的，所以，马克思在这里没有专门论证生产资料生产较快增长的规律。[①]但是，马克思在《资本论》第二卷中已经提到这个规律。“资本主义社会把它所支配的年劳动大部分用来生产生产资料（即不变资本），而生产资料既不能以工资形式也不能以剩余价值形式分解为收入，而只能作为资本执行职能。”（第2卷第489页）“为了从简单再生产过渡到扩大再生产，第Ⅰ部类的生产要能够少为第Ⅱ部类制造不变资本的要素，而相应地多为第Ⅰ部类制造不变资本的要素。”（第2卷第560页）这些论述都已经有了生产资料生产较大增长的思想。

列宁把技术进步和资本有机构成的提高引入扩大再生产，在《论所谓市场问题》等著作中详尽地论证了生产资料生产较快增长的规律，发展了马克思的再生产理论。列宁说：“在资本主义社会中，生产资料的生产比消费资料的生产增长得更快。”[②]还说，资本发展的规律就是不变资本比可变资本增长得更快，也就是说，新形成的资本愈来愈多地转入制造生产资料的社会经济部门。因而，这一部门必然比制造消费品的那个部门增长得快。

生产资料生产较快增长规律的基本内容是：在技术进步的条件下，生产资料生产增长的速度快于消费资料生产的增长速度。这是因为，随着技术进步，资本有机构成将不断提高。资本有机构成的提高意味着在社会总资本中不变资本的比例逐渐增大，而可变资本的比例相对缩小，因而不变资本比可变资本增长得更快。从实物形态来看，就是生产资料的生产要比消费资料的生产增加得更快。

但是，生产资料生产较快增长，并不意味着生产资料生产可以脱离消费资料的生产而孤立地、片面地发展。“不变资本和不变资本之间会发生不断

---

① 这里所说的生产资料较快增长，就是通常人们所说的生产资料优先增长。我们认为应该用生产资料生产较快增长，而不宜用生产资料优先增长。这是因为：第一，优先增长的提法不合马克思的原意；第二，优先增长是主观上的优先安排，带有人为作用的意思，而不是客观规律的要求；第三，优先增长容易使人们理解为生产资料生产的增长，似乎可以脱离消费资料生产的增长而孤立地进行。

② 列宁全集·第1卷.北京：人民出版社，1961：72.

的流通(甚至把加速的积累撇开不说也是这样)。这种流通就它从来不会加入个人的消费来说,首先不以个人消费为转移,但是它最终要受个人消费的限制,因为不变资本的生产,从来不是为了不变资本本身而进行的,而只是因为那些生产个人消费品的生产部门需要更多的不变资本。”(第3卷第341页)列宁在《市场问题述评》中也指出:“社会产品的第一部类(生产资料的制造)能够而且应当比第二部类(消费品的制造)发展得快。但是决不能由此得出结论说,生产资料的生产可以完全不依赖消费品的生产而发展,也不能说二者毫无联系。……生产消费(生产资料的消费)归根到底总是同个人消费联系着,总是以个人消费为转移的。”①所以,生产资料生产的增长最终要依赖于消费资料生产的增长,这是马克思主义再生产理论的另一个重要规律。

生产资料生产的增长最终要依赖于消费资料生产的增长,也就是说,生产资料生产的增长较快不能离开消费资料生产的增长而孤立地进行,生产资料生产的增长必须受消费资料生产增长的制约。同时,消费资料生产不只是消极地被动地适应生产资料生产的增长而增长,而且它还能够积极地主动地促进和推动生产资料生产的增长。为什么生产资料生产的增长最终要依赖于消费资料生产的增长呢?这是因为,消费资料生产是人类生存和生产最先决的条件,如果没有消费资料的生产部门为生产生产资料的部门提供日益增多的消费资料,生产资料的增长是不可能的。同时,生产资料的生产归根到底是为消费资料生产服务的,生产资料的生产部门要以消费资料生产部门为市场,如果消费资料生产没有发展,生产资料就没有销路,不能实现,生产资料也就无法发展。

所以,在技术进步的扩大再生产条件下,社会再生产应该有两个规律:生产资料生产较快增长的规律和生产资料的生产增长最终要依赖于消费资料生产增长的规律。否认生产资料生产增长较快是不对的;离开消费资料生产的增长,孤立地、片面地发展生产资料生产也是不对的。

① 列宁全集·第4卷.北京:人民出版社,1961:44.

十二、全部预付资本的产物

——《资本论》第三卷第一篇

剩余价值转化为利润和剩余价值率转化为利润率

"资本害怕没有利润或利润太少,就象自然界害怕真空一样。一旦有适当的利润,资本就胆大起来。如果有10%的利润,它就保证到处被使用;有20%的利润,它就活跃起来;有50%的利润,它就铤而走险;为了100%的利润,它就敢践踏一切人间法律;有300%的利润,它就敢犯任何罪行,甚至冒绞首的危险。"(第1卷第829页)这是马克思在《资本论》第一卷中引用的一句话。这句话告诉我们:资本家为了追求利润,甚至甘冒绞首的危险。那么,什么是利润呢?这是马克思在《资本论》第三卷第一篇所要具体分析的。

概　　述

三个转化

这一篇的题目叫"剩余价值转化为利润和剩余价值率转化为利润率",主要是分析利润的形成以及决定和影响利润率的各种因素,实际上是分析了三个转化形式:第一,产品价值中的不变资本和可变资本部分转化为成本价格,也就是劳动的消耗转化为资本的消耗;第二,剩余价值转化为利润,也就是剩余劳动的无偿占有转化为资本的自行增殖;第三,剩余价值率转化为利润率,也就是剥削程度转化为资本的获利程度。这些转化形式进一步掩盖了剩余价值的真正来源,掩盖了资本主义的剥削。

结构和组成

这一篇由第一章到第七章组成,大体上可以分为三个部分:

第一部分,即第一章《成本价格和利润》,分析商品价值中的不变资本和可变资本如何转化为成本价格，以及剩余价值如何转化为利润。

第二部分，即第二章《利润率》，是分析剩余价值率如何转化利润率。

第三部分，主要是分析决定和影响利润率的各种因素。第三章是从量的方面分析“利润率和剩余价值率的关系”，指出剩余价值率和资本有机构成是决定利润率的两个主要因素；第四章分析资本“周转对于利润率的影响”；第五章分析“不变资本使用上的节约”对利润率的影响；第六章分析“价格变动的影响”，主要是指原料价格的变动对利润率的影响。

最后是第七章“补充说明”，用三个片断着重指出剩余价值转化为利润和剩余价值率转化为利润率后，掩盖了资本主义的剥削。

（一）成本价格是不变资本和可变资本的转化形式

什么叫成本价格

大家知道，资本家总是希望“一本万利”的。“本”就是成本，“利”就是“利润”。所谓成本就是资本家生产商品所花的本钱，或者叫成本价格，它是生产商品所费的不变资本和可变资本之和。“商品价值的这个部分，即补偿所消耗的生产资料价格和所使用的劳动力价格的部分，只是补偿商品使资本家自身耗费的东西，所以对资本家来说，这就是商品的成本价格。”（第3卷第30页）所以，成本价格是不变资本和可变资本之和的转化形式。如果把成本价格叫作 k，那么，$W = c + v + m$，就转化为 $W = k + m$。

商品使资本家耗费的东西和商品生产本身所耗费的东西是不同的

我们所说的作为资本家本钱的成本价格，严格说来叫资本主义的成本价格，也就是生产商品资本家所耗费的资本支出。因为资本家是不劳而获的剥削者，他在生产商品时，只花费成本，不花费劳动。所以，他在计算商品的成本时，就只计算他购买生产资料花去的不变资本和购买劳动力花去的可变资本。但是，生产一个商品实际花费的东西，是全部劳动耗费，也就是不仅要耗费死劳动，即生产资料的价值，而且包括全部活劳动。工人在生产过程中耗费的活劳动，除掉补偿劳动力价值的等价以外，还有一个剩余价值被资本家无偿占有去了。所以，“商品使资本家耗费的东西和商品的生产本身所耗费的东西，无疑是两个完全不同的量。”（第3卷第30页）商品的资本主义费用是用资本的耗费来计量的，而商品的实际费用则是用劳动的耗费来计量的。

成本价格在资本主义实际活动中的作用

成本价格不是一个仅仅存在于资本家账簿上的项目，这个价值部分的存在，在资本主义实际经济活动中有着重大的作用。

首先，成本价格是资本家赚钱或亏本的界限。如果资本家按照成本价格出售商品，他就只能保本，而不能赚钱。如果商品的出售价格高于成本价格，资本家就可以赚钱。超过成本价格越多，资本家赚钱就越多。如果商品的出售价格低于成本价格，资本家就会亏本。所以，成本价格是资本家赚钱或亏本的界限。

其次，成本价格决定着资本家竞争能力的大小。上面我们说了，只要商品的出售价格高于成本价格，资本家就可以赚钱。在其他条件相同的情况下，商品的成本价格越低，资本家出售商品的价格也就可以越低，他的竞争能力就越大，竞争中就处于有利的地位，他就可以扩大商品销路，打败竞争对手。“关于资本主义竞争的基本规律，即调节一般利润率和由它决定的所谓生产价格的规律，也是建立在商品价值和商品成本价格之间的这种差别之上的，建立在由此引起的商品低于价值出售也能获得利润这样一种可能性之上的。”(第 3 卷第 45 页)

成本价格的概念掩盖了资本主义的剥削

成本价格作为不变资本和可变资本之和的转化形式，掩盖了资本主义剥削。这是因为，不变资本和可变资本在价值增殖中起着不同的作用。不变资本只是转移价值，只有可变资本能增殖价值，产生剩余价值。但是，把商品生产中耗费的不变资本和可变资本笼统地归结为成本，既掩盖了商品价值的实质，把两种资本在价值增殖中的不同作用抹杀了，又掩盖了资本的实质，把剩余价值的真正来源掩盖了。“我们只看到完成的现有的价值，即加入产品价值形成中的预付资本的各个价值部分，但看不到创造新价值的要素。不变资本和可变资本的区别也就消失了。”(第 3 卷第 39 页)“这样，资本的增殖过程的神秘化也就完成了。”(第 3 卷第 41 页)

(二) 剩余价值转化为利润

利润是剩余价值的转化形式

“剩余价值，作为全部预付资本的这样一种观念上的产物，取得了**利润**

这个转化形式。”(第3卷第44页)这就是说,把剩余价值看成是由全部预付资本本身生产出来的,剩余价值就转化为利润了。

如果我们把利润叫作p,那么,$W=c+v+m=k+m$,就变成$W=k+p$。所以,$p=W-k$,这就是说,利润就等于商品价值减成本价格。

剩余价值为什么会转化为利润

在资本主义社会,剩余价值采取利润的形式,表现为全部预付资本的产物,这种观念不是从天上掉下来的,也不是人们头脑里本来就有的,而是资本主义生产关系的产物。“这个神秘化的形式必然会从资本主义生产方式中产生出来。”(第3卷第44页)

在资本主义社会,利润之所以在观念上被当作全部预付资本的产物,这是因为:

第一,由于商品价值中的不变资本和可变资本之和采取了成本价格的形式,因此,剩余价值就好像不是由可变资本产生,而是由全部预付资本产生的了。“因为成本价格的形成具有一种假象,使不变资本和可变资本之间的区别看不出来了,所以在生产过程中发生的价值变化,必然变成不是由可变资本部分引起,而是由总资本引起。”(第3卷第44页)

第二,由于工资表现为劳动的价值,好像工人的全部劳动都得到了报酬,因此,剩余价值也好像是由资本产生的了。“因为在一极上,劳动力的价格表现为工资这个转化形式,所以在另一极上,剩余价值表现为利润这个转化形式。”(第3卷第44页)

利润与剩余价值的关系

利润和剩余价值本来是一个东西,所不同的是,剩余价值是相对于可变资本而言的,利润是相对于全部预付资本而言的。剩余价值是利润的内容,利润是剩余价值的表现形式。

所以,利润和剩余价值的关系,可以说是形式和内容的关系。在商品按价值出售的情况下,利润量和剩余价值量也是相等的。“这个利润等于商品价值超过商品成本价格的余额,也就是等于商品价值中包含的全部剩余价值。”(第3卷第45页)例如,某商品的价值是1 000元,它由不变资本(c)600元、可变资本(v)200元和剩余价值(m)200元构成。这个m 200元,作为可变资本的产物,就叫剩余价值;这个m 200元,作为$c+v$即全部预付资本的产物就是利润。但它的价值量都是200元并没有变。所以,利润和剩余价值本来是一个东西，而且在量上也是相等的。

但是，剩余价值转化为利润以后，掩盖了资本主义的剥削实质。这是因为，在利润形式上，利润表现为是资本本身生产出来的，是全部预付资本的产物，而它的真正来源，即剩余价值是由工人的劳动创造的，是由可变资本带来的真相被掩盖了。这样，就把资本家榨取工人剩余价值的剥削与被剥削的关系完全掩盖起来了。

（三）利润率是剩余价值与预付总资本的比率

利润率

马克思在第三卷第二章分析了利润率。利润率简单说来，就是剩余价值与预付总资本的比率。马克思在《资本论》第三卷中有的地方说，“用总资本来计算的剩余价值的比率，叫作利润率。”（第 3 卷第 51 页）有的地方说，利润率是“利润和所使用的资本之比”（第 3 卷第 288 页）。这两种不同的说法，其实质都是一样的。

利润率一般用 p'表示。由于 m 表示剩余价值，C 表示预付总资本，c 表示不变资本，v 表示可变资本，所以 $p'=\frac{m}{C}$。如果资本恰好一年周转一次，利润率也可以用 $p'=\frac{m}{c+v}$ 来表示。恩格斯说过：“利润率是按所使用的总资本计算的，但是按一定的时间，实际是按一年计算的。一年内获得和实现的剩余价值或利润对总资本的以百分比计算的比率，就是利润率。所以，它和那种不以年而以这个资本的周转期间为计算基础的利润率，不必是相等的。只有在这个资本恰好一年周转一次时，二者才是一致的。”（第 3 卷第 253 页）

应当由利润率引出利润

马克思在分析利润的形成时，是在第一章先叙述剩余价值转化为利润，然后第二章叙述剩余价值率转化为利润率。但是，按照逻辑和历史的顺序，应该是先有剩余价值率转化为利润率，然后才有剩余价值转化为利润。“应当从剩余价值率到利润率的转化引出剩余价值到利润的转化，而不是相反。”（第 3 卷第 51 页）那么，为什么先有剩余价值率到利润率的转化，然后才有剩余价值到利润的转化呢？这是因为：

第一，资本家唯一而且首先关心的是剩余价值和预付总资本的比率。

所以，从理论上分析，是先有剩余价值与预付总资本的比率，即利润率，然后再按利润率取得利润。

第二，从历史上说，利润率也是出发点。剩余价值和剩余价值率相对地说，是看不见的东西，是要通过研究加以揭示的本质的东西；而利润率以及剩余价值的转化形式即利润，却会在现象的表面上显示出来。

利润率由剩余价值率转化而来

利润率是由剩余价值率转化而来的。

剩余价值率和利润率是同一个量的两种不同的计算方法。剩余价值与可变资本的比率，叫剩余价值率；剩余价值与预付总资本的比率，叫利润率。由于计算的标准不同，它们表示同一个量的不同比率或关系。

从质的方面来看，剩余价值率和利润率所表示的关系是完全不同的。剩余价值率，表示资本家剥削工人的程度，“剩余价值率是劳动力受资本剥削的程度或工人受资本家剥削的程度的准确表现。”（第1卷第244页）而利润率是表示资本家获利的程度，“表示全部预付资本的增殖程度。”（第3卷第54页）

从量的方面来看，利润量和剩余价值量是相等的。但是，剩余价值率和利润率这两个比率是不等的，而且利润率总是小于剩余价值率。这是因为，这两个比率，分子是同一个量，都是剩余价值，但是分母是不相同的，是不等的量：一个是总资本，一个是可变资本，由于可变资本总是小于总资本，它只能是总资本的一部分，从而利润率分母大，剩余价值率分母小。所以，利润率总是小于剩余价值率。例如，某资本家有总资本100 000元，其中不变资本60 000元，可变资本20 000元，一年获得剩余价值20 000元。那么他的剩余价值率就是：$m'=\frac{m}{v}=\frac{20\,000}{20\,000}=100\%$；而利润率是：$p'=\frac{m}{C}=\frac{20\,000}{100\,000}=20\%$，利润率小于剩余价值率。

剩余价值率转化为利润率以后，不仅剩余价值与可变资本的关系被抹杀了，从而，剩余价值的真正源泉被掩盖了，而且由于利润率和剩余价值率在量上也不等了，这就进一步掩盖了资本主义的剥削。“因此，尽管利润率和剩余价值率在数量上不同，而剩余价值和利润实际上是一回事并且数量上也相等，但是利润是剩余价值的一个转化形式，在这个形式中，剩余价值的起源和它存在的秘密被掩盖了，被抹杀了。”（第3卷第56页）

（四）利润率和剩余价值率的关系

第一章和第二章从质的方面分析剩余价值率转化为利润率，从而导出剩余价值转化为利润。第三章从量的方面分析利润率和剩余价值率的关系。

马克思在这一章运用数学方法研究了利润率与剩余价值率的关系，说明剩余价值率和资本有机构成是决定利润率高低的两个重要因素。

m' 不变，$\frac{v}{C}$可变对利润率的影响

既然 m'不变，p'就随着$\frac{v}{C}$（或 $\frac{v}{c+v}$）的变化而变化，也就是利润率随着资本有机构成的变化而变化。这又包含以下几种可能性：

1. m'和 C 不变，v 可变。在这种情况下，p'随 v 的变化而变化。这种变化又有两种情况：一是劳动生产率变化，引起资本技术构成的变化；二是生产要素的价值或价格的变化，引起资本价值构成的变化。

2. m'不变，v 可变，C 因 v 的变化而变化。在这种情况下，仍然是 p'随着 v 的变化而变化。

3. m'和 v 不变，c 可变，因而 C 也可变。在这种情况下，p'与总资本 C 的变动成反比例。

4. m'不变，v、c 和 C 都变。在这种情况下，所发生的变化，可以根据上面三种情况类推。

从以上四种情况可以看出，在 m'不变、$\frac{v}{C}$可变的情况下，同一剩余价值率可以表示不同的利润率。

m' 可变，$\frac{v}{C}$不变对利润率的影响

这里又有两种情况：

1. m'可变，$\frac{v}{C}$不变。在这种情况下，m'的变动主要有三种因素：一是工资水平发生变化；二是劳动强度发生变化；三是工作日长度发生变化。工资的增加或减少，是以相反的方向影响 m'的变动；劳动强度的提高或降低，和工作日的延长或缩短，是以相同方向影响 m' 的变动。并在资本有机构成不变的情况下，以相同程度影响 p' 的变动。

2. m' 和 v 可变，C 不变，这是一种特殊情况。在这种情况下，利润率之比等于相应的剩余价值量之比。

m'、v 与 C 都可变对利润率的影响

在这种情况下没有什么新的观点，可以根据 m' 可变这一情况来解决。

“可见，利润率取决于两个主要因素：剩余价值率和资本的价值构成。”(第 3 卷第 82 页)

结论

一般说来，利润率与剩余价值率成正比，剩余价值率提高，利润率也提高；剩余价值率下降，利润率也下降。但由于种种原因，利润率的变动方向，可以与剩余价值率变动的方向不一致。

剩余价值率大小的变动对利润率的影响，大致有五种情况：

1. 如果 $\frac{v}{C}$ 不变，那么，p' 和 m' 会按照相同的比率提高或降低。

2. 如果 $\frac{v}{C}$ 和 m' 按照相同的方向变化，即 m' 提高，$\frac{v}{C}$ 也提高，m' 降低，$\frac{v}{C}$ 也降低，那么，p' 会比 m' 按照更大的比率提高或降低。

3. 如果 $\frac{v}{C}$ 和 m' 按照相反的方向变化，但是 $\frac{v}{C}$ 比 m' 按照更小的比率变化，那么，p' 会比 m' 按照更小的比率提高或降低。

4. 如果 $\frac{v}{C}$ 和 m' 按照相反的方向变化，但是 $\frac{v}{C}$ 比 m' 按照更大的比率变化，那么，尽管 m' 降低，p' 还是会提高，或者尽管 m' 提高，p' 还是会降低。

5. 如果 $\frac{v}{C}$ 和 m' 按照相反的方向变化，但是恰好按照相同的比率在大小上发生变化，那么，尽管 m' 提高或降低，p' 还是会保持不变。

因此，“从所有以上五种情况可以得出结论：剩余价值率降低或者提高，利润率可以提高；剩余价值率提高或者降低，利润率可以降低；剩余价值率提高或者降低，利润率可以不变。”(第 3 卷第 82 页)

一般说来，利润率与资本有机构成成反比。资本有机构成高，利润率低；资本有机构成低，利润率高。例如，有两个资本，总资本量都是 100 000

元，假设剩余价值率也相等，都是 100%，但是资本有机构成不等，资本甲不变资本是 80 000 元，可变资本是 20 000 元，那么其剩余价值就是 20 000 元，其利润率是 $\frac{20\ 000}{100\ 000}=20\%$。资本乙不变资本是 60 000 元，可变资本是 40 000 元，那么其剩余价值就是 40 000 元，其利润率就是 $\frac{40\ 000}{100\ 000}=40\%$。资本乙的利润率之所以高于资本甲，是由于资本乙的资本有机构成低于资本甲。

综上所述，剩余价值率和资本的价值构成是决定利润率的两个主要因素。这两个因素的作用，可以概括如下：

“两个资本的利润率或同一个资本在两个连续的、不同的状态下的利润率，

在下列情况下，**是相等的**：

1. 资本的百分比构成相等，剩余价值率也相等。

2. 资本的百分比构成不等，剩余价值率也不等，但是剩余价值率和按百分比计算的可变资本部分（m'和 v）的乘积相等；也就是说，按总资本的百分比计算的剩余价值量（$m = m'v$）相等；换句话说，在这两个场合 m'和 v 两个因素互成反比。

在下列的情况下，**是不等的**：

1. 资本的百分比构成相等，但是剩余价值率不等。这时，利润率之比等于剩余价值率之比。

2. 剩余价值率相等，资本的百分比构成不等。这时，利润率之比等于可变资本部分之比。

3. 剩余价值率不等，资本的百分比构成也不等。这时，利润率之比等于 $m'v$ 的乘积即按总资本的百分比计算的剩余价值量之比。”（第 3 卷第 82—83 页）

（五）周转对利润率的影响

《资本论》第三卷整个第四章都是恩格斯补写的。恩格斯在序言中指出：“第四章只有一个标题。但是，因为这一章研究的问题即周转对利润率的影响极为重要，所以由我亲自执笔写成，因而全章的正文都放在括号内。”（第 3 卷第 8 页）

缩短周转时间可以提高利润率

周转时间由生产时间和流通时间两部分组成，其中任何一个部分的缩短，都可以增加剩余价值量。这是因为，在全部资本中，只有一部分资本直接用在生产资本上，生产剩余价值；而另一部分资本则属于流通资本，采取货币资本和商品资本的形式。这两部分资本的周转时间越短，也就是处在闲置中的资本越少，直接发挥作用的资本越多，其所生产的剩余价值也就越多。由于利润率是剩余价值与预付总资本的比率，因此剩余价值量增加，利润率也就提高。如何缩短周转时间呢？首先要缩短生产时间。缩短生产时间的主要方法是提高劳动生产率，这就是人们通常所说的工业进步。提高劳动生产率，引起生产时间的缩短，从而缩短周转时间，可以提高利润率。如果由于提高劳动生产率要添置昂贵的机器，引起总投资的大大增加，也可能降低利润率。其次要缩短流通时间。缩短流通时间的主要方法是改进交通。

周转时间与利润率成反比

在资本有机构成相等、剩余价值率相等、工作日长度相等的情况下，利润率与周转时间成反比，也就是周转时间长，利润率低；周转时间短，利润率高。

“周转时间的缩短对剩余价值的生产，从而对利润生产的直接影响，在于使可变资本部分由此提高效率。”（第3卷第86页）由于剩余价值是由实际使用的可变资本产生的，因此周转时间越快，实际使用的可变资本量就越大，生产的剩余价值量就越多，利润率就越高。例如有两个资本，预付资本都是500元（不变资本）+500元（可变资本）=1 000元，但资本甲一年周转1次，而资本乙一年周转10次。假设剩余价值率都是100%，则资本甲一年生产的剩余价值只有500元，利润率为50%；而资本乙一年可以生产剩余价值5 000元，利润率为500%。这是因为“一年内占有的剩余价值量，等于可变资本一个周转期间所占有的剩余价值量乘以一年内可变资本周转的次数”（第3卷第88页）。

以上我们以不同的年剩余价值量与预付资本之比得出的利润率，实际上已经是年利润率了。

周转使利润率转化为年利润率

把周转因素考虑进去的利润率，就是年利润率，其公式：

$$p' = m'n\frac{v}{C}$$

年利润率实际上是年剩余价值率的转化形式，而年剩余价值率又是由剩余价值率转化而来的。

“要使年利润率的公式完全正确，我们必须用年剩余价值率代替简单的剩余价值率，即用 M' 或 $m'n$ 代替 m'。换句话说，我们必须让剩余价值率 m'——或者让 C 中所含的可变资本部分 v——乘以这个可变资本在一年内周转的次数 n，由此就得到 $p'=m'n\frac{v}{C}$。这就是年利润率的计算公式。”(第 3 卷第 89 页)

从以上公式，还可以看出年利润率是由年剩余价值率和资本有机构成两个因素所决定的。

（六）不变资本使用上的节约

决定和影响利润率的，不仅有剩余价值率、资本有机构成和周转时间，还有不变资本使用上的节约。

第三章和第四章分析了剩余价值率、资本有机构成和周转时间对利润率的影响，第五章分析不变资本使用上的节约对利润率的影响。

这一章共五节，第一节分析节约不变资本使用的各种途径，第二节至第五节都是第一节的例证。所以，这一章的主要内容是在第一节，分析节约不变资本的各种途径。

不变资本的节约与利润率的关系

不变资本使用上的节约与利润率成正比，就是说不变资本在使用上越是采取各种方法进行节约，利润率越高；不变资本使用上越浪费，利润率越低。“提高利润率的另一条途径，不是生产不变资本的劳动的节约，而是不变资本本身使用上的节约。”(第 3 卷第 97 页)“资本有一种趋势，就是在直接使用活劳动时，把它缩减为必要劳动，并且利用劳动的各种社会生产力来不断缩减生产产品所必要的劳动，因而尽量节约直接使用的活劳动；它还有一种趋势，要在最经济的条件下使用这种已经缩减到必要程度的劳动，也就是说，要把所使用的不变资本的价值缩减到它的最低限度。”(第 3 卷第 103 页)

怎样才能节约不变资本呢？

节约不变资本的各种途径

在第五章第一节马克思指出，节约不变资本的使用主要有五个途径。

第一，通过延长工作日来节约不变资本。工作日的延长会相对地降低不变资本同总资本、同可变资本相比的价值，并由此提高利润率。工作日延长还可以节约非生产费用，提高利润率。“工作日的延长并不要求在不变资本的这个最花钱的部分上有新的支出。此外，固定资本的价值，由此会在一个较短的周转期间系列中再生产出来，因而，这种资本为获得一定利润所必须预付的时间缩短了。因此，甚至在额外时间支付报酬，而且在一定限度内甚至比正常劳动时间支付较高报酬的情况下，工作日的延长都会提高利润。因此，现代工业制度下不断增长的增加固定资本的必要性，也就成了唯利是图的资本家延长工作日的一个主要动力。”(第3卷第92页)

第二，通过劳动的社会结合节约不变资本。在劳动社会化的情况下，生产设备是由总劳动者共同消费的，因而可以节省动力、发动机、传动设备、机器、建筑物、灯光等等方面的支出；大规模劳动社会化还可以大量利用生产的排泄物，从而降低原料的费用，相应地提高利润率。“这种由生产资料的集中及其大规模应用而产生的全部节约，是以工人的聚集和共同工作，即劳动的社会结合这一重要条件为前提的。因此，这种节约来源于劳动的社会性质。”(第3卷第94页)

第三，通过改良机器节约不变资本。机器的改良所引起的不变资本节约，大致有以下几种情况：1.改良制造机器的材料，使机器耐用；2.生产生产资料的劳动生产力提高，使生产资料价值下降；3.改良已有机器，使它们更便宜或更有效地进行操作；4.使用性能较好的机器可以使废料减少。“凡是使机器从而全部固定资本在一定生产期间内的损耗减少的事情，不仅会使单个商品变得便宜……而且会使这个期间内相应的资本支出减少。”(第3卷第96页)而由机器改良引起的利润率提高，实际上是生产力发展的结果。“生产力的这种发展，归根到底总是来源于发挥着作用的劳动的社会性质，来源于社会内部的分工，来源于智力劳动特别是自然科学的发展。在这里，资本家利用的，是整个社会分工制度的优点。在这里，劳动生产力在其他部门即为资本家提供生产资料的部门的发展，相对地降低资本家所使用的不变资本的价值，从而提高利润率。”(第3卷第97页)

第四，不变资本本身使用上的节约。自然科学的发展及其应用，优质原材料的使用，以及通过给工人训练和教育、强加给工人的纪律等等，都会引起不变资本本身的节约。"资本家狂热地节约生产资料是可以理解的。要做到一点也不损失，一点也不浪费，要做到生产资料只按生产本身的需要来消耗，这部分地取决于工人的训练和教育，部分地取决于资本家强加给结合工人的纪律。这种纪律在工人为自己的利益而劳动的社会状态中是多余的。"(第 3 卷第 99 页)

第五，靠牺牲劳动者而实现不变资本的节约。资本主义生产方式按照它的矛盾的性质，还把浪费工人的生命和健康、压低工人的生存条件本身，看做不变资本使用上的节约，从而看做提高利润率的手段。"资本主义生产尽管非常吝啬，但对人身材料却非常浪费。"(第 3 卷第 102 页)

（七）价格变动的影响

价格变动也是影响利润率的一个因素。马克思在第六章主要是分析原料价格变动对利润率的影响。这一章共三节，第一节讲直接影响，第二节讲间接影响，第三节是例证。

价格变动对利润率的直接影响

这里所说的价格变动主要是指原料价格的变动。原料价格与利润率成反比，也就是说，原料价格下降，利润率提高；原料价格提高，利润率下降。"我们考察了原料的价格或价值的变动及其对利润率的影响，并且得出了一个普通规律：在其它条件相同时，利润率和原料价值的高低成反比。"(第 3 卷第 128 页)

由于对外贸易会影响工业或农业所使用的原料或辅助材料的价格，所以，对外贸易也会影响利润率。

由于原料价格比固定资本价格对产品价格的影响要大得多，因而它对利润率的影响也要大得多。

由于废料所引起的费用和原料价格的变动成正比：原料价格提高，它就提高；原料价格下降，它就下降。因此，废料增加也就相当于原料价格的上涨。所以，不断减少废料，也就相当于原料价格下降，从而可以提高利润率。

价格变动对利润率的间接影响

价格变动对利润率的间接影响，是指价格变动通过资本的增值或贬值，与资本的游离或束缚来影响利润率。

资本的增值或贬值是指预付在生产中的资本，在价值上的提高或降低，这是资本本身的价值发生的变动。资本的增值或贬值对利润率的影响如下：

1. 如果原料涨价，那么半制品、在制品、成品都会随着涨价，因而资本价值增加，利润率下降。

2. 如果固定资本由于机器的改良，增加了机器的无形损耗，可以使资本贬值，利润率上升。

3. 可变资本由于必要生活资料价格变动，也会使资本增值或贬值，从而提高或降低利润率。

资本的游离和束缚是表示资本的预付量发生的变动，资本产生多余就是游离，需要重新预付就是束缚。资本的游离和束缚对利润率的影响如下：

1. 拿可变资本的游离或束缚来说，如果工资下降，会游离出资本，利润率提高；如果工资提高，要有更多的资本被束缚起来，利润率下降；如果工资不变，但劳动生产力或资本有机构成变化，可变资本也可能游离或束缚。

2. 拿不变资本的游离或束缚来说，如果价值上升，有更多的资本被束缚；价值下降，就会有一部分资本游离出来。如果劳动生产力提高，同量劳动可以推动更多的不变资本，就有更多的资本被束缚；劳动生产力下降，就会有一部分资本游离出来。

十三、“虚伪的兄弟”与“真正的共济会团体”

——《资本论》第三卷第二篇

利润转化为平均利润

马克思在揭示资本主义社会中，资本家之间的关系、资本家阶级和工人阶级之间的关系时，有这样一句精辟的话：“资本家在他们的竞争中表现出彼此都是虚伪的兄弟，但面对着整个工人阶级却结成真正的共济会团体。”（第3卷第221页）要懂得在资本主义社会为什么资本家在瓜分剩余价值的过程中尔虞我诈，互相争斗，是“虚伪的兄弟”；但是在对付工人阶级时，他们却狼狈为奸，和衷共济，结成“真正的共济会团体”，就要学习《资本论》第三卷第二篇关于平均利润的理论。

概　　述

三个决定

上一篇讲了剩余价值转化为利润，这一篇分析利润转化为平均利润。由于利润转化为平均利润是以利润率转化为平均利润率为前提的；而且，利润转化为平均利润以后，价值就转化为生产价格。所以，这一篇中心是讲平均利润和生产价格的形成，实际上又分析了三个转化：第一，利润率转化为平均利润率；第二，利润转化为平均利润；第三，价值转化为生产价格。这三个转化并没有违背马克思的劳动价值论，而且进一步说明了三个决定：第一，社会必要劳动时间决定价值；第二，剩余价值决定平均利润；第三，价值决定生产价格。

研究的顺序

要分析平均利润，先要了解什么是平均利润率；而利润率的平均化，是由于不同生产部门利润率存在着差别。所以，要研究平均利润率，就要先研究不同生产部门利润率的差别问题。这一篇由第八章到第十二章组成，第八章先分析“不同生产部门的资本的不同构成和由此引起的利润率的差别”，这是提出问题。第九章“一般利润率（平均利润率）的形成和商品价值转化为生产价格”，是回答前一章提出的问题，分析各部门不等的利润率如何平均化为一般利润率，利润怎样转化为平均利润，以及价值怎样转化为生产价格。第十章是在上一章分析平均利润和生产价格形成的基础上，进一步分析“一般利润率通过竞争而平均化、市场价格和市场价值、超额利润”，所以，这一章的重点是关于价值和价格的理论。第十一章“工资的一般变动对生产价格的影响”和第十二章“补充说明”，都是对生产价格的补充说明，都反复强调平均利润是由剩余价值决定的，生产价格是由价值决定的。

全面、辩证分析的结果

马克思在劳动价值论基础上建立起来的平均利润理论，是他对社会经济全面、辩证分析的结果。平均利润是剩余价值的转化形式，生产价格是价值的转化形式。因此，剩余价值和价值是本质，平均利润和生产价格是现象。马克思根据普遍的经济现象、而不是从个别偶然现象出发，根据全部社会经济的本质、而不是竞争的表面现象得出了以下结论：生产价格的出现并没有违背价值规律，平均利润的出现并没有违背剩余价值规律，从而把政治经济学向前推进了一大步。正如列宁所指出的：“在《资本论》第三卷里，解决了在价值规律的基础上形成**平均利润率**的问题。马克思把经济学推进了一大步，这表现在他是根据普遍的经济现象、根据全部社会经济来分析问题，而不是象庸俗政治经济学或现代的‘边际效用论’那样，往往只限于分析个别偶然现象或竞争的表面现象。”①

（一）不同生产部门利润率的差别

在资本主义社会中，不同生产部门的等量资本，由于资本构成和周转时间不同会有不同的利润率。但是，客观上资本却要求等量资本得到等量利

① 列宁选集·第2卷.北京：人民出版社，1972：594.

润,这是一个矛盾。正是这个矛盾才构成平均利润和生产价格形成的出发点。马克思在第三卷第八章就分析了不同生产部门的资本的不同构成和由此引起的利润率的差别。

资本构成不同会引起利润率的差别

在资本主义社会,各个不同生产部门实际上利润率是不等的,而造成各生产部门利润率不等的因素是很多的。一般说来,造成个别资本在不同时间利润率发生变化的因素,同样也是造成在同一时间内不同生产部门利润率出现差别的因素。但是,有的因素在考察不同生产部门利润率时意义不大,如剩余价值率和价格变动的差别。“它们作为只是表面的暂时的差别,在研究一般关系时不应加以考虑。”(第 3 卷第 159 页)有的因素对考察不同生产部门的利润率意义较大,如资本有机构成上的差别和资本周转时间上的差别。“我们以前当作同一个资本在时间上相继发生的变化来考察的东西,现在要当作不同生产部门各个并存的投资之间同时存在的差别来考察。”(第 3 卷第 161 页)

在剩余价值率不变的情况下,各生产部门的利润率首先会随着资本有机构成的变化而变化。一般说来,投在资本有机构成较低部门的资本,由于同一时间获得的剩余价值较多,因而利润率也较高;投在资本有机构成较高部门的资本,由于同一时间获得的剩余价值较小,因此利润率也较低。各生产部门资本有机构成与利润率的关系,实质上是由可变资本推动的剩余劳动决定的。可变资本所占比重越大,推动的剩余劳动就越多,因而剩余价值和利润就越多,利润率也就越高。

周转时间不同也会引起利润率的差别

各生产部门利润率的不等还有另外一个原因,就是不同生产部门资本周转时间的不同。在资本构成相同、其他条件也相同时,利润率和周转时间成反比。也就是说,周转时间长的资本利润率低,周转时间短的资本利润率高。“周转时间的差别,是等量资本在不同生产部门在相等时间内生产出不等量利润的另一个原因,因而也是这些不同生产部门利润率不等的另一个原因。”(第 3 卷第 169 页)

利润率的差异与等量资本获取等量利润的矛盾

根据以上所述,各生产部门资本有机构成和周转时间不等,会有不等的利润率。但是,现实的运动却是等量资本在相等时间内提供等量利润。在这里，价值理论好像同现实的运动不一致，同生产的实际现象不一致。

但是，“不管所生产的价值和剩余价值多么不同，成本价格对投在不同部门的等量资本来说总是一样的。成本价格的这种等同性，形成不同投资竞争的基础，而平均利润就是通过这种竞争确定的。”（第3卷第172页）这就是说，平均利润要在成本价格的基础上通过竞争才能形成。

（二）平均利润和生产价格的形成

要解决不同生产部门利润率不等、与等量资本要求等量利润的矛盾，就要进一步研究各部门不等的利润率如何平均化为一般利润率，利润怎样转化为平均利润，以及价值怎样转化为生产价格。这是马克思在第三卷第九章分析的。

部门之间的竞争形成平均利润率

由于不同部门的资本有机构成不同和资本周转时间不同，就会有各不相等的利润率。但竞争会使不同的利润率平均化为一般利润率。“这些不同的利润率，通过竞争而平均化为一般利润率，而一般利润率就是所有这些不同利润率的平均数。”（第3卷第177页）

那么竞争是怎样促成利润率平均化的呢？例如：社会上有食品、纺织、机械三个工业部门，食品工业利润率为30%，纺织工业为20%，机械工业为10%。在这种情况下，由于食品工业利润率最高，最有利可图，因此，其他部门的资本家就千方百计把资本转移到食品工业。这样一来，食品工业由于资本大量增加，生产突然膨胀，就可能产生供大于求、食品价格下降、利润减少、利润率下降的情况，使它成为无利可图的部门。而机械工业由于资本减少、生产下降，又可能供不应求、价格提高、利润增加，变成“大有油水”的部门，因此食品工业的资本又可能转到机械工业。……就这样，资本家为了追逐最有利的投资领域，通过资本的不断转移，进行着激烈的竞争，造成利润率有一个平均化的趋势，使等量资本大体上获得等量利润。

但是，平均利润率从本质上来说，是把社会总资本作为一个整体看时所得到的利润，它是剩余价值总额与社会总资本的比率。用公式表示就是：平均利润率$=\frac{\text{剩余价值总额}}{\text{社会总资本}}$。

但是，对于这样一个平均利润率，我们不能理解为是各部门利润率的简单平均，而要考虑各个部门的资本在社会总资本中所占的比重。“在一般利润率的形成上，不仅要考虑到不同生产部门利润率的差别，求出它们的简单平均数，而且还要考虑到不同利润率在平均数形成上所占的比重。而这取决于投在每个特殊部门的资本的相对量，也就是取决于投在每个特殊生产部门的资本在社会总资本中占多大的部分。”(第3卷第182页)

可见，平均利润率取决于两个因素：一是不同生产部门的资本的有机构成，以及由此导致的各个部门不同的利润率；二是社会总资本在这些不同部门的分配，即投在每个特殊部门的资本的相对量。

平均利润的形成

各部门资本家按照平均利润率所获得的利润，就是平均利润。“按照这个一般利润率归于一定量资本（不管它的有机构成如何）的利润，就是平均利润。”(第3卷第177页)

利润转化为平均利润以后，就意味着等量资本大体上可以获得等量利润。因此，各部门资本家获得的利润，就不一定与本部门工人所创造的剩余价值正好相等。资本有机构成高的部门，资本家获得的利润大于本部门工人创造的剩余价值；资本有机构成低的部门，资本家获得的利润小于本部门工人创造的剩余价值；只有资本有机构成具有中等构成的部门，资本家获得的利润才等于或接近于本部门工人创造的剩余价值。

应当看到，平均利润并不是利润的绝对平均化，而只是资本主义经济的一种内在趋势。“总的说来，在整个资本主义生产中，一般规律作为一种占统治地位的趋势，始终只是以一种极其错综复杂和近似的方式，作为不断波动中得出的、但永远不能确定的平均情况来发生作用。”(第3卷第181页)

生产价格的形成

利润转化为平均利润，商品的价值就转化为生产价格。所以，生产价格是价值的转化形式，它等于商品的成本价格加平均利润。“求出不同生产部门的不同利润率的平均数，把这个平均数加到不同生产部门的成本价格上，由此形成的价格就是**生产价格**。”(第3卷第176页)“商品的生产价格……等于商品的成本价格加上平均利润。”(第3卷第176—177页)商品的生产价格是怎么形成的，请看下表：

生产部门	资本			剩余价值	消耗的c	成本价格	商品价值	个别利润率	平均利润率	平均利润	生产价格	生产价格与价值之差
	总额	c	v									
1	2	3	4	5	6	7	8	9	10	11	12	13
(1)	100	80	20	20	50	70	90	20%	22%	22	92	+2
(2)	100	70	30	30	51	81	111	30%	22%	22	103	−8
(3)	100	60	40	40	51	91	131	40%	22%	22	113	−18
(4)	100	85	15	15	40	55	70	15%	22%	22	77	+7
(5)	100	95	5	5	10	15	20	5%	22%	22	37	+17
合计	500	390	110	110	202	312	422		22%	110	422	0

从上表可以看出：

1. 生产价格的形成是以平均利润率的存在为前提的。

2. 生产价格就是成本价格加平均利润，无论从个别生产部门和全社会来说都是这样。例如，上表(1)的生产价格(92)＝成本价格(70)＋平均利润(22)，合计的生产价格(422)＝成本价格(312)＋平均利润(110)。

3. 生产价格与价值的差额同平均利润与剩余价值的差额，二者是一致的。如上表(3)生产价格与价值之差是－18，平均利润(22)与剩余价值(40)之差也是－18。

生产价格形成以后，在商品市场上，价格就不再直接围绕价值上下波动，而是直接围绕生产价格上下波动。

并非“科学的自杀”

一些庸俗经济学家抓住市场价格围绕生产价格波动这一事实，大肆攻击马克思。有的说，生产价格理论是马克思劳动价值理论的破产；有的说，《资本论》第三卷的论断与第一卷的基本原理是矛盾的，是“科学的自杀”。然而，无论怎样，庸俗经济学的攻击都是徒劳的。

生产价格的形成使个别部门的剩余价值与平均利润不等，价值和生产价格不等。但是，从全社会来说，剩余价值总量和利润总量相等，价值总和与生产价格总和相等，并没有违背价值规律。生产价格不过是价值的转化形式。

第一，从个别部门来看，资本有机构成高的部门资本家获得的平均利润高于本部门工人所创造的剩余价值[如前表(5)平均利润比剩余价值大 17]；资本有机构成低的部门资本家获得的平均利润小于本部门创造的剩余价值

[如前表(3)平均利润比剩余价值少18]。但从全社会来看,平均利润总额和剩余价值总额是相等的(都是110)。“如果我们把全国商品的成本价格的总和放在一方,把全国的利润或剩余价值的总和放在另一方,那末很清楚,我们就会得到正确的计算。……从总的计算来看,只要一个生产部门的利润加入另一个生产部门的成本价格,这个利润就已经算在最终产品的总价格一方,而不能再算在利润一方。如果这个利润算在利润一方,那只是因为这个商品本身已经是最终产品,它的生产价格不加入另一种商品的成本价格。”(第3卷第179—180页)“不过这一切总是这样解决的:加入某种商品的剩余价值多多少,加入另一种商品的剩余价值就少多少,因此,商品生产价格中包含的偏离价值的情况会互相抵销。”(第3卷第181页)

第二,从个别部门看,虽然一些部门商品的生产价格高于它的价值[如前表(5)生产价格比价值高17];一些部门商品的生产价格低于它的价值[如前表(3)生产价格比价值低18],但从全社会来看,生产价格的总和等于价值的总和(都是422)。“如果把社会当作一切生产部门的总体来看,社会本身所生产的商品的生产价格的总和等于它们的价值的总和。”(第3卷第179页)“必须记住,如果在一个特殊生产部门把商品的成本价格看作和生产该商品时所消费的生产资料的价值相等,那就总可能有误差。对我们现在的研究来说,这一点没有进一步考察的必要。”(第3卷第185页)

第三,生产价格的变动仍然以价值为基础。商品生产价格的变动取决于:1.平均利润率变化;2.价值变化;3.二者一起变化。而归根到底是由于价值的变化。“生产价格的变化显然总是要由商品的实际的价值变动来说明,也就是说,要由生产商品所必需的劳动时间的总和的变动来说明”。(第3卷第186页)

关于价值与生产价格、剩余价值与平均利润的关系,马克思在《资本论》第四卷还有深刻的分析。“一切商品的这些**费用价格**加在一起,其总和**将等于这一切商品的价值**。同样,总利润将等于这些资本加在一起比如说在一年内提供的总剩余价值。如果我们不以价值规律为基础,那末,**平均利润**,从而费用价格,就都成了纯粹想象的、没有依据的东西。各个不同生产部门的剩余价值的平均化丝毫不改变这个总剩余价值的绝对量,它所改变的只是剩余价值在不同生产部门中的**分配**。但是,这个**剩余价值**本身的**规定**,只有来自价值决定于劳动时间这一规定。没有这一规定,平均利润就是**无中**

生有的平均，就是纯粹的幻想。那样的话，平均利润既可以是10%，也可以是1 000%。”（第4卷Ⅱ第210页）

列宁也曾经指出：“在《资本论》第3卷里，解决了在价值规律的基础上形成平均利润率的问题。”“这样，价格离开价值而使利润率平均化这件众所周知的、无可置辩的事实，就为马克思根据价值规律所充分说明了，因为一切商品的价值总量是和价格总和相等的。”①所以，在价值规律的基础上分析生产价格的形成，不仅不是马克思“理论的破产”，而且正好是马克思对政治经济学的重大贡献。

平均利润和生产价格的形成进一步掩盖了资本主义剥削

剩余价值率转化为利润率，剩余价值转化为利润已经掩盖了资本主义剥削；在这种情况下，虽然各部门剩余价值率和利润率不一致了，但是，各部门利润量和剩余价值量还是相等的。平均利润率和平均利润形成以后，利润转化为平均利润，价值转化为生产价格。在这种情况下，各部门的剩余价值量和平均利润量，价值和生产价格都发生了背离，因此，价值和剩余价值的真正源泉被掩盖起来了，从而进一步掩盖了资本主义剥削。

（三）市场价值和市场价格

利润转化为平均利润、价值转化为生产价格的过程，也就是商品按价值交换、发展为按生产价格交换的过程；而要弄清按价值交换如何发展为按生产价格交换，就必须进一步分析市场价值和市场价格等有关问题。马克思在第三卷第十章重点分析了市场价值和市场价格的问题。

商品按价值交换先于按生产价格交换

无论在理论上还是在历史上，商品按价值交换都是先于按生产价格交换的。“商品按照它们的价值或接近于它们的价值进行的交换，比那种按照它们的生产价格进行的交换，所要求的发展阶段要低得多。而按照它们的生产价格进行的交换，则需要资本主义的发展达到一定的高度。”（第3卷第197—198页）

商品按价值进行交换只要具备以下三个条件：1.商品交换不是偶然暂时

① 列宁全集·第21卷.北京：人民出版社，1960：46、47.

的现象，而是经常的大量的现象；2.商品生产者双方生产的商品量大体与需要量一致；3.没有垄断，可以自由贸易。

但是，商品要按生产价格进行交换，就必须具备更多的条件：1.资本可以自由转移；2.劳动力可以自由转移。而资本可以自由移动又必须有三个前提：(1)社会内部已经有了完全的商业自由，消除了自然垄断以外的一切垄断；(2)信用制度有了很大发展；(3)所有的生产部门都已被资本家控制。而劳动力的自由转移又必须具备五个前提：(1)废除了一切妨碍工人从一个生产部门转移到另一个生产部门的法律；(2)工人对自己的劳动内容是无所谓的；(3)一切生产部门的劳动都已最大限度地化为简单劳动；(4)工人抛弃了一切职业的偏见；(5)工人完全受资本主义生产方式的支配。

这些条件，是随着资本主义的发展逐渐形成和发展起来的。价值转化为生产价格反映着资本主义由较低阶段向较高阶段的发展。所以，马克思的生产价格理论，不仅在理论上是以劳动价值论为基础的，而且也是与历史的发展相一致的。

部门内部的竞争形成市场价值

不同部门之间的竞争，使价值转化为生产价格；而部门内部的竞争又使个别价值平均化为市场价值。

市场价值就是区别于个别价值的社会价值或平均价值。“不同的个别价值，必须平均化为**一个**社会价值，即上述市场价值。”(第 3 卷第 201 页)这种市场价值是由部门内部的竞争形成的。“竞争首先是在一个部门内实现的，使商品的各种不同的个别价值形成一个相同的市场价值和市场价格。”(第 3 卷第 201 页)所谓部门内部的竞争，是指同一生产部门生产同种商品的各个资本主义企业，为争夺超额剩余价值而进行的竞争。

这种市场价值是怎样决定的呢？“市场价值，一方面，应看作是一个部门所生产的商品的平均价值；另一方面，又应看作是在这个部门的平均条件下生产的、构成该部门的产品很大数量的那种商品的个别价值。”(第 3 卷第 199 页)这就是说，市场价值一方面可以由某种商品个别价值总和的平均数来决定；另一方面，也可以由平均生产条件下生产某种商品产品数量很大的那种商品的个别价值来决定。具体说来：

1. 如果中等生产条件下生产的商品量占很大数量，那在，市场价值就按中等生产条件下的商品的个别价值来决定。见表Ⅰ。

表Ⅰ 单位:元

生产条件	产　　量	个别价值		市场价值	
		单位商品	全部商品	单位商品	全部商品
优　等	15	6	90	8	120
中　等	70	8	560	8	560
劣　等	15	10	150	8	120
总　计	100		800		800

在这种情况下,由于中等条件下生产的产品数量很大,因此,市场价值就由中等条件下的个别价值(8 元)来决定。

2. 如果最坏生产条件下生产的商品量占很大数量,那么,市场价值就按最坏生产条件下的商品的个别价值来决定。见表Ⅱ。

表Ⅱ 单位:元

生产条件	产　　量	个别价值		市场价值	
		单位商品	全部商品	单位商品	全部商品
优　等	15	6	30	10	150
中　等	15	8	120	10	150
劣　等	70	10	700	10	700
总　计	100		850		1 000

在这种情况下,由于劣等条件下生产的产品数量很大,因此,市场价值就由劣等条件的个别价值(10 元)决定。

3. 如果最好生产条件下生产的商品量占很大数量,那么,市场价值就按最好生产条件下的商品的个别价值来决定。见表Ⅲ。

表Ⅲ 单位:元

生产条件	产　　量	个别价值		市场价值	
		单位商品	全部商品	单位商品	全部商品
优　等	70	6	420	6	420
中　等	15	8	120	6	90
劣　等	15	10	150	6	90
总　计	100		690		600

在这种情况下，由于优等条件下生产的产品数量很大，因此，市场价值就由优等条件下的商品的个别价值(6元)来决定。

4. 严格说来，市场价值是按各种生产条件下生产的商品总量的总价值除以商品总量来决定。“严格地说，每一单个商品或商品总量的每一相应部分的平均价格或市场价值，在这里是由那些在不同条件下生产的商品的价值相加而成的这个总量的总价值，以及每一单个商品从这个总价值中所分摊到的部分决定的。”(第3卷第205页)例如：

单位：元

生产条件	产　量	个别价值		市场价值	
		单位商品	全部商品	单位商品	全部商品
优　等	15	6	90	8	120
中　等	70	8	560	8	560
劣　等	15	10	150	8	120
总　计	100		800		800

按照严格意义的方法计算：

$$\text{市场价值}=\frac{6\times15+8\times70+10\times15}{15+70+15}=8(\text{元})$$

从以上几种情况计算出来的市场价值，只有第一和第四两种方法，市场价值总和与个别价值总和是一致的；而第二种和第三种方法计算出来的市场价值、个别价值总和与市场价值总和都是不一致的。实际上，第一种方法也只能是近似，而不能完全一致；只有第四种方法才是最严格意义的市场价值。“只有在特殊的组合下，那些在最坏条件下或在最好条件下生产的商品才会调节市场价值。”(第3卷第199页)

供求与市场价格、市场价值的关系

由以上方法形成的市场价值就成为市场价格波动的中心。用货币来表现商品的市场价值，就是市场价格。市场价格由市场价值决定，但是，要受供求关系的影响。“供求关系一方面只是说明市场价格同市场价值的偏离，另一方面是说明抵销这种偏离的趋势，也就是抵销供求关系的影响的趋势。”(第3卷第212页)那么，什么是供求关系呢？

供,就是供给。供给是生产量的总和,或者说是商品售卖量的总和。"供给,这就是处在市场上的产品,或者能提供给市场的产品。"(第 3 卷第 208 页)这个生产量不仅是满足人类需要的使用价值,而且还以一定量存在市场上;其次,这个商品量还有一定的市场价值。

求,就是需求,或称需要。需要就是消费量的总和,或者说是商品购买量的总和。理解需要应注意:1.一般说来,需要是指有支付能力的需要。"社会需要(在这里总是指有支付能力的需要)。"(第 3 卷第 202 页)2.需要由阶级关系和各自的经济地位决定。"'社会需要',也就是说,调节需求原则的东西,本质上是由不同阶级的互相关系和它们各自的经济地位决定的。"(第 3 卷第 203 页)3.需要包括生产消费的需要和个人消费的需要。

在供给和需要相一致的情况下,各种商品能够按照它们的市场价值出卖。"如果供求之间处于这样的比例,以致某个生产部门的商品总量能够按照它们的市场价值出售,既不高,也不低,供求就是一致的。"(第 3 卷第 211 页)但事实上,供给和需要从来不会一致的,如果有也是偶然的。"供求实际上从来不会一致;如果它们达到一致,那也只是偶然现象,所以在科学上等于零,可以看作没有发生过的事情。"(第 3 卷第 212 页)供求不能决定市场价格,但供求能够影响市场价格。它通过调节市场价格与市场价值的差别,从而自发地起着商品生产调节者和商品流通调节者的作用。

供求怎样调节生产呢?如果一种商品求大于供,价格就高于价值,其他部门的资本就流到这个部门来,这个部门的生产规模就会扩大,产量就会增加;如果供大于求,价格就会低于价值,资本家就会从这个部门撤出,使这个部门生产规模缩小,产量下降。

供求怎样调节流通呢?需求按照和价格相反的方向变动,如果价格跌落,需求就增加;相反价格提高,需求就减少。供给也是这样,商品的价格对商品的供给具有决定意义,价格低,供给减少;价格高,供给增加。

供求既不能决定市场价值,也不能直接影响市场价值;但它可以通过影响市场价格,调节生产,间接影响市场价值。所以,"如果需求非常强烈,以致当价格由最坏条件下生产的商品的价值来调节时也不降低,那末,这种在最坏条件下生产的商品就决定市场价值。这种情况,只有在需求超过通常的需求,或者供给低于通常的供给时才可能发生。最后,如果所生产的商品的量大于这种商品按中等的市场价值可以找到销路的量，那末，那种在最好条件下生产的商品就调节市场价值。”（第3卷第200页）

马克思在《资本论》第三卷第二篇特别是第十章所分析的市场价值，与在第一卷主要是第一篇第一章所论述的劳动价值论的基本原理是一致的。但是，这里的分析要比第一卷具体丰富多了，与资本主义现实更加接近了。主要表现在：一是引入了竞争，通过竞争说明价值的形成；二是引入了供求，通过供求进一步说明价格与价值的关系。所以，《资本论》第三卷第十章关于市场价值的分析，是对《资本论》第一卷第一章的重大发挥和补充。

平均利润和生产价格的形成说明了什么

平均利润和生产价格的形成实际上就是工人创造的剩余价值在各生产部门资本家之间进行重新瓜分的问题。这从资本家内部来说，是一场你争我夺的斗争，“资本家在他们的竞争中表现出彼此都是虚伪的兄弟。”（第3卷第221页）从工人和资本家之间的关系来说，是整个资产阶级剥削整个无产阶级，“但面对着整个工人阶级却结成真正的共济会团体。”（第3卷第221页）这就告诉我们，在资本主义社会，工人和资本家之间有矛盾，资本家之间也有矛盾。但是，工人与资本家之间的矛盾，是资本主义社会的主要矛盾；资本家之间的矛盾，是次要矛盾。

平均利润的形成还告诉我们，在资本主义社会，每个产业资本家所获得的利润的多少，不仅取决于他们对本企业工人的剥削程度，而且取决于所有产业资本家对全体工人的剥削程度。“根据以上所说可以得出结论，每一单个资本家，同每一个特殊生产部门的所有资本家总体一样，参与总资本对全体工人阶级的剥削，并参与决定这个剥削的程度，这不只是出于一般的阶级同情，而且也是出于直接的经济利害关系，因为在其它一切条件（包括全部预付不变资本的价值）已定的前提下，平均利润率取决于总资本对总劳动的剥削程度。”（第3卷第220页）这就是说，在资本主义社会，工人不仅受本企业资本家的剥削，而且受整个资产阶级的剥削。因而工人不仅与个别资本家相对立，而且与整个资产阶级相对立。因此，从平均利润理论可以得出这样的结论：工人阶级要摆脱资本家的剥削和压迫，必须团结起来，以整个阶级的力量，反对整个资产阶级的统治和剥削，推翻整个资本主义制度。

超额利润

由于社会价值与个别价值的差额、价值与生产价格的差额，都会产生超额利润，因此，在第十章的最后，马克思简要地分析了超额利润。

超额利润就是超过平均利润以上的利润。它的获得可以有两种情况：一是在按市场价值出售商品的情况下，生产条件好的生产者由于他的个别价值低于社会价值，因而可以获得超额利润；二是人为的垄断或自然的垄断也会形成超额利润。例如，农产品按照高于生产价格的价值出售，也会带来超额利润；这种超额利润会因土地所有权而转化为地租。

（四）生产价格绝没有违背价值规律

生产价格理论的关键在于生产价格与价值的关系。马克思在第三卷的第十一章和第十二章对生产价格的补充说明，是在反复强调生产价格绝没有违背价值规律。

工资变动对生产价格的影响

第十一章分析工资的一般变动对生产价格的影响主要有两种情况：

一是工资上涨对生产价格的影响。对平均构成的资本来说，工资上涨，生产价格不变；对低位构成的资本来说，工资上涨，生产价格上涨；对高位构成的资本来说，工资上涨，生产价格下降。

二是工资下降对生产价格的影响。对平均构成的资本来说，工资下降，生产价格不变；对低位构成的资本来说，工资下降，生产价格下降；对高位构成的资本来说，工资下降，生产价格提高。

生产价格的变动最终都可以归结为价值的变动

第十二章对生产价格的补充说明，由三个片断组成，反复强调平均利润是由剩余价值决定的，生产价格是由价值决定的。

生产价格等于成本价格加平均利润，因此一个商品生产价格的变化，归结起来，只能有两个原因：

第一，平均利润率发生变化。这可能是由于劳动力价值的提高或降低，也可能是剩余价值总额和预付社会总资本的比率发生变化。

第二，商品价值的变动。这可能是生产商品的劳动增加或减少了，也可能是商品本身的劳动生产率发生了变动，还可能是生产生产资料部门的劳动生产率发生了变动。

总之，“商品生产价格的一切变动最终都可以归结为价值的变动，但并不是商品价值的一切变动都要表现为生产价格的变动，因为生产价格不只是由特殊商品的价值决定，而且还由一切商品的总价值决定。”（第 3 卷第 229 页）

十四、一个二重性的规律

——《资本论》第三卷第三篇

利润率趋向下降的规律

资本家贪得无厌，拼命想获得更多的利润。但是，他这样做的结果，却导致了利润率的下降。“利润率的下降和绝对利润量的同时增加产生于同一些原因的这个二重性的规律。”（第3卷第245页）所谓二重性规律，实际上就是利润和利润率发展趋势的规律。

概　　述

什么是利润率发展的趋势

“利润率趋向下降的规律”就是讲利润率发展趋势的。在资本主义社会，利润发展的趋势就是利润总量增加，但利润率趋向下降，简称为利润率趋向下降的规律。理解这一规律应当注意以下几点：

第一，这里所说的利润率，不是从个别资本来看的某一个资本家所取得的利润率，而是从全社会来看的，是指平均利润率。

第二，这个规律是二重的，即一方面是社会总资本的利润总量增加；另一方面是利润率趋向下降。

第三，这里所说的利润率趋向下降，不是直线下降，也不是不断下降，而是一种趋势。这是因为还有其他许多因素阻碍延缓利润率的下降。

这一篇与《资本论》其他部分的关联

这个第三篇不仅与第三卷的第一、二篇，而且与第一、二卷存在着内在的联系。从与第一卷的联系来说，它是第一卷第七篇资本积累理论的继续；从与第二卷的联系来说，它是第二卷第三篇社会总资本再生产和流通的继续；从与第三卷的联系来说，它是第一、二篇利润理论的直接继续。

规律、反作用、结果

这一篇由第十三章到第十五章组成。第十三章《规律本身》讲在资本主义社会为什么会存在利润率趋向下降的规律及其表现形式。第十四章《起反作用的各种原因》，讲阻碍利润率下降的各种因素。这一章有六节，分别分析阻碍利润率下降的六个因素。第十五章《规律的内部矛盾的展开》，讲利润率趋向下降规律使资本主义各种内在矛盾进一步激化，说明资本主义制度的历史局限性。这一章一共四节，第一节是讲剩余价值生产和剩余价值实现的矛盾；第二节是讲资本主义生产目的和手段之间的矛盾，第三节是讲人口过剩和资本过剩的矛盾；第四节是讲资本主义生产方式的历史暂时性，说明资本主义正在衰老，越来越过时了。

（一）利润率趋向下降的规律

第三卷第十三章分析利润率趋向下降的规律，实际上就是利润率下降、利润总量增加的二重规律。

资本有机构成提高引起平均利润率下降

在资本主义社会，随着社会生产力的日益发展，资本有机构成不断提高，可变资本同不变资本相比日益相对减少，结果在劳动剥削程度不变甚至提高时，同一个剩余价值率会表现为一个不断下降的平均利润率。

例如，有一个资本，原不变资本是 50 元，可变资本是 100 元，总资本是 150 元，剩余价值率是 100%。在这种情况下，也就是资本有机构成在 1∶2 的情况下，利润率即：

$$p'=\frac{100}{150}=66\%$$

如果随着资本积累，资本有机构成不断提高，平均利润率就有一个下降的趋势。假设：

1. 资本有机构成提高到 1∶1，即 $c=100$，$v=100$，则 $p'=\frac{100}{200}=50\%$；

2. 资本有机构成提高到 2∶1，即 $c=200$，$v=100$，则 $p'=\frac{100}{300}=33.33\%$；

3. 资本有机构成提高到 3∶1，即 $c=300$，$v=100$，则 $p'=\frac{100}{400}=25\%$。

所以，在剩余价值率不变的情况下，随着资本有机构成提高，利润率有一个下降的趋势。“因此，在劳动的剥削程度不变时，同一个剩余价值率会表现为不断下降的利润率，因为随着不变资本的物质量的增加，不变资本从而总资本的价值量也会增加，虽然不是按相同的比例增加。”（第 3 卷第 236 页）而资本有机构成提高，又是资本主义制度下劳动生产率提高的必然结果。“因此，一般利润率日益下降的趋势，只是劳动的社会生产力日益发展**在资本主义生产方式下所特有的表现**。”（第 3 卷第 237 页）

利润率有一个下降的趋势，这是不是说，资本家剥削工人的程度越来越轻，资本家获得的利润量越来越少呢？实际并非如此。

利润率下降和利润量增加是一个二重的规律

利润率下降并不意味着利润量的减少，相反，利润绝对量还会增加。“利润率不断下降的规律，或者说，所占有的剩余劳动同活劳动所推动的物化劳动的量相比相对减少的规律，决不排斥这样的情况：社会资本所推动和所剥削的劳动的绝对量在增大，因而社会资本所占有的剩余劳动的绝对量也在增大；同样也决不排斥这样的情况：单个资本家所支配的资本支配着日益增加的劳动量，从而支配着日益增加的剩余劳动量。”（第 3 卷第 241 页）这是因为：

第一，在资本积累过程中，资本有机构成不断提高，但资本的总量也在增加。在这种情况下，尽管可变资本的相对量在减少，但它的绝对量却会增加，从而资本积累，使可供剥削的劳动人口增加，因而剩余劳动量增加，提供的利润量也增加。

第二，随着资本积累，被剥夺者的人数在增加，使资本可以支配越来越大的劳动大军。在这种情况下，资本家还可以用延长工作日、提高劳动强度、压低工资等办法来榨取更多的剩余劳动量，从而利润量也会增加。

所以，利润率的下降和利润绝对量的同时增加是产生于同一些原因的二重性的规律，是资本积累作用的必然结果。“所以，在生产过程和积累过程的发展中，可以被占有和已经被占有的剩余劳动的量，从而社会资本所占有的利润的绝对量，都**必然**会增加。但是，同样一些生产规律和积累规律，会在不变资本的量增加时，使不变资本的价值同转化为活劳动的可变资本部分的价值相比，越来越迅速地增加起来。因此，同样一些规律，会使社会资本的绝对利润量日益增加，而使它的利润率日益下降。”(第3卷第244页)

商品价格下降和商品中所包含的利润量增加同时并存

“利润率因生产力的发展而下降，同时利润量却会增加，这个规律也表现为：资本所生产的商品的价格下降，同时商品所包含的并通过商品出售所实现的利润量却会相对增加。”(第3卷第251页)这就是说，商品价格下降和商品中包含的利润量增加同时并存，是利润率下降和利润量增加这一二重规律的另一种表现。即随着生产力的发展，单个商品价格会下降，这是由于单位商品中的劳动量减少，从而商品价值量也减少了。但是，劳动生产率提高，相对剩余价值却增加。所以，单位商品价格下降，但单位商品中所包含的利润量，却会因为剩余价值率的提高而增加。

(二)阻碍利润率下降的各种因素

为什么把一般利润率下降称为趋向下降的规律呢？这是因为还有许多因素起着相反的作用，阻碍着利润率的下降。第三卷第十四章就是分析阻碍利润率下降的各种因素的。

劳动剥削程度的提高

劳动剥削程度的提高，也就是剩余价值率的提高。剩余价值率的提高可以缓和利润率的下降。可以通过使一个工人看管更多的机器或加快机器的运转速度来提高劳动强度，从而提高剩余价值率；也可以通过延长工作日或大量使用女工和童工来榨取。“利润率下降的趋势特别会由于工作日的延长所产生的绝对剩余价值率的提高而减弱。”(第3卷第260页)

把工资压低到劳动力价值以下

把工资压低到劳动力的价值以下“是阻碍利润率下降趋势的最显著的原因之一”。(第3卷第262页)这是因为：第一，压低工资使资本家预付的可变资本减少，从而预付总资本减少，利润率提高；第二，压低工资意味着资本家榨取的剩余价值相应增加，从而可以提高利润率。

不变资本的各种要素变得便宜

不变资本的各种要素变得便宜，就是生产资料价值的下降。它可以阻碍利润率下降是由于：

第一,随着劳动生产率的提高,生产资料的数量要不断增加。但是由于生产资料价值的下降,使不变资本的价值并不与生产资料的数量成比例地增加。因此,生产资料价值的下降,减弱了资本有机构成的提高,从而可以延缓利润率的下降。

第二,由于劳动生产率的提高,单位产品价值会下降,生产资料价值也会下降,从而现有以生产资料价值存在的不变资本就会贬值。例如,某企业开厂时购买一台机器是 10 000 元(也就是不变资本 10 000 元)。由于劳动生产率提高,现在购买这台机器只需要 8 000 元,也就是它的不变资本贬值为 8 000 元。资本量减少,如果利润量不变,那么利润率就会提高,从而可以减缓利润率下降。

相对过剩人口

相对过剩人口就是失业人口。失业人口的存在说明劳动力的供给大于对劳动力的需要,资本家就会压低工资,使劳动力价格下降。劳动力价格下降,可以从两方面阻碍利润率下降:

一是由于劳动力价格下降,一方面意味着可变资本的减少,从而资本总量也减少;另一方面又使剩余价值量增加,从而利润量增加。利润量增加,资本总量减少,从而会提高利润率。

二是由于劳动力价格下降,可以使有些部门宁愿使用手工劳动而不使用机器,从而延缓资本构成的提高,会使利润率下降受到阻碍。“可供支配的或失业的雇佣工人价格低廉和数量众多,一些生产部门出于其本性而更加强烈地反对由手工劳动转化为机器劳动。另一方面,出现了新的生产部门,特别是生产奢侈品的部门,这些生产部门把其他生产部门中常常由于不变资本占优势而失业的上述相对过剩人口作为基础,而这些生产部门本身则建立在活劳动要素占优势的基础之上,以后才逐渐地走其他生产部门所走过的路。在这两个场合,可变资本在总资本中占有相当大的比重,工资则低于平均水平,结果这些生产部门的剩余价值率和剩余价值量都非常高。”(第 3 卷第 263 页)

对外贸易

投在对外贸易上的资本能够提供较高的利润率,这是由于:

第一,资本主义发达国家通过对外贸易,特别是对经济落后国家的贸易,输入廉价的原料和粮食,可以降低不变资本的价值和劳动力的价值,从而提高利润率。

第二，资本主义发达国家劳动生产率高，单位商品价值低；不发达国家劳动生产率低，单位商品价值高，而在对外贸易中是根据国际价值，即国际范围内的平均价值进行交换的。发达国家由于单位商品价值低于国际价值，因而可以获得超额利润。

第三，投在殖民地的资本有机构成低，剥削程度高，因而利润率也高。

但是，对外贸易对利润率的作用是二重的。一方面，它具有提高利润率的作用；另一方面，由于对外贸易的扩展会促使生产规模扩大，加速积累，也加速资本有机构成的提高，从而又加速利润率的下降。

股份资本的增加

随着资本主义发展，股份公司日益发展，股份资本也日益增加。但是，股份资本提供给股东的不是平均利润，而是通常比平均利润小的股息。由于股份资本形成的初期暂时不参加利润的平均化过程，所以从理论上说，它就阻碍平均利润率的下降。

以上阻碍平均利润率下降的各种因素，只能起削弱利润率下降的作用，并不能取消利润率趋向下降的规律。"引起一般利润率下降的同一些原因，又会产生反作用，阻碍、延缓并且部分地抵销这种下降。这些原因不会取消这个规律，但是会减弱它的作用。……所以，这个规律只是作为一种趋势发生作用；它的作用，只有在一定情况下，并且经过一个长的时期，才会清楚地显示出来。"(第 3 卷第 266 页)

(三) 利润率趋向下降规律使资本主义各种内在矛盾激化

资本家拼命想提高利润率，这样做的结果与他的主观愿望相反，却产生了利润率趋向下降的规律。这个规律引起了资本主义社会一系列不可调和的矛盾。第三卷第十五章分析"规律的内部矛盾的展开"。

剩余价值生产与剩余价值实现的矛盾

剩余价值生产是资本主义生产的直接目的和决定性动机。进行剩余价值生产要具备一些条件：一是要有足够的生产资料；二是要有必要的劳动人口；三要有一定高度的剥削率。

但是,剩余价值生产和剩余价值实现的条件是不一致的。它们不仅在时间上不一致、在空间上不一致、在概念上不一致,而且剩余价值生产只受社会生产力的限制,而剩余价值实现要受不同生产部门的比例和社会消费力的限制。

在利润率趋向下降的情况下,资本家为了获得更多的利润,就要扩大生产规模,以生产出更多的剩余价值,从而造成生产的巨大发展。但同时,资本家为了阻碍利润率下降,就要加强对劳动人民的剥削,使劳动人民有支付能力的需求相对缩小,这使剩余价值的实现受到消费力的限制。所以,剩余价值生产和剩余价值实现的矛盾不仅存在,而且会加剧生产和消费的矛盾。"生产力越发展,它就越和消费关系的狭隘基础发生冲突。在这个充满矛盾的基础上,资本过剩和日益增加的人口过剩结合在一起是完全不矛盾的;因为在二者结合在一起的时候,所生产的剩余价值的量虽然会增加,但是生产剩余价值的条件和实现这个剩余价值的条件之间的矛盾,正好因此而日益增长。"(第3卷第273页)

利润率下降不仅会造成剩余价值生产和剩余价值实现的矛盾,而且会引起生产扩大和价值增殖之间的矛盾。

生产扩大与价值增殖之间的矛盾

资本主义生产的目的,是为了价值增殖,获得尽可能多的剩余价值。为此它就要不断提高劳动生产率,扩大生产规模,因而使生产力具有无限发展的趋势。但是劳动生产率的发展,生产规模的不断扩大,一方面会使资本有机构成提高,引起利润率的下降;另一方面,由于生产力的发展使生产资料价值下降,又引起资本贬值,由此导致了生产扩大的无限性和价值增殖有限性的矛盾。"总的说来,矛盾在于:资本主义生产方式包含着绝对发展生产力的趋势,而不管价值及其中包含的剩余价值如何,也不管资本主义生产借以进行的社会关系如何;而另一方面,它的目的是保存现有资本价值和最大限度地增殖资本价值……它用来达到这个目的的方法包含着:降低利润率,使现有资本贬值,靠牺牲已经生产出来的生产力来发展劳动生产力。"(第3卷第278页)

我们知道,价值增殖是资本主义生产的目的,扩大生产是价值增殖的手段。所以,价值增殖和生产扩大的矛盾,实际上就是资本主义生产目的和实现这一目的的手段之间的矛盾。也就是"手段——社会生产力的无条件的发展——不断地和现有资本的增殖这个有限的目的发生冲突。"(第 3 卷第 279 页)因此,如果说资本主义生产方式曾经历史地发展了生产力,那么,资本主义生产关系又同时和这个发展中的生产力经常处在矛盾之中。

利润率下降不仅会引起生产扩大和价值增殖之间的矛盾,而且会引起资本过剩和人口过剩的矛盾。

资本过剩与人口过剩的矛盾

资本积累会引起利润率下降,这使得一些资本不能由于利润量的增加而得到补偿时,就不愿意作为资本投入生产,这就会引起资本过剩。资本过剩,就是有资本而不愿意投入生产。这样,资本所要雇佣的劳动力就要减少,工人找不到工作,这又引起人口过剩。所以,资本积累一方面引起资本的过剩,大量的过剩资本不能用于生产;另一方面又引起人口过剩,有大批的过剩人口不能参加生产。

所谓资本过剩,实质上总是指那种因利润率下降而不会由利润量的增加得到补偿的资本的过剩。也就是当追加资本不能生产更多剩余价值的时候发生的资本过剩。

资本过剩将引起资本家内部的矛盾。当平均利润率形成时,竞争会表现为资本家间的兄弟情谊,使他们按照各人的投资,按比例地分配共同赃物;但在分配损失时,各个资本家就尽力设法减少自己的损失,并把损失转嫁到别人头上。"在一切都顺利的时候,正如我们在研究一般利润率的平均化时已经指出的那样,竞争实际上表现为资本家阶级的兄弟情谊,使他们按照各自的投资比例,共同分配共同的赃物。但是,一旦问题不再是分配利润,而是分配损失,每一个人就力图尽量缩小自己的损失量,而把它推给别人。对整个阶级来说,损失是不可避免的。但是每个资本家要分担多少,要分担到什么程度,这就取决于力量的大小和狡猾的程度了,在这种情况下,竞争也就变为敌对的兄弟之间的斗争了。这时,每个资本家的利益和资本家阶级的利益之间的对立就显示出来了。"(第 3 卷第 282 页)

资本过剩还会引起竞争,促使商品的生产过剩,而这只好通过经济危机来得到强制的暂时的解决。"资本的生产过剩,仅仅是指可以作为资本执行职能即可以用来按一定剥削程度剥削劳动的生产资料——劳动资料和生活资料——的生产过剩;而这个剥削程度下降到一定点以下,就会引起资本主义生产过程的混乱和停滞、危机、资本的破坏。”(第 3 卷第 285 页)但是,危机永远只是现有矛盾的暂时的暴力的解决,永远只是使已经破坏的平衡得到瞬间恢复的暴力的爆发。

资本主义生产方式的历史局限性

资本主义生产有三个主要事实:

1. 被资本家私人占有的生产资料社会化了。生产资料集中在少数人手中,因此不再表现为直接劳动者的财产,而是相反地转化为社会的生产能力。

2. 劳动也社会化了。劳动本身由于协作、分工以及劳动和自然科学的结合而组织成为社会的劳动。

“从这两方面,资本主义生产方式把私有财产和私人劳动取消了,虽然是在对立的形式上把它们取消的。”(第 3 卷第 296 页)马克思在这里所说的资本主义生产方式把私有财产取消了,是指随着资本主义的发展,生产资料越来越集中在少数人手里,把直接劳动者的私人财产取消了,使之成为资本家的私有财产,而不是取消了一切私有财产。资本主义生产方式把私人劳动取消了,是指随着资本主义发展,生产越来越社会化,劳动本身由于协作、分工以及和自然科学相结合,也越来越社会化了,从而组织成为社会的劳动。

3. 世界市场形成了。在资本主义生产方式内部发展起来的社会化生产创造了巨大的惊人的生产力,但是生产资料仍是资本主义私人占有制,这就使资本主义的矛盾,即基本矛盾尖锐化起来。

由于利润率趋向下降的规律,使资本主义基本矛盾及其各种矛盾日益激化,这表明资本主义生产方式是一个历史的、暂时的生产方式,它必然要被社会主义所代替。“资本主义生产不是绝对的生产方式,而只是一种历史的、和物质生产条件的某个有限的发展时期相适应的生产方式。”(第 3 卷第 289 页)“由资本形成的一般的社会权力和资本家个人对这些社会生产条件拥有的私人权力之间的矛盾,发展得越来越尖锐,并且包含着这种关系的解体,因为它同时包含着生产条件向一般的、共同的、社会的生产条件的转化。这种转化是由生产力在资本主义生产条件下的发展和实现这种发展的方式所决定的。”(第 3 卷第 294 页)用恩格斯的话来说,就是资本主义生产方式“正在衰老,越来越过时了”(第 3 卷第 292 页)。

十五、“贱买贵卖是商业的规律”

——《资本论》第三卷第四篇

商品资本和货币资本转化为商品经营资本和货币经营资本（商人资本）

《圣经·创世纪》中有这样一个神话：据说，亚当和夏娃的后裔除挪亚之外，都在世上犯下了许多罪恶。因此，上帝后悔造人，就降了四十天的大雨，于是洪水泛滥，除挪亚一家及其所带飞禽走兽以外，世界上所有一切都被淹没了。这就是所谓洪水期。

马克思曾经把资本主义以前的商业资本和高利贷资本称为洪水期前的资本。“资本的常见的、所谓洪水期前的形态，即商业资本和高利贷资本。”（第1卷第186页）由于资本主义以前的商业资本的利润是由贱买贵卖而来的，因此，“贱买贵卖，是商业的规律。”（第3卷第368页）在资本主义社会，从表面看来，商业资本家获得的商业利润也是贱买贵卖的结果，但实质上是产业资本家从工人身上榨取的剩余价值的一部分。

在资本主义社会，剩余价值是工人创造的。参加剩余价值分配的，除了心狠手辣的产业资本家获得的产业利润外，还有奸诈贪婪的商业资本家获得的商业利润。《资本论》第三卷第一至第三篇讲了产业资本家内部怎样通过平均利润来瓜分剩余价值的问题，现在第四篇分析商业资本家怎样通过商业资本来参与瓜分剩余价值的问题。

概　　述

研究的对象

《资本论》第三卷第四篇研究的商业资本（或称商人资本）是指资本主义

的商业资本，而不是资本主义以前的商业资本。资本主义商业资本包括商品经营资本和货币经营资本。“商人资本或商业资本分为两种形式或亚种，即商品经营资本和货币经营资本。”(第3卷第297页)商业资本的主要部分是商品经营资本，我们通常所说的商业资本往往就是指商品经营资本。

这一篇通过商业资本的研究，中心是揭示商业资本家是怎样参与瓜分产业工人所创造的剩余价值的。商业资本家是以商业利润的形式来占有剩余价值的。商业资本也是按照等量资本获取等量利润的原则，参与利润率平均化，获得平均利润。

研究的顺序

这一篇由第十六章到第二十章组成，大体上可以分为三个部分：

第一部分，是从第十六章到第十八章，先分析商品经营资本，研究了商业资本、商业利润和商业价格等问题。第十六章《商品经营资本》主要分析商业资本的形成和作用。第十七章研究了“商业利润”的来源、商业纯粹流通费用的补偿，以及商业劳动的特点等。第十八章《商人资本的周转，价格》，主要是研究商业周转的特点及其对商品价格的影响。

第二部分是第十九章，分析“货币经营资本”。它是商业资本的一种形式，与商品经营资本的职能基本类似，但又十分接近借贷资本和银行资本，而且往往和它们结合在一起。实际上，纯粹从事货币流通的技术性业务的货币经营资本是不多的，所以，马克思对这一章只作了简要的分析。

第三部分是第二十章《关于商人资本的历史考察》，分析了商业资本发展的历史，说明资本主义商业资本与资本主义以前的商业资本的联系和区别。

并非理论和历史的颠倒

商业资本是历史上最古老的资本之一，远在奴隶社会的初期就问世了。第二次社会大分工以后，随着商品交换的发展，就需要有一些人专门从事商品的买卖。于是，产生了第三次社会大分工，创造了一个不从事生产而只从事产品交换的阶级——商人。这就是说，在历史上，商业资本早在资本主义产生之前就存在了，奴隶社会有，封建社会也有。也就是说，在历史上商业资本是先于产业资本的，并且它曾经促进了产业资本的产生。但是，在理论上，马克思是在《资本论》第一卷和第二卷，以及第三卷前三篇详尽地分析了产业资本以后，到第三卷的第四篇才分析商业资本的，这是不是理论和历史的颠倒呢？事实上并非如此。问题的关键在于，必须区分资本主义的商业资本和资本主义以前的商业资本。《资本论》研究的商业资本是资本主义的商业资本，而资本主义商业资本无论在理论上或历史上都是产业资本的派生形式，都从属于产业资本。所以，在这里，不仅不是理论和历史的颠倒，恰恰相反，理论的分析是按照历史发展的内在规律来叙述的。

对政治经济学的一大贡献

资产阶级经济学的代表亚当·斯密、大卫·李嘉图等经济学家，都把商业资本和产业资本混为一谈，完全看不到商业资本的特性。“最荒唐的看法莫过于把商人资本——不管它以商品经营资本的形式或货币经营资本的形式出现——看作是产业资本的一个特殊种类，就象采矿业、农业、畜牧业、制造业、运输业等等是由社会分工造成的产业资本的分支部门从而特殊投资领域一样。”(第 3 卷第 361 页)马克思在这一篇把商业资本作为独立的资本与产业资本相对立，把商业利润当作剩余价值的特殊形式与产业利润相对立，把商业资本家当作商业资本的人格化与产业资本家相对立，这是他对政治经济学的一大贡献。“由于现代经济学，甚至它的最优秀的代表，都直接把商业资本和产业资本混为一谈，实际上完全看不到商业资本的特性，我们就更有必要这样做了。”(第 3 卷第 297 页)

马克思对商业资本的分析，不仅对于理解资本主义生产关系是重要的，而且对发展社会主义商业也有重要启示。

(一) 商业资本是产业资本的独立部分

商业资本又叫商人资本，它是专门从事商品买卖的资本。“商人资本不外是在流通领域内执行职能的资本。”(第 3 卷第 311 页)

资本主义的商业资本是产业资本的一种派生形式的资本，是从产业资本的运动中分离出来的一个独立部分，是产业资本在流通领域职能的专业化，它从属于产业资本，为产业资本服务。马克思在题为“商品经营资本”的第十六章，分析了商业资本的形成和作用。

商业资本是从产业资本分离出来的

马克思在研究产业资本的循环时曾经指出，产业资本在它的运动中依次采取货币资本、生产资本和商品资本这三种不同的形态，并完成不同的职能。那时，假定产业资本循环的每一阶段，包括商品资本的实现在内，都是由产业资本家自己来完成。但是，随着资本主义生产的发展和商品销售市场的日益扩大，在流通中待实现的商品资本越来越多，流通时间也越来越长。在这种情况下，由产业资本家兼营商品出售，不仅很不方便，而且很不利。于是，一部分商品资本就逐渐从产业资本的运动中分离出来，它们的职能固定地由一部分不从事生产活动而专管商品买卖的商业资本家来完成。这样，商品资本就转化成了商业资本。“只要处在流通过程中的资本的这种职能独立起来，成为一种特殊资本的特殊职能，并且固定下来，成为一种由分工给予特殊种类资本家的职能，商品资本就成为商品经营资本或商业资本。”(第 3 卷第 298 页)

“商品经营资本只是这个不断处在市场上，处在形态变化过程中并总是局限在流通领域内的流通资本的一部分的转化形式。”(第 3 卷第 299 页)为什么只是一部分呢？这是因为商品的买卖总有一部分是在产业资本家之间直接进行的。

商品经营资本从产业资本当中分离出来之后，仍然是执行商品资本的职能。

因为当产业资本家把商品卖给商人之后，对产业资本来说，他的商品资本固然已经实现，他的商品资本已经变成了货币资本。但是，对商品本身来说，它并没有因此而退出流通领域，它只是变更了所有者，即由产业资本家手中转入商人手里，商品中所包含的价值和剩余价值并没有最后实现。这就是说，商品资本的职能还有待商人继续完成。只有当商人把商品卖给消费者，商品从流通领域进入消费领域时，商品资本到货币资本的转化过程才真正结束，商品资本的职能才最后实现。因此，“商人的活动只是为了把生产者的商品资本转化为货币所必须完成的活动，只是对商品资本在流通过程和再生产过程中的职能起中介作用的活动。”(第 3 卷第 301 页)

所以，商业资本的职能和商品资本的职能实际上是一回事。所不同的，只是以前这些职能是由产业资本家作为自己的附带业务来完成，而现在则成为商业资本家的专门业务了。“商品经营资本无非是生产者的商品资本，这种商品资本必须经历它转化为货币的过程，必须在市场上完成它作为商品资本的职能；不过这种职能已经不是生产者的附带活动，而是一类特殊资本家即商品经营者的专门活动，它已经作为一种特殊投资的业务而独立起

来。”（第3卷第301页）

但是，商品经营资本已经从产业资本分离出来，它就不再是产业资本的一个单纯的环节，而是作为一个独立的资本来发挥作用。那么，使商业资本成为独立执行职能资本的条件是什么呢？

第一，商品的买卖已经不由产业资本家来兼任，而是专门由商人来担任。在商人和产业资本家之间形成了一种特殊的社会分工，商品的买卖已经成为商人专门从事的独立的业务。

第二，专门从事商品买卖的人还必须有自己独立的投资，他必须预付货币资本，以便向产业资本家购买商品，然后再卖出去，变为更多的货币。

总之，从商品经营资本的来源、职能以及与产业资本的相互关系来看，商业资本不外就是商品资本的转化形式，是产业资本的一个独立部分。

商业资本的作用

商品资本从产业资本中独立出来，形成商业资本以后，对于促进资本主义的发展起着重要的作用。

第一，商业资本的存在对产业资本来说，它既可以为产业资本家节约流通资本，从而扩大生产规模；又可以为产业资本家节省销售时间，用来管理生产。“如果没有商人的介入，流通资本中以货币准备金形式存在的部分，同以生产资本形式使用的部分相比，必然会不断增大，与此相适应，再生产的规模就会受到限制。而现在，生产者能够把他的资本中较大的部分不断地用于真正的生产过程，而把较小的部分用作货币准备金。”（第3卷第306页）“如果商人仍然是商人，那末，生产者就可以把出售商品的时间节省下来用于监督生产过程。”（第3卷第306—307页）

第二，商业资本的存在对总资本来说：1.商业资本比产业资本亲自经营商业可以节约用在买卖上的资本。“由于分工，专门用于买卖的资本……小于产业资本家在必须亲自从事他的企业的全部商业活动时所需要的这种资本。”（第3卷第307页）2.可以加速资本的周转速度，使商品资本可以更快地转化为货币资本。“因为商人专门从事这种业务，所以，不仅生产者可以把他的商品较早地转化为货币，而且商品资本本身也会比它处在生产者手中的时候更快地完成它的形态变化。”（第3卷第307页）3.商业资本的一个周转，不仅可以代表一个生产部门内多数资本的周转，并且可以代表不同生产部门很多资本的周转，从而加速产业资本的周转。“同一商人资本的周转，还可以同样有效地对不同生产部门的资本的周转起中介作用。只要同一商人资本，在不同的周转中用来使各个不同的商品资本相继转化为货币，即依次把它们买进和卖出，它作为货币资本对商品资本完成的职能，就和货币通过它在一定时期内的多次流通对商品完成的职能相同。”（第 3 卷第 308 页）

第三，商业资本不创造价值和剩余价值，但可以间接为产业资本家增加剩余价值。具体说来：1.它可以通过流通时间的缩短，间接地帮助产业资本家增加剩余价值。“既然它有助于流通时间的缩短，它就能间接地有助于产业资本家所生产的剩余价值的增加。”（第 3 卷第 312 页）2.它可以帮助扩大市场，从而使产业资本扩大生产规模，提高劳动生产率，增加利润。“既然它有助于市场的扩大，并对资本之间的分工起中介作用，因而使资本能够按更大的规模来经营，它的职能就会提高产业资本的生产效率和促进产业资本的积累。”（第 3 卷第 312 页）3.它可以缩短流通时间，减少流通资本，提高产业资本利润率。“既然它会缩短流通时间，它就会提高剩余价值和预付资本的比率，也就是提高利润率。”（第 3 卷第 312 页）4.它可以通过流通资本的减少，增加生产资本，从而雇佣更多的工人，扩大剥削的范围。“既然它会把资本的一个较小部分作为货币资本束缚在流通领域中，它就会扩大直接用于生产的那部分资本。”（第 3 卷第 312 页）

（二）商业利润是剩余价值的一部分

商业资本既然从产业资本中独立出来经营商品的买卖，它就必然要获取利润。同时，由于商业资本家不仅要预付资本购买商品，而且要预付资本作为流通费用。又由于商业利润虽然来源于产业工人创造的剩余价值，但它又是在流通中借助商业工人的劳动取得的，所以，第三卷第十七章分析了商业利润的来源、商业流通费用的补偿，以及商业劳动的特点及其工资。

商业利润的来源及其实现的形式

商业资本家投资于商业和产业资本家投资于产业一样，都是为了赚钱发财，获取利润。商业资本家凭借商业资本经营商业所获取的利润，就叫商业利润。

我们知道，纯粹的商业买卖活动，只是实现价值和实现剩余价值，而不能创造价值和剩余价值，那么，商业利润是从何而来的呢？

从表面来看，商业利润是通过购买价格和出售价格的差额实现的。但是商人的出售价格之所以高于购买价格，并不是因为出售价格高于总价值，而是因为购买价格低于总价值。例如，某商品的价值是 100 元，而商人从产业资本家那里购买这个商品的价格是 90 元，然后他按 100 元的价格出卖这个商品。这样，商品还是按价值 100 元出售的，但是，商人通过出售价格 100 元和购买价格 90 元的差额，获得 10 元商业利润。所以从形式上看，商业利润是贱买贵卖的结果。从这个意义上可以说，贱买贵卖是商业的规律。但是，贱买贵卖只能说明商业资本家取得利润的方法，而不能说明商业利润的来源。

实际上，商业利润和产业利润一样，都是工人阶级在生产过程中创造的剩余价值。商业利润是商业资本家从事买卖而从产业资本家那里瓜分来的一部分剩余价值。“因为商人资本本身不生产剩余价值，所以很清楚，以平均利润的形式归商人资本所有的剩余价值，只是总生产资本所生产的剩余价值的一部分。”(第 3 卷第 314 页)

那么，产业资本家是按照什么标准转让一部分剩余价值呢?

商业资本获取的也是平均利润

既然商业资本参与剩余价值的瓜分，那么，它也就与产业资本一样，也是要获取平均利润的。“因为产业资本的流通阶段，和生产一样，形成再生产过程的一个阶段，所以在流通过程中独立地执行职能的资本，也必须和在不同生产部门中执行职能的资本一样，提供平均利润。”(第 3 卷第 314 页)为什么商业资本也是获取平均利润呢?

这是因为，产业资本家和商业资本家也是虚伪的兄弟，他们在瓜分剩余价值时，也是互不相让，谁也不愿意吃亏。事实上这也不是谦让不谦让的问题，而是由资本的本性决定的。既然商业资本也是资本，它就要求等量资本获取等量利润。这种平均化也是通过竞争进行的。如果商业利润总是低于产业利润，那么，商业资本就会转移到产业资本中去，就会没有人经营商业。另一方面，如果商业利润高于产业利润，产业资本也会转移到商业中来。就这样，通过竞争，使它们大致获得相等的利润。

商业资本不参加剩余价值的生产，但参加剩余价值的分配，参加剩余价值到利润的平均化，从而使整个社会资本的平均利润率更低。因此，使直接从事剥削的资本家的平均利润率所表现的利润率更小于实际的剥削率即剩余价值率。“直接从事剥削的资本家的平均利润率所表现的利润率小于实际的利润率。”(第 3 卷第 320 页)马克思在这里所说的实际的利润率，就是剩余价值率。

假定产业资本有不变资本 720c，可变资本 180v，工人创造的剩余价值是 180m，那么，产业资本的实际剥削程度即剩余价值率就等于 $\frac{180m}{180v}=100\%$；而产业资本的平均利润率 $=\frac{180m}{720c+180v}=20\%$。如果新加入商业资本 100 元，由于商业资本不参加剩余价值的生产，但参加利润的平均化。因此，加入了商业资本以后，整个资本的平均利润率就 $=\frac{180}{720+180+100}=18\%$。所以，产业资本的平均利润率 20%小于剩余价值率 100%；商业资本加入后，整个资本的平均利润率只有 18%，就更小于剩余价值率。

商业纯粹流通费用及其补偿

在商业资本的运动过程中，必然要花费一定的费用，这种费用，就叫商业流通费用。商业流通费用是商人的追加资本，它既要得到补偿，也是要获得利润的。

在商业流通费用中，由于商品使用价值的位置移动和保存使用价值而需要的费用，包括运输费、保管费、包装费等，是生产过程在流通领域的继续和延长，可以增加商品的价值。这部分费用可以直接加到商品的价值中，显然这部分费用的补偿是不成问题的。

问题是单纯由商品买卖而耗费的流通费用，也就是纯粹流通费用，这种费用不管是不变的，如广告费、纸张、邮资等，还是可变的，即雇佣商业工人的工资，都是商业资本家追加的资本，不仅资本本身要补偿，而且作为资本它还要获得利润。但是，商业纯粹流通费用纯粹是由价值转形而引起的费用，它不能创造价值，更不能创造剩余价值，对社会来说，是一种虚费。因此，商业纯粹流通费用就有一个如何补偿的问题。

商业纯粹流通费用既然不能创造价值和剩余价值，那么就不能直接从商品价值中得到补偿。在现实生活中，在形式上它是通过商品售卖价格的加价来解决的。例如，某商品按照价值出卖应该是 100 元，但是由于商品流通要支出商业纯粹流通费用 10 元，而且这种支出作为商业资本家追加的资本，它还要获得平均利润。假设平均利润率是 20%，那么还要加 2 元的平均利润。这样，商品的出卖价格就是 100＋10＋2＝112 元。“不管这些流通费用属于什么种类,不管它们是从纯粹的商人业务本身中产生的,因而属于商人的特有的流通费用,还是代表那种因为在流通过程中有生产过程(如运送、运输、保管等等)补充进来而产生的费用,它们总是以下面这一点为前提:商人除了为购买商品而预付的货币资本以外,总是还要预付一个追加的资本,用来购买和支付这种流通手段。如果这个成本要素是由流动资本构成的,它就全部作为追加要素加入商品的出售价格,如果这个成本要素是由固定资本构成的,它就按照自己损耗的程度,作为追加要素加入商品的出售价格;不过,这样一个要素,即使它和纯粹的商业流通费用一样,不会形成商品价值的实际追加,也会形成一个名义上的价值。但是,这整个追加资本不管是流动的还是固定的,都会参加一般利润率的形成。”(第 3 卷第 321 页)

按照这种加价形式来补偿,就会产生一个问题,由于商业纯粹流通费用的补偿,商品的名义价值(实际上就是价格)就和商品的实际价值不一致了,因而违背了价值规律。所以,通过加价来补偿,只是补偿的形式问题,还不能解决补偿的来源问题。那么,商业纯粹流通费用补偿的真正来源是什么呢?

我们知道,商品的总价值是由不变资本、可变资本和剩余价值三个部分组成的。不变资本必须用来补偿已经消耗的生产资料价值,不能用来补偿商业纯粹流通费用;可变资本必须用来补偿劳动力价值,也不能用来补偿商业纯粹流通费用。这样,只有从剩余价值中扣除出一部分来补偿商业纯粹流通费用。

商业纯粹流通费用通过提高商品出售价格来补偿,实际上就是消费者必须用高于商品价值的价格来购买商品。在资本主义社会,商品的购买者主要是资本家和工人。如果商品的购买者是资本家,他购买商品多付的一部分,实际上就是他榨取到的剩余价值的直接扣除。如果商品的购买者是工人,工人购买商品多付的一部分价格,从直接的现象看是工人工资的扣除。但是,按照工资必须等于劳动力价值或价格的原理,工人生活资料价格提高了,工人的工资也应该提高,工资提高了,意味着劳动力价格的提高,劳动力价格提高了,实际上就是资本家剩余价值的减少。所以,商业纯粹流通费用的补偿来源,归根到底是剩余价值的扣除。“一般的规律是:**一切只是由商品的形式转化而产生的流通费用,都不会把价值追加到商品上**。这仅仅是实现价值或价值由一种形式转变为另一种形式所需的费用。投在这种费用上的资本(包括它所支配的劳动),属于资本主义生产上的非生产费用。

这种费用必须从剩余产品中得到补偿，对整个资本家阶级来说，是剩余价值或剩余产品的一种扣除。”（第2卷第167页）

商业劳动的特点及其工资

在资本主义社会，商业工人和产业工人一样，都是雇佣劳动者，都受资本家的剥削。这是因为：

商业劳动是商业资本家预付可变资本购买的，商业资本家购买这种劳动不是为私人生活服务，而是为了价值增殖。

商业工人出卖劳动力的劳动力价值，即工资，是由生产和再生产劳动力的费用决定的，而不是由他的劳动产品决定的。

但是，商业工人与产业工人也有区别：

第一，产业工人的劳动是直接为资本家生产剩余价值的，是生产劳动。商业劳动对全社会来说也是必要劳动，但是非生产劳动，它既不生产价值也不生产剩余价值。“这些活动所花费的劳动时间，是用在资本的再生产过程的必要活动上的，但它不会加进任何价值。”（第3卷第323页）

第二，产业工人是为资本家生产剩余价值，商业工人是为资本家实现剩余价值。商业工人的无酬劳动虽不创造剩余价值，但它会为商业资本家占有剩余价值。所以，他对商业资本家来说，仍然是利润的源泉。

商业工人的工作日也分为两部分：必要劳动时间和剩余劳动时间。在必要劳动时间内所实现的剩余价值，用来补偿商业资本家雇佣商业工人的可变资本支出；在剩余劳动时间里所实现的剩余价值，以商业利润的形式为资本家无偿占有。“正如工人的无酬劳动为生产资本直接创造剩余价值一样，商业雇佣工人的无酬劳动也为商业资本在那个剩余价值中创造出一个份额。”（第3卷第328页）

所以，在资本主义社会，商业工人与产业工人一样，都是被资本家剥削的雇佣劳动者，商业工人是整个工人阶级的一个组成部分。

商业劳动本来要求一定的文化程度，懂得较多的语言知识，属于熟练劳动，有较高的工资。“真正的商业工人是属于报酬比较优厚的那一类雇佣工人，他们的劳动是熟练劳动，高于平均劳动。”（第3卷第335页）但是，随着资本主义的发展，商业工人的工资有下降的趋势。这是因为：

第一，由于商业内部分工越来越细，劳动能力只需要得到片面的发展，使商业劳动力的培养训练费用减少，从而使劳动力价值下降。所以，商业工人的工资也下降。

第二，科学和国民教育的发展，商业知识和语言知识等等可以更迅速、更容易、更便宜地生产出来，也使商业劳动力价值下降，因而，工资也下降。

第三，由于国民教育的普及，增加了商业工人的供给，因而加强了竞争。这样，商业资本家“就可以从那些以前没有可能干这一行并且习惯于较差的生活方式的阶级中招收这种工人”（第 3 卷第 336 页）。

第四，商业资本家总是千方百计通过延长劳动时间、提高劳动强度、克扣工资等办法来加强对商业工人的剥削。

（三）商业资本的周转和商业价格

商业资本周转的特点

资本周转不仅是产业资本的周转，商业资本也有个周转的问题。但是，商业资本周转与产业资本周转和货币周转有所不同。第三卷第十八章首先分析商业资本周转的特点。

第一，产业资本的周转，是它的生产时间和流通时间的统一，因此，包括整个生产过程；而商业资本的周转只是商品资本独立化的运动，只是商业资本到货币资本的转化，只由流通时间所构成。

第二，对产业资本来说，在流通中的形态变化总是表现为 $W_1—G—W_2$，是同一货币两次转手，货币运动是商品交换的媒介；但就商业资本来说，流通中的形态变化表现为 $G—W—G'$，是同一商品两次转手，商品运动是货币流回到商人手中的媒介。

第三，商业资本的周转次数和货币作为单纯流通手段的流通次数十分相似，但又有区别。相似在于：一个流通 10 次的货币，会实现 10 倍于它的商品价值；同样，一个周转 10 次的商业资本，也能实现 10 倍于它的商品价值。区别在于：货币作为流通手段流通时，是同一货币经过不同人的手，流通的货币由流通速度来弥补；但是，货币作为商业资本来周转，是同一货币资本反复买卖商品，但从流通中取出的货币总是比投入流通的货币多，这就是商业资本周转作为资本周转所具有的重要特征。

第四，商业资本的反复周转，始终只是表示买和卖的反复；而产业资本的反复周转，则表示总的再生产过程的周期性和更新。但是，商业资本的周转不仅离不开生产，而且也离不开消费，并由二者所限制。商业资本周转的第一个界限是生产时间，第二个界限是个人消费的速度和规模。

商业资本周转对经济危机的促进作用

商业资本的周转使产业资本的商品资本提前实现，从而缩短了它的资本流通时间。同时，在资本主义信用制度发展的情况下，商业资本支配着社会总货币资本的一个很大的部分。所以，它能在购买的商品最后卖出以前，反复地去购买商品。因此，它会产生一种虚假的要求，从而使产业资本的生产盲目膨胀起来，促进着经济危机的爆发。“由于商人资本的独立化，它的运动在一定界限内就不受再生产过程的限制，因此，甚至还会驱使再生产过程越出它的各种限制。内部的依赖性和外部的独立性会使商人资本达到这样一点，这时，内部联系要通过暴力即通过一次危机来恢复。”(第 3 卷第 340 页)

而在危机中发生的现象是：危机不是首先暴露和爆发在零售商业中，而是首先暴露和爆发在大商业和银行业中。

但是必须指出，商业资本的运动只是促进了危机的爆发，并不是危机的原因。

商业资本周转速度对商品价格的影响

商人出售商品的价格不是由商人的主观愿望决定的，它取决于两个因素：一是商品的生产价格；二是平均利润率。这两者商人是做不了主的，他能够决定的只有一件事情，就是他愿意经营昂贵的商品还是经营便宜的商品。“商人怎么干，完全取决于资本主义生产方式的发展程度，而不是取决于商人的愿望。”(第 3 卷第 343 页)

但是，不同商业部门的商业资本的周转次数会直接影响到商品的商业价格。这是因为，商业资本周转速度愈快，它周转的商品数量就会愈多，而将这一定量的商业利润分摊到单位商品上去的份额就必然愈少。“不同商业部门的商人资本的周转次数，会直接影响商品的商业价格。商业加价的多少，一定资本的商业利润中加到单个商品的生产价格上的部分的大小，和不同营业部门的商业资本的周转次数或周转速度成反比。如果一个商人资本一年周转五次，而另一个商人资本一年只能周转一次，那末，前者对同一价值的商品资本的加价，就只有后者对同一价值的商品资本的加价的 1/5。”(第 3 卷第 348 页)

由于商业资本周转速度对商业价格的这种影响，会造成一种假象，好像流通过程本身也决定商品的价格，好像商人可以任意加价，好像周转本身决定价格。其实，决定商业价格的客观因素是生产价格和平均利润率。至于商业资本的周转，只能影响到分摊给单位商品的利润的份额。所以，“如果我们更精确地考察一下周转时间对价值形成的影响，我们就会回到商品价值由商品中包含的劳动时间决定这个一般规律和政治经济学的基础上来。”（第3卷第349页）这就是说，决定商品价格变动的，归根到底是商品的价值，是社会必要劳动时间。

（四）货币经营资本

马克思在第三卷第四篇一开始就指出，商业资本包括商品经营资本和货币经营资本。第十六、十七、十八这三章分析了商业资本的主要部分——商品经营资本，在第十九章专门分析货币经营资本。

货币经营资本及其基本业务

货币经营资本是由产业资本中的货币资本转化而来的，它是在产业资本和商品经营资本的流通过程中为完成货币运动所引起的各种技术性活动而专门预付的一种独立的资本。

货币经营资本的基本业务是：货币的收付、差额的平衡、往来账的登记、货币的保管等等。

货币经营业的产生和发展

货币经营业就是经营货币商品的商业，它首先是从国际交易中发展起来的。在国际交易中，由于各个国家的货币不同，这样，就得把本国货币换成外国货币，或者把外国货币换成本国货币，由此就产生了兑换业，而汇兑银行就是在兑换基础上发展起来的。在汇兑银行中，金、银是作为世界货币执行职能的，所以，“兑换业和金银贸易是货币经营业的最原始的形式，并且产生于货币的双重职能：作为一国铸币的职能和作为世界货币的职能。”（第3卷第356页）

在资本主义生产过程中，货币作为贮藏货币会引起保管和记账的业务；作为流通手段和支付手段，就会引起收付和结算的业务。

一旦借贷的职能和信用贸易和货币经营业的其他职能结合在一起，货币经营业就得到了充分的发展，而成长为现代的银行业。

货币经营业的作用和特点

货币经营业的作用是担任货币流通的各种技术性业务，具体表现在：

第一，货币经营业不形成货币贮藏，而是提供技术手段，并使货币贮藏减少到最低限度。“因为购买手段和支付手段的准备金，在对它的管理是为了整个资本家阶级的场合，不需要象在它由每个资本家各自管理的场合那样大。”（第3卷第359页）

第二，货币经营业不购买贵金属，只是在商品经营中买了贵金属以后，对它的分配起中介作用。“货币经营业作为媒介，担任货币流通的各种技术性业务，使之集中、缩短和简化。”（第3卷第359页）

第三，货币经营业在货币执行支付手段职能时，既不决定各种互相支付的联系，也不决定它的规模，而是使差额的平衡容易进行，并减少平衡差额所需要的货币量。

第四，货币经营业在货币作为购买手段时，不决定买卖的范围和次数，它只能缩短买卖引起的各种技术活动，并减少这种周转所必需的货币现金量。

总之，纯粹的货币经营业只与货币流通的技术和由此产生的不同的货币职能有关，而与商品形态的物质要素没有关系。

还要指出，货币经营业不创造价值，只是与实现价值有关。所以，货币经营业的利润是剩余价值的扣除。“同样很清楚，货币经营者的利润不过是从剩余价值中所作的一种扣除，因为他们的活动只与已经实现……的价值有关。”（第3卷第360页）

（五）资本主义以前的商业资本

在第四篇的最后一章，即第二十章，马克思考察了资本主义以前的商业资本。

商业资本是一种古老的资本

在资本主义生产方式以前，就已经有商业资本。“不仅商业，而且商业资本也比资本主义生产方式出现得早，实际上它是资本在历史上更为古老的自由的存在方式。”（第3卷第363页）这种商业资本与资本主义商业资本存在很大区别：

第一，资本主义商业资本是隶属于产业资本的一种派生形式的资本；而前资本主义的商业资本是一种独立形式的资本。“在资本主义生产方式中……商人资本只是表现为执行一种**特殊**职能的资本。在以前的一切生产方式中，商人资本表现为资本的真正职能。”（第3卷第365页）

第二，在资本主义社会中，是产业资本支配商业资本；而在资本主义社会以前是商业支配产业。“在资本主义社会以前的阶段中，商业支配着产业；在现代社会里，情况正好相反。”（第3卷第369页）

第三，资本主义商业资本参与利润平均化，瓜分一部分剩余价值；而前资本主义的商业资本占据了剩余产品的绝大部分，而且到处代表着一种掠夺制度。

资本主义以前商业资本的作用

在资本主义生产方式以前是商业支配产业。在前资本主义社会，商业资本是脱离生产而独立存在的。商业的发展，使奴隶主、地主的享受和农民、手工业者的生活，逐渐不再依靠产品的直接使用，而是依靠产品的交换。商业资本在其发展过程中，不仅支配生产的余额，而且逐渐支配生产。

在资本主义以前商业资本占据了剩余产品的绝大部分，“到处都代表一种掠夺制度”，“是和暴力掠夺、海盗行径、绑架奴隶、征服殖民地直接结合在一起的。”（第3卷第370页）

在资本主义以前的商业资本到处都使生产朝着交换价值的方向发展，使生产商品化，使社会分工越来越细，甚至使交换越出了国界，成为世界范围的分工和交换，从而使生产规模扩大，并且使货币发展成为世界货币。

资本主义以前的商业资本，还对各种——主要是生产使用价值的生产组织——或多或少地起着解体的作用。“但是它对旧生产方式究竟在多大程度上起着解体作用，这首先取决于这些生产方式的坚固性和内部结构。并且，这个解体过程会导向何处，换句话说，什么样的新生产方式代替旧生产方式，这不取决于商业，而是取决于旧生产方式本身的性质。”（第3卷第371页）

商业资本在产业资本产生中的作用

16世纪和17世纪，地理上的发现，商业的突然扩大和新世界市场的形成，成为促进封建生产方式向资本主义生产方式过渡的主要因素。但是，这是在已经形成的资本主义生产方式的基础上发生的，所以，“在这里不是商

业使工业发生革命，而是工业不断使商业发生革命。”（第3卷第372页）

在商业资本向产业资本过渡中，曾经有三种形式：第一，是商人成为工业资本家；第二，是商人把小老板变成自己的中间人，或者直接向独立生产者购买；第三，是产业资本家成为商人，并直接为商业进行大规模生产。

总之，在资本主义以前，商业资本一方面支配着产业，它通过买卖活动直接或者间接控制着生产；另一方面，它也促进了产业资本的产生，从而促进了封建生产方式向资本主义生产方式的转化。“商业是行会手工业、农村家庭手工业和封建农业转化为资本主义经营的前提。”（第3卷第376页）但是，资本主义生产方式建立和巩固以后，产业资本就会支配商业。“一旦工场手工业（尤其是大工业）相当巩固了，它就又为自己创造市场，并用自己的商品来夺取市场。这时，商业就成了工业生产的奴仆，而对工业生产来说，市场的不断扩大则是它的生活条件。”（第3卷第376页）

十六、钱能生钱吗?

——《资本论》第三卷第五篇

利润分为利息和企业主收入·生息资本

金子会生蛋,货币会生儿子,钱能生钱,人们常常可以听到这样的说法。一本万利的高利贷者是这样说的,纸醉金迷的借贷资本家,也是这样说的。他们一不办厂,二不开店,就凭自己占有的货币资本贷放给人家,通过获取利息而带来更多的货币。这个更多的货币,是货币本身生出来的吗?钱能生钱吗?不是的。在资本主义社会,利息实质上仍然是工人阶级劳动所创造的剩余价值的一部分。

剩余价值只能是工人的剩余劳动创造的。但是,在资本主义社会,参与瓜分剩余价值的,除了产业资本家和商业资本家之外,还有凭借生息资本生息的借贷资本家。他们是一丘之貉,共同瓜分了工人阶级创造的剩余价值。上一篇讲了商业资本通过商业利润来参与瓜分剩余价值的问题,这一篇分析生息资本如何通过利息参与剩余价值的瓜分。

概　　述

最大最杂最难的篇章

《资本论》第三卷第五篇是整个《资本论》中篇幅最大、内容最杂,也是最困难的一篇。

先说篇幅最大。《资本论》第三卷第五篇一共有 16 章,23 万多字,比第一卷章数最多的第七篇(共 5 章,16 万多字)多出了 11 章,7 万多字;比第二卷章数最多的第二篇(共 11 章,16 万多字)多出了 5 章,7 万多字。所以,本篇的章数、字数之多,在全书首屈一指。

再说内容最杂。《资本论》第三卷第五篇是涉及问题最多、内容最杂的一篇。如与资本有关的概念，它就涉及生息资本、高利贷资本、借贷资本、银行资本、虚拟资本等等；与利息有关的概念，它涉及利息、利息率、企业主收入、银行利润等等；与信用有关的内容，它涉及商业信用、银行信用、期票、汇票、汇兑率；与股份公司有关的内容，涉及股票、股息、股票价格等等。但是，如果仔细阅读、反复琢磨，就会明白这一篇研究的对象是生息资本，这在资本主义社会表现为借贷资本。本篇的中心是回答借贷资本家如何获得利息的问题。

至于困难的问题，恩格斯在第三卷的序言中指出："主要的困难在第五篇。那里讨论的也是全卷最复杂的问题。正当马克思写这一篇时，上面提到的重病又一次发作了。因此，这一篇不但没有现成的草稿，甚至没有可以提供轮廓，以便加以充实的纲要，只不过是开了一个头，不少地方只是一堆未经整理的笔记、评述和摘录的材料。"(第3卷第8—9页)

关于标题

我们现在看到的标题是中共中央马恩列斯著作编译局编译的"企业主收入"。在郭大力、王亚南的译本中，译为"企业利润"。根据德文原文，这两种译法都是可以的。但是"企业主收入"这个概念比较含糊，容易引起误解。由于利润是剩余价值的转化形式，"企业利润"这个概念使人一看就知道，资本家获取的利润是榨取工人劳动所创造的剩余价值，是剥削而来的；而"企业主收入"中的"收入"到底是劳动收入还是剥削收入，并不明确。而且，资产阶级代言人为了替资本家辩护，往往声称企业主获得的利润不是剥削而来的，而是监督劳动的收入，或称监督工资。所以，为了在理解上避免不必要的误解，我们倾向于用"企业利润"。但是，由于现在通行的是编译局版本，所以下面出现这个概念时，仍然用"企业主收入"。

庞杂的结构

这一篇由第二十一章到第三十六章组成，大体上可以分为五个部分：

第一部分是第二十一章到第二十四章，即《生息资本》《利润的分割·利息率·"自然利息率"》《利息和企业主收入》《资本关系在生息资本形式上的外表化》，主要分析生息资本和利息的性质与特点。

第二部分是第二十五章到第二十八章，即《信用和虚拟资本》《货币资本的积累，它对利息率的影响》《信用在资本主义生产中的作用》《流通手段和资本·图克和富拉顿的见解》,主要分析资本主义的信用。

第三部分是第二十九章到第三十二章,即《银行资本的组成部分》《货币资本和现实资本·Ⅰ》《货币资本和现实资本·Ⅱ〈续〉》《货币资本和现实资本·Ⅲ〈续完〉》,主要分析货币资本与现实资本的联系和区别,以及虚拟资本的问题。

第四部分是第三十三章到第三十五章,即《信用制度下的流通手段》《通货原理和1844年英国的银行立法》《贵金属和汇兑率》,主要分析信用制度与货币流通的关系。

第五部分是第三十六章,即《资本主义以前的状态》,是讲生息资本的发展史。主要分析借贷资本与高利贷资本的本质区别,进一步揭示借贷资本的性质和特点。

学习这一篇可以第二十一、二十二、二十三、二十七、二十九、三十六章为重点。

(一)生息资本、利息与利息率

《资本论》第三卷第五篇第一部分,从第二十一章到第二十四章,主要分析生息资本、利息、利息率以及有关的问题。第二十一章分析生息资本和利息的形成和本质;第二十二章分析利息率;第二十三章分析平均利润怎样分为利息和企业主收入;第二十四章分析在生息资本上,资本关系怎样取得最表面、最富有拜物教性质的形式。

生息资本的形成、性质和特征

生息资本是为获得利息而贷给他人使用的货币资本。

货币资本除作为货币具有的使用价值以外,当它当作生产利润的手段时,就成了资本商品。所谓资本商品,就是货币作为资本成了商品,或者说资本商品就是当作商品的资本。但它是一种特殊的商品,资本商品不是出卖,而是贷放。货币作为资本商品贷放就形成生息资本。“就它作为可能的资本,作为生产利润的手段的这种属性来说,它变成了商品,不过是一种特别的商品。或者换一种说法,资本作为资本,变成了商品。”(第3卷第378页)

生息资本具有一种特别的流通形式,这就是G—G′,也就是从货币出发会带来更多的货币。这个特别流通的形式掩盖了生息资本和职能资本之间的关系，但它实际上是以职能资本的运动为前提的。

生息资本的流通，最初是两次支出，先是货币作为生息资本从货币资本家手里贷给职能资本家，然后再由职能资本家用它来购买商品。“在生息资本的场合，G 的第一次换位，既不是商品形态变化的要素，也不是资本再生产的要素。它在第二次支出时，在用它来经营商业或把它转化为生产资本的那个执行职能的资本家手中，才变成这样的要素。”(第 3 卷第 381 页)最后也是两次回流，“贷出的资本的回流是双重的，在再生产过程中，它流回到执行职能的资本家手中，然后回流再进行一次，转移到贷出者即货币资本家手中，偿还给它的真正的所有者，它的法律上的起点。”(第 3 卷第 385 页)这就是先把它作为 G_1 或 G 加平均利润，从运动中流回到职能资本家手中，再由职能资本家给它带着一部分利润，作为已经实现的资本 G_2，也就是作为 G 加利息再偿还给货币资本家。

生息资本的主要特征是贷放和偿还。它是贷放出去的，而不是卖出去的，它的贷放以流回为条件。

利息是平均利润的一部分

但是，拥有货币资本的资本家是不会白白地把货币资本贷放出去的，他必然要求借入货币资本的资本家拿出一定数量的货币，作为使用这笔贷款的报酬。这种借款人因借款而支付给贷款人的报酬，就是利息。

货币资本家贷出货币资本，是为了获得利息。那么，这个利息是从哪儿得来的呢？职能资本家向货币资本家借钱以后，用来办工厂或开商店，生产和实现剩余价值，从而获取平均利润。但是，它不能把平均利润全部占为己有，而必须拿出一部分作为利息，付给借贷资本家。所以，利息只是平均利润的一部分。“利息不外是一部分利润的特别名称，特别项目。”(第 3 卷第 379 页)由于平均利润是剩余价值的转化形式，来自工人劳动创造的剩余价值。所以，利息是剩余价值的特殊转化形式，是职能资本家为了取得货币资本的使用权而付给借贷资本家的一部分剩余价值。

因此，不能把利息当作货币资本的价格。如果我们把利息叫作货币资本的价格，那就是价格的不合理的形式，与商品价格的概念完全矛盾。“利息是资本的价格这种说法，从一开始就是完全不合理的。”(第 3 卷第 397 页)

以上是马克思在第二十一章分析的。这一章着重从质的方面揭示了利息的本质，而利息的多少是由利息率的高低决定的。因此，马克思在第二十一章分析了生息资本和利息以后，在第二十二章分析利息率及其趋势。

利息率及其下降的趋势

利息的大小由利息率决定。利息率就是在一定时期内利息量与贷出货币资本量之间的比率。例如，有借贷资本 10 000 元，一年能获取利息 200 元，则年利息率为$\frac{200}{10\ 000}=2\%$，按照通常的说法，就是年利 2 厘。

由于利息是平均利润中分割出来的一部分，利息率一般不能超过或等于平均利润率，而必须在平均利润率以下，否则职能资本家就不愿意借钱。但是利息率也不能等于零，否则，借贷资本家不愿意贷款。所以，利息率总是在平均利润率和零之间摆动。在平均利润率一定的条件下，利息率的高低取决于借贷资本的借贷状况。如果市场上对货币资本的需求量大，利息率就高一些；对货币资本的需求量小，利息率就低一些。“至于不断变动的市场利息率，那末，它和商品的市场价格一样，在每一瞬间都是作为固定的量出现的，因为在货币市场上，一切借贷资本总是作为一个总额和执行职能的资本相对立，从而，借贷资本的供给和借贷资本的需求之间的关系，决定着当时市场的利息状况。”（第 3 卷第 410 页）

但是，随着资本主义发展，利息率有一个下降的趋势。这是因为：第一，平均利润率有一个下降的趋势，因此，利息率也下降；第二，食利者人数在增加，货币资本量的供给在不断增大；第三，由于资本主义信用事业的发展，也使社会上的闲置货币更容易集中起来，形成大量的借贷资本。“因为我们已经知道，利润率的高低和资本主义生产的发展成反比，所以由此可以得出结论，如果利息率的差别实际上表示利润率的差别，一个国家利息率的高低就同样会和产业发展的水平成反比。”（第 3 卷第 403 页）

据统计，美国短期贷款的利息率，在 1866—1880 年为 3.6%—17%，1880—1900 年为 2.63%—9.25%，1901—1920 年为 2.98%—8%，1921—1935 年为 0.75%—7.81%，1945—1956 年为 0.75%—3.63%。

利息和企业主收入

由于利润的一部分采取利息的形式，平均利润也就分为利息和企业主收入两个部分。企业主收入是平均利润大于利息的差额，也就是产业利润和商业利润的总和。马克思在第二十四章分析了平均利润怎样和为什么要分割为利息和企业主收入两个部分。

平均利润分割为利息和企业主收入是资本所有权和资本使用权分离的结果。利息表现为资本所有权的果实，企业主收入表现为资本使用权的果实。“用自有的资本从事经营的资本家，同用借入的资本从事经营的资本家一样，把他的总利润分为利息和企业主收入。利息归他所有，因为他是资本的所有者，是把资本贷给自己的贷出者，企业主收入也归他所有，因为他是能动的，执行职能的资本家。”（第 3 卷第 421 页）

利润分割为利息和企业主收入，好像是由资本家和利润本身的性质产生的。利息和企业主收入本来是剩余价值的分割部分，现在表现得与剩余价值无关，好像只是它们相互之间的关系。企业主收入也表现得与雇佣劳动者无关，而只与利息相对立。在职能资本家看来，生产劳动的剥削是要花费力气的，他不像生息资本家那样无所作为。在他看来，企业主收入是监督劳动的工资，而且认为这种劳动是复杂的，其工资也应该比工人的工资更高。

事实上并不是这样。正像利息不是货币本身产生的一样，企业主收入也根本不是什么“监督劳动”的报酬。利息和企业主收入“二者不过是剩余价值的不同部分，并且它的分割丝毫不能改变剩余价值的性质、它的起源和它的存在条件”（第 3 卷第 427 页）。

资本关系取得了最表面最富有拜物教性质的形式

在第二十四章，马克思一开始就指出：“在生息资本上，资本关系取得了最表面、最富有拜物教性质的形式。”（第 3 卷第 440 页）这就是说，在生息资本上，资本与雇佣劳动的关系完全颠倒地表现为物与物的关系。

在这里，使人看到的就是 G—G′，是货币到更多的货币，是货币生产更多的货币；其中，一切起中介作用的过程都不见了，一切社会生产关系也不见了，余下来的，只是 G 和 G′，只是物的数量关系。“因此，在生息资本上，这个自动的拜物教，即自行增殖的价值，会生出货币的货币，就纯粹地表现出来了，并且在这个形式上再也看不到它的起源的任何痕迹了。社会关系最终成为一种物即货币同它自身的关系。”（第 3 卷第 441 页）

这就是说，生息资本既掩盖了剩余价值的来源，又掩盖了资本家剥削工人的关系。所以，在生息资本上，资本关系取得了最表面最富有拜物教性质的形式。

(二) 资本主义信用

第三卷第二十五章到第二十八章，主要是分析资本主义的信用。第二十五章分析资本主义信用的两种主要形式：商业信用和银行信用；第二十六章主要是批判维护银行利益的通货学派的代表人物诺曼[①]和奥维尔斯顿[②]的错误观点；第二十七章分析信用在资本主义生产中的作用；第二十八章继第二十六章后批判作为通货学派对立面的银行学派主要代表人物图克[③]和富拉顿[④]的错误观点。

因而马克思关于资本主义信用的理论，主要在第二十五章和第二十七章。

所谓信用就是借贷行为。借者与贷者发生的一定关系就是信用关系。资本主义信用就是资本主义的借贷关系。在第二十五章马克思分析了资本主义信用，包括商业信用和银行信用。

商业信用是职能资本家之间互相提供的信用

商业信用是职能资本家在销售商品时，采取的延期付款方式而形成的借贷关系。商业信用是和商品买卖结合在一起的，它主要是为商品买卖服务。

资本主义商业信用的工具是汇票。[⑤]这是一种有一定支付期限的债务，是一种延期支付的证书。“大体说来，货币在这里只是充当支付手段，也就是说，商品不是为取得货币而卖，而是为取得定期支付的凭据而卖。为了简便起见，我们可以把这种支付凭据概括为汇票这个总的范畴。”(第 3 卷第

---

① 乔治·华德·诺曼(1793—1882)，英国资产阶级经济学家，著有关于货币流通和赋税的著作，“通货原理”学派的拥护者，英格兰银行董事。

② 赛米尔·琼斯·劳埃德·奥维尔斯顿勋爵(1796—1883)，英国银行家，资产阶级经济学家，所谓“通货原理”学派的拥护者。

③ 托马斯·图克(1774—1858)，英国资产阶级经济学家，追随古典政治经济学派，李嘉图货币理论的批评者。

④ 约翰·富拉顿(1780—1849)，英国资产阶级经济学家，写有关于货币流通和信贷问题的著作，货币数量论的反对者。

⑤ 马克思在这里所说的汇票，实际上是指商业票据，它包括期票和我们现在通常所说的汇票。期票是债务人签发的在一定时期内向债权人支付现款的保证书；汇票是由债权人发出的责令债务人在某个时期向第三者(即持票人)支付现款的命令书，它需要债务人签字认可之后才能生效。

450页）

汇票在支付日到来之前，本身是作为支付手段流通的，它们形成真正的商业货币。同时，它也形成真正的信用货币，如银行券等等的基础。但是，商业信用活动的范围只局限在互相熟悉的职能资本家之间，它的量也只局限在职能资本中的闲置部分。随着资本主义发展的需要，在商业信用的基础上，又产生了银行信用。

银行信用是银行提供给职能资本家的信用

银行信用就是银行向职能资本家提供贷款所发生的借贷关系。

资本主义银行是经营货币资本的资本主义企业。在资本主义社会里，借贷资本的活动一般都是通过银行来进行的。银行和银行信用是和货币经营业发展联系在一起的。随着资本主义的发展，一方面，职能资本家的货币准备金的保管、出纳、国际支付和银行贸易的技术性业务逐渐集中在货币经营者的手中；另一方面，货币经营者又逐渐把生息资本的职能当作自己的特殊形式发展起来。而货币经营业与生息资本结合起来便转化为现代银行。

资本主义银行是经营借贷资本的特殊企业。

第一，银行的业务就是货币的借入和贷出。银行是债权人和债务人的信用中介。银行，一方面代表着货币资本的集中，贷者的集中；另一方面，又代表着借者的集中。“货币的借入和贷出成了他们的特殊业务。”“银行成了货币资本的总管理人。”（第3卷第453页）

银行一方面把社会上闲置的货币当作存款吸引进来。“银行拥有的借贷资本，是通过多种途径流到银行那里的。首先……每个生产者和商人作为准备金保存的或在支付中得到的货币资本，都会集中到银行手中。……第二，银行的借贷资本还包括可由银行贷放的货币资本家的存款。此外，随着银行制度的发展，特别是自从银行对存款支付利息以来，一切阶级的货币积蓄和暂时不用的货币，都会存入银行。……最后，各种只是逐渐花费的收入也会存入银行。”（第3卷第453—454页）另一方面，又通过各种途径把这些货币贷放出去。贷放是通过汇票的贴现，也就是使汇票在到期以前转化成货币来进行的，是通过各种不同的贷款，即以个人信用为基础的直接贷款，以有息证券、国家证券、各种股票作抵押的贷款，特别是以提单、栈单及其他各种证明商品所有权的单据作抵押的贷款来进行的，是通过存款透支等等来进行的。因此，“现代银行制度，一方面把一切闲置的货币准备金集中起来，并把它投入货币市场，从而剥夺了高利贷资本的垄断；另一方面又建立信用货币，从而限制了贵金属本身的垄断。”（第3卷第682页）

第二，银行集中社会各阶层、各方面暂时闲置的、为数很少的货币，使之成为一笔巨额的货币，并把它贷放出去，转化为资本。“这种收集小金额的活动是银行制度的特殊作用，应当把这种作用同银行在真正货币资本家和借款人之间的中介作用区别开来。”（第3卷第454页）银行所支配的借贷资本的来源有：职能资本家以其准备金和闲置货币存入银行；货币资本家的存款；一切阶级的闲置货币存入银行；逐渐花费的各种收入也会存入银行。

第三，银行还可以通过发行自己的债务证券来提供信用。银行提供的信用，可以采取多种形式。例如，可以向其他银行开出汇票、支票，或开立同样的信用账户来提供信用，有发行权的银行还可以发行银行券来提供信用。这对借款人来说，是实际补充了资本；当然，从社会来说，这是一种虚拟的资本。

第四，银行除了办理存放款业务外，而且还办理各种货币经营的技术业务，如代理收付、转账结算，等等。这样，银行既是国民经济的信用中介，又是支付中介，于是取得了社会公共簿记的形式。“银行制度造成了社会范围的公共簿记和生产资料的公共的分配的形式，但只是形式而已。”（第3卷第686页）

第五，银行资本家经营货币资本，是为了获取银行利润。银行利润是通过贷款利息和存款利息的差额得来的，但归根到底是来源于产业工人所创造的剩余价值的一部分。所以，银行资本家也参与了剩余价值的瓜分，与其他资本家一样，也是榨取工人剩余价值的剥削者。“银行制度，就其形式的组织和集中来说……是资本主义生产方式的最精巧和最发达的产物。”（第3卷第685页）随着资本主义经济的发展，银行这些职能作用在广度和深度上都有新的发展。到了帝国主义时代，银行便由简单的中介变而为万能的垄断者，成为“现代资本主义经济的大中心。它集合着空前的财富，又在幅员辽阔的整个国家内进行分配，它是全部资本主义生活的神经”。①

资本主义信用的二重作用

在第二十七章马克思详细分析了资本主义信用的作用。信用制度特别

① 列宁全集·第26卷.北京：人民出版社，1959：437.

是银行制度，在资本主义经济中的作用是二重的，一方面它对资本主义生产有推动作用；另一方面，又促进了资本主义的解体，为社会主义代替资本主义创造了条件。“信用制度固有的二重性是：一方面，把资本主义生产的动力——用剥削别人劳动的办法来发财致富——发展成为最纯粹最巨大的赌博欺诈制度，并且使剥削社会财富的少数人的人数越来越减少；另一方面，又是转到一种新的生产方式的过渡形式。”(第3卷第499页)

信用对资本主义生产中的促进作用，表现在：

第一，信用促进利润率的平均化。整个资本主义生产是建立在等量资本要占有等量利润的基础上，也就是建立在利润率平均化运动的基础上，而平均利润率是资本在各部门之间自由转移的结果。信用可以帮助资本在各部门之间自由转移，从而促成利润率的平均化。

第二，信用可以使流通费用减少。在金属货币流通的情况下，货币的生产和磨损是主要的流通费用。通过信用，货币会从以下三种方式得到节约：1.信用使大部分买卖通过商业票据的相互抵销而实现，可以完全用不着货币。2.流通手段的流通加速了，从而流通所需要的货币也就随之减少。3.信用货币(纸币)代替金币，也节约了金币。同时，信用可以加速资本流通，它不仅会缩短流通时间，而且可以使整个再生产过程加快，从而可以减少准备金，节约流通费用。

第三，信用促进股份公司的形成和发展。股份公司的资本，是靠发行股票征集起来的。但股票的很大一部分要通过银行来发行，而且银行常常是股票的主要购买者，离开银行，股份公司就不能得到大规模的发展。所以，“信用制度是资本主义的私人企业逐渐转化为资本主义的股份公司的主要基础。”(第3卷第498页)

所谓股份公司，就是资本家通过发行股票的办法把资本集中起来联合经营的资本主义企业。

股份公司是适应资本主义生产发展的需要而建立起来的。股份公司的出现，使资产阶级能够在短时期内集中巨额的资本，兴办个别资本家难以办到的规模巨大的企业。“假如必须等待积累去使某些单个资本增长到能够修建铁路的程度，那末恐怕直到今天世界上还没有铁路。但是，集中通过股份公司转瞬之间就把这件事完成了。”(第1卷第688页)股份公司的出现，使资本主义生产关系出现了新的特点：

1. 股份公司以惊人的速度扩大了生产规模和企业规模，这对个别资本来说是不可能有的。同时，过去由政府经营的企业，现在也变成了股份公司的企业。

2. 股份公司从社会范围来讲，是对单个私人资本的扬弃。以社会化生产为基础，以生产资料和劳动力的社会集中为前提的资本，在这里直接取得了社会资本的形式，而与没有联合起来的单个私人资本相对立，并且它的企业也表现为社会企业而与私人企业相对立。“这是作为私人财产的资本在资本主义生产方式本身范围内的扬弃。”（第 3 卷第 493 页）

3. 股份公司从企业内部来讲，又是对职能资本家的扬弃。在股份公司内部，实际执行职能的资本家转化为单纯的经理、别人所有的资本的管理人；资本所有者则转化为单纯的所有者、单纯的货币资本家，在股份公司内，职能已经同资本所有权相分离，劳动也完全同生产资料的所有权和剩余劳动的所有权相分离。“资本主义生产极度发展的这个结果，是资本再转化为生产者的财产所必需的过渡点，不过这种财产不再是各个互相分离的生产者的私有财产，而是联合起来的生产者的财产。”（第 3 卷第 494 页）股份制度越是扩大，越是侵入新的生产部门，它就越会消灭单个的私人产业。它在一定部门中造成了垄断，还会导致国家干涉。股份制度不仅会产生一种新的食利者，一种新的金融贵族，而且会在创立公司、发行股票和进行股票交易方面产生一整套投机活动。

但是，股份公司并没有改变生产资料的资本家所有制，它是许多资本家集体所有的企业，是大资本控制和支配中小资本的重要手段。

第四，信用加速资本的集中。信用使大资本家凭借它支配别人的资本，可以加速资本的集中。信用导致资本的集中，从而导致最大规模的剥夺，从而大大加速了大资本剥夺中小资本的过程。“信用事业，随同资本主义的生产而形成起来。起初，它作为积累的小小的助手不声不响地挤了进来，通过一根根无形的线把那些分散在社会表面上的大大小小的货币资金吸引到单个的或联合的资本家手中；但是很快它就成了竞争斗争中的一个新的可怕的武器：最后，它变成一个实现资本集中的庞大的社会机构。”（第 1 卷第 687 页）。“在这里，剥夺已经从直接生产者扩展到中小资本家自身。”“在股份制度内，已经存在着社会生产资料借以表现为个人财产的旧形式的对立面；但是，这种股份形式的转化本身，还是局限在资本主义界限之内；因此，这种转化并没有克服财富作为社会财富的性质和作为私人财富的性质之间的对立，而只是在新的形态上发展了这种对立。”（第3卷第497页）

信用不仅促进了资本主义生产的发展，而且加剧了资本主义社会的各种矛盾。

首先，由于信用加速了资本集中，一方面生产规模不断扩大，生产社会化程度日益提高；另一方面，使社会财富愈来愈多地为少数资本、大资本所掌握，从而使生产社会化和资本主义私人占有形式之间的矛盾更加尖锐化。

其次，信用加剧了资本主义各生产部门之间发展的不平衡性，造成市场的虚假繁荣，加剧了生产与消费的矛盾。“在由资本主义的生产方式向联合起来劳动的生产方式过渡时，信用制度会作为有力的杠杆发生作用；但是，它仅仅是和生产方式本身的其他重大的有机变革相联系的一个要素。”（第3卷第686页）

最后，信用制度还激化了资本主义社会的阶级矛盾，它在资本主义向社会主义的过渡中起着杠杆的作用。所以，“银行和信用同时又成了使资本主义生产超出它本身界限的最有力的手段，也是引起危机和欺诈行为的一种最有效的工具。”（第3卷第686页）

总之，信用制度一方面促进了资本主义生产的发展；另一方面又加强了资本主义生产方式解体的各种要素，它是转到一个新生产方式的过渡形式。“因此，信用制度加速了生产力的物质上的发展和世界市场的形成，使这二者作为新生产形式的物质基础发展到一定的高度，是资本主义生产方式的历史使命。同时，信用加速了这种矛盾的暴力的爆发，即危机，因而加强了旧生产方式解体的各种要素。”（第3卷第499页）

（三）货币资本和现实资本

《资本论》第三卷第五篇第二十九章到第三十二章，主要是分析货币资本与现实资本的关系。

第二十九章通过银行资本的组成部分的分析，指出银行资本的最大部分是虚拟资本；第三十章至第三十二章都是分析货币资本与现实资本的关系的。

银行资本的绝大部分是虚拟资本

银行资本的组成包括两方面：物质组成和资金组成。但是，无论从哪一方面讲，银行资本组成部分的大多数是虚拟资本。

所谓虚拟资本，就是以有价证券形式存在，并能给持有者带来一定收入的资本，如国债券、股票、汇票等等。同厂房、机器等实际资本不同，它在企业生产中不发挥作用，只是间接地反映实际资本的运动。它本身不具有价值，但可以在证券交易所中进行买卖。作为证券持有者可根据票面价值领取股息，从而占有剩余价值。

银行资本就其物质形式来看，由现金和有价证券、股票、汇票以及不动产的抵押单等等构成，这些大部分是虚拟资本。

拿国债券来说，资本主义国家发行国债券之后，每年要付给债权人一定额的利息。债权人不能要求债务人解除契约，只能出卖债券。尽管投入国债券的货币资本已经不复存在，但是，国债券对它的所有者而言仍然还是资本，因为它会定期带来收入。这种代表不复存在的资本的所谓“资本”，只能是幻想的虚拟资本。

拿股票来说，股票是代表资本的所有权的证书，是它的持有者向股份公司投资入股，并有权定期取得收入的一种凭证。股票持有者凭股票从股份公司取得一定的收入，就叫股息。股息的多少是由股份公司获利多少决定的。所以，股息是企业利润的一部分，是剩余价值的一种特殊转化形式。一般说来，股息低于平均利润。

股票是一种有价证券，股票持有者购买了股票，只能拿到证券市场出卖而不能退股，出卖股票的价格和股票票面价值是不一致的。股票价格等于这样一笔货币资本，将它存入银行所得的利息，同购买股票所得股息相等。因此，股票价格取决于股息的大小和银行存款利息率的高低，用公式表示就是：

$$\text{股票价格}=\frac{\text{股息}}{\text{利息率}}$$

例如，一张票面价值10 000元的股票，一年可获得1 000元的股息，而当时银行的利息率是5%，那么，这张股票价格 $=\frac{1\ 000}{5\%}=20\ 000$ 元。

股票既代表现实资本，又是虚拟资本，这可以从股票票面价值和股票价格的差别中看出。股票面值如上例10 000元代表现实资本，而股票价格是20 000元，这是一种虚拟资本。

在资本主义国家，股票持有者就是利用股票价格的忽高忽低进行投机、赌博、买卖股票，“买空卖空”的证券投机加速了资本集中，加速了大资本吞并中小资本的过程。“在这种赌博中，小鱼为鲨鱼所吞掉，羊为交易所的狼所吞掉。”(第 3 卷第 497 页)

银行资本从资金来源来看，又可分为银行家自己的投资和别人的存款。银行首先要有自己的投资，拥有雄厚的自有资本，才能得到存款人的信任，才能吸收更多的存款；但是它吸收的存款的数量总是要大大超过银行的自有资本的。

银行吸收的外来资金主要是由存款构成的。银行存款也是虚拟资本，银行存款可以比现实存入的现金多许多倍。它可以贷给别人、别人又存，又贷又存，可反复多次。所以，用银行存款贷出的生息资本也是虚拟的。

作为银行资本的准备金，好像应该是实在的，实际上也可以是虚拟的。因为资本主义国家中央银行发行的银行券，可以比实际的准备金大得很多。“正如在这种信用制度下一切东西都会增加一倍和两倍，以至变为纯粹幻想的怪物一样，人们以为终究可以从里面抓到一点实在东西的‘准备金’也是如此。”(第 3 卷第 535—536 页)

货币资本与现实资本的联系和区别

从第三十章到第三十二章是分析货币资本与现实资本的联系和区别的。这主要表现在：

1. 国债券和股票是虚拟资本，与现实资本的价值变动完全无关。拿国债券来说，它是为原来借入并且早已用掉的资本而发行的债务证券，它代表已经消灭的资本的纸制复本，当然，与现实资本的积累没有关系。股票虽然是现实资本的证书，但有了这种证书并不能去支配这个资本，它是不能提取的，这种证书也只是现实资本的纸制复本。“作为纸制复本，这些证券只是幻想的，它们的价值额的涨落，和它们有权代表的现实资本的价值变动完全无关。”(第 3 卷第 540 一 541 页)

2. 商业信用是以现实资本的运动为基础的，商业信用是从事再生产的资本家互相提供的信用。它的代表是汇票，是一种有一定支付期限的债券，是一种延期支付的证书。“这种信用和产业资本本身的规模一同增大。”(第 3 卷第 545 页)一方面，生产过程的发展促进商业信用扩大。现实资本增加，商业信用就扩大；现实资本停滞，商业信用就收缩。另一方面，商业信用又会引起工商业活动的增长，所以，二者是相互促进的。

3. 借贷货币资本和现实资本有一定联系，但也不是一回事。例如，在危机时期，借贷资本几乎绝对缺乏，但这和现实资本的过剩是结合在一起的。危机过后的萧条阶段借贷资本的增加是产业资本的收缩造成的。

4. 由闲置货币转来的借贷资本与现实资本积累没有关系。无论是由已经缩小的生产过程所游离出来的货币转化而来的借贷资本，还是由节省的流通准备金或私人支付手段准备金通过银行贴现转化而来的借贷资本，或者像建筑铁路等大企业股东所缴纳的在实际使用之前先由银行暂时转化而来的借贷资本，都和现实资本积累没有关系。

5. 由资本或收入转化为货币再转化而来的借贷资本，是和现实资本积累联系在一起的。例如，利息转化的借贷资本，职能资本家把一部分利润暂时存入银行转化而来的借贷资本，以及一切逐渐消费的收入，如地租、高级工资、非生产阶级的收入等等转化而成的借贷资本，都是现实资本积累的结果。

6. 货币资本积累总是大于现实资本的积累。这是因为：第一，资本家消费收入的扩大，可以转化为货币资本的积累；第二，因生产要素价格下降而游离出来的货币、营业中断游离出来的货币、单纯的货币资本家的货币，都会转化为借贷资本；第三，利润中要用于现实积累的部分，如果它不能在本部门用来扩大营业，也会转化为借贷资本；第四，地租、工资等等也会形成货币资本的积累。

（四）信用制度与货币流通的关系

第五篇第三十三章到第三十五章中，马克思主要分析信用制度与货币流通的关系。第三十三章主要分析信用对于流通中所需要的货币量的影响；第三十四章运用上一章所阐述的通货原理对 1844 年英国的银行立法的理论基础和实质进行分析批判；第三十五章是从世界范围内分析信用制度下的货币流通，考察国与国之间的信用关系以及贵金属货币的流通问题。

信用制度可以节约流通手段

信用制度可以节约流通手段，这可以从两方面理解。一方面，一切节约流通手段的方法都以信用为基础。例如，信用货币和支票等等可以作为支付手段来代替金属货币的流通；另一方面，信用制度又会加速货币的流通速度，而流通速度的加快，就意味着可以减少流通手段的数量。

国际信用制度下贵金属的流通

贵金属的流通就是指贵金属（金或银）的流出和流入。金银可以从它们的产地流入其他各国，以补偿各国铸币的磨损，满足对奢侈品的一般需求等等。贵金属也可以在不产金银的各国中间流来流去，同一个国家不断地把金银输入，又同样不断地把金银输出。如果金的输出超过输入，就是流出；如果金的输入超过输出，就是流入。

汇兑率是货币金属的国际运动的晴雨计

外汇就是以外国货币表示的用于国际结算的一种支付凭证。汇兑率是一国货币单位兑换他国货币单位的比率或“价格”。由于汇兑率是用一国的货币表示另一国货币的“价格”，所以，汇兑率又可称为汇价或外汇行市。

汇兑率或外汇行市，首先是由两国货币的含金量比例决定的，这个比价叫货币平价或汇兑率平价。汇兑率平价可以用两种方法来表示：

一种是直接标价，它表示一定单位的外国货币折合多少本国货币。例如，我国人民币如果用直接标价的办法，就可以是 50 美元折合 350 元人民币，或者说 1 美元相当于人民币 7 元。

另一种是间接标价，它表示一定单位本国货币折合多少外国货币。例如，我国人民币如果用间接标价的办法，就可以是 350 元人民币折合 50 美元，或者说 1 元人民币相当于 0.143 美元。

汇兑率平价是外汇行市的基础。实际上外汇行市是随着外汇供求变化而变化的，正如恩格斯所说的：“汇兑率是货币金属的国际运动的晴雨计。”（第 3 卷第 650 页）

汇兑率可以因下面几个原因而发生变化：1.一时的支付差额引起对外的现金支付；2.一国货币的贬值；3.如果一国用银、一国用金作“货币”，那么，汇兑率平价就由以下两个因素决定：一是两国单位货币所含的纯金量和纯银量；二是黄金和白银在世界市场上的比价。

（五）资本主义以前的生息资本

第五篇第三十六章是“资本主义以前的状态”，实际上就是讲资本主义以前的生息资本。生息资本在资本主义以前的状态是高利贷资本,所以这一章实际上就是讲高利贷资本。

高利贷资本的产生和特点

高利贷资本是以贷放货币或实物方式来榨取高利的资本。高利贷资本占有全部剩余产品,是历史上最早的资本形式之一,主要存在于前资本主义社会,资本主义社会仍然存在。

只要有商品流通,就会有货币流通。随着货币各种职能的发展,特别是货币支付手段的发展,就会产生高利贷资本。高利贷资本的发展,是和商业资本的发展,特别是和货币经营资本的发展联系在一起的。

在资本主义以前,高利贷资本主要以两种人为贷款对象:一是地主,二是农民和小手工业者。

高利贷资本的剥削程度是很高的。高利贷者的利息会占有全部剩余价值,甚至还会夺去小生产者的土地和房屋等等。

由于高利贷资本的残酷剥削,小生产者只能在每况愈下的条件下进行再生产。因此,高利贷资本不能发展生产力,而是使生产力萎缩,它使"这种生产方式陷入贫困的境地,不是发展生产力,而是使生产力萎缩,同时使这种悲惨的状态永久化,在这种悲惨的状态中,劳动的社会生产率不能象在资本主义生产中那样靠牺牲劳动本身而发展"(第 3 卷第 674 页)。高利贷资本可以破坏和瓦解旧的所有制形式,促进货币财产的形成。它一方面瓦解和破坏奴隶的和封建的所有制,另一方面又破坏和毁灭小生产者的个体所有制。"富裕地主因高利贷而遭到破产,小生产者被敲骨吸髓,这二者造成了大货币资本的形成和集中。"(第 3 卷第 672 页)但是,它对旧生产方式的破坏和资本主义生产方式代替旧的生产方式没有决定的作用。"只有在资本主义生产方式的其他条件已经具备的地方和时候,高利贷才表现为形成新生产方式的一种手段,这一方面是由于封建主和小生产遭到毁灭,另一方面是由于劳动条件集中为资本。"(第 3 卷第 675 页)

从高利贷资本到近代银行制度

资本主义信用制度是在反对高利贷资本的斗争中产生和发展起来的。起初,从设置公立当铺、农业银行、纯粹的存款银行开始,逐渐发展成为对工商业拥有极大权力的资本主义信用机构,最后,出现了近代银行制度。

近代银行制度,一方面把一切闲置的货币准备金集中起来,并把它投入货币市场，从而剥夺了高利贷资本的垄断；另一方面又建立起信用货币，从而限制了贵金属本身的垄断。

资本主义银行制度仍然以贵金属货币为基础，以生产资料私人所有制为前提。银行制度作为资本主义生产方式最精巧和最发达的产物，它造成了社会范围的公共簿记和生产资料公共的分配的形式，它已经包含着资本本身的扬弃。“信用制度和银行制度把社会上一切可用的、甚至可能的、尚未积极发挥作用的资本交给产业资本家和商业资本家支配，以致这个资本的贷放者和使用者，都不是这个资本的所有者或生产者。因此，信用制度和银行制度扬弃了资本的私人性质，它本身，但也仅仅是就它本身来说，已经包含着资本本身的扬弃。”(第 3 卷第 686 页)

信用制度还是由资本主义生产方式向社会主义生产方式过渡的有力杠杆。“在由资本主义生产方式向联合起来劳动的生产方式过渡时，信用制度会作为有力的杠杆发生作用；但是，它仅仅是和生产方式本身的其他重大的有机变革相联系的一个要素。”(第 3 卷第 686 页)

十七、土地所有者坐地分赃

——《资本论》第三卷第六篇

超额利润转化为地租

在资本主义社会中，参与瓜分剩余价值的，除了产业资本家、商业资本家、借贷资本家以外，还有土地所有者。土地所有者是凭借土地所有权坐地分赃的剥削阶级，他们分到的赃物叫地租。为了彻底揭露资本主义剥削，弄清资本主义地租的实质，马克思在《资本论》第三卷第六篇专门分析了“超额利润转化为地租”，即资本主义地租。

概　　述

资本主义地租与封建地租的不同

提起地租，我们很多人就会想起旧中国封建地主残酷剥削农民的血泪史。但是，马克思在这一篇中研究的却不是封建地租，而是资本主义地租。资本主义地租和封建地租是有很大区别的。

第一，两种地租反映的阶级关系不一样。封建地租体现封建地主与农民两个阶级的关系，是反映封建地主剥削农民的关系。资本主义地租体现资本主义社会土地所有者、资本家和工人三大阶级的关系，是土地所有者和资本家共同瓜分工人创造的剩余价值的关系。土地所有者和资本家是剥削阶级，工人是被剥削阶级。同时，土地所有者和资本家在怎样瓜分工人创造的剩余价值问题上也有矛盾和斗争。

第二，两种地租体现的剥削程度不一样。封建地租剥削的是农民的全部剩余劳动或剩余产品。资本主义地租剥削的是工人所创造的剩余价值的一部分而不是全部，它是超过平均利润的那一部分剩余价值，或叫超额利润。资本主义地租是超额利润转化的地租。

第三，两种地租的地位不一样。封建地租是封建社会占统治地位的剥削形式。资本主义社会占统治地位的剥削形式是剩余价值，而不是地租。

资本主义地租实质上是回答土地所有者如何参与瓜分剩余价值的问题。土地所有者实际上是参与瓜分整个工人阶级所创造的剩余价值，而不仅是农业工人创造的剩余价值。在资本主义农业中，按照优良条件生产的农产品的个别生产价格低于社会生产价格的差额而产生的超额利润转化为级差地租；由农产品价值高于社会生产价格的差额或者农产品价格大于价值而产生的超额利润转化为绝对地租。

结构和组成

这一篇由第三十七章到第四十七章组成，按照一般到特殊、先级差地租后绝对地租，以及先论后史的原则，大体上可以分为五个部分：

第一部分是第三十七章《导论》，这一章讲述了土地所有权与资本主义地租的一些最一般的原理。

第二部分，从第三十八章到第四十四章，即《级差地租：概论》《级差地租的第一形式（级差地租Ⅰ）》《级差地租的第二形式（级差地租Ⅱ）》《级差地租Ⅱ——第一情况：生产价格不变》《级差地租Ⅱ——第二情况：生产价格下降》《级差地租Ⅱ——第三情况：生产价格上涨·结论》《最坏耕地也有级差地租》，用整整七章分析级差地租。

第三部分，即第四十五章《绝对地租》，分析绝对地租的形成、量的规定以及发展趋势等问题。

第四部分，即第四十六章《建筑地段的地租·矿山地租·土地价格》，分析建筑地段的地租、矿山地租和土地价格等有关问题。

第五部分，即第四十七章《资本主义地租的产生》，是分析资本主义以前的地租和资本主义地租产生的历史。

理论意义和实践意义

第三卷第六篇的地租理论是马克思剩余价值理论的重要组成部分，是马克思对政治经济学的重要贡献之一。资产阶级古典政治经济学只有级差地租的理论，而没有绝对地租的理论。马克思所阐述的地租理论，在社会主义条件下也有重大的指导意义。

在这一篇，马克思还论述了农业和农业为基础的理论，这也是他对政治经济学的一个重要贡献。这一理论,对于正确处理社会主义的经济关系具有重大指导意义。

在这一篇中,马克思对价值和价格的理论有重大发挥,对第一卷的劳动价值论作了很大的补充,对社会主义商品价格的形成、特别是农产品价格的形成也有重大指导意义。

(一)土地所有权与资本主义地租

第三卷第三十七章是地租篇的导论,主要是分析土地所有权与地租的关系。

地租是土地所有权的经济形式

“地租是土地所有权在经济上借以实现即增殖价值的形式。”(第3卷第698页)简单地说,地租是土地所有权的经济形式。这句话告诉我们,一切形式的地租都是以土地所有权的存在为前提的。“土地所有权的前提是,一些人垄断一定量的土地,把它作为排斥其他一切人的、只服从自己个人意志的领域。”(第3卷第695页)不同的土地所有制,产生不同形式的地租。要弄清资本主义地租,首先必须弄清资本主义的土地所有权。

我们知道,资本主义生产方式的建立,并没有废除土地所有权,而是改造原有的土地所有权,建立起适合于资本主义发展的新土地所有权。这种新的资本主义土地所有权,主要是从封建地主的土地所有权和个体农民的土地所有权转变而来的。资本主义土地所有权,“一方面是直接生产者从土地的单纯附属物(在依附农、农奴、奴隶等形式上)的地位解放出来,另一方面是人民群众的土地被剥夺。”(第3卷第696页)

这种资本主义土地所有权有如下特点:

首先,资本主义土地所有权已经不再有人身的依附和超经济的强制,而成为纯粹的经济形式,即能够取得一定货币收入的形式。也就是说,它使土地所有权从统治和从属的关系下完全解放出来。

其次,土地的经营同土地所有权和土地所有者完全分离。“土地对土地所有者来说只代表一定的货币税,这是他凭他的垄断权,从产业资本家即租地农场主那里征收来的。”(第3卷第697页)

资本主义土地所有权对资本主义生产方式来说具有二重的作用:一方

面，它使农业摆脱分散落后的经营方式，而采用社会化的科学的方法来经营，从而使农业合理化，但是这种进步是以农业工人的贫困为代价而取得的；另一方面，它又把土地所有权还原为不合理的东西。它不仅不能消灭土地所有权，反而使土地集中垄断在不劳而获过着寄生生活的大土地所有者手里，从而又严重阻碍和破坏社会生产力的进一步发展。

资本主义地租体现着三大阶级的关系

在资本主义制度下，实际耕种土地的人，是受农业资本家雇佣的农业工人；而农业资本家只是把农业当作资本的一个特殊投资对象和剥削范围。农业资本家为了取得进行剥削的条件，向土地所有者租赁一定数量的土地，必须按照契约的规定向土地所有者支付一个货币额。这个货币额，不管是为耕地、建筑地段，还是为矿山、渔场、森林等支付，都称为地租。因此，作为资本主义地租，它体现着资本主义社会三大阶级，即雇佣工人、产业资本家和土地所有者的对立。资本家从雇佣劳动者身上榨取剩余价值，土地所有者则凭借土地所有权，从资本家手里瓜分到平均利润以上的超额利润，即地租。

资本主义地租有广义和狭义之分

农业资本家付给土地所有者的地租，往往不是真正的地租，而是租金。真正的地租和租金是有区别的。真正的地租是为了使用土地本身而支付的货币额，或称狭义地租。“真正的地租是为了使用土地本身而支付的，不管这种土地是处于自然状态还是已被开垦。”（第3卷第698页）租金是指农业资本家为了取得经营土地权向土地所有者支付的全部货币额，或称广义的地租。“租地农场主为了获得经营土地的许可而以租金形式支付给土地所有者的一切，实际上都表现为地租。这种贡赋不论是由什么组成部分构成，不论是由什么来源产生，都和真正的地租有一个共同点：对一块土地的垄断权，使所谓土地所有者能够去征收贡赋，课取租税。”（第3卷第704—705页）租金除了包括真正的地租外，还包括：

1. 土地固定资本的折旧费和利息。农业资本家在租赁的土地上往往要投入一定的固定资本。如，比较短期的有土壤改良、施肥等等，比较长期的有修排水渠、建设灌溉工程、平整土地、建造仓库房屋等等。这些土地固定资本投入以后，有的需要经过相当长的时期，才能逐渐以折旧费的形式收回。如果在契约的租期内还没有完全收回，这些土地固定资本的折旧费和利息，就将随着土地变为土地所有者的财产。在重订租约时，土地所有者就把这些土地资本的折旧费和利息，加到地租中去。因此，“为投入土地的资本以及作为生产工具的土地由此得到的改良而支付的利息，可能形成租地农场主支付给土地所有者的地租的一部分。”（第3卷第698页）所以，在农业资本家交付的租金中，除了真正的地租以外，还包括土地资本的折旧费和利息。

2. 农业资本家平均利润的一部分。在资本主义社会，农业资本家可能是一些小资本家，由于各种条件的限制，他们不得不把资本投到农业上。而为了允许他们把资本投入土地，他们就必须被迫满足于平均利润以下的利润，并把其中一部分以地租形式交给土地所有者。因此，“在租金里面，还可能有一部分，在一定场合，可能全部（也就是在完全没有真正地租的时候，因而在土地实际没有价值的时候）是平均利润的扣除。”（第3卷第705页）

3. 农业工人的部分工资。由于租金非常高，而农业资本家又要保持获得平均利润，他就通过克扣农业工人的一部分工资来支付高额的地租。因此，“一个更普遍得多更重要得多的事实是，真正农业工人的工资被压低到它的正常平均水平以下，以致工资的一部分由工人手中扣除下来，变为租金的一个组成部分，从而在地租的伪装下流到土地所有者而不是工人的手中。”（第3卷第707页）

研究地租应该避免的三个主要错误

第一，不能把不同社会的地租相混淆。例如，不能把封建地租与资本主义地租相混淆。由于不同社会的地租都有一个共同特点，即地租是土地所有权在经济上的实现。因此，人们在研究地租时，往往只注意不同社会里地租的共同性，而忽视它们的区别。“不同地租形式的这种**共同性**——地租是土地所有权在经济上的实现，即不同的人借以独占一定部分土地的法律虚构在经济上的实现，——使人们忽略了其中的区别。”（第3卷第715页）

第二，不能把剩余价值存在的条件当作地租的存在条件。剩余价值存在的条件，从主观上来说，是直接生产者必须完成剩余劳动；从客观上来说，有足够的生产率，劳动者不必把全部劳动时间用来生产自己的必要生活资料，他们也能够完成剩余劳动。虽然地租的实质是剩余价值，“但是，剩余劳动和剩余价值本身的主观条件和客观条件，和一定的形式（利润形式或地租形式）无关。这些条件适用于剩余价值本身，而不管它采取什么特殊的形式。因此它们不能说明地租。”(第3卷第717页)地租是土地所有权借以实现的经济形式,地租要以土地所有权为前提。

第三,资本主义地租是资本主义商品生产和商品交换发展的结果,但不能把资本主义商品生产的一般特征当作地租的特征。商品生产的一般特征是存在社会分工。商品有价值和价格,还有一定的市场,这些并不是地租的特征。“地租的特征是:随着农产品发展为价值(商品)的条件和它们的价值借以实现的条件的发展,土地所有权的权力也就发展起来,使它可以从这个不费它一点气力就创造出来的价值中占有一个日益增大的部分,剩余价值中一个日益增大的部分也就转化为地租。”(第3卷第720页)

(二)级差地租

在分析绝对地租之前,马克思先用了七章来分析级差地租。由于级差地租有两种形式:级差地租Ⅰ和级差地租Ⅱ,这七章又分为四个部分:第一,概论,首先一般地分析级差地租的形成和主要特征;第二,分析级差地租Ⅰ;第三,分析级差地租Ⅱ;第四,把级差地租Ⅰ和级差地租Ⅱ联系起来考察,说明最坏的土地也能提供级差地租。

级差地租的形成和主要特征

级差地租是由垄断劳动的自然生产力,使农产品的个别生产价格低于社会生产价格所获得的超额利润转化而来的。这种超额利润产生的条件,是土地的资本主义经营的垄断;而土地所有权则把这种超额利润转化为级差地租。

马克思的级差地租理论,是以他的平均利润和生产价格理论为依据的。马克思以瀑布为例,来说明级差地租是怎样形成的。他的分析大体上分为三步:

第一步说明,特别有利的生产条件会产生超额利润。假设一个国家的绝大多数工厂是用蒸汽机为动力进行生产的,它们的商品的成本价格是100元,利润率是15%,而且所用资本等于所费资本,那么,生产价格=100+15=115元。因为这些工厂占绝大多数,所以这里的利润率实际上就是平均利润率,这里的生产价格实际上就是社会生产价格。

另外,少数用自然瀑布为动力的工厂,其成本价格是90元,按社会生产价格出售,可获得115-90=25元的利润。如按平均利润率计算,它只能得到平均利润 90×15%=13.5 元。所以,起调节作用的社会生产价格,使它获得 115-103.5=11.5 元的超额利润。

这个超额利润是在特别有利的条件下产生的,它是个别生产价格和社会生产价格之间的差额。"这个差额是这样造成的:一方面,商品要按照它的一般市场价格,也就是按照竞争使个别价格平均化时形成的价格来出售;另一方面,他所推动的劳动的较大的个别生产力,使劳动者得不到好处,而和劳动的所有生产力一样,使他们的雇主得到好处,就是说,表现为资本的生产力。"(第 3 卷第 724 页)

第二步再说明,土地的资本主义经营垄断使超额利润固定化。利用瀑布的工厂所获得的超额利润,虽然是他使用的劳动生产力提高的结果,但是,它既不是资本和劳动本身单纯利用的结果,也不是已并入资本的自然力单纯利用的结果,它是来自劳动的某种较大的自然生产力。这种自然生产力具有这样一些特点:第一,这是一种可以垄断的自然力。"这种自然力是一种可以垄断的自然力,就象瀑布那样,只有那些支配着特殊地段及其附属物的人能够支配它。"(第 3 卷第 726 页)第二,这种自然力是和土地分不开的。"能够这样被人垄断的这种自然力,总是和土地分不开的。"(第 3 卷第 727 页)第三,土地的这种自然力是有限的。"占有瀑布的那一部分工厂主,使没有占有瀑布的那一部分工厂主不能利用这种自然力,因为土地是有限的,而有水力资源的土地更是有限的。"(第 3 卷第 727 页)第四,这种自然条件在自然界只存在于某些地方,在它不存在的地方,是不能由一定的投资创造出来的。第五,这样的自然力既不是该生产部门的一般条件,也不是该生产部门都能创造的条件。所以,由这种自然力带来的超额利润和其他条件下形成的超额利润不同,它具有固定的性质。总之,这种超额利润的产生,是土地的资本主义经营垄断的结果。

第三步也就是最后要说明的是,土地所有权使这种超额利润转化为地租。如果瀑布连同它所在的土地都属于土地所有者,那么,这种超额利润就转化为地租,落到土地所有者手里。"因此,利用瀑布而产生的超额利润,不是产生于资本,而是产生于资本对一种能够被人垄断并且已经被人垄断的自然力的利用。在这种情况下,超额利润就转化为地租,也就是说,它落入瀑布的所有者手中。"(第 3 卷第 727 页)如果这个资本家又是瀑布所在土地的所有者,作为资本家,他获得 13.5 元的平均利润;作为土地所有者他获得

11.5 元的地租。

级差地租的主要特征如下：

第一，级差地租不参加商品的一般生产价格的形成，而是以一般生产价格为前提。级差地租是个别生产价格和一般生产价格之间的差额。

第二，级差地租不是产生于所用资本或它所占劳动的生产力的绝对增加，而是同别的投资相比，相对说来具有较高的生产率。

第三，级差地租是超额利润转化而来的，但自然力不是超额利润的源泉，而只是超额利润的一种自然基础，因为它是特别高的劳动生产力的自然基础。

第四，土地所有权对于剩余价值的创造没有任何关系。所以，土地所有权不是超额利润产生的原因，而是使超额利润转化为地租形式并被土地所有者占有的原因。

第五，土地所有权使超额利润转化为地租，地租又产生了土地价格这个不合理的表现。土地和一切自然力一样，都不是劳动的产品，没有价值，也没有价格。土地价格不外是资本化的地租。

级差地租可以分为：级差地租的第一形式，简称级差地租Ⅰ和级差地租的第二形式，简称级差地租Ⅱ。

级差地租的第一形式

级差地租Ⅰ是等量资本在等面积的各级土地上使用时所产生的不同结果。这些不同的结果，是由两个和资本无关的原因造成的：一是肥力；二是土地的位置。

土地的肥力，首先是土地的自然肥力。自然肥力的差别是由表层土壤的化学结构的差别，也就是由表层土壤所含植物养分的差别形成的。其次，土地还有经济肥力。这就是说，肥力虽然是土地的客观属性，但是同样的自然肥力能被利用到什么程度，与农业化学和农业机械的发展水平有关系，并且随着这种发展水平的变化而变化。所以，土地的肥力并不是一成不变的，它是随着社会生产力的发展而变化的。

土地的位置，就是土地离市场的远近。一般说来，土地的位置决定各级土地耕种的顺序。由于土地的位置和肥力这两个决定级差地租Ⅰ的因素可以发生相反的作用，一块土地可能位置好、肥力差，也可能相反，肥力好、位置差，所以，土地的耕作顺序可以先从优等地推进到劣等地，也可以由劣等地推进到优等地。整个社会生产的进步对土地位置起两重作用：一方面，由于地方市场的建立，交通运输工具的发展，对形成级差地租的位置发生拉平的作用；另一方面，农业和工业的分离，大的生产中心的形成，又会使土地位置的差别扩大。

级差地租实质上是投在土地上的等量资本所具有的不同生产率的结果。我们知道，等量资本投在不同土地上，由于生产率不同，由劣等地生产的农产品的个别生产价格决定市场价格，从而投入优等地、中等地的资本就会获得一个超额利润，这个超额利润转化为级差地租就是级差地租Ⅰ。

由于农产品的市场生产价格是由最劣等地的个别生产价格决定的，因此，农产品市场生产价格的总和，从而市场价值的总和，总是大于农产品个别生产价格的总和。这个超过额是“虚假的社会价值”。如下表。

单位：元

土地等级	产量(吨)	个别生产价格		社会生产价格		虚假社会价值
		单位	总和	单位	总和	
劣等条件	1	100	100	100	100	
中等条件	2	60	120	100	200	80
优等条件	3	40	120	100	300	180
合　　计	6		340		600	260

从表中可以看出，由于每吨农产品的市场价格是按劣等土地的个别生产价格100元出售的，所以，农产品总量6吨可以卖600元，而6吨的个别价格总和是340元，二者的差额260元，就是虚假的社会价值。

关于虚假社会价值的形成，“这是由在资本主义生产方式基础上通过竞争而实现的市场价值决定的；这种决定产生了一个虚假的社会价值。这种情况是由市场价值规律造成的。”（第3卷第744—745页）

虚假的社会价值是价值实现问题，是名义价值，是由消费者负担的。“被看作消费者的社会对土地产品支付过多的东西，对社会劳动时间在农业生产上的实现来说原来是负数的东西，现在竟然对社会上的一部分人即土地所有者来说成为正数了。”（第3卷第745页）

级差地租的第二形式

如果等量资本不是投在不同土地上，而是连续投在同一土地上而产生不等的生产率，由生产率低的资本所生产的农产品的个别生产价格决定市场价格，从而生产率高的资本就会产生一个超额利润，这个超额利润转化为级差地租，这就是级差地租Ⅱ。

级差地租Ⅱ和级差地租Ⅰ既有共同点和联系，又有区别。级差地租Ⅱ和级差地租Ⅰ的共同点在于：

第一，级差地租Ⅰ和级差地租Ⅱ都是等量资本投在土地上有不同生产率的结果。“级差地租实质上终究只是投在土地上的等量资本所具有的不同生产率的结果。”（第3卷第759页）

第二，级差地租Ⅰ和级差地租Ⅱ的源泉都一样，都是超额利润的一种表现形式，其实质都是工人阶级创造的剩余价值的一部分。“级差地租Ⅱ只是级差地租Ⅰ的不同的表现，而实质上二者是一致的。”（第3卷第763页）

级差地租Ⅰ和级差地租Ⅱ的联系在于：

级差地租Ⅰ是级差地租Ⅱ的基础和出发点。从历史上看，级差地租Ⅰ和级差地租Ⅱ反映着资本主义农业发展的两个不同阶段。在资本主义农业发展的初期，由于资本积累有限，可耕荒地又多，所以主要是扩大耕地面积，进行手工式的粗放经营。因此，这个阶段的级差地租主要采取第一形式。到了进一步的发展阶段，农产品的生产满足不了日益增长的社会需要，可耕荒地也不多了，这时资本就采取集约经营的方式，在同一土地上连续追加投资，这才产生级差地租Ⅱ。所以，从历史上看，级差地租Ⅱ是以级差地租Ⅰ为基础和出发点的。从级差地租Ⅱ的运动来看，它总是以肥力和位置不同的各级土地的同时并列的耕种为前提。在这个范围内，连续投资的结果，还是要以劣等地为基础，要与劣等地的生产率进行比较，才能得出级差地租Ⅱ。所以，从级差地租Ⅱ的运动来看，也是以级差地租Ⅰ为基础。

级差地租Ⅱ和级差地租Ⅰ的区别在于：1.级差地租Ⅰ以土地肥力和位置的不同为基础；而级差地租Ⅱ以连续投资的资本具有不同的生产率为基础。2.级差地租Ⅰ以农业的粗放经营为前提，级差地租Ⅰ的增加与耕地面积的增加相一致；级差地租Ⅱ以农业的集约经营为前提，级差地租Ⅱ的增加以农业劳动生产力的提高和投资总量的增加为前提。3.作为级差地租Ⅰ的超额利润转化为地租比较明显，在契约中已明确规定；而作为级差地租Ⅱ的超额利润最初归农业资本家占有，只有到租期满后，重定新约时才转到土地所有者手里。所以，在级差地租Ⅱ形式上，地主和资本家之间围绕着租期长短存在着尖锐的矛盾和激烈的斗争。资本家要求有较长的租期，以便更多地获得追加投资的超额利润；而地主则力求缩短租期，以便把不断增长的级差地租Ⅱ早日拿回来。

由于级差地租Ⅱ可以有许多不同的组合，因此，马克思在第四十章分析级差地租Ⅱ的一般原理之后，从第四十一章到第四十三章，依次分析级差地租Ⅱ形成的三种情况，也就是分析在生产价格不变、生产价格下降、生产价格上涨这三种情况下，级差地租Ⅱ如何形成的问题。

第一种情况，是指在生产价格不变的情况下，级差地租Ⅱ的形成。

生产价格不变，就是仍然由最坏土地生产的农产品的个别生产价格调节市场价格。在这种情况下，如果投在任何一级提供地租的土地上的追加资本，只和投在最坏土地上的同量资本生产一样多的东西，那就不会形成级差地租Ⅱ；如果在各级土地上追加投资，产量会依据各级土地特有的肥力，并按照追加资本的比例而增加，就会形成级差地租Ⅱ，而且地租的增加和投资的增加是成比例的；如果追加投资带来超额产品，从而形成超额利润，但是追加投资的生产率下降，那么，在所有各级土地上，地租都会绝对增加，但地租的增加和投资的增加不成比例；如果在较好土地上追加投资，而且追加投资的生产率提高，那么，不但地租会增加，而且地租增加的比例大于追加资本。

总之，在生产价格不变的情况下，在较好土地上追加投资，无论生产率不变、提高或降低，都可以形成级差地租Ⅱ。但在最坏土地上追加投资，只有在生产率提高时，才能形成级差地租Ⅱ。

第二种情况，是指在生产价格下降的情况下，级差地租Ⅱ如何形成。

在生产价格下降的情况下，如果追加投资的生产率不变，最坏土地就会被排除耕作。这时起调节作用的生产价格，是比最坏土地高一级的土地产品的个别生产价格。在这种情况下，投资增加，地租总额可以不变，也可能下降，但是优等土地上的地租还是会增加。

在生产价格下降的情况下，如果追加资本的生产率降低，对地租的影响与上一种情况相似。在这种情况下，最坏土地被排除耕作，每亩的谷物地租和货币地租可以增加，可以减少，也可能不变。

在生产价格下降的情况下，如果追加资本的生产率提高，那么，当投资增加一倍时,每亩的地租不只是能够提高一倍,甚至能够增加一倍以上。但是,如果生产价格因为最坏土地的生产率提高得更快而下降得更低,那么,每亩的地租也可能下降。

第三种情况,是指生产价格上涨的情况下,级差地租Ⅱ如何形成。

生产价格的上涨是以不支付地租的最坏土地的生产率降低为前提的。在这种情况下,级差地租Ⅱ的形成可能有两种方式:一,最坏土地仍然不提供地租,但还可以以它的个别生产价格决定社会生产价格。二,有一种比原来最坏土地更坏的土地加入耕作,并且由这种土地调节社会生产价格,因此,原来最坏土地也可以提供地租。在这种情况下,第二次投资的生产率不变、下降或提高,投资增加,级差地租都会更大地增加。

最坏耕地也有级差地租

由于农产品价值实际上是由生产率最低的条件下生产的农产品的个别价值决定的,因此,最坏土地也可能提供级差地租。不少人认为,只有优等土地和中等土地才能提供级差地租,而最坏的劣等土地不能提供地租,这实际上是一种误解。如果把级差地租Ⅱ和级差地租Ⅰ联系起来考察,那么就可以看出,最坏土地也能提供级差地租。这是马克思在第三卷第四十四章专门讲的。

最坏土地提供地租大体上有以下几种情况:

第一种情况,较好耕地的连续投资的生产率低于最坏耕地的生产率,那么,最坏土地也可以提供级差地租。假设原来在一亩最坏耕地上投资 1 000 元,生产粮食 1 吨,那么 1 吨粮食的市场生产价格 1 000 元,它的个别生产价格与市场价格一致,没有超额利润。因此,这时最坏耕地不提供级差地租。如果社会对粮食的需要增长了,而在一亩较好土地上追加投资 1 000 元,只能增加粮食 0.5 吨,这时 1 吨粮食的市场生产价格就是2 000 元。因此,最坏耕地的粮食按照新的起调节作用的市场生产价格出售,它就可以获得 1 000 元的超额利润,从而提供 1 000 元的级差地租。

第二种情况,价格不变,在最坏土地上追加投资的生产率提高,也可以使最坏土地提供级差地租。仍按上例,原来在一亩最坏土地上投资 1 000 元,生产粮食 1 吨,1 吨价格为 1 000 元。如果在这块土地上追加 1 000 元投资,生产率提高一倍,生产 2 吨粮食,它的个别生产价格是 500 元。由于市场价格不变,它按起调节作用的 1 000 元价格出售,它就有1 000 元超额利润转化为级差地租。

第三种情况，在最坏土地上连续投资的生产率降低，引起价格提高，最坏土地也会提供级差地租。假设在最坏土地上投资 1 000 元，生产粮食 1 吨，1 吨的价格为 1 000 元。如果社会需要增加了，现在这块土地上再追加 1 000 元投资，但生产率下降了，只能提供 0.5 吨粮食，那么，这时起调节作用的生产价格就不是 1 000 元，而是 2 000 元了。这样，第一次投资就会形成一个 1 000 元的超额利润转化为级差地租。

所以，在资本主义制度下，由于级差地租Ⅱ的存在，最坏土地也能够提供级差地租。

(三) 绝 对 地 租

绝对地租理论是马克思对政治经济学的一个重要贡献

资产阶级古典政治经济学的集大成者李嘉图，不懂得农产品价值会高于生产价格，他认为，如果承认绝对地租，就是承认农产品是按在价值以上的价格出售的，这就会违背价值规律。因此，他只承认级差地租，否认有绝对地租。马克思批判了李嘉图的地租理论，在不违反价值规律的情况下，创立了绝对地租的理论，这是马克思对政治经济学的一个重要贡献。马克思在 1862 年 8 月 9 日写给恩格斯的信中说："我必须**从理论上**证明的唯一的一点，是绝对地租在不违反价值规律的情况下的**可能性**。这是从重农学派起直到现在的**理论**论战的中心点。李嘉图否认这种可能性；我断定有这种可能性。同时我还断定……当李嘉图举例说明这个问题时，他总是以或者不存在资本主义生产，或者（事实上或法律上）不存在**土地私有制**为前提。而问题正是要在这些东西存在的条件下来研究这个规律。"①为此马克思在第四十五章专门分析了绝对地租。

只要存在土地所有权就得支付绝对地租

资本家要使用土地所有者的土地，不仅要支付级差地租，而且要支付绝对地租。土地所有者绝不是慈善家，他占有土地，出租土地，就是为了取得一定的收入。如果得不到一定的收入，他宁愿让土地荒芜，野草丛生，也

---

① 马克思恩格斯《资本论》书信集.北京：人民出版社，1976：167.

不租给别人使用。所以,只要土地所有权存在,农业资本家就得支付地租。这种由于土地所有权存在,不管什么土地,即使是最坏的土地,都要支付的地租就叫绝对地租。“租地农场主不支付地租就能按普通利润来增殖他的资本这一事实,对土地所有者来说,决不是把土地白白租给租地农场主并如此慈善地给这位营业伙伴以无息信贷的理由。这样一个前提,意味着土地所有权的取消,土地所有权的废除。而土地所有权的存在,正好是对投资的一个限制,正好是对资本在土地上任意增殖的一个限制。”(第 3 卷第 846 页)土地所有权的垄断,是地租存在的前提,没有这种垄断,超额利润就不会转化为地租。土地所有权对于绝对地租所起的作用,和它对于级差地租所起的作用是不同的。在级差地租场合下,土地所有权只是把商品价格中一个没有它的作用就已经产生的超额利润转化为地租的原因。“在这里,土地所有权并不是**创造**这个价格组成部分的原因,也不是作为这个组成部分的前提的价格上涨的原因。”(第 3 卷第 851 页)但在绝对地租的场合,也就是在最坏土地必须支付地租才能被耕作的情况下,土地所有权就是引起价格上涨的原因。**“土地所有权本身已经产生地租。”**(第 3 卷第 851 页)

由此可见,只有最坏土地也能产生一个超额利润,从而为土地所有者提供绝对地租的时候,土地所有者才会把土地出租给农业资本家。那么,支付绝对地租的这个超额利润是怎样产生的呢?

绝对地租是农产品的价值大于生产价格的超额利润

绝对地租是农产品的价值在它的生产价格以上的超过额。农产品的价值为什么会大于它的生产价格,以及这个超过额为什么会转化为地租呢?马克思是按照这样的顺序分析的:

第一步指出,一个商品的价值和生产价格的关系取决于资本有机构成。资本有机构成高,价值小于生产价格;资本有机构成低,价值大于生产价格。“如果一个生产部门中的资本构成低于社会平均资本的构成,也就是说,如果该资本中投在工资上的可变部分和投在物质劳动条件上的不变资本的比率,大于社会平均资本中可变部分和不变部分的比率,那末,它的产品的价值就必然会高于它的生产价格。”(第 3 卷第 855 页)

第二步指出,农业的资本有机构成低于社会资本平均构成。这是因为农业落后于工业是资本主义制度下的普遍现象。“如果真正农业上的资本构成低于社会平均资本的构成，那末，这首先就表示，在生产发达的各国，农业的发展没有达到加工工业那样的程度。撇开其他一切部分地有决定作用的经济情况不说，这个事实已经由下述情况得到说明：机械学，特别是它的应用，同发展较晚而且部分地还十分幼稚的化学、地质学和生理学，特别是同它们在农业上的应用比较起来，发展得比较早，而且比较快。”（第 3 卷第 856 页）

第三步指出，基于以上原因，农产品的价值就大于生产价格，投在农业上的资本就有一个超额利润。“无论如何，在理论上已经确定的是：农产品的价值只有在这个前提下才能高于它们的生产价格；也就是说，农业上一定量的资本，同有社会平均构成的同等数量的资本相比，会生产较多的剩余价值，即推动和支配较多的剩余劳动……”（第 3 卷第 857 页）那么，这个超额利润为什么会转化为地租呢？

第四步指出，由于土地所有权的垄断阻碍和限制资本的转移，使农业部门中的剩余价值不参与利润的平均化。“当资本投在土地上时，和资本相对立的土地所有权，或者说，和资本家相对立的土地所有者，就是作为这样一种外力和限制出现的。在这里，土地所有权就是障碍。因此，不纳税，也就是说，不交地租，就不能对从来没有耕种或出租的土地投入任何新的资本。”（第 3 卷第 859 页）

最后指出，绝对地租是农产品价值在生产价格以上的超过额。所以，地租“就是价值超过生产价格的余额或这个余额中的一部分。地租究竟是等于价值和生产价格之间的全部差额，还是仅仅等于这个差额的一个或大或小的部分，这完全取决于供求状况和新耕种的土地面积。……但是，无论这个绝对地租等于价值超过生产价格的全部余额，还是只等于其中的一部分，农产品总是按垄断价格出售，这并不是因为它们的价格高于它们的价值，而是因为它们的价格等于它们的价值，或者，因为它们的价格低于它们的价值，但又高于它们的生产价格。”（第 3 卷第 859—860 页）

由此可见，由于农业的资本有机构成低于社会平均资本构成，使得农产品的价值高于它的生产价格，由此产生一个超过额成为农业的超额利润。而这个超额利润转化为地租，则是由于土地所有权的垄断限制着这个超额利润的平均化，使它固定地保留在农业之中，成为土地所有者的收入。列表如下：

生产部门	资本有机构成		剩余价值率	剩余价值	商品价值	平均利润	生产价格	绝对地租
	c	v						
1	2	3	4	5 = 4×3	6 = 2+3+5	7	8 = 2+3+7	9=6−8
工业	80	20	100%	20	120	20	120	—
农业	60	40	100%	40	140	20	120	20

绝对地租的本质和发展趋势

绝对地租的本质是什么呢？资产阶级及其代言人说，地租是土地本身产生的，是种瓜得瓜，种豆得豆。这完全是骗人的鬼话。如果没有工人的劳动，再好的土地也不会生出地租来。“一切地租都是剩余价值，是剩余劳动的产物。”(第 3 卷第 715 页)“绝对地租的本质在于：不同生产部门内的各等量资本，在剩余价值率相等或劳动的剥削程度相等时，会按它们的不同的平均构成，生产出不等量的剩余价值。”(第 3 卷第 869 页)“这样，地租就成了商品价值的一部分，更确切地说，成了商品剩余价值的一部分，不过它不是落入从工人那里把它榨取出来的资本家阶级手中，而是落入从资本家那里把它榨取出来的土地所有者手中。”(第 3 卷第 870 页)所以绝对地租的实质，是工人劳动创造的剩余价值的一部分。

那么，绝对地租的发展趋势又怎样呢？随着资本主义的发展，农业上资本有机构成的提高，绝对地租有逐步缩小甚至消失的趋势。

随着农业的进步，绝对地租额会缩小。“按问题的本质来看，随着农业的进步，这个差额必然会缩小。”(第 3 卷第 870 页)

如果农业资本的平均构成等于或高于社会平均资本的构成，那么，农产品价值大于生产价格意义上的绝对地租就会消失。“如果农业资本的平均构成等于或高于社会平均资本的构成，那末，上述意义上的绝对地租，也就是既和级差地租不同，又和以真正垄断价格为基础的地租不同的地租，就会消失。”(第 3 卷第 862 页)

但是，在考察这个问题时，必须注意：1.农业资本构成的特点。即在农业上，资本的价值构成提高了不等于技术构成也提高了。“仅仅农业资本在价值构成上已经达到一般水平这一情况，并不证明，劳动的社会生产力在农业资本中已经发展到同样高的水平。”(第 3 卷第 864 页)2.农业生产力的特点。

在农业上,问题不只是劳动的社会生产率,而且还在于由劳动的自然条件决定的劳动的自然生产率。在农业上,有可能出现“社会生产力的增长仅仅补偿或甚至还补偿不了自然力的减少”(第3卷第864页)。

马克思在分析绝对地租时指出,绝对地租是由于农业资本的有机构成低于社会平均资本构成,使农产品的价值高于生产价格而来的。而农产品能够高于生产价格出卖,是因为存在着土地所有权的垄断。而现在情况发生了变化,有些国家实现了土地国有化,有些国家农业的资本构成并不比工业低。例如,美国农业机械每人占用量,1976年达到15 040美元,已接近制造业的水平(每人16 600美元);如果加上农场的建筑投资较大,以及农业土地改良的投资,农业部门每一劳动力占用的固定资产,实际上是超过工业的。在这种情况下,还有没有绝对地租?

绝对地租是一个历史范畴,它的存在是有条件的。这主要表现在两个方面:土地所有权和农业资本构成低于工业。如果取消了土地所有权,工农业资本构成又基本一致,那么,绝对地租有可能消失。

战后,一些资本主义国家工农业资本构成有接近的趋势,这已影响到绝对地租,使其有下降趋势,但还有起相反作用的趋势,阻碍下降。而且,工农业资本构成接近只是个别国家,就整个资本主义世界来说,尚未出现这种情况。

如果土地所有权仍然存在,工农业资本构成接近,在这种情况下,当然还会有绝对地租,但这时它的来源不是农产品价值大于生产价格。在这种情况下,绝对地租“只能来自市场价格超过价值和生产价格的余额,简单地说,只能来自产品的垄断价格”(第3卷第863页)。“如果由于土地所有权对在未耕地上进行不付地租的投资造成限制,以致谷物不仅要高于它的生产价格出售,而且还要高于它的价值出售,那末,地租就会产生垄断价格。”(第3卷第874页)

级差地租和绝对地租的比较

既然资本主义地租有两种主要形式:级差地租和绝对地租,那么它们的关系怎样呢?

1. 它们的本质一样,都是由超额利润转化而来的,实质上都是工人劳动所创造的剩余价值的一部分。

2. 它们的形成不同,绝对地租的形成是由于农业资本构成低于社会资本平均构成，从而农产品价值大于生产价格，产生超额利润，并且由于土地所有权的垄断而转化为地租的；而级差地租是由于投在土地上的等量资本具有不同生产率，使农产品的个别生产价格和社会生产价格产生差额，并因土地的资本主义经营垄断而形成的。

3. 二者都以土地所有权关系为前提，但在绝对地租场合是土地所有权直接产生地租；而在级差地租场合，土地所有权不直接产生地租，只是把超额利润从农业资本家手里转到土地所有者手里的原因。

地租形式的比较

	级 差 地 租		绝 对 地 租
	Ⅰ	Ⅱ	
源 泉	剩 余 价 值		
形成的原因	土地经营的资本主义垄断		资本主义土地所有权的垄断
量	社会生产价格与个别生产价格之间的差额		商品价值与社会生产价格之间的差额
条 件	土地肥力和位置的差别	追加投资而产生的不同生产率	农业比工业的有机构成低
取得原因	土地的资本主义所有制		

4. 它们的范围有差别。绝对地租是任何等级的土地都要支付的，而级差地租不是所有土地都要支付的。一般说来，最坏土地不交级差地租；严格说来，最坏土地不支付级差地租Ⅰ，但级差地租Ⅱ还是要支付的。

（四）建筑地段的地租、矿山地租、土地价格及其他

《资本论》第三卷第四十六章分析非农业地租、土地价格以及其他有关问题。

建筑地租是投机的对象

关于建筑上使用的土地的地租，和一切非农业地租的基础一样，是由真正的农业地租调节的。但是建筑地租有自己的特点。

第一，土地的位置在这里对级差地租的形成有决定性的影响。例如，大城市的建筑地段的地租特别昂贵，可谓寸土寸金。第二，从建筑地租可以更

明显地看出，土地所有者只是利用社会发展的进步，他们既不直接参与经营活动，又不要担什么风险，因此，对社会进步毫无贡献。第三，建筑地租垄断价格占优势，特别是在利用房租对贫民进行最无耻的剥削方面占优势。“这种土地所有权，在和产业资本结合在一个人手里时，实际上可以使产业资本从地球上取消为工资而进行斗争的工人的容身之所。在这里，社会上一部分人向另一部分人要求一种贡赋，作为后者在地球上居住的权利的代价，因为土地所有权本身就包含土地所有者剥削土地，剥削地下资源，剥削空气，从而剥削生命的维持和发展的权利。”（第 3 卷第 872 页）第四，建筑用地的地租随着人口的增加、住宅需要的增长和固定资本的发展，有提高的趋势。因为在这里土地所有权从两方面要求得到它的贡赋：一方面为了再生产或采掘的目的利用土地，要求得到贡赋；另一方面，土地作为一切生产和一切人类活动的空间，也要求得到贡赋。第五，建筑地租是投机的对象。在城市中，建筑投机的真正对象是地租，而不是房屋。

地租和垄断价格

关于地租与垄断价格的关系，有两种情况，必须加以区别。

一种是垄断价格产生地租。因为产品或土地本身有一个与地租无关的垄断价格，是指由购买者的购买欲和支付能力所决定的价格，而与一般生产价格或产品价值所决定的价格无关。例如，一个葡萄园只能生产少量特别好的葡萄酒时，就会提供一个垄断价格。由于这个垄断价格，葡萄种植者会实现一个相当大的超额利润；这种超额利润，由于土地所有权会转化为地租。在这里，就是垄断价格产生地租。

另一种是地租产生垄断价格。因为有地租存在，产品按垄断价格出售。由于土地所有权对在未耕地上进行不付地租的投资造成限制，因此，农产品不仅要高于它的生产价格出售，而且要高于它的价值出售。在这里，就是地租产生垄断价格。

土地价格是资本化的地租

我们知道，土地不是劳动的产品，它没有价值。那么，没有价值的土地，怎么会有价格呢？这是因为，在资本主义社会，地租是以货币交付的，而任何一定的货币收入都可以资本化，也就是说，都可以看作一笔想象的资本的利息。例如，假定平均利息率是 5%，那么，一笔每年 200 元的地租就可以看作一笔 4 000 元的资本的利息。这样，一个资本化的地租形成的土地价格就是 4 000 元。因为土地不是劳动的产品，因而是没有价值的，所以，土地价格是一个不合理的范畴。实际上，土地价格“不是土地的购买价格，而是土地所提供的地租的购买价格，它是按普通利息率计算的”(第 3 卷第 703 页)。这样就可能把地租和利息混同起来。其实，土地价格是以已经存在的地租为前提，按利息率推算出土地价格，而不是倒过来把地租当作土地价格的利息。

由于土地价格等于地租除以利息率，所以，假定地租不变，土地价格就同利息率成反比。在资本主义社会，由于利润率有下降的趋势，再加上借贷资本的扩大，也促使了利息率的下降趋势，所以，土地价格有上涨的趋势。

土地价格实质上是地租的资本化，但土地价格的变化和地租的变化并不完全一致，它的变化大体上有三种情况：

1. 土地价格可以在地租不增加的情况下提高，这又有两种情况：(1)由于利息率的下降，使地租按更贵的价格出售，从而土地价格提高；(2)由于投入土地的资本的利息增长了，使租金增加，从而土地价格提高。

2. 土地价格可以因地租增加而提高，而地租的增加可以在农产品价格提高、不变、甚至下降的情况下发生。所以，土地价格可以在农产品价格提高、不变、甚至下降时提高。

3. 土地价格提高的不同条件，可以部分地互相竞争，部分地互相排斥，并且只能交替地发生作用。但是，不能从土地价格的增加直接得出地租的增加，也不能从地租的增加直接得出土地产品的增加的结论。

批判“土地收益递减”论

资产阶级经济学家有一种说法：对土地进行连续投资，产量只能越来越少，这就是所谓土地收益递减论。主张“土地收益递减”的资产阶级经济学家，不去研究土地枯竭的现实的自然原因，而肤浅地以在一块空间有限的土地上不能投入任何数量的资本为借口，甚至以不能靠耕种一块土地来养活一个国家的全部人口为理由，来证明土地收益是递减的。这是一种错误的理论。

因为在农业中，土地本身是作为生产工具起作用的，所以，各个连续投资都是会有成果的。在工业上就不是这样，而且投在机器等上面的固定资本不会因为利用而得到改良，反而会由于使用而受到磨损。在农业上，只要处理得当，土地就会不断改良。土地的优点是，各个连续的投资能够带来利益,而不会使以前的投资丧失作用。所以,土地收益绝不是递减的。

(五)资本主义地租的产生

按照史论结合、先论后史的方法,马克思在论述了资本主义地租以后,在地租篇的最后一章,即第四十七章,研究了资本主义地租产生的历史过程。在这一章,马克思首先分析批判了资产阶级政治经济学各派的地租理论,然后在以下各节分析了资本主义以前的地租形式,最后分析由资本主义以前的地租到资本主义地租的过渡。

资本主义以前的地租形式

资本主义以前的地租,经历了一个从劳动地租到产品地租最后发展到货币地租的过程。

劳动地租是地租的最简单的形式。这种地租是直接生产者以一部分时间在归他使用的土地上耕种,另一部分时间无偿地在地主的土地上为地主劳动。劳动地租是建立在社会劳动生产力不发达、劳动方式原始的基础上的。劳动地租是剩余价值的原始形式,它和剩余价值是一致的,地租不仅直接是无酬剩余劳动,并且也表现为无酬剩余劳动。在这里,直接生产者为自己的劳动和为地主的劳动,在空间和时间上是明显分开的。

产品地租又叫实物地租。从劳动地租转化为产品地租,并没有改变地租的本质,产品地租仍然是剩余价值的正常形式。但是,这种地租与劳动地租相比,有许多特点:第一,剩余劳动不再在地主的直接监督和强制下进行,已经是直接生产者自己负责来进行剩余劳动。第二,剩余生产是在直接生产者自己耕种的土地上进行,而不是在地主庄园中进行。第三,生产者为自己的劳动和为地主的劳动,在时间上和空间上已不再明显分开。第四,产品地租不一定把农民的全部剩余劳动榨得干干净净。第五,产品地租还会使各个农民的经济状况出现更大的差别。

货币地租是资本主义以前地租的最后形式,这种地租具有一些新的特点:第一,农民不是用产品,而是用货币支付地租;第二,农民的产品至少有一部分转化为商品,因此,整个生产方式已不完全是自然经济了;第三,生产费用中货币支出所占的比重有了决定性的意义。

货币地租是资本主义以前地租的最后形式,同时也是它的解体形式。

货币地租的进一步发展，将导致土地变为农民的财产，或者导致资本主义生产方式的形成，从而为过渡到资本主义地租创造了条件。

那么，从资本主义以前的地租向资本主义地租过渡有哪些形式呢？

从资本主义以前的地租向资本主义地租过渡的形式

首先，分成制是由原始形式的地租到资本主义地租的过渡形式。在这种形式下，租地农民除了提供劳动，还提供经营资本的一部分；土地所有者除了提供土地，还提供经营资本的另一部分，产品则按一定的比例，在租地人和土地所有者之间进行分配。在这里，地租不再表现为一般剩余价值的正常形式。一方面，租地人不是作为劳动者，而是作为一部分劳动工具的所有者要求产品的一部分；另一方面，土地所有者也不只是根据他对土地的所有权，而是同时作为资本的贷放者要求得到自己的一份。

农民的小块土地所有制是农业发展的一种过渡形式，具有很大的局限性，是必然要走向灭亡的。小农经济的灭亡有很多原因：第一，大工业的发展会破坏与它结合在一起的农村家庭工业；第二，由于缺乏资本进行集约经营，土地将逐渐贫瘠和枯竭；第三，作为小块土地所有制补充物的公有地，已经为大土地所有者所霸占；第四，无法与资本主义大农业竞争；第五，小农无法进行投资改良农业。所有这些都说明，小土地所有制是社会生产力发展的一种障碍。

由于土地私有权的存在，在农业上为购买土地而支出的货币资本，并不是投入农业资本，而是农业经营上的一种限制；它既限制了农业生产的投资，又造成了对地力的剥削和滥用。一切土地私有权都限制和阻碍农业生产和对土地本身的合理经营、维护和改良。它既滥用和破坏劳动力，又滥用和破坏土地的自然力。总之，土地私有权是和农业的合理经营不相容的，是一个历史的过渡性的制度。

十八、评“三位一体公式”
——《资本论》第三卷第七篇
各种收入及其源泉

《资本论》第三卷第七篇“各种收入及其源泉”，通过批判资产阶级的“三位一体公式”，对《资本论》全书的理论部分作了总结，对资本主义生产总过程作了总结。所以，这一篇是相当重要的，遗憾的是它没有被最后完成。恩格斯在 1895 年 3 月 16 日给阿德勒的信中说：“第七篇很精彩，遗憾的是只有一个骨架，而且叙述还带有失眠症的明显痕迹。”①

概　　述

对资本主义生产关系的总结

由于在现象上，资本主义的生产关系表现为各种收入及其源泉的形式，所以马克思在这一篇通过对庸俗经济学“三位一体公式”——即劳动创造工资、资本创造利润、土地创造地租的批判，通过对斯密教条——即商品价值最终分解为工资、利润和地租的批判，通过对把分配关系看做是自然关系的批判，指出了资本主义社会的各种收入的真正来源是雇佣工人新创造的价值，论证了资本主义分配关系是由资本主义生产关系决定的，揭示了资本主义分配关系和生产关系一样都是历史的暂时的形式，从而必然要为一个更高级的社会生产关系和分配关系所代替的伟大理论。因而，这一篇实际上是对资本主义生产关系的总结，结论是：资本主义必然灭亡，社会主义一定胜利。

---

① 马克思恩格斯《资本论》书信集.北京：人民出版社，1976：582.

结构

这一篇由第四十八章到第五十二章组成，大体上可以分为两大部分：

第一部分，是第四十八章到第五十章，即《三位一体的公式》、《关于生产过程的分析》、《竞争的假象》，主要是通过批判资产阶级经济学说，概括资本主义生产总过程。第四十八章批判“三位一体公式”，并说明收入的源泉是雇佣工人所创造的新价值。第四十九章从对生产过程的分析，批判产生“三位一体公式”的斯密教条。第五十章进一步批判斯密教条，并且指出它的产生与竞争的假象有关。

第二部分是第五十一章和第五十二章，即《分配关系和生产关系》、《阶级》，这是对资本主义生产关系和分配关系的总结。第五十一章分析了分配关系与生产关系的辩证关系。第五十二章最后把问题归结到阶级上来；可惜的是，这一章只开了一个头，没有写完，恩格斯也没有补写。

各章的梗概

由于本篇原著的原因，我们只就涉及的一些理论问题作个梗概的介绍。

在第四十八章《三位一体的公式》中，马克思首先指出，“三位一体公式”掩盖了新创造价值的源泉；然后指出，各种收入的真正源泉是工人创造的新价值；最后指出，“三位一体公式”是根据资本主义经济关系的表面现象编造出来的，它完成了资本拜物教。

在第四十九章《关于生产过程的分析》中，马克思不仅批判了把商品的总价值分解成工资、利润和地租的斯密教条，而且还深刻地揭露了庸俗经济学把总产品、总收入和纯收入混为一谈的错误，从而进一步批判了“三位一体的公式”。全章主要讲了4个问题：1.对社会总资本再生产的进一步分析；2.揭示总产品、总收入和纯收入的区别；3.批判斯密教条和它的进一步庸俗化；4.关于新追加的不变资本问题的分析。

在第五十章《竞争的假象》中，马克思主要是批判斯密认为工资、利润和地租三者的总和构成商品价值的错误，并且指出，这种错误是和竞争的假象有关的。这一章主要从三方面来分析：一，新创造的价值不会因它分解为工资、利润和地租的比例变化而变化；二，新创造的价值是工资、利润和地租总和的绝对界限；三，斯密关于工资、利润和地租构成商品价值的错误及其原因。

第五十一章《分配关系和生产关系》，是作为第七篇、《资本论》第三卷，甚至整个前三卷理论部分的总结而写的。马克思指出，资本主义生产关系和分配关系都具有历史的暂时的性质。他首先指出，分配关系是属于生产关系的范畴，然后着重分析了资本主义生产方式的两个主要特征：1.商品生产占统治地位，特别是劳动力也成了商品；2.资本主义生产的直接目的和决定动机是剩余价值的生产。最后指出，一定的分配关系只是历史规定的生产关系的表现，资本主义生产关系是要灭亡的，资本主义分配关系也要随之消失。

第五十二章《阶级》，是马克思对资本主义生产关系分析的最终结论。在没有写完的这一章中，马克思关于阶级的分析主要提到三个观点：1.资本主义社会的三大阶级就是雇佣工人、资本家和土地所有者；2.在一个社会里阶级结构不可能是纯粹的；3.关于阶级怎样形成的问题。

（一）对“三位一体公式”的批判

“三位一体公式”掩盖了新创造价值的源泉

“三位一体公式”就是庸俗经济学所宣扬的资本创造利润（企业主收入＋利息）、土地创造地租、劳动创造工资。“资本——利润（企业主收入加上利息），土地——地租，劳动——工资，这就是把社会生产过程的一切秘密都包括在内的三位一体的公式。”（第3卷第919页）因为利息表现为资本所固有的、独特的产物，企业主收入表现为不以资本为转移的工资，所以，三位一体公式可以更确切地归结为：资本——利息、土地——地租，劳动——工资。“三位一体公式”把作为资本主义生产方式特征的剩余价值排除了，这主要表现在：

第一，“三位一体公式”把各种收入的所谓源泉：资本、土地、劳动，说成属于完全不同的领域、彼此之间毫无共同之处的范畴，从而抹杀了各种收入源泉之间发生联系的社会形式。

资本、土地和劳动，就其一般意义来说，彼此毫无关系。但是，如果把它们放在同一个资本主义社会经济形态上，就能够联系起来：资本——利息、土地所有权——地租、雇佣劳动——工资。各方凭借一种所有权，分别占有工人所创造的新价值。而“三位一体公式”恰恰把各种收入的源泉之间发生联系的这种社会形式抹杀了。“每年可供支配的财富的各种所谓源泉，属于完全不同的领域,彼此之间毫无共同之处。它们相互之间的关系,就象公证人的手续费、甜菜和音乐之间的关系一样。"(第3卷第920页)

第二,在"三位一体公式"中,资本、土地和劳动,分别表现为利息、地租和工资的源泉;利息、地租和工资,则是资本、土地和劳动的产物。资本——利息这个公式是资本的最无概念的公式,但总还是从价值到价值;土地——地租那就更愚蠢了:一方是使用价值(土地),另一方是价值(地租),是根本不能通约的;劳动——工资更是不合理的,我们知道,工资作为劳动的价值或价格是一个不合理的范畴,"'劳动的价格'是和'黄色的对数'一样不合理的"(第3卷第924页)。劳动创造价值,但它本身没有价值,也没有价格。总之,"三位一体公式"是与价值概念相矛盾的,它掩盖了各种收入的真正源泉。

第三,工资、利润、地租是一种分配关系,这种分配是以工人劳动所创造的新价值为前提的,也就是以必要劳动和剩余劳动的存在为前提的,但资产阶级经济学者却把事情颠倒过来。亚当·斯密认为,土地所有权、资本和雇佣劳动是地租、利润和工资的源泉;罗雪尔①则进一步认为,利润是由生产资料产生的,地租是由土地或自然产生的。

第四,"三位一体公式"完成了生产关系的物化,完成了资本拜物教。"三位一体中,资本主义生产方式的神秘化,社会关系的物化,物质生产关系和它的历史社会规定性直接融合在一起的现象已经完成:这是一个着了魔的、颠倒的、倒立着的世界。在这个世界里,资本先生和土地太太,作为社会的人物,同时又直接作为单纯的物,在兴妖作怪。"(第3卷第988页)

总之,"三位一体公式"是完全符合统治阶级利益的,它掩盖了资本主义生产关系的对抗性,所以,庸俗经济学极力宣扬这个公式是不奇怪的。

"三位一体公式"掩盖了各种收入的源泉。那么,各种收入的真正的源泉是什么呢?

各种收入的真正源泉是工人劳动创造的新价值

资本主义生产过程是一般社会生产过程的一个历史规定的形式;而社会生产过程既是人类生活的物质生存条件的生产过程,又是一个在历史上经济上独特的生产关系下进行的过程。资本主义生产过程像它以前历史上所有的生产过程一样,也是在一定的物质条件下进行的,这些物质条件也是

---

① 威廉·罗雪尔(1817—1894),法国庸俗经济学家,政治经济学中的所谓历史学派的创始人。

资本主义社会关系的承担者。

资本主义生产过程按其实质来说，是占有剩余价值的过程，也就是榨取剩余劳动的过程。但“资本的文明面之一是，它榨取剩余劳动的方式和条件，同以前的奴隶制、农奴制等形式相比，都更有利于生产力的发展，有利于社会关系的发展，有利于更高级的新形态的各种要素的创造。”（第3卷第925—926页）

在资本主义社会中，这个剩余价值还采取了平均利润的形式。资本家榨取到的剩余价值，按照社会资本中每个资本应得的份额的比例，在资本家之间进行分配。这个平均利润又分为企业主收入和利息。但资本对于剩余价值的这种占有和分配受到了土地所有权方面的限制。土地所有者凭借土地所有权，以地租的形式从资本家那里瓜分一部分剩余价值。因此，利润和地租不过是剩余价值的两个特殊组成部分，它们加起来，就形成社会剩余价值的总和。

另外，工人作为他个人的劳动力的所有者和出售者，在工资的名义下得到一部分产品。这部分产品体现着必要劳动，也就是维持和再生产这个劳动力所必需的劳动部分。

所以，总的说来，工资、利润和地租，都不过是工人所进行的必要劳动和剩余劳动的结果，是工人劳动所创造的新价值。

总产品、总收入和纯收入的区别

为了进一步批判庸俗经济学的混淆和错误，马克思还揭示了总产品、总收入和纯收入之间的区别。

总产品，即总收益，就是再生产出来的全部产品。总产品的价值，由不变资本、可变资本和剩余价值三部分组成，即 $W=c+v+m$。

总收入，是总产品价值中扣除不变资本价值余下的部分，即等于工资＋利润＋地租，也就是从社会考察的国民收入。

纯收入，就是剩余价值，它等于利润＋地租。

但是，资产阶级政治经济学从亚当·斯密以来，就把这些不同的东西混为一谈。庸俗经济学家萨伊①认为，全部收益、全部总产品，对一个国家来说

① 让·巴蒂斯特·萨伊（1767—1832），法国资产阶级庸俗政治经济学的创始人。

都可以是纯收益。这样,总产品、总收入、纯收入就没有区别了。这种错误是斯密教条,即商品价值最终分解为工资、利润和地租三种收入的进一步庸俗化。那么,产生这种荒谬观点的原因是什么呢?

第一,他们不理解不变资本和可变资本的基本关系,因而不理解剩余价值的性质,并且也不理解资本主义生产方式的整个基础。

第二,他们不理解生产商品的劳动具有二重性。在生产商品时,劳动一方面加入新价值,另一方面把旧价值转移到新产品中去,而不是把这个旧价值重新生产出来。

第三,他们不能从社会总资本的观点上,来理解再生产过程的联系,因此不懂得要从物质和价值两方面来补偿已经消耗掉的不变资本。

第四,他们不能区分总收入与总产品,是由于收入和资本会互相交换、互换位置,以致从单个资本家来看,它们好像只是相对的规定;而从整个生产过程来看,它们就消失了。

第五,由于剩余价值转化为利润和地租,使他们忘记了商品的价值是基础。商品的价值会分解为各种收入,这丝毫不会改变价值决定和价值决定的规律本身。但是,这容易产生一种误解,好像这些价值组成部分不是由商品的价值分解而成,而是由这些组成部分结合在一起才形成了商品的价值。

总之,斯密教条和它的进一步庸俗化的原因,在于资产阶级经济学家阶级立场的局限性和认识论上的错误。

(二)分配关系和生产关系

分配关系属于生产关系的范畴

从前面的分析中我们知道,每年新追加的劳动、从而新加进的价值分成三部分,它们采取三种不同的收入形式。一部分以工资形式归于劳动力的所有者;一部分以利润形式归于资本的所有者;一部分以地租形式归于土地所有者。这三种形式,表示新价值在不同生产要素的所有者中间进行分配的关系,说明三种收入是一种分配关系。

但是,资产阶级经济学却把分配关系认为是自然的关系,抹杀了它从属于生产关系的历史性质。

与此相反，马克思通过对资本主义生产关系的科学分析，证明了资本主义生产方式是一种特殊的历史的生产方式，与这种生产方式相适应的生产关系也具有特殊的、历史的、暂时的性质，从而从属于生产关系的分配关系也具有历史的暂时的性质。“分配关系本质上和生产关系是同一的，是生产关系的反面，所以二者都具有同样的历史的暂时的性质。”(第 3 卷第 993 页)

所以，资本主义的生产关系决定了与之相适应的分配关系；而且，资本主义的再生产不仅再生产物质产品、再生产资本主义生产关系，还会再生产资本主义分配关系。

分配关系又是生产关系的表现

一定的分配关系只是历史规定的生产关系的表现。“一定的分配形式是以生产条件的一定的社会性质和生产当事人之间的一定的社会关系为前提的。因此，一定的分配关系只是历史规定的生产关系的表现。”(第 3 卷第 997 页)它既表现为生产关系的结果，又反作用于生产关系。

拿利润来说，利润是资本主义生产的果实；但是，利润并不能全部当作收入消费掉，竞争迫使资本家不得不以利润的一部分转化为追加资本，因而利润又是一种支配再生产的关系。

再说地租，由于土地所有权在生产过程中既不创造价值，也不实现价值，因此，地租就好像只是分配形式；实际上它也是资本主义生产关系的一种表现。首先，地租以平均利润以上的余额为界限，因而以资本主义生产为前提；另一方面，土地所有者从生产过程和整个社会生活过程的指挥者和统治者的地位，下降到单纯土地出租人、单纯收租人的地位，也是资本主义生产方式的一个特殊的历史产物。并且，土地所有权取得允许实行资本主义农业经营方式的形式，也是资本主义生产方式的特殊性质的一个产物。所以，地租是资本主义生产关系的反映。

可见，分配关系由生产关系产生并与之相适应。这些分配关系的历史性质就是生产关系的历史性质，分配关系不过表示生产关系的一个方面。

在资产阶级经济学家中，虽然也有人看到分配关系的历史性质，但不能把生产关系看做是历史的东西，这种错误见解是由于他们的资产阶级的局限性和抛弃劳动过程的历史形式而产生的。“劳动过程的每个一定的历史形式，都会进一步发展这个过程的物质基础和社会形式。这个一定的历史形式达到一定的成熟阶段就会被抛弃，并让位给较高级的形式。当一方面分配关系、因而与之相适应的生产关系的一定的历史形式，和另一方面生产力、生产能力及其要素的发展，这二者之间的矛盾和对立扩大和加深时，就表明这样的危机时刻已经到来。这时，在生产的物质发展和它的社会形式之间就发生冲突。”(第3卷第999页)这就是说，生产关系与生产力的矛盾是社会发展的动力。

(三) 资本主义生产关系的总结

资本主义生产方式是一个历史的生产方式

资本主义生产方式到底是个自然的、永恒的生产方式，还是一个历史的、暂时的生产方式？资产阶级及其某些代言人，总是说资本主义生产关系是一个自然的关系，资本主义制度是一个永恒的制度，是从来就有的，并且要永远存在下去。而马克思通过资本主义生产方式的科学分析，在作为整个《资本论》理论部分总结的第七篇告诉我们：资本主义生产方式是一种特殊的历史的生产方式，与这种生产方式相适应的生产关系也具有特殊的、历史的、暂时的性质，从而从属于生产关系的分配关系也具有历史的暂时的性质。“对资本主义生产方式的科学分析却证明：资本主义生产方式是一种特殊的、具有独特历史规定性的生产方式；它和任何其他一定的生产方式一样，把社会生产力及其发展形式的一定阶段作为自己的历史条件，而这个条件又是一个先行过程的历史结果和产物，并且是新的生产方式由以产生的现成基础；同这种独特的、历史规定的生产方式相适应的生产关系——即人们在他们的社会生活过程中，在他们的社会生活的生产中所处的各种关系——具有独特的、历史的和暂时的性质；最后，分配关系本质上和生产关系是同一的，是生产关系的反面，所以二者都具有同样的历史的暂时的性质。”(第3卷第993页)

所以，资本主义必然灭亡，社会主义一定胜利，这是不以人们意志为转移的客观规律。正如毛泽东同志所说的，社会主义制度终究要代替资本主义制度，这是一个不以人们自己的意志为转移的客观规律。不管反动派怎样企图阻止历史车轮的前进，革命或迟或早总会发生，并且将必然取得胜利。

资本主义生产方式的两个特征

资本主义生产方式有什么特征呢？马克思在作为资本主义生产方式总

结的第四十九章告诉我们，资本主义一开始就有两个特征：

第一，资本主义生产的产品是商品，资本主义生产方式的特征不在于生产商品，而在于商品生产占统治地位，特别是劳动力也成了商品，从而工人成为雇佣工人，劳动表现为雇佣劳动。资本和雇佣劳动的关系决定着资本主义生产方式的全部性质。资本家和工人的对立是资本主义生产关系的产物。

在资本主义生产方式下，产品作为商品，商品作为资本产品的性质，不仅已经包含着一切流通关系，而且会得出全部价值决定和全部生产由价值来进行调节的结论。在这个十分独特的价值形式上，一方面，劳动只作为社会劳动起作用；另一方面，社会劳动的分配，以及产品的物质变换，却听任资本家个人盲目摆布。所以，“在这里，价值规律不过作为内在规律，对单个当事人作为盲目的自然规律起作用，并且是在生产的各种偶然变动中，维持着生产的社会平衡。”（第3卷第995页）

在商品中，特别是在作为资本产品的商品中，还已经包含着作为整个资本主义生产方式的特征的生产关系的物化和物的人格化。

第二，资本主义生产的直接目的和决定动机是剩余价值的生产。“资本本质上是生产资本的，但只有生产剩余价值，它才生产资本。”（第3卷第996页）资本主义生产方式是劳动社会生产力发展的一个特殊形式，不过在这里，劳动社会生产力的提高只是表现为资本生产力的不断提高。

资本家在直接生产过程中取得的权威，同建立在奴隶生产、农奴生产等基础上的权威有重大的区别。资本家的权威，只是作为同劳动相对立的劳动条件的人格化，而不是像在以前的各种生产形式中那样，以政治的统治者或神权的统治者的资格得到这种权威的。尽管资本家在工厂内部对工人实行严格的管理，生产是有组织的，但是，从全社会来看，资本家之间作为商品所有者的互相对立，却使社会生产处于极端无政府状态。在这种状态中，生产的社会联系只是表现为不顾个人自由意志而压倒一切的自然规律。

在资本主义生产方式里，两个基本的生产要素会采取独特的社会形式：劳动采取雇佣劳动的形式，生产资料采取资本的形式。所以，价值（产品）的一部分才表现为剩余价值，并转化为利润和地租，从而整个再生产过程的扩大，才表现为资本主义的积累过程。

资本主义社会的三大阶级

马克思在《资本论》理论部分的最后一章分析阶级，这决不是偶然的。

这是因为，正如恩格斯所说的："经济学所研究的**不是物**，而是人和人之间的关系，归根到底是阶级和阶级之间的关系。"①在资本主义社会有哪些基本的阶级呢？马克思在《资本论》第三卷题为"阶级"的最后一章告诉我们，资本主义社会有三大基本阶级，这就是雇佣工人、资本家和土地所有者。

但是，在一个社会里，阶级结构不可能是纯粹的。即使在当时英国这样一个典型的资本主义高度发展的国家里，这种阶级结构也还没有以纯粹的形式表现出来；在那里，还有各种中间和过渡的阶层。不过这种情况无关紧要，因为随着资本主义的发展，各种中间阶层会逐步分化，分别归于三个基本阶级。

那么，阶级是怎样形成的呢？什么使雇佣工人、资本家、土地所有者成为社会三大阶级？初看起来，好像工资、利润、地租三种收入是形成三大阶级的要素，但这是完全错误的。

正确的应该是什么呢？在马克思要给阶级下定义的地方，原稿中断了。

至于这一章未完稿的原因，恩格斯在《资本论》第三卷序言中指出："最后一章只有一个开头。在这一章，同地租、利润、工资这三个主要收入形式相适应的发达资本主义社会的三大阶级，即土地所有者、资本家、雇佣工人，以及由他们的存在所必然产生的阶级斗争，应该当作资本主义时期的实际产物加以论述。这种结论性的总结，马克思通常总要留到快付印的时候再作最后的校订，因为那时最新的历史事件会按照必然的规律性为他的理论阐述提供最现实的例证。"（第 3 卷第 11 页）

关于什么是阶级，列宁在《社会革命党人所复活的庸俗社会主义和民粹主义》一文中指出："从收入来源寻找社会不同阶级的基本特征，这就是把分配关系放在首位，而分配关系实际上是生产关系的结果。这个错误马克思早已指出过，他把看不见这种错误的人称为庸俗的社会主义者。阶级差别的基本标志，就是它们在社会生产中所处的地位，因而也就是它们对生产资料的关系。占有这部分或那部分社会生产资料，把它们用于私人的经济，用于出卖产品的经济——这就是现在社会中的一个阶级（资产阶级）同没有生产资料、出卖自己劳动力的无产阶级的基本不同点。"②在《伟大的创举》一文中，列宁又指出："所谓阶级，就是这样一些大的集团，这些集团在历史上一

① 马克思恩格斯选集·第 2 卷.北京：人民出版社，1974：123.

② 列宁全集·第 6 卷.北京：人民出版社，1961：233.

定社会生产体系中所处的地位不同，对生产资料的关系（这种关系大部分是在法律上明文规定了的）不同，在社会劳动组织中所起的作用不同，因而领得自己所支配的那份社会财富的方式和多寡也不同。所谓阶级，就是这样一些集团，由于它们在一定社会经济结构中所处的地位不同，其中一个集团能够占有另一个集团的劳动。”①关于阶级与阶级斗争的学说，是马克思主义的一个重要组成部分，在马克思和恩格斯的许多其他著作中，也都有很大的补充和发挥。

① 列宁选集·第4卷.北京：人民出版社，1960：10—11.

十九、一幅资产阶级经济学说史的图画

——《资本论》第四卷

剩余价值理论

马克思曾经对他的亲近的朋友说过：我创立一个历史法庭，对每个人论功行赏。在《资本论》第四卷中，马克思对17世纪中期到19世纪中期主要资产阶级经济学家的功过，几乎一一作了评述，给我们勾画了一幅资产阶级经济学说史的图画。马克思把《资本论》的前三卷称为理论部分，把第四卷称为历史部分。在第四卷中，马克思围绕政治经济学理论的核心问题——剩余价值理论，对资产阶级各派经济理论进行了系统的历史的分析和批判；同时他又以论战的形式阐述了自己的关于政治经济学的许多重要原理。所以，要深入地掌握马克思主义的政治经济学，在学习和研究《资本论》前三卷的同时，还必须学习和研究《资本论》第四卷。

概　　述

《资本论》第四卷的写作和出版情况

马克思从19世纪40年代就开始研究政治经济学。经过长期系统的研究，马克思于1857—1858年写了一部经济学手稿，1859年在这个手稿的基础上出版了《政治经济学批判》。从1861年8月到1863年7月又写了一部篇幅很大的手稿，这部手稿的大部分，也就是整理得最细致的部分，构成《剩余价值学说史》。马克思在1877年11月3日写给肖特[①]的信中谈到："实际上，我开始写《资本论》的顺序同读者将要看到的顺序恰恰是相反的（即从第

① 济格蒙德·肖特（1818—1895），维尔腾堡作家和资产阶级政治活动家。

三部分——历史部分开始写)。”①

大家知道，马克思本人没有来得及把《剩余价值学说史》这一部手稿整理出来付印，恩格斯到临终前也一直没有放弃把《资本论》第四卷整理出版的愿望。恩格斯读完了这一庞大的手稿，并且改正了马克思手稿中许多明显的笔误；但是，恩格斯也没有来得及完成第四卷的付印工作，在临终之前，他曾委托考茨基②整理原稿。

马克思的这一部手稿第一次由考茨基于1905—1910年间，分三卷四册出版，其中第二卷分为上、下两册。这样，马克思的这一部手稿才得以与读者见面，并被译成不同文字，在许多国家传播。但是，考茨基所编版本存在以下一些问题：第一，考茨基认为，《剩余价值学说史》不是《资本论》第四卷，而是一部与《资本论》并行的著作，所以他把《剩余价值学说史》当作一部独立的著作出版；第二，考茨基改变了马克思手稿的结构，任意把一些部分重新作了安排，特别是第二卷完全是按他自己的想法重新安排的。据考茨基说，第二卷是依据《资本论》第三卷的体系对原稿“系统地加以编裁的结果”；第三，考茨基删去了一些内容。他曾说，第二卷虽然“必须颠倒的地方更少”，但“要在这一卷除去的地方比较多”。

1954—1961年苏联按马克思的手稿次序编辑出版了《剩余价值理论》俄文新版本；1956—1962年出版了该书德文新版本；1962—1964年把它作为《资本论》第四卷列入《马克思恩格斯全集》俄文第2版第26卷，分Ⅰ、Ⅱ、Ⅲ册出版。新版本基本上以马克思的亲笔手稿为依据，在编排方面利用了马克思写在各本笔记封面上的目录。但新版各章节的标题大部分是由俄文版编者自己加的。

《资本论》第四卷在中国的传播

《资本论》第四卷在20世纪40年代就开始在中国传播。最早是郭大力同志翻译的由考茨基整理的版本，70年代又出了中共中央马恩列斯编译局的译本和郭大力同志的新译本。目前国内《资本论》第四卷的中译本一共有三种：

一是郭大力译的实践出版社出版的1949年5月版。这个译本是郭大力同志根据1923年柏林出版的考茨基编本的第五版翻译的，书名为《剩余价值学说史——政治经济学批判遗稿》，也分为三卷四册。

---

① 马克思恩格斯《资本论》书信集.北京：人民出版社，1976：352.

② 卡尔·考茨基(1854—1938)，德国社会民主党和第二国际领导人之一。

二是中共中央马恩列斯著作编译局翻译本。这个译本是根据《马克思恩格斯全集》俄文第2版第26卷、并参考德文版译出的。第一册1972年6月出版,第二册1973年7月出版,第三册1975年4月出版。

三是郭大力新译本。这个译本是郭大力同志根据新版本的德文本和英译本翻译的,仍叫《剩余价值学说史》,分为三卷。第一卷1975年12月出版,第二卷1978年5月出版,第三卷1978年10月出版(郭大力同志在新译本第一卷出版后不久,因心脏病猝发,于1976年4月9日逝世。他没有看到第二、三卷的出版)。

现在国内除了郭大力同志的旧译本以外,还有两种新译本在同时发行。这两个新译本都是根据新版本翻译的,所以体系和内容基本上一样,但也存在一些差别:

1. 郭大力新译本主要是根据德文本并参考英文本翻的;编译局本主要根据俄文本并参考德文本翻译。

2. 郭大力新译本题名《剩余价值学说史》;编译局本题名《剩余价值理论》。

3. 郭大力新译本似乎仍作为一部独立著作分三卷;编译局本作为《资本论》第四卷,分三册。

4. 郭大力新译本和编译局本在名词、人名的翻译上也有差别。如郭大力本译重农主义者,编译局本译重农学派;郭大力本译价值决定,编译局本译价值规定;郭大力译林格(人名),编译局本译兰盖,等等。

这两个版本各有千秋,在阅读时可以相互对照,相互补充。本书以下的引文以编译局本为准。

《资本论》第四卷的理论意义

《剩余价值理论》是政治经济学史的革命变革。这部巨著,深刻地揭示了各种经济学说的阶级实质,以及它们之间批判、继承的关系;全面系统地论述了资产阶级古典政治经济学的产生和发展以及它的科学成分和庸俗成分,正确地评价了19世纪中叶以前各个经济学家在经济学史中的地位、功绩和缺点。如果说《资本论》前三卷在政治经济学中完成了革命变革,那么,《资本论》第四卷则在政治经济学史中完成了革命变革。《资本论》第四卷和第二卷、第三卷一样,虽然还不是最后的定稿,但它仍然是一部基本上完整的科学巨著。

《剩余价值理论》最终使《资本论》这座宏伟的大厦落成了。马克思所建立起来的《资本论》这座宏伟的大厦,是以剩余价值理论的历史批判而最后落成的。没有这样一个组成部分，《资本论》就不是一个完整的体系，这个大厦就不能算是最后建成了。《剩余价值理论》是《资本论》的红线——剩余价值学说不可缺少的一个组成部分。

《剩余价值理论》是对《资本论》前三卷理论的重要补充。马克思在批判资产阶级政治经济学的过程中，同时进一步阐述了自己关于政治经济学的许多重要理论，特别是关于生产劳动的理论、关于地租的理论、关于经济危机的理论等等，这些都是对《资本论》前三卷的重要补充。

第四卷分三册，第一册讲李嘉图以前的经济学家；第二册讲李嘉图的学说；第三册讲李嘉图以后的经济学家。

（一）李嘉图以前的经济学家

《资本论》第四卷第一册是评述李嘉图以前的资产阶级政治经济学，这主要是指重农学派和亚当·斯密。第四卷第一册由《总的评论》、第一章至第七章和一个附录组成。

总的评论

"所有经济学家都犯了一个错误：他们不是就剩余价值的纯粹形式，不是就剩余价值本身，而是就利润和地租这些特殊形式来考察剩余价值。"（第4卷Ⅰ第7页）这段话可以说是第四卷的序言，也为后面分析批判资产阶级政治经济学提供了基础。

货币主义和重商主义体系的合理的表达者

马克思在第四卷第一册第一章，首先评述英国资产阶级经济学家詹姆斯·斯图亚特[①]关于利润的观点。斯图亚特是晚期重商主义的主要代表，他的利润理论的主要特点，是把"让渡利润"，也就是把商品高于它的价值出售而获得的利润和"绝对利润"即财富的绝对增加区别开来。由于他基本上复述了重商主义的观点，所以，马克思说他是"货币主义和重商主义体系的**合理的**表达者"（第4卷Ⅰ第13页）。

最早对资本作系统解释的人——重农学派

马克思用很大的篇幅分析了重农学派。所谓重农学派，就是认为农业

① 詹姆斯·斯图亚特（1712—1780），英国资产阶级经济学家，重商主义的后期代表人物之一，货币数量论的反对者。

是国民经济唯一的生产部门、农业劳动是唯一生产劳动的一种经济理论，它出现于18世纪50至70年代。

重农学派最主要的代表是弗朗斯瓦·魁奈。魁奈由于受到人体血液循环知识的启发，通过《经济表》对资本的再生产过程作了最初的研究。马克思对《经济表》作了很高的评价，说它是“一个极有天才的思想，毫无疑问是政治经济学至今所提出的一切思想中最有天才的思想”(第4卷Ⅰ第366页)。

魁奈是重农学派的主要代表，但把重农学派体系发展到最高峰的是安·罗伯尔·雅克·杜尔哥①。马克思在第四卷第一册第二章详细地考察了杜尔哥的经济观点，指出：杜尔哥对重农学派理论有进一步发展。例如，重农学派一般把社会分为三大阶级：租地农场主、土地所有者、“不生产阶级”；而杜尔哥对此作了重要补充，他又划分出了工人和资本家，还把农业中创造的收入分解为归雇佣劳动者所得的工资和土地所有者所获得的利润。“因此，我们看到，重农学派在**农业劳动范围内**是正确地理解剩余价值的，他们把剩余价值看成雇佣劳动者的劳动产品，虽然对于这种劳动本身，他们又是从它表现为使用价值的具体形式来考察的。”(第4卷Ⅰ第32页)

马克思认为，重农学派主要有两大功绩：一是重农学派把剩余价值起源的研究从流通领域转到生产领域，“这样就为分析资本主义生产奠定了基础。”(第4卷Ⅰ第19页)二是重农学派创立了社会资本再生产的理论。“正是这个功绩，使他们成为现代政治经济学的真正鼻祖。”(第4卷Ⅰ第15页)早在《资本论》第二卷中马克思就说过：“实际上，重农主义体系是对资本主义生产的第一个系统的理解。”(第2卷第399页)

但是，马克思也指出，重农学派有重大的理论缺陷。一是他们只承认农业劳动是唯一的生产劳动，农业是唯一的生产部门。在他们看来，工业也不是生产部门，工人也是不生产的阶级。二是他们对剩余价值理解的两面性：他们时而把剩余价值看作是纯粹自然的赏赐，时而又把它看作是来源于农业劳动的特殊生产性而被土地所有者占有。

工场手工业时期集大成的政治经济学家——亚当·斯密

马克思在第四卷第一册第三章，集中分析了亚当·斯密的经济理论。所谓资产阶级古典政治经济学，简称古典经济学，是在资本主义上升时期代表新兴资产阶级利益的经济理论，具有一定科学性。它产生于17世纪中叶，

① 安·罗伯尔·雅克·杜尔哥(1727—1781)，法国经济学家和国家活动家，重农学派的最著名的代表人物，曾主管财政总稽核(1774—1776)。

到19世纪初期终结。它的主要代表人物就是亚当·斯密和大卫·李嘉图。

斯密的代表著作是《国民财富的性质和原因的研究》,简称《国富论》。他写这本书前后经历了9年时间,于1776年付印。在《国富论》中,他摘要叙述了一百多位经济学家的主要思想。当时,对理论感兴趣的人在《国富论》中可找到许多崭新的思想。新兴资本家们在《国富论》中找到了代表他们利益的经济政策,例如国家不干预经济、废除贸易限制等等。因此18世纪最后几十年,《国富论》成了当时资产阶级的圣经,甚至有人说因为《国富论》的问世,较早的一些著作几乎立即被人遗忘了。

马克思称斯密是"工场手工业时期集大成的政治经济学家"(第1卷第386页)。

亚当·斯密在价值理论方面大大超越了前人。马克思认为,斯密确认价值是由一般社会劳动创造的,而且完全是由一定量的必要劳动创造的,这比重商主义和重农主义都前进了一大步;但是,他的劳动价值理论并不完整彻底。他一方面认为劳动决定价值,但又说工资、利润、地租构成商品价值。"应当注意亚当·斯密书中的奇怪的思路:起先他研究商品的价值,在一些地方正确地规定价值,而且正确到这样的程度,大体上说,他找到了剩余价值及其特殊形式的源泉——他从商品的价值推出工资和利润。但是后来,他走上了相反的道路,又想倒过来从工资、利润和地租的自然价格的相加数来推出商品价值(他已经从商品价值推出了工资和利润)。"(第4卷Ⅰ第78页)

斯密把剩余价值推广到社会劳动的一切领域,这比起重农学派把剩余价值只表现为地租形式,也是一大进步。但是,斯密把剩余价值同利润混淆起来,使他的经济理论也包含着庸俗成分。"亚·斯密把**剩余价值**……理解为**一般范畴**,而本来意义上的利润和地租只是这一般范畴的分枝。然而,他并没有把剩余价值本身作为一个专门范畴同它在利润和地租中所具有的特殊形式区别开来。斯密尤其是李嘉图在研究中的许多错误和缺点,都是由此而产生的。"(第4卷Ⅰ第60—61页)

斯密在价值和剩余价值的源泉的问题上有时非常接近于正确的科学的看法,但又有肤浅的一面,从而为庸俗经济学大开方便之门。

评资产阶级经济学关于生产劳动和非生产劳动的理论

在第四卷第一册第四章,马克思首先指出,重农学派认为农业劳动是唯一的生产劳动的看法是错误的。然后他集中分析了斯密关于生产劳动与非生产劳动区分的两种不同解释,既把生产劳动看成是同资本交换的劳动,又把生产劳动看做是生产商品的劳动。最后，他批判了某些庸俗经济学家在反对斯密所作的区分时提出的一些谬论，并且着重揭露了庸俗经济学家为资本主义社会的非生产劳动进行辩护的阶级实质。“把反对斯密关于生产劳动和非生产劳动的区分的所有胡说八道总括一下，可以说……对奴仆、仆役的**颂扬**，对征税人、寄生虫的**赞美**，贯穿在所有这些畜生的作品中。和这些相比，古典政治经济学粗率嘲笑的性质，倒显得是对现有制度的批判。”（第 4 卷 Ⅰ 第 312 页）

试图把资本主义制度下的阶级对立描绘成贫富之间对立的奈克尔

在第四卷第一册第五章马克思简述了奈克尔[①]的观点。奈克尔在他的《论立法和谷物贸易》及《论法国财政的管理》这两部著作中指出，劳动生产力的发展只不过使工人用较少的时间再生产自己的工资，从而用较多的时间无代价地为自己的雇主劳动；同时指出了这种不劳动的富和为生活而劳动的贫之间的对立，又造成了知识的对立。

魁奈的经济表

在第四卷第一册第六章马克思分析了魁奈的经济表。

魁奈的经济表是对社会总资本的再生产和流通进行探讨的第一个天才的尝试。魁奈的经济表最早作于 1758 年，1766 年他又重新画了一个简要图式：

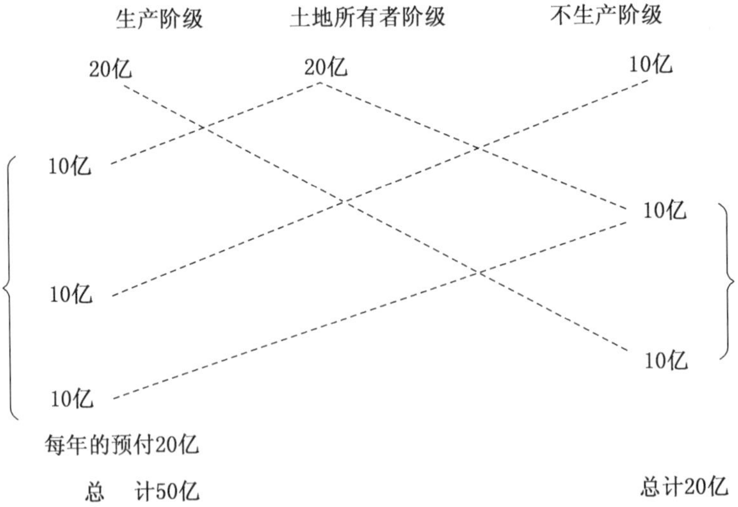

① 奈克尔（1732—1804），法国经济学家。

“这是一种尝试:把资本的整个生产过程表现为**再生产过程**,把流通表现为仅仅是这个再生产过程的形式;把货币流通表现为仅仅是资本流通的一个要素;同时,把收入的起源、资本和收入之间的交换、再生产消费对最终消费的关系都包括到这个再生产过程中,把生产者和消费者之间(实际上是资本和收入之间)的流通包括到资本流通中;最后,把生产劳动的两大部门——原料生产和工业——之间的流通表现为这个再生产过程的要素,而且把这一切总结在一张《**表**》上,这张表实际上只有五条线,连结着六个出发点或归宿点。这个尝试是在十八世纪三十至六十年代政治经济学幼年时期做出的,这是一个极有天才的思想,毫无疑问是政治经济学至今所提出的一切思想中最有天才的思想。”(第 4 卷Ⅰ第 366 页)

抨击资产阶级自由主义观点的兰盖

在第四卷第一册第七章,马克思简述了最早批判资产阶级自由主义的兰盖。[①]他是从维护封建专制制度的立场出发,抨击资产阶级自由主义观点的;但是,他的批判是深入的。他曾深刻地指出:“**他们只能靠出租自己的双手来生活。可见,他们必须找到一个雇用他们的人,要不就饿死。难道这就是自由了吗**?”(转引自第 4 卷Ⅰ第 372 页)“然而兰盖并不是社会主义者。他反对他同时代的启蒙运动者的资产阶级自由主义理想,反对资产阶级刚刚开始的统治,他的抨击半是认真半是嘲弄地采取反动的外观。他维护亚洲的专制主义,反对文明的欧洲形式的专制主义,他捍卫奴隶制,反对雇佣劳动。”(第 4 卷Ⅰ第 367 页)

马克思关于生产劳动与非生产劳动的理论

在第四卷第一册附录中,马克思论述了他自己关于生产劳动与非生产劳动的理论。

生产劳动是生产剩余价值的劳动,或者说生产劳动是直接同资本交换的劳动。“我们所说的**生产劳动**,是指**社会地规定了的**劳动,这种劳动包含着劳动的买者和卖者之间的一个十分确定的关系。”(第 4 卷Ⅰ第 426 页)

非生产劳动是提供服务的劳动。所谓服务,是因为劳动不是作为物、而是作为活动提供服务的。“凡是货币直接同不生产资本的劳动**即非生产**劳动相交换的地方,这种劳动都是作为**服务**被购买的。”(第 4 卷Ⅰ第 435 页)

---

① 西蒙·尼古拉·昂利·兰盖(1736—1794),法国律师、政论家、历史学家和经济学家、重农学派的反对者,他对资产阶级的自由和资本主义的所有制关系进行了批判的分析。

在资本主义社会，农民和手工业者是商品生产者。但是，他们既不属于生产劳动者的范畴，又不属于非生产劳动者的范畴。因为“他们是自己的生产不从属于资本主义生产方式的商品生产者”(第 4 卷Ⅰ第 439 页)。

生产劳动还应该是生产物质财富的劳动。“**生产工人**即生产资本的工人的特点，是他们的劳动物化在**商品**中，物化在物质财富中。”(第 4 卷Ⅰ第 442 页)

运输业属于物质生产领域，运输业的劳动都是生产劳动。“除了采掘工业、农业和加工工业以外，还存在着第四个物质生产领域……这就是**运输业**，不论它是客运还是货运。在这里，**生产劳动**对资本家的关系，也就是说，雇佣工人对资本家的关系，同其他物质生产领域是完全一样的。”(第 4 卷Ⅰ第 444 页)

(二) 李嘉图的经济理论

李嘉图是资产阶级古典政治经济学的完成者，集古典政治经济学之大成。《资本论》第四卷第二册，从第八章开始到第十八章，共 11 章，中心就是评论李嘉图的经济学说，着重分析了他的地租理论。在这 11 章中，有关地租的有第八、第九、第十一至第十四章，几乎占了一半的篇幅。

洛贝尔图斯的地租理论

马克思在第四卷第二册的最初一章即第八章，分析批判了洛贝尔图斯[①]的地租理论。

洛贝尔图斯自称他的地租理论是新的地租理论，他曾经试图说明有可能存在绝对地租，但是，他的论证是完全错误的。“洛贝尔图斯先生由于他的‘材料价值’观念，认为地租存在于事物的永恒本性中，至少存在于资本主义生产的永恒本性中。”(第 4 卷Ⅱ第 111 页)所以，马克思在第八章用了很大篇幅来批判洛贝尔图斯的地租理论，在第九章对所谓李嘉图地租规律的发现史中，又对洛贝尔图斯的若干观点作了补充评论。

古典政治经济学的完成者——李嘉图

李嘉图的父亲是交易所的经纪人，他自己也具卓越的经营天才。他 25 岁时就从交易所的投机买卖中发了一笔约 200 万英镑的横财，成为百万富翁。

---

① 约翰·卡尔·洛贝尔图斯—亚格措夫(1805—1875)，德国庸俗经济学家和政治活动家，资产阶级化的普鲁士容克(地主)的思想家，普鲁士“国家社会主义”反动思想的鼓吹者。

李嘉图于 1799 年接触到《国富论》，这唤起了他对政治经济学的兴趣。他最初研究的是货币问题，1817 年发表了他的主要著作《政治经济学和赋税原理》，这使他成为著名的经济学家，资产阶级古典政治经济学的完成者。

马克思高度赞扬了李嘉图主要著作《政治经济学和赋税原理》的前六章，特别是前二章。“李嘉图的理论完全包括在他这部著作的前六章中。”（第 4 卷Ⅱ第 184 页）“李嘉图的全部著作已经包括在它头两章里了……李嘉图著作的这两章包含着他对以往政治经济学的全部批判……这头两章给人以高度的理论享受，因为它们简明扼要地批判了那些连篇累牍、把人引入歧途的老观念，从分散的各种各样的现象中吸取并集中了最本质的东西，使整个资产阶级经济体系都从属于一个基本规律。这头两章由于其独创性，基本观点一致、简单、集中、深刻、新颖和洗炼而给人以理论上的满足。”（第 4 卷Ⅱ第 186 页）

李嘉图的价值理论

在第四卷第二册第十章，马克思对李嘉图的价值理论进行了评述。

李嘉图在价值理论上的主要功绩在于，他坚持劳动时间决定商品价值的原理，并且以劳动价值论作为研究资本主义生产关系的出发点。“资产阶级制度的生理学——对这个制度的内在有机联系和生活过程的理解——的基础、出发点，是**价值**决定于**劳动时间**这一规定。李嘉图从这一点出发，迫使科学抛弃原来的陈规旧套，要科学讲清楚：它所阐明和提出的其余范畴——生产关系和交往关系——同这个基础、这个出发点适合或矛盾到什么程度……李嘉图揭示并说明了阶级之间的经济对立——正如内在联系所表明的那样，——这样一来，在政治经济学中，历史斗争和历史发展过程的根源被抓住了，并且被揭示出来了。”（第 4 卷Ⅱ第 183 页）

但是，李嘉图却给“价值”一词以许多不同的含义。有时他把价值称为交换价值，有时称为绝对价值，有时称为实际价值，而其要害是他只注意价值量的研究，而不注意价值所体现的人与人之间的社会关系。李嘉图“完全不是从形式方面，从劳动作为价值实体所采取的一定形式方面来研究价值，而只是研究价值量，就是说，研究造成商品**价值量**差别的这种抽象一般的、并在这种形式上是社会的劳动的量。”（第 4 卷Ⅱ第 190 页）

李嘉图的地租理论

马克思在第四卷第二册以很大的篇幅分析李嘉图的地租理论，第十一、

十二、十三、十四章都是直接评价李嘉图地租理论的。李嘉图只承认级差地租，否认绝对地租的存在；他的地租理论的根本缺点之一，就在于没有绝对地租的概念。

李嘉图否认绝对地租是因为：第一，他认为最坏的土地不能提供地租，最初耕种的土地不能提供地租。第二，他以工业和农业的资本有机构成相同为前提。

马克思认为，只要存在土地所有权的垄断，就会产生绝对地租。“土地所有权的垄断也使土地所有者能从资本家那里榨取那部分能够形成经常的**超额利润**的剩余劳动。”（第 4 卷Ⅱ第 97 页）而李嘉图“实际上否认**土地所有权**有任何**经济**影响。”（同上）

“李嘉图否定绝对地租，这是因为他以工业和农业的资本**有机构成**相同为前提，从而他也就否定了农业生产力同工业相比处于只是历史地存在的**较低发展阶段**。”（第 4 卷Ⅱ第 271 页）

马克思也指出了，李嘉图级差地租的缺点在于，他把级差地租理论与“土地肥力递减规律”联系在一起。“李嘉图用农业**生产率的绝对降低**来说明级差地租，而这种降低完全不是级差地租的前提……”（第 4 卷Ⅱ第 271 页）

所谓土地肥力递减规律，就是认为对土地投入劳动和资本所取得的产量，一次比一次减少。马克思在第四卷中不止一次地指出，这种论断是错误的。“但是并不是每一笔追加资本都生产出较少量的产品。”（第 4 卷Ⅱ第 362 页）“如果农业改良对于各级土地肥沃程度的差别的影响不一样，地租就可能提高。”（第 4 卷Ⅱ第 364 页）

李嘉图的剩余价值理论和利润理论

在第四卷第二册第十五章和第十六章，马克思分析了李嘉图的剩余价值理论和利润理论。

李嘉图并没有剩余价值概念，他认为，他研究的是利润，而不是剩余价值。而马克思指出：他“考察的是**剩余价值**，而**不是利润**，因而才可以说他有剩余价值理论”（第 4 卷Ⅱ第 424 页）。

实际上李嘉图把利润和剩余价值混淆了，他到处都把利润和剩余价值直接等同起来。“在李嘉图正确叙述剩余价值规律的地方，由于他把剩余价值规律直接说成是利润规律，他就歪曲了剩余价值规律。另一方面，他又想不经过中介环节而直接把利润规律当作剩余价值规律来表述。因此，当我

们读李嘉图的剩余价值理论时，我们读的就是他的利润理论，因为他把利润和剩余价值混淆起来了。”(第4卷Ⅱ第424页)

李嘉图的剩余价值理论的主要缺点，就是没有分析剩余价值的起源。马克思在《资本论》第一卷就说过：“李嘉图从来没有考虑到剩余价值的起源……这些资产阶级经济学家实际上具有正确的本能，懂得过于深入地研究剩余价值的起源这个爆炸性问题是非常危险的。”(第1卷第563—564页)

李嘉图的积累理论

在第四卷第二册第十七章，马克思分析了李嘉图的积累理论。

马克思主要指出，李嘉图的资本积累只是指可变资本积累，而忽视了不变资本。“认为资本积累是收入转化为工资，就是可变资本的积累，这种见解从一开始就是错误的，也就是片面的。这样，对整个积累问题就得出了错误的解释。”(第4卷Ⅱ第537页)“李嘉图认为**总收入**就是补偿工资和剩余价值(利润和地租)的那一部分产品；他认为纯收入就是剩余产品，剩余价值。李嘉图在这里就象在他自己的全部经济理论中一样，忘记了总产品中有一部分应该补偿机器和原料的价值，简单地说，就是补偿不变资本的价值。”(第4卷Ⅱ第644页)

实际上在这一章马克思主要阐述了自己关于资本积累和经济危机的理论。

在第十八章，马克思还评述了李嘉图关于资本主义使用机器对工人阶级影响的看法，着重批判了工人被机器排挤会得到补偿的理论。“机器经常不断地造成相对的人口过剩，造成工人后备军，这就大大增加了资本的权力。”(第4卷Ⅱ第632页)“关于采用机器的资本家，说他可以把和以前一样多的资本花费在工资上，这是错误的、荒谬的。”(第4卷Ⅱ第635页)“采用机器的工厂主的资本不会游离出来。这种资本只是另作**他**用，也就是说，这时它不会象以前那样转化为现已被解雇的工人的工资。它的一部分从可变资本转化为不变资本。即使它有一部分游离出来，那也将被这样的生产领域所吸收，在这些生产领域中，被解雇的工人不可能有**工作**，那里最多只能给本来应该接替他们的人提供一个收容所。”(第4卷Ⅱ第637页)

马克思关于地租的理论

马克思在第四卷第二册评价李嘉图的经济理论、特别是地租理论的同时，着重阐述了他自己的地租理论。

李嘉图地租理论的一个重大缺陷，就是只承认级差地租而否认绝对地租。马克思论证了土地所有权是绝对地租存在的必要条件，这是对政治经济学的一大贡献。“十分简单：一定的人们对土地、矿山和水域的**私有权**，使他们能够攫取、拦截和扣留在这个特殊生产领域即这个特殊投资领域的商品中包含的**剩余价值超过利润……的余额**，并且阻止这个余额进入形成一般利润率的总过程。”(第4卷Ⅱ第30页)

资本主义国有化并不能取消级差地租，只有土地所有权归人民所有才能取消级差地租。“如果土地所有权被废除而资本主义生产保存下来，这种由肥力不同引起的超额利润也不会消失。如果国家把土地所有权据为己有，而资本主义生产继续存在，Ⅱ、Ⅲ、Ⅳ的地租就会支付给国家，但地租本身还是存在。如果土地所有权归**人民所有**，资本主义生产的整个基础，使劳动条件变成一种独立于工人之外并同工人相对立的力量的基础，就不再存在了。”(第4卷Ⅱ第108页)

绝对地租是一个历史范畴，它是农业的一定发展阶段的产物，最后是会消失的。“正是那个证明**绝对地租**可能存在的论据也证明，绝对地租的现实性、绝对地租的存在仅仅是一个历史事实，是农业的**一定**发展阶段所特有的、到了更高阶段就会消失的历史事实。”(第4卷Ⅱ第271页)

同时马克思还十分注意关于各种地租量的决定及其相互关系。“**绝对地租**等于个别价值和费用价格之间的差额。

级差地租等于市场价值和个别价值之间的差额。

实际地租，或者说，**总地租**，等于绝对地租加级差地租；换句话说，等于市场价值超过个别价值的余额加个别价值超过费用价格的余额，即等于市场价值和费用价格之间的差额。”(第4卷Ⅱ第329页)

(三) 李嘉图以后的经济学家

《资本论》第四卷第三册是评述李嘉图以后的经济学家，主要讲李嘉图学派的解体和资产阶级经济学的庸俗化。这一册从第十九章到第二十四章，共六章，最后还有一个附录。

李嘉图理论体系不可克服的两大矛盾

在李嘉图的理论体系中，有两个无法克服的矛盾。“李嘉图体系的第一个困难是，资本和劳动的交换如何同‘**价值规律**’相符合。第二个困难是，**等**

量资本，无论它们的有机构成如何，**都提供相等的利润**，或者说，提供**一般利润率**。”（第 4 卷Ⅲ第 192 页）

李嘉图理论体系的第一个矛盾就是价值规律与利润存在的矛盾。因为按照价值规律，资本和劳动的交换应该是等价交换的；既然是等价交换就不可能产生利润。但是，资本家进行生产的目的是为了利润，而且事实上存在着利润，这是一个矛盾。李嘉图无法解决这个矛盾，这是李嘉图体系的第一个难题。

李嘉图理论体系的第二个矛盾，就是价值规律与平均利润的矛盾。由于资本有机构成不同，不同资本推动不等量的劳动，有不等量的剩余价值，从而有不等量的利润。按照价值规律，两个资本等量交换，各个资本家应该获得不等量的利润；但是在资本主义社会，等量资本大致获得等量的平均利润，这也是一个矛盾。李嘉图也无法解决这个矛盾，这是李嘉图体系的第二个难题。

李嘉图发现了这两个矛盾，但是他及其学派无法解决这两个难题，从而导致了李嘉图学派的解体。

马克思解决了这两个矛盾。第一，马克思区分了劳动和劳动力。作为商品出卖的是劳动力，而不是劳动。工人出卖劳动力是按照等价交换原则进行的，没有违背价值规律。资本家获得的利润是在生产过程中劳动力的使用、即劳动所创造的价值大于劳动力本身的价值而产生的剩余价值转化而来的。第二，马克思分析了价值转化为生产价格。生产价格就是产品成本加平均利润。在资本主义社会，商品实际上是按生产价格出卖的，而不是按价值出卖的；但是，价值是生产价格的基础，剩余价值是平均利润的基础。“一切商品的这些**费用价格**加在一起，其总和**将等于这一切商品的价值**。同样，总利润将等于这些资本加在一起比如说在一年内提供的总剩余价值。”（第 4 卷Ⅱ第 210 页）所以，价值规律与平均利润也不矛盾。

统治阶级的辩护士——马尔萨斯

《资本论》第四卷第三册是从第十九章批判马尔萨斯①开始的。

从右的方面来反对李嘉图理论的主要就是马尔萨斯。马克思在《资本论》第四卷中用相当的篇幅批判了马尔萨斯，他以轻蔑和愤怒的语言指出，

① 托马斯·罗伯特·马尔萨斯（1776—1834），英国牧师、经济学家，资产阶级化的地主贵族的思想家，资本主义制度的辩护士，宣扬仇视人类的人口论。

马尔萨斯在科学上是伪造者，在理论上是剽窃者，在政治上对统治阶级无耻献媚、对被压迫阶级残酷无情。

关于马尔萨斯的反动本质，马克思有一段比较长但极其深刻的揭示："他在科学领域内**伪造**自己的结论。这就是他**在科学上**的卑鄙，他对科学的犯罪，更不用说他那无耻的熟练的剽窃手艺了。马尔萨斯在科学上的结论，是看着统治阶级特别是统治阶级的反动分子的'**眼色**'捏造出来的；这就是说，马尔萨斯为了这些阶级的利益而**伪造**科学。相反，对于被压迫阶级，他的结论却是**毫无顾忌的，残酷无情的**。……因此，英国工人阶级憎恨马尔萨斯……称他为'**江湖牧师**'……对马尔萨斯的这种憎恨是完全正当的；人民凭着真实的本能感觉到，在这里反对他们的不是一个**科学的人**，而是一个被他们的敌人收买的统治阶级的辩护士，是统治阶级的无耻的献媚者。"（第4卷Ⅱ第127页）

从托伦斯、詹姆斯·穆勒、麦克库洛赫看李嘉图学派的解体

马克思在第四卷第三册的第二十章，通过对托伦斯、詹姆斯·穆勒、麦克库洛赫的观点分析说明了李嘉图学派的解体和古典经济学的进一步庸俗化。

罗伯特·托伦斯①是李嘉图经济学说的庸俗化者，他否认劳动价值论适合于资本主义生产方式。托伦斯提出了价值规律与资本有机构成不同的资本可以获得等量利润的矛盾，但是他没有解决这个矛盾。"托伦斯这个论点的功绩不在于他在这里也只是再次把现象记录下来而不加解释，而是在于，他确定了资本之间的差别是等量资本推动不等量的活劳动，尽管他把这说成'特殊'情况而又把事情弄糟了。……结论是，在这里，在资本主义生产中，价值规律发生了一个突变，就是说，由资本主义生产中抽象出来的价值规律同资本主义生产的现象相矛盾。而他用什么来代替这个规律呢？什么也没有，他只不过对应该解释的现象作了粗浅的缺乏思考的文字上的表述。"（第4卷Ⅲ第74页）

詹姆斯·穆勒②是第一个客观地阐述李嘉图理论的人。他试图解决李嘉图体系的矛盾，但他自己也陷入了矛盾，并把李嘉图的学说庸俗化了。"穆勒一方面想把资产阶级生产说成是绝对的生产形式，并且从而试图证

---

① 罗伯特·托伦斯（1780—1864），英国资产阶级经济学家，所谓"通货原理"学派的拥护者。

② 詹姆斯·穆勒（1773—1836），英国资产阶级经济学家和哲学家。

明，这种生产的真实矛盾不过是表面上的矛盾。另一方面，他力图把李嘉图的理论说成是这种生产方式的绝对的理论形式，并且同样用形式上的理由把有些已为别人所指出的，有些是摆在他本人眼前的理论上的矛盾辩解掉。”（第4卷Ⅲ第87—88页）

约翰·雷姆赛·麦克库洛赫①是李嘉图经济理论庸俗化者，同时又是使这个经济理论解体的最可悲的样板。“麦克先生在这样抛弃了李嘉图政治经济学的基础以后，还更进一步破坏了这个基础的基础。”（第4卷Ⅲ第192页）

莱文斯顿、霍吉斯金等李嘉图学派社会主义者

马克思在第四卷第三册第二十一章分析了李嘉图学派社会主义者莱文斯顿、霍吉斯金等人的经济学观点，指出了他们学说中的正确方面，同时也指出他们无法克服李嘉图理论上的缺点。马克思认为，他们的主要功绩在于：他们坚决强调指出资本家是剥削工人的。

皮尔西·莱文斯顿②是李嘉图主义者。他维护无产阶级利益，指责资本主义是工人灾难的源泉，反对马尔萨斯主义。“**莱文斯顿**的主要思想是：劳动生产力的发展创造了**资本**，或者说，**财产**，即为‘有闲者’——游手好闲者、非劳动者——创造剩余产品，同时劳动还生出了它的寄生赘瘤；劳动生产力越发展，这个寄生赘瘤就越把劳动的骨髓吸尽。非劳动者获得占有这种剩余产品的权利，或者说，获得占有别人劳动产品的权力，是由于他已经拥有财富，还是由于他有土地、土地所有权，这并不会使事情发生变化。两者都是**资本**，即都是对别人劳动产品的支配权。”（第4卷Ⅲ第286页）马克思指出：莱文斯顿的《论公债制度及其影响》“是一部非常出色的著作”（第4卷Ⅲ第286页）。

托马斯·霍吉斯金③从空想社会主义的立场出发，维护无产阶级的利益并批判资本主义。他利用李嘉图的理论推出社会主义的结论。所以，霍吉斯金是杰出的激进社会主义者。他写了两本重要的著作，一本叫《保护劳动反对资本的要求，或资本非生产性的证明·关于当前雇佣工人的团结》；一

① 约翰·雷姆赛·麦克库洛赫（1789—1864），英国资产阶级经济学家，李嘉图学说的庸俗化者，资产阶级制度的狂热辩护士。

② 皮尔西·莱文斯顿（？—1830），英国经济学家，李嘉图主义者，他维护无产阶级利益，反对马尔萨斯主义。

③ 托马斯·霍吉斯金（1787—1869），英国经济学家和政治家，从空想社会主义的立场维护无产阶级的利益并批判资本主义。他利用李嘉图的理论推出社会主义的结论。

本叫《通俗政治经济学·在伦敦技术学校的四次演讲》。马克思高度赞扬了这两本书，他说："霍吉斯金的这两部著作，特别是第一部著作，却引起了强烈的反映，至今仍然可算是……英国政治经济学方面的重要著作。"(第4卷Ⅲ第289页)

拉姆赛、舍尔比利埃和理查·琼斯发挥李嘉图理论的个别正确思想

马克思在《资本论》第四卷第三册的最后部分即第二十二章到第二十四章，对古典经济学的一些代表人物，例如拉姆赛、舍尔比利埃和理查·琼斯等人，在发挥李嘉图的理论时提出的一些个别正确的思想作了分析和介绍。

乔治·拉姆赛[①]是资产阶级古典政治经济学的后期代表之一。马克思认为，拉姆赛的主要功绩在于：试图区分不变资本和可变资本。"他事实上区分了**不变资本和可变资本**。……他所理解的**固定**资本，不仅是机器和工具、劳动用或保存劳动成果用的建筑物、役畜和种畜，而且包括各种原料(半成品等等)、'土地耕种者的种子和制造业者的原料'。"(第4卷Ⅲ第360页)"他所谓的'流动资本'，无非是归结为工资的那部分资本。"(第4卷Ⅲ第361页)

乔治·拉姆赛已经接近于正确理解剩余价值，实际上他已经指出："资本家用较少的物化劳动同较多的活劳动相交换，这个无酬的活劳动余额，构成产品价值超过产品生产中消费掉的资本价值的余额，换句话说，构成**剩余价值**(利润等等)。"(第4卷Ⅲ第363页)

乔治·拉姆赛反驳了商品价值分解为各种收入的错误观点。"他反驳了自亚·斯密以来广为流行的错误观点，即认为总产品的价值分解为各种名称不同的收入。"(第4卷Ⅲ第373页)

乔治·拉姆赛更接近于正确理解利润率。"他以双重方式，通过工资率即剩余价值率和通过不变资本的价值，决定利润率。但是，他犯了一个正好和李嘉图相反的过错。"(第4卷Ⅲ第373页)李嘉图试图强行把利润率归结为剩余价值率，而拉姆赛试图把剩余价值归结为利润。

安都昂·埃利泽·舍尔比利埃[②]把西斯蒙第的理论同李嘉图的基本原理结合在一起。马克思认为，舍尔比利埃的观点是西斯蒙第和李嘉图的互相排斥的见解的奇怪混合物；但是，他也模模糊糊地提出了接近正确的观

① 乔治·拉姆赛(1800—1871)，英国经济学家，资产阶级古典政治经济学后期代表人物之一。

② 安都昂·埃利泽·舍尔比利埃(1797—1869)，瑞士经济学家，西斯蒙第的追随者。

点。例如，他注意到随着资本主义生产的发展，投在机器和原料上的资本部分在增加，花在工资上的资本部分在减少。他也猜测到利润率必然下降等等。他“在某种程度上接触到了利润率下降的原因；但是，有了先前的歪曲以后，这只能导致混乱和自相抵触的矛盾”(第 4 卷Ⅲ第 413 页)。“舍尔比利埃关于**一般利润率的平均化**所说的，倒很中肯。”(第 4 卷Ⅲ第 415 页)“对雇佣劳动和资本的关系，他的理解在一定程度上也是正确的。”(第 4 卷Ⅲ第 415 页)在舍尔比利埃的著作中，还有一点是重要的，就是他“实际上把**可变资本和不变资本**相对立，而不是停留在从流通中得出的固定资本和流动资本的区分上”(第 4 卷Ⅲ第 401 页)。

在《资本论》第四卷第三册的最后一章，马克思评述了琼斯[①]的《论财富的分配和税收的源泉》《1833 年 2 月 27 日在伦敦皇家学院讲述的政治经济学的绪论·附工资讲座大纲》《国民政治经济学教程》等三本书后，指出琼斯的书中有一些可取之处。例如，琼斯理解到各种生产方式的历史区别，反驳了“土地肥力递减规律”，等等。“琼斯的这第一部论**地租**的著作就已经有一个特点，那是詹姆斯·斯图亚特爵士以来一切英国经济学家所没有的，这就是：对各种生产方式的**历史**区别有了一些理解。”(第 4 卷Ⅲ第 439 页)“琼斯直截了当地宣称，他把资本和资本主义生产方式只‘看作’社会生产发展中的一个过渡阶段，从社会劳动生产力的发展来看，这个阶段同一切过去的形式相比是一个巨大的进步，但是这个阶段决不是最终的结果，而是相反，在它固有的对抗形式中，即在‘积累的财富的所有者’和‘实际的劳动者’之间的对抗形式中，包含着它灭亡的必然性。”(第 4 卷Ⅲ第 472 页)

庸俗经济学的实质

第四卷第三册的最后部分是一个篇幅较大的附录，标题是《收入及其源泉·庸俗经济学》，着重揭示了庸俗经济学的实质是辩护论的经济学。

关于庸俗经济学的特点，马克思指出：是“阉割一切体系，抹去它们的一切棱角，使它们在一本摘录集里和平相处”(第 4 卷Ⅲ第 558 页)。

关于庸俗经济学的产生和发展，马克思指出：“正当政治经济学本身由于它的分析而使它自己的前提瓦解、动摇的时候，正当政治经济学的对立面也已经因此而多少以经济的、空想的、批判的和革命的形式而存在的时候，

① 理查·琼斯(1790—1855)，英国资产阶级经济学家。他的著作反映了古典政治经济学派的衰落和瓦解，同时在一些政治经济学问题上超过了李嘉图。

庸俗政治经济学开始嚣张起来。……随着**李嘉图**的出现和由他引起的政治经济学的进一步发展，庸俗经济学家也得到了新的营养。”（第 4 卷Ⅲ第 556—557 页）

关于庸俗经济学的实质，马克思指出：“随着政治经济学的深入发展，它不仅自己表现出矛盾和对立，而且它自身的对立面，也随着社会经济生活中的现实矛盾的发展而出现在它的面前。与这种情况相适应，庸俗政治经济学也就有意识地越来越成为**辩护论**的经济学，并且千方百计力图通过空谈来摆脱反映矛盾的思想。”（第 4 卷Ⅲ第 557 页）

关于庸俗经济学的阶级本质，马克思指出：“庸俗经济学家……实际上只是〔用政治经济学的语言〕翻译了受资本主义生产束缚的资本主义生产承担者的观念、动机等等，在这些观念和动机中，资本主义生产仅仅在其外观上反映出来。他们把这些观念、动机翻译成学理主义的语言，但是他们是从〔社会的〕统治部分即资本家的立场出发的，因此他们的论述不是素朴的和客观的，而是辩护论的。”（第 4 卷Ⅲ第 499 页）

附录　洪远朋有关《资本论》论著目录

著作名称	署名	出版单位和时间	字数	备　注
《资本论》提要(一)	张薰华 洪远朋	上海人民出版社 1977年6月	19.5万字	1976—1982年上海高校哲学社会科学研究优秀成果三等奖
《资本论》难句试解(一)	张薰华 洪远朋	上海人民出版社 1977年4月	4.9万字	同上
《资本论》提要(二)	张薰华 洪远朋	上海人民出版社 1978年10月	17.1万字	同上
《资本论》讲稿(第一卷)	洪远朋	江苏省委党校 1982年1月	17.4万字	
《资本论》讲稿(第二卷)	洪远朋	同上	12万字	
《资本论》讲稿(第三卷)	洪远朋	同上	13万字	
《资本论》难题探索	洪远朋	山东人民出版社 1985年5月	38.5万字	获上海市(1979—1985年)哲学社会科学优秀成果著作奖;北方十三省哲学社会科学优秀图书一等奖
通俗《资本论》(原版)	洪远朋	辽宁人民出版社 1985年9月	40万字	
新编《资本论》教程(第一卷)	洪远朋主编	复旦大学出版社 1988年9月	34.8万字	1986—1993年上海市哲学社会科学优秀成果三等奖 1995年上海普通高校优秀教材二等奖
新编《资本论》教程(第二卷)	洪远朋主编	复旦大学出版社 1989年4月	27万字	
新编《资本论》教程(第三卷)	洪远朋主编	复旦大学出版社 1989年5月	39.2万字	
新编《资本论》教程(第四卷)	洪远朋主编	复旦大学出版社 1992年7月	38.2万字	

（续表）

著作名称	署名	出版单位和时间	字数	备　注
《资本论》教程简编	洪远朋主编	复旦大学出版社 2002年2月	62.7万字	
通俗《资本论》（新版）	洪远朋著	上海科学技术文献出版社 2009年4月版	36.5万字	2010年，中共中央宣传部、国家新闻出版总署推荐的第二届10种优秀通俗理论读物之一。2010年12月通俗《资本论》获上海市第八届邓小平理论研究和宣传优秀成果著作类一等奖。2013年《通俗〈资本论〉》获第六届高等学校科学研究优秀成果普及奖
论《资本论》	洪远朋著	复旦大学出版社 2013年10月	48.3万字	
《资本论》纵横谈	洪远朋 严法善 高　帆	复旦大学出版社 2018年版	24.4万字	
通俗《资本论》（再版）	洪远朋著	上海科学技术文献出版社 2018年版	37.2万字	
新编《资本论》导读（第一卷）	洪远朋主编	上海科学技术文献出版社 2018年版	35.2万字	
新编《资本论》导读（第二卷）	洪远朋主编	上海科学技术文献出版社 2018年版	28.1万字	
新编《资本论》导读（第三卷）	洪远朋主编	上海科学技术文献出版社 2018年版	41万字	
新编《资本论》导读（第四卷）	洪远朋主编	上海科学技术文献出版社 2018年版	39.2万字	
《资本论》难题探索（2018年版）	洪远朋著	上海科学技术文献出版社 2018年版	39.5万字	